舊約縱覽

Unlocking the Bible: Old Testament

通往真理的金鑰

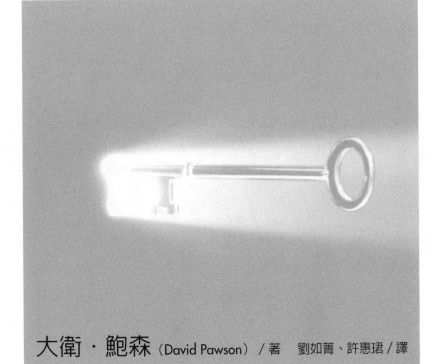

大衛‧鮑森（David Pawson）／著　　劉如菁、許惠珺／譯

❧ 目 錄 ❧

Part IV 帝國的衰敗與殞落

Part V 奮鬥求生存

前　言

　　一切應該是從一九五七年開始的，我在阿拉伯半島擔任英國皇家空軍的軍牧，牧養所有不屬英國國教、天主教，而是隸屬其他宗派或宗教（從循道會到救世軍，從佛教徒到無神論）之人的靈性福祉。從紅海到波斯灣沿線的空軍駐紮地皆由我負責巡迴牧養，這些基地大多連個可稱為「教會」的聚會都沒有，更遑論建築物了。

　　入伍前，我原是循理會的傳道人，服事謝得蘭島（Shetland Islands）到泰晤士河谷（Thames Valley）區域。該宗派的傳道人每季僅需準備幾篇證道，在各地教堂巡迴使用。我的講章多半是經文類（講解一段經文）或主題類（引用新舊約經文講一個主題），我在這兩類講章上都曾犯過斷章取義的過失，未掌握整章的意思就截取其中經文加以解釋，並且選用的經節也並非來自神的感動，或是神要我講的；我的講解不但曾損害經文原意，甚至改了某卷書

裡某節經文的意思，只講字面意義。聖經成了找「支持」證據的經文彙編，僅供傳道人隨己意取用。

投入軍伍時，我的行囊中裝滿了依據這類技巧所建構的講章。從前我面對的會眾多為婦孺，如今我面對完全不一樣的會眾——全是男性，我那貧乏的講章存貨很快就用完了。尤其在我被派駐海外前，在英格蘭的義務役禮拜中傳講的那幾篇，在台下激不起一點漣漪。

後來我被派到葉門的亞丁（Aden），等於從零開始建立教會，服事對象從職業軍人到皇家武裝部隊的年輕短期國民兵。我如何使這些男士對基督教信仰感興趣，進而矢志跟隨呢？

有件事（如今我會說是「有一位」）促使我下定決心：在幾個月內以一系列的證道，把聖經從創世記到啟示錄講完一遍！

結果證明那對我們大家都是一趟發現之旅。當我們把聖經當作整體來看，它就成了一本新書，套句俗話，從前我們只見樹不見林。如今神的計畫和目的以全新方式向我們開啟，我們有了可以大快朵頤的靈糧，想到我們是宇宙救贖計畫的一部分，就大得激勵。聖經的故事讀來既真實又親切。

當然，那時候我所作的「縱覽」相當簡單，甚至可說天真，像是美國觀光客用二十分鐘的時間「逛」大英博物館——而且如果穿著跑步鞋的話，可以縮短到十分鐘！我們匆匆走過幾世紀，好幾卷書只能驚鴻一瞥。

令我意想不到的是，這也為我後半生的生命與事奉定下道路。自那以後，我成了「聖經教師」，雖還只是個

雛型而已，與人分享認識全本聖經的興奮感，從一個抱負變成一股熱情。

　　當我退役回到「正常」的教會生活，我決心帶領會友以十年的時間讀完整本聖經（如果他們能忍受我那麼久的話），這表示我要在每次崇拜證道中講「一章」。於是我得花很多時間準備（以講章而言，每十分鐘的證道背後需要研讀一小時），然後傳講（四十五至五十分鐘）。兩者比例類似烹調一餐和享用它的時間。

　　如此系統解經的效應印證了它的正確性，人心對神話語的真正飢渴被顯明出來。許多人遠從四面八方而來，如同其中一些人所說的：他們來「充電」。不久，這流動又從「湧入」變成「流出」。起初，為了生病或必須待在家裡而無法前來聆聽的人，我們準備了講道錄音帶，後來這些錄音帶卻成了各方索取標的，最後，這些錄音帶寄到一百二十個國家，數量高達數十萬卷。對此結果沒有人比我更驚訝。

　　之後，我離開白金漢郡的金山（Gold Hill）到薩里的喬福市（Guildford）服事，並參與了米爾米德中心（Millmead Centre）的建造，此中心包含一座非常適合我延續此教導事奉的理想講堂。落成時，我們決定以不間斷的方式朗讀全本聖經來祝賀。我們一共花了八十四小時，從主日傍晚直到週四早上，每個人朗讀十五分鐘，然後交由下一位讀。我們使用的是《當代聖經》（*The Living Bible*），那是最容易用頭腦和心靈朗讀和聆聽的版本。

　　籌畫時，我們並不知道會發生什麼狀況，但這活動似乎激起大家的興趣，連市長都想加入，恰巧（或是天

意）他讀的經文中有一句是：「她丈夫在城門口與本地的長老同坐，為眾人所認識。」他非要我們把那一頁影印下來給他，因為他要拿給太太看。有一位女士則是剛好路過，她原本要去找律師辦離婚手續，也臨時加入，結果讀到：「神說，我恨惡休妻」，因而改變了離婚的打算。

總計有兩千人參加這項活動，賣了半噸重的聖經，有些人抽出半小時來參加，但幾個小時後還捨不得離開，自言自語地說：「再多聽一卷書吧，然後我一定得走了。」

那是許多人（包括最忠心出席聚會的會友）有生以來第一次從頭到尾不間斷地聆聽每卷書的內容。絕大多數的教會裡僅每週讀幾句，而且幾乎不曾連貫地讀。有任何其他的書被這樣零碎地讀，而還能引起興趣的嗎？更別提令人興奮了。

於是，我們在主日開始逐卷查考全本聖經，因聖經不是只是一本書，而是許多本，事實上它是一套叢書（「聖經」一字的拉丁文和希臘文都是複數），而且不只是許多本書，更是許多種類的書──歷史、法律、書信、詩歌等。因此，當我們研讀完一卷書，要開始另一卷時，有必要先瀏覽介紹該卷書的引言，其中應涵蓋最基本的問題：這卷書是什麼類型？何時寫的？誰寫的？為誰而寫？最重要的，為什麼要寫這卷書？這些問題的答案就是解開其信息的「鑰匙」。我們必須將每卷書視為整套叢書的其中一部分，才能夠完全了解其中信息，而每「一節」的上下文並不只是那一段文字而已，基本上整卷書都是那「一節」的上下文。

現在，有更多人把我當作聖經教師，我應邀到大

學、大會和基督徒特會上演講──起先僅在英國國內，但因著講道錄音帶開路的緣故，到海外的次數愈來愈多。我很喜歡交朋友、到沒去過的地方看看；不過，坐巨無霸噴射客機的新奇感則不到十分鐘就消失殆盡！

無論到何處，我發現有許多人十分渴慕認識神的話語，我為錄音帶的發明感謝神，因為和錄影帶不同的是，錄音帶的規格全世界統一，在各個地方都能使用，飢渴於神話語的心靈因此能獲得滿足。成功的佈道事奉有很多，但是使歸信者堅固、成長而成熟的教導事奉卻太少。

我本來有可能一直持續這樣的服事型態，直到結束牧職。但是，主又再一次地出乎我意料之外，促成了本書的出版。

一九九○年代初期，一位在牛津附近瓦林福德市牧會的朋友湯普森（Bernard Thompson），問我願不願意在聯合聚會中作一個短系列的證道，目標是提高對聖經的興趣和知識──一個保證讓我上鉤的主題！

我說我願意一個月去一次，一次用三個小時講一卷書（中間當然有一段茶點時間）。我也要求他們，在聽道前後必須將那卷書從頭到尾讀完，之後那幾週，傳道人的證道和家庭聚會的討論，也都要從那卷書中找主題。希望以這種方式讓大家對那卷書更加熟悉。

我有雙重目的，一方面要引起興趣，讓大家迫不及待去讀它。另一方面，我提供給大家足夠的知識和資訊，好讓他們讀的時候，可以因為了解它在講什麼而感到興奮。為達到這個雙重目的，我使用各項輔助教具，包括照片、圖表、地圖和模型。

　　這套方法真的管用，才講了四次，亦即四個月之後，人們就要求我接下來五年把全部六十六卷書講完！我大笑後婉拒了，說我那時可能回天家了（說實在的，我幾乎不曾在六個月之前就把事情訂下來，我不想抵押未來，也不想假定到時我一定還健在）。但主的計畫和我不同，靠著祂，我終於跑完這場馬拉松。

　　過去二十年來，我的錄音帶都是由定錨錄音（Anchor Recordings, http://anchor-recordings.com）發行，當哈里斯（Jim Harris）主任聽到這些聚會的錄音帶之後，便催促我製作錄影帶。他劍及履及地安排攝影人員和製作團隊，把主堂變成攝影棚，找一批人當聽眾，每一趟以三天的時間錄製十八段節目，一共花了五年才完成「新舊約縱覽」的全套錄影帶。

　　如今這些錄影帶流傳世界各地，被用在家庭聚會、教會、大學、軍中、吉普賽營區、監獄和有線電視網。有次我到馬來西亞作短暫停留，這套錄影帶以一星期一千套的速度被買走，至今已滲透到全球六大洲，包括南極洲！

　　人們多次說，這是我「留給教會的遺產」，它是多年工作的果實，這點自不在話下。今年我已年過七十歲，當然我不認為主在我身上已經完工，但我一度真以為這件事已大功告成，但我錯了。

　　哈潑・柯林斯（HarperCollins）出版社找上我，有意出版這份材料。雖然過去十年來，我為其他出版社寫過書，確信書籍是傳播神話語的好方法；不過，我對出版套書的提議卻有兩大疑慮，第一是關於這些材料的來源，第二是關於它口語傳播的方式，令我非常猶豫。讓我先來說

明第二點。

　　首先，我的證道、授課或演講從來沒有逐字稿，都是依據筆記而講的。我不僅在乎內容，也很在乎溝通方式。我的直覺告訴我，完整的手稿會打斷演講者和聽眾之間的親密感，尤其會令演講者不看聽眾而看講稿。即興成分較多的演講，不但表達較多的情感，也能對台下的反應更有回應。

　　所以，我的演說風格和寫作風格大不相同，必須依照功能調整。我喜歡聽自己的錄音帶，有時還被自己深深感動。閱讀自己的新作也饒有興味，我常對內人說：「這本書寫得真好！」但是當我讀我的證道逐字稿，卻覺得很丟臉，甚至驚駭莫名，重複的字句多成這樣！不著邊際的冗長句子，還有不完整的句子！動詞時態混雜，甚至過去式和現在式混著用！我真的把正統英語濫用成這樣嗎？但證據叫我無可推諉。

　　於是我明白地表示，我不可能考慮把這材料全部完整地寫出來，光是把它們一篇篇講出來已花去我大半輩子，我沒有時間再寫了。沒錯，為了製作其他語言的錄影帶，如中文和西班牙文，所以已經有了現成的字幕腳本。但是想到直接拿字幕印製成冊，我簡直驚惶萬分。或許是和驕傲的最後搏鬥吧，想到我在其他著作中所耗費的時間和心力，要我修潤腳本令我感到力不能勝。

　　出版社要我放心，表示文字編輯會修正絕大部分的文法錯誤，但是真正解決問題的，還是他們建議聘請一個與我和我的事奉相合的人來「操刀」，將這份材料改寫至合適出版。他們挑中安迪‧派刻（Andy Peck），我確信他

足以勝任，儘管結果可能既不會像是我寫，也不會像是他寫的那樣。

　　我把所有的講義、錄音帶、錄影帶和字幕腳本都交給他，他的付出不下於我，他下了很大的工夫，使我得以傳達真理，使更多人得自由，所以我對他萬分感佩。如果給先知一杯水就能得到獎賞，那我要為安迪這麼有愛心的勞苦工作而獲得的獎賞，大大感謝神。

　　第二，我從來不曾仔細保存使用的材料，部分原因得感謝神賜給我不錯的記性，不用翻查就可以引述嘉言和實例，或許另一部分原因是我從未有秘書協助整理。

　　在我的事奉中，書籍一直扮演重要角色，我有三噸重的書——依據上次搬家公司告訴我的。我有兩個房間和一個花園小屋擺滿了書，共分三大類：讀過的、想讀的、不可能讀的！書籍帶給我很大的祝福，帶給內人很大的不便。

　　目前為止，占據書架最多的是聖經註釋書，每次預備查經，我都先盡己所能地查閱所有相關著作，參考學者觀點和靈修著作，來增添或修正我的筆記。

　　要把所有想感謝的人名都列出來是不可能的。我和許多人一樣，從一九五〇年代開始，每期《每日讀經》（*Daily Bible Readings*）一出刊就趕緊取來，如飢似渴地讀著，所以我要感謝包恪廉（William Barclay），他對新約背景和語彙的知識是無價之寶，他簡明的寫作風格是我效法的目標——儘管後來我開始質疑他解釋經文的「自由」作風。我要感謝為我開啓新約聖經的斯托得（John Stott）、滕慕理（Merill Tenney）、費依（Gordon Fee）和

韓卓森（William Hendrickson），以及開啓舊約聖經的莫特雅（Alec Motyer）、溫瀚（G. T. Wenham）和柯德納（Derek Kidner）；還有 Denney、Lightfoot、Nygren、Robinson、Adam Smith、Howard、Ellison、Mullen、Ladd、Atkinson、Green、Beasley-Murray、Snaith、Marshall、Morris、Pink 等許多人，可惜無法在此一一銘謝。兩本出於女性筆下的小書：米爾斯（Henrietta Mears）寫的《聖經綜覽》（*What the Bible is All about*），和霍哲根（A. M. Hodgkin）寫的《聖經中的基督》（*Christ in All the Scriptures*），也令我永誌不忘。聆聽這些人的訓誨是我莫大的榮幸，我向來把樂意學習視爲教師的基本要求。

　　我像海綿一樣吸收這一切資源，很多讀過的東西都記得牢牢的，只是無法記得是在哪一本書上讀到的。若是爲講道而整理這些資料就不大要緊，因爲絕大多數作者的目標也是爲了幫助傳道人，並不期待被時常引述。事實上，假如講道中一再提到某句話是出於哪一位作者，會令聽者無法專心，也會誤會傳道人愛提及名人以引起注意，或間接地顯示自己博覽群書。我在前段的致謝也可能這樣引人誤會！

　　但是印製成書和口語傳道不同，書籍涉及版權，我就是因爲害怕觸犯別人的版權，而不敢讓我的講道被重製成書，怎麼可能回溯四十年間的信手拈來？就算可能，必要的註解也會使書籍的厚度和價格都多出一倍。

　　我的拒絕，等於也是不准最需要這些材料的讀者受益，出版社說服了我，使我承認這個作法不對。起碼我可以爲收集和整理這些材料負責，而我也有十足的信心，這

套書裡的原創部分足以作為出版的充分理由。

在此，我只能提出道歉和感謝，為著多年來從閱讀中掠奪的或少量、或大量的資料，只盼那些被掠奪的作者將此視為真誠的恭維和仿效。套用我從某處讀到的一句話：「某些作者論到他們的著作時，常說：『我的書』……不如說『我們的書』更佳，……因為在那些著作裡出自別人的東西，通常比他們自己的還多。」（原出自帕斯卡〔Pascal〕）

所以，這是一本「我們的書」！我自忖，自己大概是法國人所不諱言的「通俗作家」吧，意思是把學術的教導變簡單，讓「一般人」也能了解。雖是「通俗作家」，余願足矣。曾有位老婦人在我講解完一段相當艱深的經文之後，上前來對我說：「你把它切成好幾個讓我們能吸收的小塊。」其實，我向來的目標就是希望能使十二歲的孩子聽得明白，並且了解其中的信息。

有些讀者會對書中缺乏經節提示而感到失望，甚至挫折，尤其是想查證我所說的是否正確的讀者！但我是故意不給參考經文的。神是一卷一卷地賜下祂的道，不是分章節給我們的，那是好幾個世紀以後兩位主教（一位法國人和一位愛爾蘭人）的傑作，使得我們比較容易找到「某章某節」，卻因此容易忽略上下文。有多少引述約翰福音三章16節的基督徒，也能流利地背出第15節和17節？許多基督徒不再「研讀經文」，而是只憑章節「查聖經」。所以我依照使徒們的習慣，只提作者名字——如以賽亞或大衛或撒母耳所說。舉個例子，聖經說：「神吹哨」，哪裡這樣說？在以賽亞書；是在講什麼？請你自己去查吧。你就

會發現神何時說過，又爲什麼這麼說。因爲是你自己找到的，你也會獲得一種滿足感。（譯註：《現代中文譯本》譯爲「吹哨」，和合本譯爲「發嘶聲」。）

最後，我希望這些聖經書卷的縱覽能幫助你更加認識神的話、愛慕神的話，但在這期待的背後還有更大更深的渴望，就是你也能更認識、更深愛所有書卷的主旨——神自己。有個人在短短幾天內看完全套錄影帶，他說了一句令我大爲感動的話：「現在我對聖經有更多的認識，但最重要的，是我深深感受到神的心意，那是我以前從來沒有過的。」

當聖經教師聽到如此反應，夫復何求？願你也有相同的經歷。當你展讀這套書時，願你能和我一同說：「讚美歸與聖父、聖子和聖靈！」

大衛‧鮑森
寫於謝伯恩聖約翰，二○○八年
J. David Pawson
Sherborne St. John, 2008

讀一點約翰或馬太福音
再讀一點創世記
零碎地恣意而讀
我真以為我知道聖經在講什麼

以賽亞書的某幾章
詩篇的某幾篇、詩篇二十三篇
箴言第一章、羅馬書第十二章
我真以為我認識神的道

直到我發現從頭到尾地讀
卻是另一回事
從頭到尾連貫地讀聖經
於我是陌生的。

喜歡把玩聖經的人啊
你在結束疲憊的一天時跪下
打著呵欠匆匆作個禱告之前
這裡沾一下、那裡嚐一點。

你們用這樣的方式對待這書中之冠
對其他的書卻不會這樣
單取一段來讀
只投以不耐煩的一眼。

請試試更配得上這書的程序

試試用更寬廣而深遠的觀點看：
當你從頭到尾地讀完聖經時
你會在驚奇與嘆服中屈膝。

作者：佚名

造物主的指示

Part I

1. 舊約概論

　　神把一套六十六卷的叢書賜給了我們。「聖經」一字是從拉丁文 *biblia* 翻譯過來的，字面意思是「叢書」，舊約三十九卷書涵蓋兩千多年，由不同的作者所寫，包含許多種文體。難怪許多讀聖經的人都因其前後一致、相互吻合而深感奇妙。

　　神並沒有為了讓我們依個別主題研讀，而照主題安排聖經內容；祂的安排是要我們一卷一卷地讀。聖經是神的真理，關乎神自己，以及我們應該如何與祂建立關係。這些真理都有其歷史脈絡，講到人類（主要是以色列民）如何親身經歷神並回應神的道。聖經絕不是一本枯燥的神學教科書，而是生動的故事，訴說神在祂子民的生命中施行救贖大工。

　　許多人因為對聖經的背景了解不足而未能掌握完整信息，本章旨在提供舊約概論，俾使讀者能在正確的脈絡中了解任何一段經文。

▌地理

要了解舊約，首先要看懂兩張地圖：應許之地和中東地圖。

中東的關鍵區域是地理學者稱為「肥沃月彎」的地方——這片沃土地帶起自西邊埃及的尼羅河，朝東北經過以色列地，然後往南和東南到底格里斯河和幼發拉底河流域，亦即古代所稱的美索不達米亞（意思是「河的中間」，「美索」——中間，「不達米亞」——河）。這塊肥沃區域是古代的權力中心，西有埃及，東有亞述和後來興起的巴比倫，以色列就夾在兩大強權中間，世界強權爭奪戰遂成為舊約許多卷書的寫作背景，我們也常在舊約裡讀到這些強權的威脅或直接侵犯以色列的活動，使以色列面臨危急存亡之秋。

以色列因地理位置而成為貿易要道，由於以色列東鄰敘利亞曠野，意味著從東方來的商人和軍隊如欲往返亞洲、非洲、歐洲，需要越過以色列邊境。加利利海西南有一道玄武岩山地，所以旅人得穿越耶斯列，然後到達米吉多。有一條貫穿大馬色（大馬士革）的幹道從敘利亞門進入巴勒斯坦，過「雅各諸女橋」後再跨越玄武岩大壩，來到加利利湖。接著轉西南穿越米吉多，通到沿岸平原，再經過呂大和迦薩，往埃及去。以色列是一道狹長的走廊——西毗地中海，東鄰一條縱貫南北、延伸至死海的大斷層谷。

因此，以色列位居世界的十字路口，四面八方的商道匯聚於米吉多，而俯瞰這「十字路口」的，就是山丘上

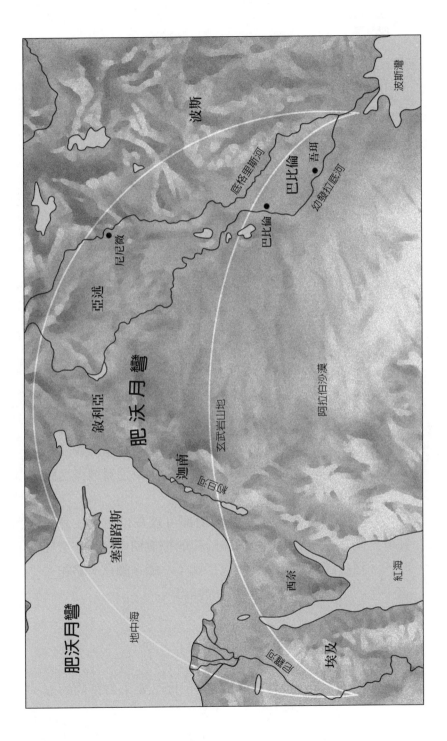

的小村莊拿撒勒。想必耶穌曾經坐在山丘上，看著南來北往的各國人士。

這個位置具有屬靈的意義，神把一個民族置於十字路口，使他們成為天國在地上的一個模型，讓全世界都能看到活在神掌權下的百姓是多麼有福——也看到他們悖逆時所受的咒詛何其慘痛。以色列的獨特位置實非偶然。

再來看應許之地的內部地理：世界十字路口的北部稱為加利利，也因國際人士往來此地而稱為「萬國的加利利」。南部的猶大地嶙峋多山，有遺世獨立的味道，因此得以首都耶路撒冷為中心，發展出頗具特色的猶太文化。

應許之地的面積和英國的威爾斯差不多，卻包含了各種各樣的氣候與景觀。不管你是英國哪裡人，都可以在以色列找到和家鄉相似的地方。和英格蘭最像的地方就在臺拉維夫南邊，而北邊的迦密山素有「小瑞士」之稱。從迦密山下來僅十分鐘路程，你就可以坐在棕櫚樹下。此地有一條大河，就是約旦河，發源於黑門山，往南經過前述的大斷層谷，流經加利利海，南到死海，沿途流域盡是肥沃的平原。

歐、亞、非洲的所有動植物都可以在以色列找到，在蘇格蘭可見的松樹，傍著撒哈拉的棕櫚樹生長。在聖經時代，這片區域的野生動物包括獅子、熊、鱷魚、駱駝。這小小的國家，可說是全世界的縮影。

▍歷史

熟悉舊約世界的地理概況後，接著要來看舊約的歷

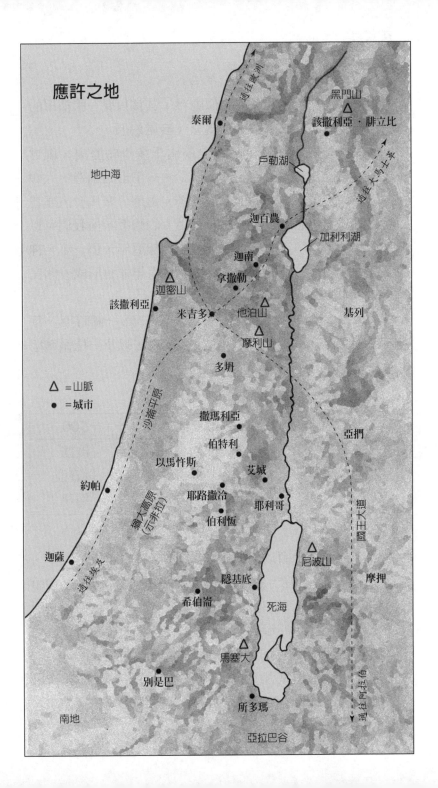

史大綱。兩千多年的歷史看似龐雜，其實只要一張簡單的圖表就能幫助我們掌握基本概念（參見23頁）。

舊約聖經涵蓋基督時代之前兩千多年的歷史，創世記第一到十一章包含「史前」部分──宇宙的創造、人類在伊甸園的墮落、大洪水、巴別塔。這部分聚焦於人類普遍的情況，不過也包含一支「敬虔」的譜系。但我們可以把主前二〇〇〇年作為以色列歷史的起算年，那一年，神呼召亞伯拉罕出來（雖然還要再過幾百年才會形成一個民族）。

舊約可粗略分為四等份，以五百年為一個時期，每一時期都有一關鍵大事、一位主要人物，以及一種領導型態。

2000	1500	1000	500
揀選	出埃及	王國	被擄
亞伯拉罕	摩西	大衛	以賽亞
族長	先知	君王	祭司

第一階段帶領以色列的是族長（列祖）：亞伯拉罕、以撒、雅各、約瑟。第二階段領導以色列的是先知，從摩西到撒母耳。第三階段由君王（國王）領導，從掃羅到西底家。第四階段則出現祭司領導，從約書亞（在所羅巴伯率領下返回猶大故土的祭司）到基督時代的該亞法。

這些領袖類型都不盡理想，並且每一個人都把自己的弱點帶到領導任務上。這個民族需要的是一位集先知、

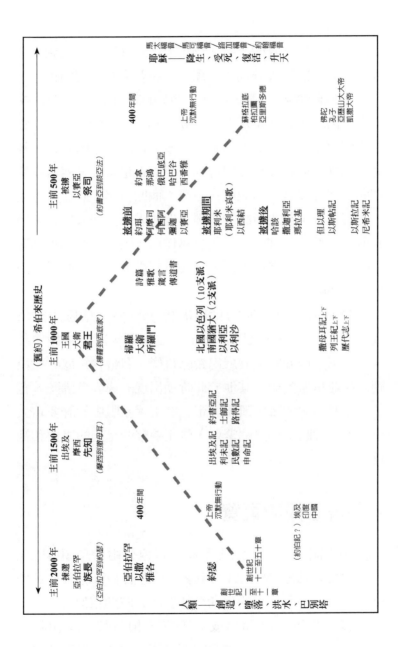

祭司、君王於一身的領導人物，最後在耶穌身上找到了。因此，以上四階段分別預示那一位將要來的理想領袖。

這條時間軸有兩次中斷，各約四百年之久。第一次是在主前一千五百年左右，於族長和先知之間；第二次在主後四百年，出現於祭司階段之後。這兩個中斷時期，神完全沉默，而且沒有任何行動，所以在這兩段各四百年的期間，聖經沒有任何記載。在第二個四百年，有一些猶太人的著述後來收入所謂的次經，但並未正式納入聖經，因其所涵蓋期間，神既無言語也無作為。因此在標準英文聖經的最後一卷是瑪拉基書，之後直到馬太福音，有長達四百年的間隔。

看看這兩段時期的世界歷史，是很有意思的。埃及、印度、和中華文明都在第一個四百年間隔裡發展起來，而第二個間隔期發展出希臘哲學，有蘇格拉底、柏拉圖、和亞里斯多德，其他於此時期出現的偉人有佛陀、孔子、亞歷山大大帝、凱撒大帝。歷史學家眼中的許多重大事件，在神眼中卻無關緊要，真正要緊的是祂的歷史和祂百姓的歷史。

▌各書卷簡明縱覽

創世記第十二至五十章涵蓋以色列由族長領導的第一段歷史時期（參見23頁圖表），約伯記可能寫於此時期，因為書中所描述的生活型態與族長時期相似。

接下來五百年間寫成的書卷，相對較少：出埃及記、利未記、民數記、申命記都是摩西寫的，接續的歷史

記載則見於約書亞記、士師記、路得記。

與第三個五百年有關的書就比較多了：撒母耳記、列王紀、歷代志，加上詩歌書：詩篇、箴言、傳道書、雅歌。在第三階段，所羅門去世後，以色列爆發內戰，十二支派分裂成兩國，北方的十支派自稱以色列，南方的兩支派自稱猶大，統一的王國至此告終。期間雖然也有先知——以利亞和以利沙——但他們並未自成書卷。

最後一段的被擄時期（北國以色列亡於亞述，之後南國猶大也被巴比倫人所擄），相關的先知書不少。有些先知預言發自被擄之前，有的在被擄期間，有些則在歸回之時，還有一些綜括前述分期，因為發預言的先知橫跨不止一個階段。這告訴我們被擄事件之於以色列歷史何其重要，被擄代表以色列人失去神賜與的應許之地，民族身分的核心也深受打擊。

有的先知警告以色列人即將失去土地；有的先知在果真失去土地後安慰他們（有時是同一位先知，先警告、後安慰）；有的先知敦促他們重建聖殿——那是在被擄七十年之後，以色列人重返猶大地。但以理書和以斯帖記的寫作地點在巴比倫。當百姓重返故土，先知以斯拉和尼希米率眾重建耶路撒冷，也協助百姓重新振作。

從以上簡短大綱可看出，舊約的書卷順序不完全按年代排列。歷史書的安排相當準確，但先知書的排序卻不是依據年代，而是依書卷厚度，因此容易令人分不清是誰在何時說話。

▌▌民族興衰

　　23頁的圖表還有一個重點，表中虛線代表民族的興衰起落。從起點逐步上升，到大衛和所羅門統治時達到鼎盛，之後陡降。每一個猶太人都巴望重返那個光榮時期，期盼有一位大衛的子孫來復興國家。

　　門徒在耶穌升天前問祂的最後一個問題，就是祂何時會復興以色列國？兩千年後的以色列人仍然在問同一個問題。

　　代表國勢的虛線一路下降，直到以色列於主前七二一年被亞述所擄，而猶大於主前五八七年被巴比倫擄去。

　　四百年的間隔之後，施洗約翰來到，他是長久以來的第一位先知。接著是耶穌的生平與事奉。相較於舊約涵蓋了兩千多年，新約涵蓋約一百年。

▌▌書卷順序

　　我們已看到舊約書卷排列非依年代順序。此外，英文舊約聖經的書卷排序和希伯來文聖經也不同。英文聖經的排序是先**歷史書**（從創世記到以斯帖記），接著**詩歌書**（從約伯記到雅歌），再接著是**先知書**（從以賽亞書到瑪拉基書）。先知書又分成**大先知書**（以賽亞書、耶利米書、以西結書、但以理書）以及**小先知書**（從何西阿書到瑪拉基書）。不過，這「大」和「小」的區別是依據書卷厚度，沒有其他意思。以上分類通常僅見於目錄頁，所以絕大多數的讀者翻閱舊約時並不會察覺到類別的轉變。

舊約聖經

希伯來版	英文版
律法書（妥拉、摩西五經） * 起初（創） * 名字（出） * 神呼叫（利） * 在曠野（民） * 所說的話（申） **先知書** **前先知書：** * 約書亞記 * 士師記 * 撒母耳記 * 列王紀 **後先知書：** 以賽亞書 耶利米書 以西結書 何西阿書 約珥書 阿摩司書 俄巴底亞書	**歷史書（過去）** * 創世記 * 出埃及記 * 利未記 * 民數記 * 申命記 * 約書亞記 * 士師記 * 撒母耳記上下 * 列王紀上下 * 歷代志上下 * 以斯拉記 * 尼希米記 * 以斯帖記
聖卷（著述）（詩篇） * 讚美（約伯記） * 約伯記 * 箴言 * 路得記 * 雅歌 * 傳道書（傳道書） * 怎麼會？（耶利米哀歌） * 以斯帖記 * 但以理書 * 以斯拉記 * 尼希米記 * 歷代記上下（歷代志） 「上去」（最後一字） [路加福音二十四 27、44]	**詩歌書（現在）** * 約伯記 * 詩篇 * 箴言 * 傳道書 * 雅歌
	先知書（未來）： **大先知（4）：** 以賽亞書 耶利米書 * 耶利米哀歌 以西結書 * 但以理書 **小先知（12）：** 何西阿書 約珥書 阿摩司書 俄巴底亞書 彌迦書 那鴻書 哈巴谷書 西番雅書 哈該書 撒迦利亞書 「咒詛」（最後一字）

* 表示該舊書卷在希伯來文和英文聖書經的分類不同。

　　希伯來文聖經則清楚地分成三大類。第一大類有五卷書，但不叫歷史書，而是**律法書**。每一卷書分別依照展開書卷時首先映入眼簾的字詞來命名。第二大類叫**先知書**，這分類倒叫人意外，因為有一些在我們的聖經裡被歸類為歷史書的，在希伯來文聖經卻屬於先知書。約書亞記、士師記、撒母耳記和列王紀，統稱為**前先知書**。而在英文聖經裡被稱為大小先知書的，在希伯來文聖經裡則被稱為**後先知書**。這是因為猶太人視歷史書為先知的歷史——歷史乃依據神如何看待所發生的事，神視為重要的才是大事。所有的歷史都是本於「挑選」和「關連」的原則而寫——要記載什麼事、為什麼要將那些事納入史卷。聖經的歷史也不例外，只除了它是由在神默示下的先知來挑選。

　　在英文聖經裡，路得記和歷代志被歸為歷史書，但在希伯來文聖經裡卻不列為先知歷史。其實，路得記從頭到尾都沒有直接提到神的作為，儘管故事裡的人視祂為賜福的源頭。希伯來文聖經將路得記和歷代志歸入**聖卷**，這第三大類還有更多叫人意外的地方，因為詩歌書算在此類，還有但以理書，而我們可能預期但以理書應歸入先知書。

　　這個分類看似奇怪，但耶穌復活後，在以馬忤斯的路上向兩位門徒講解聖經，以及之後向十位門徒講解，都是這麼分類的，經文告訴我們，「祂從摩西和眾先知起，把經上所指著自己的話，都給他們講解明白了」。所以這是耶穌知道且接受的舊約分類，我相信我們也會發現這樣的分類大有益處。

還有其他猶太歷史書，不屬於聖經。次經絕大多數是「歷史」，還有一些其他文體。次經包含一些引人入勝的故事，使我們一窺馬加比家族的傳記，這個家族在基督降生之前幾百年，率領猶太人反抗希臘的統治。但這些次經的內容並未被判定為神所默示，所以在舊約正典最終確認時並未納入。但羅馬天主教將之納入聖經。本套叢書將各卷書重新按照年代排列，好讓讀者依照神說出這些道的先後順序來聆聽，也盼望讀者能因此而更理解其中的漸進式啟示。

▋結論

舊約乍看之下似乎令人困惑，但我希望以上概論能幫助你順利瀏覽每一篇章。當然了，經文本身只有靠你自己一讀再讀，別人無法代替你。你不必有學術背景才能了解聖經，舊約每一卷書的寫作都是神所默示的，只要你開口向祂祈求，神必在這些篇章中與你相遇。

2. 創世記

▌引言

　　聖經不是一本書，而是許多本書。「聖經」（Bible）一字源自拉丁文 *biblia* 這個複數詞，意思是「叢書」。聖經包含六十六卷書，比史上任何書籍開始得更早，結束得更晚。第一卷書創世記始於宇宙的起點，最後一卷書啟示錄則描寫世界的終局和來世。聖經之所以獨一無二，還有一個原因：這是從神的觀點寫成的歷史。政治史或宇宙史的焦點取決於人類的意向，但是神挑選出祂認為重要的事，放在聖經中。

主題

　　聖經有兩大基本主題：我們的世界出了什麼岔子、如何才能導回正軌。絕大多數人都同意，這世界並不是一個美好的居所，想必哪裡出了大差錯。創世記就是告訴我

們問題何在，而聖經的其餘書卷則告訴我們神要如何拯救有罪的人脫離罪惡，將一切導回正軌。聖經六十六卷書形成一幕大戲，可稱爲救贖的戲劇。創世記之所以重要，是因爲這卷書引導我們認識這齣大戲的舞台、演員陣容、情節。不僅如此，若少了創世記的頭幾章，聖經的其他部分就顯不出意義了。

起源

創世記的希伯來文名稱是「起初」，由於希伯來文聖經是卷軸形式，爲了方便辨認，一展開卷軸就看見卷名，遂以每一卷書開頭的第一個字詞作爲卷名。

約在主前二五〇年，希伯來文舊約被翻譯成希臘文，譯者將第一卷書的名稱改爲 Genesis，意思其實也是「起源」或「起初」，這名稱相當適合，因爲這卷書的確包含許多事情的起源。書中有宇宙、日月星辰、地球的起源，植物、鳥類、魚類、動物、人類的起源，也有性別、婚姻、家庭的開端，文明、政府、文化（藝術和科學）、罪惡、死亡、謀殺、戰爭的肇始。此外，還有最早的獻祭，以動物爲祭、也以人爲祭。簡言之，我們看到的是一部人類簡史。創世記的頭十一章可稱爲「聖經的序幕」。

需要啓示

創世記不但論及起源，也處理生命的終極問題。宇宙始自何方？我們爲何來到世上？爲何人必有一死？

一看便知，誰也無法回答這些問題。史家記載人類過去的見聞經歷，科學家觀察當下可見的事物，然後提出

看法，解釋可能的成因，但兩者都無法告訴我們為何有這些起源，也不能告訴我們現在的宇宙究竟有什麼意義。哲學家只能靠揣想，推測惡從何來、人間為何多災多難，但實際上也不確知答案。惟一能夠真正為我們解答這些問題的，就是神自己。

創世記是誰寫的？

因此，我們一打開創世記，立刻面臨一個問題：這卷書究竟是人類想像力的產物，還是出於神的默示？

要回答這個問題，可採用類似科學探索的方式。科學的基礎乃是一個個出於信心的步驟：先提出假設，然後測試是否合於事實。因此，科學先假設某些理論為真，再根據這些理論採取行動，在一連串的信心跳躍中不斷進步。同樣的道理，為了確切明白創世記，在尚未展讀之前，我們就必須憑信心跨出一步，先假設這是出於神所默示的一卷書，然後再來看這卷書提出的答案是否符合我們所見的生命和宇宙事實。

有兩項顯而易見的事實，特別能從創世記提供的答案中找到完美的說明。第一個事實是，人所居住的世界極其榮美，無比繁複，多采多姿。第二個事實是，人破壞了這世界。科學家告訴我們，每天有一百個物種滅絕，我們也愈來愈意識到，現代的製造生產對環境造成損害。創世記完美地解釋了這兩項事實何以千真萬確。稍後會再談到。

創世記的地位

創世記不只是聖經的第一卷書，也是整本聖經的根基。聖經的真理都包含在這卷書裡了——就算不是全部，至少也有雛形。這卷書是解開其他書卷的鑰匙。創世記讓我們知道只有一位神，祂是宇宙的創造主，而以色列是從萬民中由神揀選出來的，是蒙神賜福的民族，學者稱之為「獨鍾之惡」（scandal of particularity）：在所有的民族中，竟然是以色列人蒙神特別揀選。這個主題貫串了整部聖經。

倘若聖經始於出埃及記，又會如何？這一問，立刻顯出創世記的重要。若少了創世記，我們難免納悶，埃及的一群猶太奴隸與我們何干？除非有人要做這個題目的學術研究，才會繼續往下讀。惟有讀了創世記之後，才能了解這群奴隸為何重要——他們是亞伯拉罕的後裔，而神與亞伯拉罕立了約，萬國將因他的後裔得福。知道了這一點，才能領會神為何要保存這群奴隸的性命，看見神逐步揭開的旨意如何達成。

創世記是哪一種文學？

許多讀過創世記的人都曉得，這卷書是不是出自神的啟示，向來飽受爭議。有人說創世記根本是一部神話，罕有歷史基礎。對此我要先提出三點說明：

1. 整部舊約都以創世記為基礎，從頭到尾有許多經節提到亞當、挪亞、亞伯拉罕，以及後來改名為

以色列的雅各。新約也建立在創世記提供的基礎
上，而且新約最常引用的舊約經文就是創世記。
新約詳細引述了創世記前六章的內容，新約主要
的八位作者都以某種方式提到創世記。

2. 耶穌自己平息了所有關於創世記是否為史實的疑
問，祂經常提到創世記中的人物真有其人，創世
記中的事件確有其事。耶穌視挪亞和洪水為歷史
事件，也曾聲明自己認識亞伯拉罕。約翰福音記
載祂對猶太人說：「你們的祖宗亞伯拉罕歡歡喜喜
地仰望我的日子，既看見了，就快樂。」接著又
說：「還沒有亞伯拉罕，就有了我。」約翰福音也
提醒我們，太初已有耶穌。有人問耶穌離婚與再
婚的問題，祂提醒發問的人，去看看創世記怎麼
說，在那卷書裡可以找到答案。如果耶穌相信創
世記是真理，那麼我們沒有理由不相信。

3. 使徒保羅從神學上理解創世記確為史實。在羅馬
書第五章，他以亞當的不順服對比基督的順服，
說明順服在信徒生命中的結果。若非亞當確實是
歷史人物，這樣的對比就毫無意義。

創世記若不可信，聖經其他部分也就不可信

單單思考創世記真實與否，是不夠的，如果我們不
接受創世記是真理，緊跟而來的就是聖經其餘各卷也不可
靠。如前所述，聖經有許多內容都以創世記的真理為基
礎，如果創世記不是真的，那麼「偶然」才是我們的造物
主，野獸就是我們的祖宗。也難怪整部聖經中這卷書最常

受人抨擊。

攻擊兵分兩路：一是科學的，一是屬靈的。科學攻擊的層面等我們細看創世記內容時再詳談。現在只先提一點：創世記頭幾章有許多細節與現代科學並不相符，比方地球的年齡、人的起源、大洪水的範圍，以及人類壽命在洪水前後的變化等等。

不過，科學攻擊的背後可能不乏撒但的攻擊，魔鬼最痛恨聖經裡描述牠進入世界和羞愧離去的兩卷書：創世記和啟示錄。所以牠最喜歡叫人不相信創世記的頭幾章和啟示錄的末幾章。倘若牠能說服我們相信創世記是神話而啟示錄是謎團，牠就可以放手破壞許多人的信心了。

創世記是怎麼寫下來的？

猶太人把聖經的頭五卷書稱作五經（Pentateuch，*penta* 即「五」）或妥拉（Torah，意思是「指示」）。猶太人相信這五卷書共同組成造物主給世人的指示，所以他們每週都要讀一部分，用一年的時間把五經讀完一遍。

傳統上，無論猶太人或基督徒，甚至連異教徒的歷史學者都認定這五卷書是摩西所寫，因此似乎沒有理由懷疑。到了摩西的時代，字母取代了盛行於埃及的圖像式語言（至今中國和日本仍使用象形文字）。摩西受過大學教育，學識足堪編纂這五卷書的重任。究竟五經是否為摩西所作，有兩個問題不妨思考：

摩西的作者身分問題

第一個問題比較小，申命記的結尾記錄了摩西之

死，因此那部分應該不是他寫的！這一段可能是由約書亞補上，以總結這五卷書。

第二個問題比較大，就是創世記結束的時間比摩西出生還早了約三百年。以出埃及記、利未記、民數記、申命記而言，作者是摩西，毫無問題，因為這四卷書記載的都是他經歷過的事件，但是他怎有可能取得創世記的資料？

不過這問題很容易解決。研究顯示，沒有書寫文化的民族雖無文字紀錄，卻有驚人的記憶力。沒有文字的部族要認識本族的歷史，方法是圍坐火堆旁，聆聽長者述說部族故事，代代相傳。原始社群的口述傳統很強，希伯來人想必也是如此，尤其在埃及為奴期間，更希望子孫知道自己是誰、從哪裡來。

用記憶形式傳承的歷史有兩種，一種是族譜，因為家譜賦予個人身分。創世記裡有很多家譜，有句話出現十次之多：「⋯⋯的後代記在下面」。另一種則是英雄事蹟傳說，講述祖先的豐功偉業。創世記差不多就是由這兩大方面的歷史組成，在英雄故事當中穿插家譜。了解這一點，就很容易看出這卷書是摩西採集在埃及為奴的族人的記憶，編纂而成。

不過，這並沒有完全解決摩西的作者身分問題，因為創世記裡有一部分絕無可能從族人耆老的記憶收集而成，那就是第一章（或說從第一章1節至二章3節，此乃章節劃分不佳之故）。摩西如何寫出創造世界的細節？

這裡就必須運用信心了。詩篇一〇三篇說，神使摩西知道他的法則，包含創世的敘事。聖經的內容極少由神

直接口述給人記錄下來，摩西是一例，另一例則是神清楚告訴約翰如何在啓示錄裡描述世界的末了。通常，神會給作者默示，由作者發揮自己的性情、記憶、觀點，形塑神的道（正如神使用摩西寫出創世記其餘部分），並且神的靈完全掌管這過程，讓作者寫出來的結果就是神所要的。不過，創造天地的敘述，必然是神直接啓示給摩西的。

在此可提供一個細節作為印證，就是在摩西的時代以前，並無守安息日的紀錄。我們看不到任何記載說列祖的生活形態包括每逢安息日就休息一天。真的，連「一星期七天」的概念都無跡可尋，所有提到時間的經文都以月和年為單位。由於我們讀的聖經始自創世記第一章，以致我們誤以為亞當知道安息日這回事，也守安息日，為後人所效法。但是亞當似乎是天天看守伊甸園，然後在傍晚時分和神在一起。同樣也沒有任何一處經文暗示亞伯拉罕、以撒、雅各守安息日；他們是牧羊人，大概沒什麼休息時間。

倘若摩西如前所述，直接從神那裡領受創世記第一章──包括安息日的概念，那麼這一切就合情合理了。摩西得到安息日的知識，所以能夠藉十誡將安息日的概念引進以色列人的生活。

因此，總結來說，創世記顯然是從神而來的一卷書，讀的時候應當以此為前提。創世記也是摩西所寫，用他在埃及時受的教育和寫作的恩賜，記錄神的種種不凡作為：為了逆轉人類墮落的效應，而呼召亞伯拉罕。

創世記的輪廓

這卷書的整體輪廓也大有深意，值得探究。前四分之一（第一至十一章）自成一格，涵蓋千百年間肥沃月彎（從埃及直到中東波斯灣）各民族增長擴散的經過。分水嶺出現在第十二章，神呼召亞伯拉罕。整卷書的後四分之三則進一步聚焦，依序記載亞伯拉罕及子孫以撒、雅各、約瑟如何經歷神。

以上的整體輪廓還可以再細分，第一至二章形容萬物──包括人類──都是好的。第三至十一章，我們看到罪的起源和結果──人類的身體和靈性都遠離了伊甸園；我們也看到神的性格，祂行公義懲罰人類，但祂也施憐憫，在懲罰中仍有供應。

第十二至三十六章有六個人相互對照：亞伯拉罕對照羅得，以撒（應許之子）對照以實瑪利（血氣之子），雅各對照以掃。面對這兩種人，我們選擇作哪一種？神把祂自己的名聲繫在三個人身上：亞伯拉罕、以撒、雅各，儘管三人各有缺點。創世記最後把焦點集中於約瑟，一個截然不同的人。稍後我們會來看約瑟和父祖輩如何又為何迥然有別。

▋起初神

以下就要進入創世記的內容，首先要看奇妙的第一章，起首的幾個字是「起初神」。

創世記中有許多起源，但很顯然神本身並非起源於

此。聖經一啓幕，神就在那裡了，因爲在宇宙形成之前，祂已存在。關於神從哪裡來的哲學問題，其實是一個「不是問題的問題」。宇宙存在以前，必然已有一永恆的某物或某位存在，而聖經清楚指出，那一位就是神。神的永恆存在是聖經的基本大前提。祂一直在，永遠都在，祂是那永在的神。祂的名字「雅威」（Yahweh）就是希伯來文動詞「存在」（to be）的分詞形式，若換作英文，可以是 always（永遠），這傳達出神的本性：祂一直都是祂所是，並且永不改變。

我們無需解釋神的存在，卻需要解釋萬物何以存在。這跟現代人的思維恰恰相反，現代人看著周遭的一切，然後認爲需要證明上帝存在。但聖經看問題的角度完全不同。聖經說，神一直都在，而現在需要說明的是其他萬物爲何存在。

摩西寫創世記之時，每個希伯來人當然都知道神存在。祂曾拯救祂的百姓出埃及，分開紅海，又使埃及軍隊沒入海中，所以他們親身經歷過神的存在，根本不必多加「證明」。

需要信心

新約建議我們用一個好方法來思考有關神的事，這方法用來讀創世記也很有幫助。我們在希伯來書第十一章讀到兩件有關創造天地的事，第一，「由於信心，我們知道宇宙是藉著上帝的話造成的；這樣，那看得見的是從那看不見的造出來的。」第二，同一章稍後又說：「凡是到上帝面前來的人都必須信上帝的存在，而且信他要報賞尋

求他的人。」（現代中文譯本）

因此，就整本聖經——包括創世記——而言，我們在讀的時候必須假設神存在，而且他希望我們尋求他、認識他、愛他、事奉他。我們要在這個信靠的基礎上來看發生了什麼事。我們無法證明神存在與否，但基本上我們可以相信神希望我們認識他、信服他。

造物主的畫像

看過了創世記起首的幾個字後，繼續往下看，可能會發現一個始料未及的特色：創世記第一章的主旨並非受造萬物，而是造物之主。這卷書主要不是在講我們的世界如何形成，而是在講誰使之形成。事實上，僅僅三十一節的經文裡，「神」這字就出現了三十五次，彷彿強調這一切都是關乎他。第一章與其說是創造天地的故事，不如說是造物主的畫像。那麼，這幅圖畫告訴我們什麼呢？

1. 神有位格

創世記第一章描述一位有位格的神，他的心有感覺，他的腦子會思考，他會說出他的想法，他有意志作決定，並且堅定不移。這一切都形成我們所知的人「格」。神不是「它」，而是「他」。他有完整的位格，跟我們一樣有感覺、有思想、有動機。

2. 神大有能力

如果神能以他的話語，說有就有，命立就立，那麼很明顯地，他必定大有能力。在第一章他一共下了十道

042 舊約縱覽 David Pawson

「命令」，無一不照祂所願的完全成就。

3. 神不是被造的

前面提到，神一直在而且永遠都在，祂永遠都是獨一的造物主，絕非受造物。

4. 神富有創意

祂的想像力多麼豐富！多麼偉大的藝術家啊！光是甲蟲就有六千種。沒有兩片草葉長得一模一樣，沒有兩片雪花、兩朵雲、兩粒沙、兩顆星是一模一樣的。令人驚嘆的多樣性，竟都共存於一個和諧的宇宙。

5. 神是井然有序的　各從其類

之後我們將看到，神的創造大工有對稱的內涵。因為創造的作為富有數學邏輯，而使科學成為可能。

6. 神是單數的

創世記第一章，從第一個動詞「創造」以後，全都是單數動詞。

7. 神是複數的

「神」這個字用的希伯來文不是單數的 *El*，而是複數的 *Elohim*，意思是至少有三位「神」。所以聖經起首第一句用了一個複數名詞配上一單數動詞，在文法上有誤，在神學上卻正確無誤，暗示神是三位一體的神。

8. 神是良善的

所以他的作為都是「好的」，而且他宣布人類是他最好的傑作，「甚好」！不僅如此，他希望以良善對待他所造的萬物，賜福予萬物，他的良善是一切良善的標準。

9. 神是活著的

他主動參與在時間與空間的世界中。

10. 神是溝通者

他向受造萬物和其中一切活物說話，尤其想要和人類建立關係。

11. 神與我們相像

我們是照著他的形像所造的，所以我們必然在某些方面像他，而他必然也與我們有相似之處。

12. 神與我們不相像

他能從無中「創造」出有來（*ex nihilo*），而我們只能從某樣東西「造」出某樣東西來。我們都是「製造者」，惟獨他是「創造主」。

13. 神是獨立的

神從不使自己與他的受造物同等。打從創世之初，造物主和受造萬物就截然有別。新紀元運動混淆此一觀念，說「神」就在我們裡面。但是造物者有別於受造萬物。他可以放自己一天假，離開他所造的一切。我們絕不

可把祂等同於祂所造的。拜祂所造的就是拜偶像；敬拜造
物主才是真理。

挑戰哲學

如果我們接受創世記第一章的真理，那麼有好些關
於神的不同看法就自動出局了。這些不同的看法也稱為哲
學（「哲學」一字的原意是「愛智慧」）。無論是否刻意思
考過，每個人對世界都有自己一套看法。

如果你相信創世記，那麼以下哲學就不成立：

1. **無神論**（atheism）。無神論者相信世上沒有神，而
   創世記第一章肯定地說有神。

2. **不可知論**（agnosticism）。不可知論者說他們無法
   得知世上有沒有神。創世記第一章說我們接受有
   神存在。

3. **泛靈論**（animism）。相信有許多靈在控制這世
   界——河有河的靈，山有山的靈，等等。創世記
   第一章明確地說，這世界是神所創造和掌管的。

4. **多神論**（polytheism）。多神論者相信有很多神，
   印度教即屬此類。創世記第一章說只有一神。

5. **二神論**（dualtheism）。相信世上有兩個神，一善
   一惡；善神管好事，惡神管壞事。創世記第一章
   明確地說只有一神，而且這神是良善的神。

6. **一神論**（monotheism）。猶太教和伊斯蘭教皆屬一
   神論，相信有一神，而且僅僅一位，所以拒絕相
   信三位一體的神。創世記第一章用複數名詞
   Elohim 來形容神，由此可知這神有三個位格。

7. **自然神論**（deitheism）。自然神論者視神爲創造者，但主張如今祂並無法控制自己所創造的萬物。祂好比一位鐘錶師傅，把世界上了發條以後，就由世界依其法則運轉。因爲神從不介入祂的世界，所以不可能有神蹟。許多基督徒實際上是自然神論者。

8. **有神論**（theism）。有神論者不但相信神創造了世界，也相信祂掌管祂所造的萬物和每一個人。有神論者只差一步就到符合聖經的哲學了，但他們就是不多走這一步。

9. **存在主義**（existentialism）。這是今日盛行的哲學，相信「經驗」就是神，我們的選擇和自我肯定就是我們的「宗教」。創世記第一章告訴我們，有一位創造主，我們必須向祂交帳。

10. **人文主義**（humanism）。人文主義者拒絕接受在受造世界之外有一位神。創世記第一章告訴我們，人是神所造的，但是人文主義者相信人就是神。

11. **唯理主義**（rationalism）。唯理主義者相信，我們自己的理性就是神。創世記指示我們，神照著祂的形像造人時，也把理性的能力賜給人。但是唯理主義拒斥這個概念。

12. **唯物論**（materialism）。唯物論者相信只有物質才是眞實的，除非親眼看見，否則任何人、任何事他們都不接受。

13. **神祕論**（mysticism）。神祕論者與唯物論者相反，相信只有「靈」才是眞實的。

14.**一元論**（monism）。這種哲學是新紀元運動的主要基礎，主張物和靈的本質為一，是相同的。神是創造了世界、獨立於世界之外的靈——這觀念他們根本不屑一顧。

15.**泛神論**（pantheism）。和一元論類似，相信萬物都是神，這種哲學有個現代版本，叫「萬有在神論」（panentheism）：每一樣東西裡面都有神。

聖經觀點和以上這些哲學完全相反，不妨稱之為**三而一神論**：神是三位一體，是全宇宙的創造者和掌管者。這是貫穿整本聖經的觀點，從創世記第一章到啟示錄最後一章。

風格

接著來仔細看看創世記第一章的內容，請特別留意寫作風格。有一點很明顯，就是這一章不是用科學的語言寫的。許多人讀的時候似乎期待看到自然教科書那樣的細節，但是相反地，第一章寫得非常簡單，簡單到世世代代的人沒有讀不懂的，不論他們的科學知識程度是高是低。

第一章的記載僅使用非常簡單的分類，植物分成三大類：青草、菜蔬、樹木。動物也分成三大類：家畜、供獵食的動物、野獸。這麼簡單的分類，任何地方的任何人都能了解。

用語

簡單的風格也反映在遣辭用字上。整個創世記第一

章使用的字只有七十六個不同的字根。不僅如此,所有的字根都可以在每一種語言裡找到,這表示創世記第一章是全本聖經最容易翻譯的一章。

每一位作者都得問一個問題:誰是潛在讀者?神希望創造天地的故事傳給每一世代、每個地方的每一個人,因此祂把這一章寫得非常簡單,連小孩子也能讀懂其中信息。其中一個結果就是這一章很容易翻譯成各種語言。

創世記第一章用的動詞也非常簡單,有一個動詞對我們了解這一章尤其重要。創世記第一章區別了「創造」和「造」。希伯來文的「創造」是 bara,意指從「無」中造出「有」來。這字在創世記第一章中共出現三次 —— 用來描寫物質、生命和人的創造,而其他地方則是用「造」,意指用某種材料做出東西來,也可稱之為製造。

對於神在七日內創造天地的描述也很簡單,每個句子都有一個主詞、一個動詞、一個受詞,文法直接了當到任何人一看就能懂,而所有句子都用一個簡單的字來連結,例如「於是」、「並」、「至於」。這一章實屬上乘之作。

結構

創世記第一章的結構非常漂亮,井然有序地展開六日的敘述。這六日又分成兩組,三日為一組。

創世記一章2節說:「地是空虛混沌,淵面黑暗」;第3節開始出現發展。前三日和後三日有奇妙的關連,在前三日,神創造了對比鮮明的不同環境:光與暗對比,眾水和穹蒼對比,地與海對比。祂創造鮮明的對比,帶出多樣化。第三日,祂也開始以植物充滿地面,現在大地「定

形」了。

接下來，第四、五、六日，祂開始把前三日創造的這些環境填滿。所以第四日，祂造了太陽、月亮、星星，與第一日創造的光和暗相應。第五日，祂造了鳥和魚，好充滿第二日創造的天空和大海。第六日，祂造了動物和亞當，來佈滿第三天所造的大地。所以，神創造萬物不但按部就班，而且精準明確。祂確實是從混亂中帶出秩序的神。現在，全地都「充滿」了生命。

精確的數學特性

奇妙的是，創世記第一章也具有數學特性，其中有三個一再出現的數字：三、七、十，在整本聖經裡都有特殊意義。數字「三」代表神，「七」是聖經裡的完美數字，而「十」代表完整。若仔細看這三個數字出現的地方，則會發現一些令人讚嘆的連結。

只有三次，神實際上從無中創造出有來。祂三次以名字稱呼某物，三次造出某物，三次賜福某物。

「神看著是好的」共出現了七次。當然，第一章裡共有七天。還有，創世記的第一個句子在希伯來文裡共有七個字。不只如此，在這段創造天地的記載中，希伯來原文的最後三個句子也各由七個字組成。

而且神下了十道命令。

簡單明白

創世記第一章的風格，與其他「開天闢地的故事」形成強烈對比，例如，巴比倫的創世史詩不但非常複雜，

而且怪異，與現實幾乎沒有關連。不過，創世記的創世記
載如此簡單明白，也不是人人稱道。有些人認為，以現代
眼光來看，這種簡單的記述手法恰好證明聖經稱不上嚴謹
之作，然而這種簡單的記述手法其實大有道理。

　　想像一下，要如何在童書裡描述蓋房子的過程呢？
你會希望用既精確又簡單的方式描述，好讓小孩子看得
懂。你可以寫泥水匠如何把磚頭一塊塊砌上去，木匠如何
製作窗框、門框、桁條。你可以提到水管工人怎麼鋪水
管，電工怎麼牽電線，粉刷工人如何油漆牆壁，裝潢師傅
如何貼壁紙。

　　如上所述，你可以分六個階段來描寫，但是實際上
蓋房子的過程當然複雜得多，不同類別的工作有好些時候
需要協力合作，也互有重疊。沒有人會因為實際狀況複雜
得多而說這本童書這樣寫是錯的，或是有誤導之嫌。同
理，創世記無疑是簡化的記述，而科學可以為我們填補大
量細節進去。但是，神的目的並不在於提供精確的科學細
節，而是要提供井然有序的解釋，好讓人人皆可了解、接
受，而這也突顯出神很清楚自己在做什麼。

科學上的問題

　　創世的記載簡單明白，有其必要，然而明白了這一
點，也不見得能解決所有相關的問題。尤其是創造發生的
速度和地球的年齡，這兩方面截然不同卻互有關連，需要
好好思考。地質學家告訴我們，地球的形成起碼得花上四
十二億五千萬年，而創世記卻說六天就造成了。到底哪個
說法才是正確的？

　　就受造物出現的順序而言，創世記的記載和科學的發現頗多吻合。關於創造天地的順序，科學的看法與創世記第一章記載一致，只除了一點：日月星辰到第四天才出現，而植物在第三天就造好了，這一點看似矛盾，直到我們了解地球原本爲厚厚的雲霧所遮蓋，才知道其實並無矛盾。科學的探索也證實了這是有可能的。所以，第一道光出現時，看上去就像比較亮的雲，等到植物出現並開始行光合作用，將二氧化碳轉換成氧氣，雲霧才消散，而日月星辰首度展現於穹蒼。所以科學和創世記第一章的記載完全吻合。生物先現於海中，後現於陸地，人類最後才出現。

　　雖說科學家大致同意聖經記載的造物次序，但仍有一些重大的分歧，包括動物和人類的起源，以及許多相關問題，比如人類壽命在大洪水前後的變化，大洪水的範圍，還有進化論和創造論之爭。

　　深入這類問題之前，我們要先了解，有三種方式可以處理科學與聖經的問題。先決定採取何種方式，才能著手探討問題。你必須選擇要採用否認法、分離法，還是整合法。

否認法

　　第一種方式就是選擇相信聖經正確，不然就是認爲科學正確，反正非此即彼，不可能兩者皆是。一般非信徒選擇相信科學，信徒則相信聖經，無論哪一方，對於另一個領域都如鴕鳥埋首沙中一般，避而不見。

　　如果你是基督徒而否認科學，就會遇到一個問題：

科學在許多方面一直都是正確的。舉個例子，多虧科學進展，才有發達的現代通訊。有些基督徒視科學如仇敵，其實大可不必。

「皮爾當人」的發現正可說明這一點。一九一二年，在英國的薩塞克斯郡的皮爾當，發現了一塊頭蓋骨，看似半人半猿，許多人視之為某種進化論的證據。但後來發現，這塊頭蓋骨其實是偽造的，基督徒立即對科學報以冷嘲熱諷。他們忘了，要不是有科學，哪能鑑定這塊頭蓋骨是偽造的啊！

因此，在科學和聖經之間二選一，會帶來不少問題。我們不應該毫不過問地接受科學事實，但也不應該愚昧到叫人為了相信聖經而抹煞理智。實在無此必要。

隔離法

第二種方式是讓科學和聖經保持距離，互不相干。科學管一種真理，聖經管另一種真理。這種觀點主張科學關乎物理界或物質界的真理，而聖經則關乎道德領域和超自然領域的真理，兩者處理的是完全不同的問題。科學告訴我們這世界如何形成、何時形成；聖經告訴我們這世界是誰造的、為何而造。兩者得要分開來看，因為根本沒有重疊之處。科學講的是事實，聖經講的是價值觀，無需將兩者混為一談。

這是十分常見的方法，甚至在教會裡也有。這種心態源自希臘人的思考方式，將物質界和屬靈界截然劃分，井水不犯河水。希伯來人可從不這麼想，他們看上帝既是造物主又是救贖主，物質界和屬靈界相依相屬。

　　如果我們用隔離法來看創世記，肯定會把創世記當成神話。創世記第三章就成了一則寓言，可以下一個標題「蛇怎樣沒了腳」，亞當則成了「每一個人」，這卷書裡的故事都是虛構的，用意是要教導我們認識神和我們自己的價值，也讓我們看到應當如何看待神、看待自己──但是萬萬不可視之為史實。

　　這種方法把創世記當成了安徒生童話，每個故事都有道德教訓上的真理，但是毫無歷史的真相。亞當和夏娃都是神話人物，挪亞和大洪水也是神話。這樣的觀點當然也可以延伸到創世記之後的每一卷書，一旦質疑聖經有哪卷書並非史實，就很容易進一步質疑其他書卷。因此，若採用隔離法，聖經裡就沒有歷史了──有很多價值標準，但就是沒多少事實。

　　將科學和聖經切開的隔離法，和否認法一樣，有其問題。事實上，聖經和科學好比兩個有所重疊的圓圈，有些問題是兩者都談到的，所以有些明顯的矛盾也是我們必須去面對的。如果我們假裝聖經雖有事實上的錯誤，但仍有價值，等於是在破壞整本聖經。所以，這個問題要如何化解？第三種方法能否幫助我們把科學和聖經放在一起看呢？

整合法

　　要了解如何整合科學和聖經，需要記得兩個基本要點：科學調查的本質是變動的，而我們對聖經的解釋也會改變，兩者同等重要。

1. 科學的看法一直在改變

　　過去科學家一直相信宇宙裡最小的單位就是原子。現在我們知道每一個原子本身就是一整個宇宙。直到不久之前，大家還認為決定嬰兒胚胎性別的是X染色體和Y染色體，如今這看法已被推翻，DNA的發現大大改革了我們對生命的想法，因為現在我們知道最早的生命形式已有最複雜的DNA。DNA是一套語言，將信息一代又一代傳遞下去──可見背後必有一位設計者。

　　上一代的人認為大自然依照不變的定律運作，而現代科學則聲稱大自然的隨機性恐怕比我們想像的大得多。「量子」物理就很有彈性。

　　地質學也在不斷發展變化。現在要測量地球的年齡，有很多種方式。據稱有些新方法測出來的結果顯示地球其實沒那麼老，少則九千年，多則十七萬五千年──比從前計算的四十二億五千萬年少得多。

　　不僅如此，人類學研究也是眾說紛紜。從前以為史前人類是我們的祖先，如今則認為那是曾經出現但後來絕種的生物，與人類並無關連。生物學也一直在變，如今，相信達爾文演化觀的人比以前少多了。

　　這一切意味著我們不應當漠視科學發現和聖經記載的矛盾，由於科學知識不斷在擴展，所以若將聖經的解釋和某個科學年代綁在一起，那就是我們的愚昧了。

2. 聖經的解釋也在改變

　　科學理解的發展在變，傳統的解經也在變。聖經是神所默示的，但我們對聖經的解釋可不一定出於神。我們

需要清楚區分聖經的文本和我們詮釋文本的方式。例如，聖經講到地有四角，但今天不會有人解讀成地球是正方體或四方形。聖經使用的是描述外觀的語言（language of appearance），說太陽東升西落，從天的這邊出來，繞到天的那邊，而我們都知道，這並不表示太陽繞著地球運轉。

科學的解釋是有彈性的，而且我們對聖經的解釋也會改變，了解這兩點以後，就可以尋求整合科學與聖經，在看似矛盾衝突之處做平衡的判斷了。

創世記第一章中的「一日」

思考創世記第一章中的「一日」之爭時──此乃科學與聖經之辯的傳統戰場──尤其需要這種「整合式」的判斷。

創世記所敘述的一日和地球實際的年齡，之所以升高為激辯不休的問題，是因為從前有些版本的聖經給第一章添上日期，註明為主前四○○四年。這是愛爾蘭的總主教烏設（James Ussher）計算出來的（某位學者甚至算出亞當是在十月二十四日早上九點出生的！），儘管實際上原文直到第五章才開始出現日期。

烏設的算法是以創世記中記載的世代為本，殊不知猶太人的族譜不一定把一個世系的每一代都寫進去。所以「某某的兒子」也可能指某某的孫子或曾孫。我們大可把烏設的計算撇到一邊，卻依然得面對一個矛盾，就是聖經明確地說天地的創造一共花了六天，而科學也明確地說絕對不只六天。

原文裡的「一日」究竟何謂？希伯來文的「日」是

Yom，有時確實意味著一天二十四小時，但也可以指白天的十二小時，或是指一個年代，就像我們說「駕馬車的日子已經過去了」那樣。

了解這個字有幾種意義之後，接著就要來思考，關於創世記的「一日」，有哪些不同的看法：

地上的一日

有些人照字面意義看，認爲這「一日」就是地上的一天二十四小時。這跟科學家依地質學估計的地球生成年齡有明顯的衝突。

時間的間隔

有人提出，從第2節到第3節有一段時間上的間隔，主張在第2節「地是空虛混沌」之後隔了很長一段時間，神才開始用六日創造天地。所以說，神開始工作之前，地球已經存在很久了。這種理論十分常見，司可福聖經和其他聖經註釋裡都可看到。

爲了找出更長的時間，第二種方法是用大洪水來解釋。威肯和墨里斯（Whitcome and Morris）出版了不少這方面的書，說我們所獲得的地質學資料全都來自洪水之後，岩石「顯而易見」的年齡是大洪水淹沒後的結果。

時間的幻覺

有人提出，神造萬物時故意讓那些東西看起來很古老，就好像亞當被造出來的時候已經是個男人，不是嬰兒。因此有些人相信，神造地球時，讓地球看起來比實際

上古老。神創造真正的骨董！祂能使一棵樹有兩百年的年輪，又可以造一座看似已經屹立數千年的高山。理論上這是可能的——神能夠這麼做。

無論是「間隔」或「幻覺」，兩種觀點都照字面意義假定這「日」就是一天，因此需要爭取時間，就怕在地質紀錄上說不通。

地質的年代

將「日」視作「地質的年代」也是一種方式，因此創世記第一章的六日就不是六天，而是六個地質年代，亦即第一至三日並非「太陽日」（反正那時也還沒有太陽！）。這理論吸引頗多人，但缺點是忽略了某個從第一日開始就重複出現的片語：「有晚上有早晨」，也忽視了另一個事實：這六日與地質的年代並不相符。

神話的日子

前面提到，有些解經者根本把這章經文視為神話，所以這「一日」到底有多長，對他們而言根本就不是問題。他們認為這六日不過是整個故事的文學架構，是虛構的日子，所以完全可以忽略不計，重點在於這則故事的寓意，其他的就甭管了。

受教的日子

有一個最有趣的說法，由倫敦大學的魏斯曼教授（Professor Wiseman）提出，他相信那六日是「受教」的日子，神用七天的時間把祂創造天地的經過分階段啟示給

摩西,因此我們所看到的記載,其實是摩西在受教的一週內所學到的創世經過。有些人同意這說法,但也提出這些啟示應該是用異象的形式顯給摩西看的,如同約翰領受異象而寫下啟示錄。

神的日子

最後一個可能的解釋,這六日是「神的日子」。時間對神而言是相對的,神看千年如一日,一日如千年。從這個角度就可以了解,神是在說,創造天地的整個過程對祂而言「不過是一週的事」。

這個說法適足以突顯人在神整個創造計畫中的重要性,因為如果單單用地質學的時間來看的話,人類生命顯得微不足道,完全失去意義。舉例來說,請想想位於倫敦泰晤士堤岸的克麗奧佩托拉方尖碑(Cleopatra's Needle),以這座紀念碑的高度代表地球的年齡,然後在碑的尖頂上放一枚硬幣,再在硬幣上放一張郵票,硬幣的厚度即代表人類存在的時期,而郵票則代表人類有了文明之後的時期。從年代長短的角度來看,人類似乎微不足道。

或許神希望我們把創造天地想成是一週的事,因為祂要我們抓住重點,就是我們人類活在這地球上,在所有的造物中,我們對祂最重要,祂只用創世記的一點點篇幅來講創造天地的經過,卻花那麼多篇幅來講人類的事。

這個理論還可以繼續擴大。經文裡的第七日並沒有結束,因為這日延伸數千年之久,從聖經的起頭直到神使祂兒子從死裡復活的那日。整部舊約沒有其他新的創造

了；神的創造已經完成。事實上，舊約很少出現「新」這個字，若有，也是負面的用法，好比傳道書說：「日光之下並無新事。」所以神歇工休息的第七日涵蓋了整部舊約聖經。

因此，將創世記第一章的一日視為神的日子，理由頗為充分──神希望我們把他創造天地的工作想成是一週的事。

▌人位於中心

進入第二章，一眼就可看出大大不同於前一章，風格、內容、觀點都轉換了。第一章以神為中心，從神的角度記載創造天地的經過，第二章的主角則是人。第一章的統稱到了第二章則為具體的名字所取代。第一章提到人類時僅稱「男人」和「女人」，第二章稱這男人和這女人為「亞當」和「夏娃」，是兩個個體。

到了第二章，神也有了名字，第一章僅稱他為「神」（Elohim），第二章則稱他為「耶和華神」（中文聖經和合本）。英文聖經用的是大寫的 the Lord God（上主，神）。在英文聖經裡看到 the Lord 的時候，就表示在希伯來文聖經裡此處出現了神的名字。希伯來文是沒有母音的，所以神的名字是由四個子音字母組成：J、H、V、H，「耶和華」（Jehovah）一詞便是由此造出，但其實這是個錯誤，因為第一個子音 J 的發音就像 Y，而 V 的發音則像 W，因此以英文發音來說應是 Y、H、W、H四個字母，「雅威」（Yahweh）即由此而來。《新耶路撒冷聖經》用的就是

「雅威神」。前面也提到，用英文的always（永遠）來傳達希伯來文動詞「存在」的分詞形態，更有助於我們思想「永在的」神。

第二章進一步說明人跟神的關係。第一章提到男人和女人是照著神的形像造的，到了第二章，我們看到神跟人互動的方式，在所有受造物中獨一無二。人與神之間有種親密關係，是其他受造物所沒有的，動物並不具有與神建立屬靈關係的能力，由此看來，人就像創造他們的神，在受造物中獨一無二。

但我們也看到人和神不一樣，雖說人是照著神的形像造的，但人也不像神。如果我們要跟神建立關係的話，一定要了解以下的重要真理：我們像神的事實，意味著我們可以和祂有親密的關係，而我們不像神的事實，則意味著人神關係應保持敬畏之心，確保我們向神獻上祂當得的敬拜。一方面和神非常親近，一方面又對祂充滿敬畏，是有可能的。

名字的重要性

神給男人取名「亞當」，意思是「屬這地的」，我們不妨叫他「塵土」。同一章稍後可看到女人也被取了名，叫「夏娃」，意思是「有生命的」。

名字通常有描述意味，甚至是擬聲詞（好比「布穀鳥」），所以當亞當為動物取名時，他怎樣描述那動物，就成了動物的名稱。聖經裡的名字不但具有描述性質，也帶著權柄的意味。為某人或某物命名，就表示對那人或物握有權柄，因此亞當為所有動物命名，象徵他握有權柄。他

也爲妻子命名，今天當女人婚後冠上夫姓時，就是在紀念此特點。

本章還包含地名，大地不再是「旱地」：我們讀到有哈腓拉地、古實地、亞述地，和伊甸園。水也有了名稱，此處提到四條河，其中兩條是今天我們仍熟悉的：底格里斯河、幼發拉底河。由此推斷伊甸園可能靠近土耳其東北部，或是座落著亞拉臘山的亞美尼亞，有些人相信挪亞的方舟還埋在那地底下。

人的各種關係

在創世記第二章，我們看到一個以人爲中心的關係網絡，生命的意義由這些關係界定。有三方面的關係：人和在人之下者的關係、人和在人之上者的關係，以及人和同等者的關係。換個說法，就是人和在我們之下的大自然、在我們之上的神有垂直的關係，和其他人則有水平的關係。讓我們進一步來看這三個方面。

我們與大自然的關係。第一方面是人與神所造的其他萬物的關係。這是一種從屬的關係——動物是來服務人類的，這並不表示我們可任意虐待動物，更不意味著我們可以使動物絕種，而是代表動物的價值遠在人類之下。

今天這時代尤其需要明白這一點。如今，比起維護人類胎兒之不可侵犯性，保護小海豹似乎還更重要些。耶穌寧願犧牲兩千頭豬，拯救一個人，使他神智恢復正常，重回家人懷抱。在創世記第九章我們讀到，大洪水過後，動物可供人類食用。因此，大自然在我們之下，我們和大

自然的關係就是去治理、耕作、控制大自然。

　　這段上下文還有一點很有意思，就是人類所需要的環境不但要實用，還要有美感；既好用又美麗。神並未將人置於荒郊野外，而是爲他栽植一園子，就像英格蘭老農舍的園子，園裡既種馬鈴薯也種紫羅蘭──實用與美觀兼顧。

　　我們跟神的關係。第二方面是我們跟在上的神的關係。這關係的本質可從神給人的命令略窺一二，而這命令是關於伊甸園裡兩棵樹。一棵是延長壽命的生命樹，一棵是縮短壽命的分別善惡的知識樹。這兩棵樹本身並不是什麼神奇的樹，不妨稱之爲「聖禮之樹」，在聖經裡，神指定有形的管道，以之傳達屬靈的福氣或咒詛。所以在聖餐時吃主的餅、喝主的杯，爲我們帶來祝福，但不按理吃餅喝杯則會導致生病，甚至死亡。神已指定恩典或審判的有形管道。生命樹告訴我們，亞當和夏娃雖非天生就長生不老，卻有可能不死。因著他們與生俱來的一些本質，他們並不能永遠活著，但若吃了生命樹上的果子，便能永遠不死。

　　迄今科學家仍未發現爲何人會死。他們已經發現許多種死因，但我們裡面的時鐘爲何漸漸停擺，卻沒有人知道原因。畢竟，身體是一部神奇的機器，只要供以食物、空氣、運動，理論上是能夠持續自我更新的。但是身體做不到，而原由無人知曉。祕密就在生命樹裡：神把那棵樹放在伊甸園，使人有可能永遠活著。人並非天生不死，但神給人機會，人只要靠著神持續供應的生命，就可不死。

分別善惡的知識樹跟這件事也有很重要的關連。看到「知識」二字時，不妨代之以「經驗」。聖經裡「知識」其實就是「個人經驗」，舊版的聖經說：「亞當認識妻子夏娃，夏娃就懷孕，生了一個兒子。」由此可見「知識」乃個人對某人或某事的經驗。神命令他們不可碰這棵樹，因為神不希望他們認識（經驗）善和惡——祂希望他們保持純真。時至今日，道理依然：我們一旦做錯了一件事，就不可能再回復到和從前一樣，我們或許會獲得饒恕，卻失去了純真。

既然如此，神為何要把這樣一棵樹放在他們可接近的地方？祂以此方式表明祂對他們仍有道德的權柄。他們不可自行決定是非對錯，而是要相信神所告訴他們的。不僅如此，祂還強調一個事實：在這地上，他們不是地主而是佃戶，而地主保有制定規則的權利。

這段經文還強調水平關係的重要，以下就要來探討。人不僅需要有對下和對上的關係，還要跟周圍的人有關係。如果我們只跟神有關係，跟其他人卻沒有關係，就不是完整的人。我們需要一個關係網絡，希伯來文的 *Shalom*（平安）即反映此一理解；*Shalom* 的意思是「和諧」——與你自己和諧、與神和諧、與他人和大自然和諧共處。

在創世記第二章，我們看到一幅和諧的畫面，而神警告亞當，倘若破壞這和諧，他就得死。雖然不一定是立即死亡，但他個人的「時鐘」將開始漸漸停擺。

有些人質疑這刑罰太重了，犯這一點小罪應該不至於死。但神的意思是，一旦人對惡有了經驗，他在地上的

壽命就須受限制，否則惡會永久存在。如果神讓悖逆的人永遠活著，他們就會永遠在破壞祂所造的宇宙，所以，對那些不接受祂道德權柄的人，祂必須限制他們的壽命。

我們彼此的關係。人需要一位合適的伴侶。寵物再怎麼有價值、再怎麼寶貝，也永遠不能取代人與人之間的友誼。因此，神造了夏娃作亞當的伴侶。創世記第一章告訴我們，男人和女人一樣尊貴——稍後我們也會看到，他們在墮落和最後命定上也是平等的。

在創世記第二章，我們得知男女各有職責。聖經說男人的責任是供應和保護，女人的功能則是協助和接納。其中有三點特別值得注意，而這三點在新約聖經全部再現。

1. **女人是從男人造出來的**。因此她的存在出於他。前面提過，其實女人是由男人命名的，就像所有的動物都是由男人命名的一樣。
2. **女人是在男人之後造的**。因此男人肩負長子的責任。這方面的意義在第三章清楚呈現，由於亞當要為夏娃負責，所以承擔罪責的是亞當。
3. **女人是為男人而造的**。亞當還沒有妻子之前就有一份工作，因此男人受造主要是為了工作，而女人受造主要是為了人際關係。這可不代表男人不該有人際關係，而女人不該出去工作，而是表示神造男造女的主要目的不同。從男人為女人命名一事，也可看出這份夥伴關係如何才能運作順

暢：不是民主制，而是領導責任落在男人肩上；
重點在強調合作，而非競爭。

創世記也談到人與人的關係還有其他基本重點。其
中有一點很清楚：性是好的──性不是罪。性是美好的。
的確，神說性「甚好」。神創造性是爲了使人互爲伴侶，
而非成爲父母（這一點很重要，關係到採用避孕法，在計
劃生育的同時又不致剝奪性事中的夥伴關係）。第一章和
第二章各有一節經文是詩句，兩節都談到性。神想到照著
祂自己的形像造男人和女人時，就作起詩來。然後亞當從
史上第一次麻醉手術中醒來，第一眼看到這位裸身的漂亮
女孩時，也是出口成詩。英文翻譯少了點希伯來文的衝擊
原味，亞當其實是驚嘆道：「哇！這就對了！」兩首短詩
傳達出神和人對於性的喜悅。

還有一點也很清楚：享受「性」的模式，就是一夫
一妻制。婚姻由兩件事構成，離開與聯合，所以是從肉體
和社會兩方面一起鞏固這份成爲一體的關係，單有一方面
不叫作婚姻。只有性生活而無社會認可不叫婚姻，那是淫
亂。有社會認可而沒有同房，也不叫婚姻，因此應屬無
效。

聖經告訴我們，夫妻關係的重要性高過所有其他的
關係，假如歷世歷代的人都遵守這一點的話，就不會有那
麼多關於岳父母（或公婆）的玩笑了！配偶的地位高於其
他人，甚至比兒女重要。夫妻應將對方視爲第一優先，創
世記第二章描繪一對夫妻的理想關係：兩人毫無隱瞞，彼
此完全敞開，絲毫不覺尷尬。千百年後的耶穌也曾點出這

幅奇妙的圖畫。

　　創世記第二章描述這三方面的關係——人與人、人與受造萬物、人和在上的神——應該是和諧共存的。不過，關於人類的起源，還是有一些科學上的問題需要思考一下。

史前人類如何解釋？

　　進化論發展出的主張是人乃猿的後代。地質學的發現則指出有史前人類存在，似乎與現代人（學名「智人」）有關連。迄今已有各種遺骸出土，其中最著名的是由李奇父子（the Leakeys）在肯亞的奧都萬峽谷發現的骨骼化石。他們據此聲稱人類起源於非洲，而非聖經所說的中東。

　　這個證據要怎麼解釋？我們該怎麼看現代人和史前人的關係？關於人類的起源，聖經和科學的說法有可能調合嗎？

人的起源

　　先來看聖經怎麼說。創世記告訴我們，人類和動物是由相同的材料造的，動物是由塵土所造，人類也是，土裡所含的礦物，在人類體內也可找到。最近有一估計指出，人體內的礦物大約值八十五分錢，還不到一英鎊！不過，創世記第二章也告訴我們，神向祂用塵土作的人吹氣，人就成了「有靈的活人」（living soul）。

靈魂

「靈魂」（soul）一詞飽受誤解。創世記第一章用同樣的字來講動物，動物也被稱爲「living souls」（中文聖經和合本譯爲「活物」），因爲在希伯來文裡「靈魂」的意思只是「有氣息的身體」。既然聖經用同一個詞來形容動物和人，可見兩者是同一種生物。人若在大海遇難，送出的求救信號是SOS（Save Our Soul，可直譯爲「拯救我們的靈魂」），而不是SOB（Save Our Body，意爲「拯救我們的身體」）——然而我們要的是這個有氣息的身體獲救沒錯。

有一天蘇柏勛爵（Lord Soper）站在海德公園的「演說者角落」，有人問他：「靈魂在身體的哪個部位？」他回答：「音樂在風琴的哪個部位！」就算你把風琴或鋼琴整個拆散，還是找不到音樂。琴裡面會有音樂，是因有另一位在造琴時使琴可以充滿生氣。

特別的受造物

創世記第二章裡的「靈魂」一字，使許多人誤以爲人類之所以特別，是因爲我們有靈魂，其實不是這個原因。相信人和類人猿有共同的起源，似乎與聖經的記載相左。人是特別的受造物，這一點毫無疑問。人是照著神的形像所造，直接出自塵土，並非間接出於其他動物。希伯來文 bara（意思是創造全新的東西出來）在聖經中僅出現三次：物質的創造、生命的創造、人的創造，這意謂人有獨特之處，和其他動物不一樣。

創世記的記載也強調人類源自同一血脈。使徒保羅

對雅典人說，神從一本（即血脈）造出萬族的人。歷史上的每一件事都指向目前的人類同有一血脈。我對農業考古學稍有涉獵，我發現一件很有意思的事，農業考古學考察種植玉米和豢養動物的起源，認為地點是在土耳其東北部或亞美尼亞南部，正是聖經中伊甸園的位置。

科學的推測

關於人類的起源，科學又怎麼說呢？許多人要求我們選邊站：要麼科學對於史前人類的研究出了錯，要麼聖經給我們的資訊有誤。

科學家發現的遺骸確實和我們人類有驚人的相像之處，這點倒不必懷疑。學界給遺骸取了各種名字：尼安德塔人、北京人、爪哇人、澳洲人。李奇父子聲稱他們發現的人類遺骸可追溯到四百萬年前。如今考古學家幾乎都接受人類起源於非洲，而非中東。

據說「智人」可回溯到三萬年前；尼安德塔人約在四萬到十五萬年前；斯旺司孔人約在二十萬年前；中國的直立人和爪哇人可追溯到三十萬年前；澳洲人在五十萬年前；而現在又說非洲人可追溯到四百萬年前。我們該怎麼看這一切說法？

首先，應該要特別強調一點，迄今未有任何半猿半人的遺骸出土，有挖掘出一些史前人類遺骸，但還沒找到任何半猿半人的遺骸。

第二點，以上各種人未必是我們的直系祖先。現在科學家也承認這一點：當今的人類學尚在不斷變遷之中。

第三點也很重要，這些遺骸並無漸進的順序。科學

家確實製作了一些號稱顯示人類發展的圖表，從最左邊的猿開始，經過一些物種，逐漸演變成現代人，也就是最右邊的「智人」。但是這類圖表並不正確：有些早期人類遺骸的頭蓋骨比現代人大得多，也比後期的化石更顯出直立行走的體態。如今科學界一致認為，以上各組發現無一與我們現代人有關聯。

有三種可能的方式化解這個衝突，以下簡要說明：

1. **史前人類就是聖經中的人。**這些出土的人類化石和亞當一樣，都是照著神的形像所造的，有人甚至提出，創世記第一章描寫的是「舊石器時代的獵人」，而第二章描寫的則是「新石器時代的農人」。

2. **史前人類在某個時候變成聖經中的人。**在歷史上的某個時候，這種像動物的人，或說像人的動物，有了神的形像——究竟是只有一個或幾個突然改變，還是全部都一次改變，仍有待商榷。

3. **史前人類不是聖經中的人。**史前人類的外貌雖與我們類似，也會使用工具，但沒有任何跡象顯示他們有宗教或是會祈禱。所以他們是不同的受造物，不是照著神的形像造的，跟人不同。

現階段我們還不需要選擇其中一種解釋而揚棄其他解釋。人類學本身還處於變動和發展的階段，這場論戰未來很可能還會出現其他進路。現在我們只要知道有這些爭論存在即可，要曉得，現階段所下的任何結論都可能只是

暫時的。

演化

接著我們要來看演化論常見的問題。很多人都以為演化論是達爾文提出來的，其實不然。第一個想出這理論的是亞里斯多德（主前384～322年）。到了近代，率先提出演化論的其實是達爾文的祖父，達爾文從信奉無神論的祖父那裡接收了這個理論，發揚光大。

首先，我們需要認識幾個用語，才能掌握這理論的基本觀念。

變異。相信上一代會把微小的形式改變傳給下一代，每一代都會把這微小的變化遺傳給下一代。

因為這些變異，所以有所謂的「天擇」（自然選擇），簡單來說，就是適者生存。以斑點蛾為例，英格蘭東北部的煤堆非常適合黑蛾棲息其上，成為保護色，對白蛾卻不利，因此鳥類捕捉白蛾為食很容易，黑蛾就生存了下來。如今，這地區的煤渣堆都清走了，於是白蛾又回來了，黑蛾則逐漸消失。這就是自然選擇的過程：最適合環境的物種才能繼續生存。而這選擇是「自然的」，因為是在自然界自動發生，並無外力相助。

突變。從前認為變異和天擇的過程都是緩慢漸進的，但現在的看法不同了。有一位名叫拉馬克（Lamarque）的法國人說，改變不是漸進式的，而是突然、大規模的改變，即所謂「突變」。如此一來，演化的進展更像是走樓梯而不是搭電扶梯了。

微演化。這概念是指在某特定物種內（例如馬或狗）發生有限的變化。當然，科學已經證明確實有微演化。

廣演化。這理論和微演化形成對比，說所有動物出自同源，彼此有親緣關係。所有動物皆可追溯到同一個簡單的生命形式。因此，這就不是單一物種內的改變了，而是相信所有的物種都是從彼此發展而來的。

競爭。在演化論裡，競爭指「適者生存」。

我無意加入支持或反對演化論的爭論，我只想指出，演化論仍只是個尚未證實的理論而已。事實上，有愈來愈多化石的證據顯示，演化論實在不足以解釋爲何有這麼多不同形式的生命出現。

1. 化石的證據顯示，依據演化理論而分開歸類的動物，實際上在寒武紀就同時出現了，這些生物不是在不同的年代逐個出現，而是幾乎一起出現的。
2. 複雜的生命形式和簡單的生命形式是一起出現的，並沒有從簡單演化到複雜的序列。
3. 從一個物種演化成另一物種的「過渡類型」化石，極、極、極少。
4. 所有的生命形式都非常複雜，DNA一直都在所有的生命裡。
5. 「突變」意在解釋一個物種怎樣因爲突然改變而發展成別的物種。其實，突變通常導致畸形而使生物逐漸消失。
6. 混種的動物通常不能生育下一代。

7. 除了以上反對理由之外，最重要的一點是，從統計的或然率來分析，要發展出這麼多不同形式的生命，時間根本不夠。

演化的理論當然不只是學術界感興趣。我們如何理解人類的起源，會影響我們對人類整體的看法。受演化論哲學影響的各國領袖，對世界造成的衝擊可不小。

適者生存和生存競爭是演化理論的基本概念，而塑造人類文明社會的某些哲學就含有這些概念，結果帶來難以估量的苦難。美國的資本家，例如洛克斐勒（John D. Rockefeller）就曾說：「企業就是適者生存。」希特勒那本充滿種族歧視的自傳《我的奮鬥》也有類似的觀點，他相信適者生存，而「適者」就是德國的亞利安種族。共產主義也有同樣的觀念，馬克思寫資產階級和無產階級間的「鬥爭」，相信這鬥爭必導致革命。殖民主義興起之初也常出現這字眼，以生存競爭之名，消滅其他民族。

簡言之，適者生存的觀念用於人類所造成的苦難，較之現代其他觀念尤甚。這也讓我們面臨兩個重大的抉擇，選擇究竟要相信什麼。

思想的抉擇

首先，我們要面對思想上的抉擇。相信創造論，就相信有一位父神；相信演化論，就傾向於相信大地之母（這位女士實際上並不存在）。如果相信創造論，就相信宇宙是一個位格作出選擇的結果；如果相信演化論，就會主張宇宙是隨機發生的、無位格介入的偶然。創造論認為一

切都有一指定的目的，演化論卻認為一切都是隨機、無規則的。創造論認為宇宙是超自然的產物；演化論則認為宇宙是自然的過程；創造論認為全宇宙是開放的狀態，因此神的位格和人的位格都能介入；而演化論認為自然是一個封閉系統，自行運轉。創造論含有「神的護理」的概念，神關心、供應，並且照顧祂所造的萬物；而演化論卻認為一切都是機緣巧合，任何好事發生不過是機率的結果。相信創造論是基於事實；相信演化論卻是基於想像（因為只是理論而已）。如果我們接受創造論，就接受神想造什麼就造什麼，並且照著祂的形像造人；如果我們接受演化論，那就只有一個觀點：人可以隨自己的想像造神，造成什麼樣子都行。可見，無論接受創造論或演化論，後續影響都相當重大。

道德的抉擇

接受創造論或是演化論，還要面臨一個道德的抉擇。為何有人狂熱地抓住演化的理論不放？答案是，如果你想要相信在我們之上並沒有神存在，那麼其實你就只剩下演化論這個選擇了。在創造論裡，上帝是主；在演化論裡，人是主。創造論把我們放在神的權柄之下，然而，若沒有神，我們就是自主的人，可以自己做決定。如果我們接受神是造物主，就接受世上有是與非的絕對標準，可是演化論說沒有上帝，一切都是相對的。有神的世界談的是責任和義務；演化論談的卻是要求和權利。在神之下，我們有無限的倚賴，變得像小孩，向天父說話；若相信演化論，我們就以獨立為榮，誇口自己是成年人了，不再「需

要」神。根據聖經，人已經墮落；根據演化論，人一直在進步和提升。在聖經裡，軟弱的可得拯救；在演化論裡，只有強者可以生存。

影響了希特勒思想的尼采曾自稱痛恨基督教，原因是基督教讓軟弱的人照樣過日子，又照顧生病和垂危的人。聖經教導說，行公義的人滿有能力，但是演化論的哲學使人相信「強權就是公理」。創造論帶來和諧，演化論帶來戰爭。演化論者說你應該隨心所欲、追求第一。聖經說人生有三大美德，就是信、望、愛。最終，聖經將人帶向天堂，而演化論什麼許諾也沒有——只有宿命、無助、碰運氣——帶人走向地獄。

墮落

神創造這世界，完成時，祂看著一切說甚好。今天很少人會說這世界很美好了，有些事情出了差錯，創世記第三章的描述就告訴我們問題出在哪裡。

關於我們今天的存在，有三個不容否認的事實：

1. 生產是痛苦的。
2. 人生是艱難的。
3. 死亡是必然的。

為何如此？為何生產很痛苦？為什麼人生路難行？為什麼人必有一死？

哲學給我們許多種答案。有些哲學家說，必有一善神和一惡神，而且多半說善神做得不好，然後由此解釋惡

的起源。

關於這個問題，創世記第三章給了我們四個重要的洞見：

1. 惡並非一開始就存在世上。
2. 惡並非始於人類。
3. 惡並非有形有體，而是精神上的。有些哲學家說，惡的根源是宇宙的物質部分，或者換作個人的角度說，誘惑的根源就是你的身體。
4. 惡並非自行存在的一種東西，與其說是名詞，不如說是形容詞。並不是有惡這樣東西存在，而是人能作惡或成爲惡人。

那麼創世記第三章對於「惡」這個主題有什麼教導呢？這一章提醒我們，這是一樁在眞實歷史上發生過的眞實事件，事件的地點與時間都告訴我們了——人類歷史一揭幕，就發生了巨大的道德災難。

問題起於一隻會說人話的爬蟲動物（比較像是蜥蜴而不是蛇，因爲牠有腳。雖然傳統智慧認爲是蛇，但其實是後來神使牠變成用肚腹在地上滑行的）。總之，有一隻蛇對夏娃說話。我們要怎麼看這個不尋常的故事？有三種可能：

1. 那蛇是魔鬼僞裝的；魔鬼可以假扮成天使出現，當然也可以裝作動物的模樣。
2. 神能使動物說人話，就像祂使巴蘭的驢子開口說

話一樣。

3. 這隻動物被邪靈附身了。耶穌在加大拉也曾命令一群邪靈離開一個男子，那群邪靈就出來，進入豬裡去，於是兩千頭豬闖下山崖，可見撒但要控制一隻動物是完全有可能的。撒但把自己變成比人低等的動物，因而騙倒亞當和夏娃。事實上，撒但是墮落的天使，和人一樣真實，但比人更聰明更強壯。

撒但找上夏娃，這一點意味深長。一般而論，女人比男人容易相信別人，男人的猜疑心是眾所皆知的。撒但利用這點，把神所定的次序顛倒，故意把夏娃當作一家之主，跟她說話。儘管顯然亞當就在夏娃旁邊，他卻不發一語。他應該出面保護夏娃，跟撒但辯論才是。畢竟，當初聽到神的禁令的，是亞當。

把神的話斷章取義有三種方式，第一是增添，第二是刪減，第三是更改。如果你仔細讀這段經文，就會發現撒但把這三種伎倆全用上了。撒但把聖經讀得滾瓜爛熟，但牠斷章取義又任意曲解。而亞當明知神究竟是怎麼說的，卻在應該出言反駁時閉口不言。我們在新約清楚看到，讓罪進入世界的罪責在於亞當。

撒但對夏娃採用的策略值得我們注意，引為前車之鑑。牠首先挑起懷疑的念頭，第二步激起心中的欲望，第三招則鼓動意志上的悖逆。這是牠對人類的一貫伎倆。牠先鼓勵我們往錯誤方向思想，常用的方法是曲解神的話語；接著牠挑起我們心裡的貪欲；一旦環境成熟，我們就

用意志悖逆神了。

罪帶來什麼結果？當神質問亞當，亞當竟想把責任推卸給夏娃和神，亞當說，是「你所賜給我、與我同居的女人」如何如何。他否認自己有照顧妻子的責任，他不再扮演一個男人應有的角色。

神的回應是審判。這是我們第一次看到神這方面的性格：神恨惡罪，祂不能不處理罪惡的事。祂若真是良善的神，就不能放任人犯罪逃逸，這就是創世記第三章的信息。神以詩的形式頒布懲罰。當神以散文體說話，是在傳遞祂的思想，從祂的意念傳達到你的意念，但是當祂以詩體說話，就是在傳遞祂的感覺，從祂的心傳到你的心。

創世記第三章的短詩顯示出神忿怒的情緒（神學用語是「神的震怒」）。伊甸園被破壞了，神的感受極其強烈——而且祂深知這會導致什麼後果。以下讓我用意譯的方式重述創世記第一至三章：

> 很久以前，一切都還不存在的時候，永在的神使全宇宙，整個外太空和這個地球誕生。
>
> 起初地球只是一大團液態物質，相當不適合居住，事實上也沒有任何居民。黑暗覆蓋、大水淹沒著地球。但是，神的靈運行在水面上。
>
> 然後神下令：「讓光進來！」於是光進來了。神看著是好的，但祂決定要讓光和暗交替出現，並分別命名為「日」與「夜」。原本的黑暗和新造的光，是神工作第一天的晚上和早晨。
>
> 然後神又說：「要有兩個貯水庫，以空間隔開。」

於是祂分隔出地面的水和空中的濕氣。神所稱的
「天空」就是這樣造出來的。祂第二天的工作至此結
束。

接下來，神說的是：「讓地面的水集中在一個區
域，讓其餘的地面變乾。」當然事情就這樣發生了！
從那時起，神所稱的「海」和「陸地」就分開了。
祂看著一切，十分喜悅，然後說：「現在地要生出青
草、結種子的菜蔬、結果子的樹木，全部都要能夠
自行繁衍後代。」於是這些都出現了——各種植物和
樹木，每一種都能夠自行繁衍。一切都照著神的計
畫進行，祂第三天的工作結束。

神又宣布：「天上要出現不同的光體，這些光體
要區分白天和黑夜，作為劃分年、特殊日子、季節
的記號；不過這些光體的主要目的將是提供光照。」
照著祂的話，事就成了。有兩個最亮的光體，大的
是「太陽」，管白天；小的是「月亮」，管黑夜，月
亮周圍還有閃爍的星星。神將這些光體安置在天
上，都為了地球的緣故——照亮大地、定節令年月，
並保持光與暗交替的模式。神看著祂第四天的工作
都很好，很是喜悅。

神發出的下一道命令是：「海和天空都要充滿活
物，海裡要有魚群游來游去，天空要有鳥群四處飛
翔。」於是神使各種有生命的動物棲息在海中，從
深水裡的巨獸到漂浮在波浪中的微小有機體，還有
各種不同的鳥類、有翅膀的昆蟲在風中飛翔。神看
著這美好的景象，鼓勵牠們滋生繁多，如此一來，

大海和天空處處生機盎然。祂第五天的工作到此為止。

　　然後神宣布：「大地也要充滿活物——哺乳動物、爬蟲動物，還有各種野生動物。」和之前一樣，祂一說，事就成了！祂造了各種各類的野生動物，包括哺乳動物和爬蟲動物，這些動物都令祂喜悅。

　　這時候，神做了一個重要的決定：「我們要造跟這些都不一樣的活物，比較像我們的樣式——要照我們的形像來造，使他們能夠管理其他這一切——海裡的魚、空中的飛鳥、地上的動物。」

　　神造人像祂自己，
　　反映祂的情、意、智，
　　人要相交又相依，男人女人成一體。

　　然後神以鼓勵的話語確認他們獨特的地位：「要生養眾多，使你們的後代遍滿全地，因你們要控制全地。海裡的魚、空中的鳥、地上的動物，都由你們作主人來管理牠們。我還要把一切結種子的植物和結果子的樹木都賜給你們作食物。至於鳥類和走獸，我給牠們青草和蔬菜吃。」事就這樣成了。

　　神看看祂一切所造的，非常滿意……一切都非常好，非常美……六天的工作完美地完成了。

　　現在，外太空和地球都完成了，由於不需要再多加什麼，第七天神就歇了工。為了這個緣故，祂指定第七日和要其他六日不同，第七日要分別出

來，單單給祂——因為在那一天，祂完成了創造，歇工休息。

這就是我們這個宇宙的來歷，還有萬物是怎麼生成的。那名為「永在」的神創造外太空和地球時，有一段時間，地上還沒有長出草木來，因為還沒有降雨，也沒有人耕種。不過有泉源從地裡湧上來，潤澤大地。「永在」神用塵土塑造了一個人體，給他生命之吻，那人就成了有生命的活人。「永在」神開闢了一片園地，位於東方，叫作「伊甸」，伊甸的意思就是「喜悅」。祂把那第一個人放在那裡生活，「永在」神使那裡長出各種各樣的樹木，開美麗的花，結可口的果子。園子中央有兩棵特別的樹。一棵樹上的果子能保持生命無限延長，另一棵樹上的果子吃了就能經歷善事與惡事。

有一條河灌溉整個園子，但流出園子後分成四條支流。第一條叫比遜河，環繞哈腓拉全地，後來有人在那裡發現純金，又有芬芳的樹脂和瑪瑙。第二條支流叫基訓河，環繞古實全地。第三條支流就是現在的底格里斯河，從亞述城前方流過。第四條就是我們熟知的幼發拉底河。

就這樣，神把那人安置在這「喜悅園地」裡，耕種、看守。「永在」神下了非常清楚的命令：「園中各樣樹上的果子，你可以隨意吃；除了一棵以外——就是那棵使人經歷善惡的樹，如果你吃了那樹上的果子，就一定得死。」

然後「永在」神對自己說：「那人單獨生活不

好，我要給他一個匹配的伴侶。」

「永在」神將祂用土所造的各種飛鳥和走獸，都帶到那人面前，看那人會如何描述牠們；那人怎樣稱呼各種活物，就是那活物的名字。那人就這樣給所有其他的活物都起了名，但他在牠們之中並沒有找到一個適合自己的伴侶。

於是「永在」神使那人沉睡，在他無意識的時候，取下他肋旁某樣組織，又把肉合起來。神就用那身體組織造成一個女人，把她帶到那人面前，那人一看就驚呼道：

「終於你成全我心所欲，
這良伴出自我骨我肉，
我說她名叫『女人』，
男人所愛的出自男人。」

這一切說明為何男人要離開父母，與妻子結合，兩個人再次融合為一體。

第一個男人和他的新妻子徜徉在園子裡，雖然都光著身子，卻一點也不尷尬。

這附近有一隻致命的爬蟲，比「永在」神所造的任何野獸更狡猾。有一天牠去找女人閒談，牠問：「妳該不是說，神真的禁止你們吃所有樹上的果子吧？」她回答：「不是，不是那樣的。我們可以吃樹上的果子，但神的確不准我們吃園中那棵樹的果子。事實上，祂警告過我們，那棵樹連摸一下都不

可以，否則我們會被處死。」

那爬蟲對女人說：「祂不會那樣對你們吧，祂不過是想嚇嚇你們，因為祂很清楚，一旦你們吃了那果子，眼光就會完全改變。其實啊，那果子會讓你們升到和神相同的等級，能夠自己決定什麼是善、什麼是惡。」

於是她就仔細地看那棵樹，發現那果子看起來好吃又滋養，而且，能夠自己做道德判斷，顯然是件好事。所以她就伸手摘了一些果子，吃了幾個，剩下的給丈夫，當時他就在旁邊，一拿過去就吃了。一點不錯，他們的眼光確實變得不一樣了！因為這是他們第一次意識到自己赤身露體，羞赧不已，於是他們用無花果樹的葉子編成粗糙的衣服，遮蓋身體。

同一天傍晚，他們突然察覺「永在」神漸漸靠近，就跑到矮樹叢中躲起來。但「永在」神呼喚那人，說：「你害自己惹了什麼麻煩？」他回答：「我聽見你來了就害怕，因為我衣不蔽體，所以就躲在那邊的樹叢裡。」神質問他：「你是怎麼發現什麼叫作赤身露體的？是不是吃了我吩咐你別去碰的果子？」那人想為自己辯解，就說：「都是因為你帶來的那女人；她把果子給我吃，我自然毫不懷疑地吃了。」

然後「永在」神質問女人：「妳做了什麼？」女人回答：「都怪那隻可怕的爬蟲！牠故意引誘我，我就上當了。」

於是「永在」神對那爬蟲說：「你在這事上有

分，當受懲罰：

> 所有一切走獸，
> 你受最重詛咒！
> 你必屈伸以腹滑行，
> 垂頭以嘴蹭土。
> 因你做出這事，女人必與你
> 互相衝突、彼此仇視，
> 常處驚恐，終身如此。
> 這必傳至她的後裔和你的後裔；
> 你一發覺人踩到你頭上，
> 便驚起咬在他腳上。」

接著，祂對女人說：

> 「分娩之痛會加強
> 妳的苦楚、產痛和緊張；
> 妳渴望有個男人來管事，
> 發現自己受他轄治。」

至於那男人亞當，神對他說：「因為你注意你的妻子多過於我，不聽我為那棵樹下的禁令，所以：

> 土地要受咒詛；
> 你要終生勞苦。
> 你所栽種的田地

必生荊棘和蒺藜。
你必汗如雨下，
才能討口飯吃；
勞碌一生然後歸回地土，
回到你最初所在。
因為我用土造了你，
所以你將躺回土裡。」

　　亞當給他的妻子取名「夏娃」（意思是「給予生命」），因為現在他明白她將成為全人類的母親。

　　「永在」神用動物的皮給亞當和他的妻子做成新衣，給他們穿上。然後「永在」神對自己說：「這人已經像我們一樣意識到善事和惡事了，假如他還能吃到另一棵特別樹上的果子，和我們一樣永遠活著，那破壞豈是我們限制得了的？」為了避免這事發生，「永在」神就把那人從「喜悅園地」趕出去，叫他去耕種土地──他原是用土造的！

　　把人趕出去以後，神派天使駐守喜悅園地的東界，天使拿著發出火焰的銳利武器，把守通往長生樹的路。

墮落的後果

　　第三章通常被稱爲「始祖墮落」，人從第二章所描述的美好狀態中墮落了。事情的結果本來可以完全不同的。假如亞當沒有怪罪夏娃，也不怪上帝給他這女人，而是以悔過來回應，神會當場原諒他的，歷史就會完全改寫。可

惜我們看到的是亞當可悲地用無花果葉來遮掩，適足以反映他的愚昧。

神的懲罰的本質，也很值得注意。亞當的處罰和他的工作有關，夏娃的處罰則和家庭有關。那爬蟲成了蛇（甚至到今天，蛇身上還有非常小的腳）。

他們從前與神的關係毀了。他們彼此的關係也大受影響：兩人都向對方隱藏起來，而神宣布對他們的咒詛。到了第四章，這個家庭發生了史上第一樁謀殺案，人因著嫉妒而蔑視神的警告。

現在就讓我們把焦點集中在三方面，來看後續的發展，尤其是神對這件事的反應。

1. 該隱

有人說，第一個男人犯的罪導致第二個男人殺了第三個男人。我們看到亞當一家人，長子殺了次子，原因是嫉妒；許多世紀之後，耶穌也死於同樣的原因。史上第一樁謀殺案和最慘痛的一樁謀殺案，原因都是嫉妒。

該隱的意思是「得到」，夏娃生他的時候，說：我從神那裡「得到」這兒子。亞伯的意思是「氣息」或「水汽」。較年幼的亞伯在神眼前蒙恩，因為神不希望任何人認為自己理所當然擁有恩賜和繼承產業。我們在聖經中常看到神不選哥哥而選弟弟（比如不揀選以實瑪利而揀選以撒，不選以掃而選雅各）。

該隱和亞伯兄弟鬩牆的問題出在神悅納了亞伯的獻祭而拒絕了該隱的。亞伯從父母那裡學到一個功課：惟有血祭──犧牲一個生命的結果──才配獻給神。神曾殺了

動物，用動物的皮做衣服，遮蓋他父母的罪與羞恥。所以有一條原則確立了：要流血才能遮蓋羞恥（從那時起，直到各各他）。所以亞伯來敬拜神時，帶了一隻動物獻祭。該隱卻只帶了果子和蔬菜來。

神只悅納亞伯的獻祭，而未悅納該隱的供物。該隱為此生氣。儘管神警告他應該要制伏罪惡，但該隱卻藉故把弟弟引到離家很遠的地方，殺了弟弟，把屍體埋起來，而且完全不認這弟弟（他反問：「我豈是看守我兄弟的嗎？」）。

這裡浮現一個很清楚的模式：壞人痛恨好人，不敬畏神的人嫉妒敬虔的人。這樣的分裂貫穿整個人類歷史。

於是，神的完美世界不再，如今成了好人被恨惡、惡人為惡行找藉口的地方。我們可以說，亞伯是第一位為義犧牲的殉道者。耶穌也曾說：「從義人亞伯的血起，直到……撒迦利亞的血為止」。

第四章的敘述接著列出該隱的世系，其中有一些滿有意思的因素。經文除了列出名字，也列出成就，其中最引人注目的發展是音樂和冶金術，包含史上首批武器的製作。都市化也始自該隱的後代，他們開始興建城市，而城市把罪人集中到一處，因此也把犯罪集中到一處。由於集中的緣故，城市的罪惡可說大過於鄉下。

因此，所謂「人類的進步」是敗壞的，這些發展上都有——這樣說吧——「該隱的記號」，而這正是聖經對於文明的解釋：文明的核心必有犯罪的活動。一夫多妻的現象也始自該隱的後代，在那之前，人一直都是一夫一妻，從一而終，但該隱的後代開始娶很多個妻子，我們知道就

連亞伯拉罕、雅各、大衛都是一夫多妻。

不過，該隱還有一個弟弟，就是亞當和夏娃生的第三個兒子，名叫塞特。敬虔的世系始自塞特，在塞特的後代中，「人開始求告耶和華的名」。

這兩條世系在人類歷史上綿延至今，而且會一直延續到末日，那時，兩者將永遠分開。這世上有該隱的後代也有塞特的後代，我們可以選擇要歸屬哪一條路線，過哪一種生活。

2. 挪亞

接下來的重大事件，就是洪水和挪亞建方舟。這個故事堪稱家喻戶曉，不只聖經裡有，許多民族都有普世大洪水的傳說。一直以來都有人大洪水是不是真實事件、是不是真的淹沒全地，向來受人質疑。經文並未指出大洪水究竟是漫過整個地球，還是僅淹沒當時已知的世界。中東地區本是盆地，底格里斯河與幼發拉底河流經盆地內的廣闊平原，就是後來稱為「美索不達米亞」的區域，也是創世記早期所有故事的場景，這地區肯定受過大洪水影響。

聖經沒有把焦點擺在大洪水故事的物質面，而是道德面。為何有這場大洪水？答案令人吃驚。之所以發生大洪水，是因為神後悔造人在地上，「祂心中憂傷」──這真是聖經中最悲哀的一節經文了。這句話清楚傳達出神的感受，神很憂傷，於是決心要把人類從地上除滅。

到底發生了什麼事，讓神產生這麼大的情緒危機？為了回答這個問題，我們需要把創世記的敘述和新約的部分經文連在一起看，還要參考猶大書和彼得書信所引用的

一些次經內容。

次經上說，約有兩百至三百名天使奉差到黑門山區照顧神的百姓，但是這些天使愛上人間女子，引誘她們，使她們懷了孕，生下介於人和天使之間的可怕混種——這些生物不屬於神的受造界。此即創世記第六章所說，神的兒子們和人的女子們交合生子，希伯來文稱這些後代為「Nephilim」，英文聖經譯作「巨人」，其實我們並不清楚這字的真正意思，只知是為了一個新物種所造的新詞。這可怕的結合也是祕術的起源，因為這些天使教女人行巫術，在此之前，地上並無行巫術的跡象。

這種墮落的性關係立即產生一個結果：全地充滿暴力。不把人當人，反而把人視為物件的時候，性和暴力就會互為因果，相伴相生。創世記第六章說：「耶和華見人在地上罪惡很大，終日所思想的盡都是惡。」神覺得夠了！不能再這樣下去了！

但神並未立即審判，祂很有耐心，也給了警告。祂呼召以諾出來作先知，要以諾去告訴人類，神要來施行審判，凡不敬虔的都要受罰。以諾六十五歲那年得了一子，神要他給兒子取名為「瑪土撒拉」，意思是：「等他一死就會成就」。因此以諾和瑪土撒拉父子都知道，瑪土撒拉離世之日，就是神審判世人之時。

瑪土撒拉是史上最長壽的人，活了九百六十九歲，我們因此認識到神的耐性。瑪土撒拉一死，天就下起大雨。瑪土撒拉的孫子名叫挪亞，他帶著三個兒子，花了十二個月的時間，按照神具體的指示，造了一艘有頂蓋的巨大方舟。（編按：聖經並未明確指出建造方舟耗時多久，

我們僅能從經文提供的線索來推測；一般認為是數十年至一百二十年不等。）這場大洪水中，獲救的人只有這一家：一個傳道人，加上他的妻子、三個兒子和三個兒媳。

　　洪水過後，神應許只要大地還存留，這樣的事絕不再發生。祂立了約，給全人類一個神聖的應許：祂不僅絕不再毀滅人類，還要供應足夠的食物，支持人類生存。祂必使地上定時有寒暑、有播種、有收割，循環不息。現在這時代，世界各地饑荒時有所聞，這個應許似乎早已為人遺忘。但玉米產量其實供過於求，問題在於分配不均。假如有政治決心的話，沒有人會挨餓。

　　神將彩虹掛在天上，表明祂與人立約。地球上要有生命，兩件事不可少，就是陽光和水；當陽光和水碰在一起，就出現彩虹。

　　神給人這個應許的同時，也提出要求。祂命令我們務必將人的生命視為神聖不可侵犯，因此凡蓄意殺人者必須處死。倘若一個國家廢除死刑，便可知該國對於人類生命的看法。

3. 巴別塔

　　接下來又發生了一樁令神憂傷的事：興建巴別塔。人類想要蓋一座通天巨塔，其實就是想「挑戰天上」。經文說，他們為要顯揚自己的名。這塔若蓋成，外觀大概是這樣的：階梯式的廟塔，有巨大的磚造階梯向天延伸，最頂層通常有占星的記號。但寧錄（巴比倫王，「巴比倫」或譯為「巴別」）建塔，與其說是為了膜拜星辰，倒不如說是為了顯揚自己有權力又偉大。

　　巴別塔一事惹動神的怒氣，神說，如果任憑人類爲所欲爲，就沒完沒了了。於是神第一次賜下方言，爲的是混亂他們的口音，使他們聽不懂彼此在講什麼。從此，人類分開，散居各地，語言各不相同。

　　關於巴別塔的故事，有個挺有意思的補充說明。從巴別分散到各地的人類中，有一群人東行，翻山越嶺，終於抵達海邊，他們定居下來，成了大國，就是中國。中華文化可回溯到巴別塔的年代。他們離開巴別地區時，楔形字母尚未取代古埃及的象形文字。在巴別塔事件之前，所有語言都仍使用象形文字。這批人帶到中國去的語言，書寫下來即象形文字。最奇妙的是，我們竟然可以從幾個中文字重建創世記第一至十一章的故事。

　　比方表示「創造」的「造」這個字，是由土、口、行走所組成。「鬼」則是一個人、一田園，加上代表隱祕的厶字旁，所以魔鬼就是一個躲在園子裡的人。意爲迷惑的「魅」字，是由鬼加上兩棵掩護的樹所組成。還有「船」，則有舟、八、口，所以「船」就是挪亞的方舟上有八口人。

　　從這些中文字可重建創世記第一至十一章的故事。因此，這批人抵達中國時，原本相信有一位創造天地的神，後來儒家興起、佛教傳入，他們才開始拜偶像。中國文字是聖經以外的獨立證據，印證這些事確實發生過，這批從巴別分散出去而在中國落腳的人，用文字紀念這些事。（編按：作者此處的補充說明在論據上略有爭議，並未廣爲被人採用。）

公義和憐憫

有兩個主題貫穿這幾章：亞當墮落以後，我們看到人類的驕傲，也看到神的反應是既有公義又有憐憫。祂把亞當和夏娃趕出園子，說他們有一天必定死亡，由此可見神的公義；但祂也給他們衣服遮蓋，由此又看見神的憐憫。

祂雖然懲罰該隱流離飄蕩於地上，卻也在該隱額上做了記號，警告遇見他的人不可殺他。祂雖然懲罰以諾那一代人（除了以諾本人之外），卻保全挪亞一家人的性命，並且給瑪土撒拉長壽，耐心等待，從中可見祂的憐憫。創世記的其餘各章，又告訴我們上帝哪些事？讓我們再往下看，看祂和祂的子民建立了什麼樣的關係，往後的世代又發生了哪些事。

▌至高權能的神

舊約對神的一貫描述乃是由兩股脈絡扭絞而成，惟有研讀創世記，方能清楚這兩條並行的脈絡。

全宇宙的神

一股脈絡是，舊約宣告猶太人的神就是全宇宙的神。在舊約時代，每個民族都有自己的神，如巴力、伊西斯、摩洛神等，各民族各有宗教，涇渭分明。那時所有的戰爭都是宗教戰爭，不同民族為了不同的神明起爭端。以色列人的神（雅威）在其他民族眼中不過是以色列人的神而已。但以色列人卻聲稱他們的神「超乎諸神」，甚至是

惟一真實存在的神，創造了全宇宙，而所有其他的神都是
人類想像力虛構的。這些宣稱聽在其他民族耳裡當然不是
滋味。以賽亞書第四十章、約伯記、許多詩篇中都可以看
到有關神的宣告。

猶太人的神

　　另一股脈絡是，舊約宣告全宇宙的神就是猶太人的
神。猶太人宣稱，創造天地萬物的主和地上這支小小的民
族有親密的關係。事實上，他們宣稱神用一個家庭的祖孫
三代來表明自己的身分；根據猶太人的說法，這位全宇宙
的主自稱為「亞伯拉罕的神，以撒的神，雅各的神」，這
主張簡直不可思議。

神的計畫

　　創世記為我們說明這驚人的雙重真理──猶太人的神
是宇宙的神，宇宙的神是猶太人的神──說真的，假如沒
有創世記這一卷書，就沒有基礎去相信這項真理了。

　　創世記所涵蓋的時間，比聖經其餘書卷加起來都
長。從出埃及記開始，直到啟示錄結束，共約一千五百
年，然而單單創世記就涵蓋了整部人類歷史，從萬物初始
直到約瑟的時代為止。所以我們讀聖經時，千萬別忘了經
上的時間是壓縮過的，創世記涵蓋許多世紀，多過其他書
卷。

　　以創世記本身而論，時間也大大壓縮，第一至十一
章雖然只占全卷四分之一，卻涵蓋很長的時間、很多的民
族與國家。第二部分，即第十二至五十章，占了整卷書四

分之三的篇幅，卻只涵蓋了幾年和幾個人——不過是一個家庭的四代。假如創世記如其所言是全世界的歷史，那麼就篇幅安排來說似乎不成比例。

然而，這種安排顯然是刻意的，刻意將焦點從全世界移到一個家族，彷彿這個家族是全世界最重要的一家人。從某個角度看，他們確實是最重要的，因爲他們是塞特的後代，而塞特的後人最早開始求告神的名。神之所以特別看重求告祂名的人，是因爲祂能夠用這些人來成就祂的計畫和旨意。

這樣的安排方式也提醒我們，聖經並非神給我們的難題提出答案，而是給祂的難題提出答案。神的難題是：「你怎麼處理不想認識你、不想愛你、也不想聽從你的人類？」一種解決方法是，把人類抹滅，重新開始。祂用過這方法，但就連那位經歷洪水而得救的義人之父（挪亞），後來也喝醉酒而赤身露體，顯示人性並未改變。但神不放棄。祂關心人類，人類是祂所造的。祂已有一個兒子，甚得祂喜愛，所以祂想要更多兒女，所以祂絕不放棄解決人類的問題。

祂的解決之道從亞伯拉罕開始，哲學家稱此爲「獨鍾之惡」，意思是神選擇單單與猶太人打交道是不公平的。祂爲何不用中國來人救中國人，用美國人來救美國人，用英國人來救英國人呢？神的拯救計畫引人反感，詩人尤爾（William Norman Ewer）總結道：

> 多奇怪的神
> 選了猶太人。

後來布朗（Cecil Brown）回應他，接著寫下去：

> 說怪也不怪，
> 還有人更怪——
> 選了猶太神，
> 藐視猶太人。

　　我們不妨用一個簡單的家庭問題來說明神爲何這樣做。有個父親決定買糖給三個孩子吃，他可以買三條巧克力棒，每個孩子分一條，也可以買一袋糖果，交給其中一個孩子，叫他們分著吃。第一種做法雖然最和諧無爭，卻將每一個孩子視爲互不相干的個體。如果父親要營造一個家庭的話，那麼採用第二種方法可讓孩子們學到更多。

　　因此，神的方式就是開啓一項計畫，讓祂的愛子可以藉此計畫降世成爲猶太人。祂告訴猶太人去把祂的祝福跟世上其他人一起分享，祂並沒有分別處理每一民族。祂揀選猶太人，用意是讓其他人都能夠透過猶太人而認識祂的祝福。

　　因此在舊約裡，神自稱爲亞伯拉罕的神，以撒的神，雅各的神，創世記第十二至五十章基本上就是四個人的故事。前面三位放在一起講，第四位，也就是約瑟，則分開處理。稍後會說明原因，集中焦點看約瑟的故事。

　　前三個人的故事分別有他們與親屬的對照。亞伯拉罕與姪子羅得對照，以撒與同父異母的哥哥以實瑪利對照，雅各則是與雙胞胎哥哥以掃對照。這些對照關係愈來愈近，從姪子到同父異母兄弟，再到雙胞兄弟。神讓我們

看到整個人類有兩脈傳承，形成鮮明對比。這些故事要我
們選擇，究竟是要作雅各還是以掃？作以撒還是以實瑪
利？作亞伯拉罕還是羅得？

是真實故事嗎？

有些人主張聖經這幾章是神話傳說或英雄傳奇，故
事的核心也許有真理，是否合乎史實卻無法印證。可是這
些人忘了，所謂的「虛構故事」是近代才有的文學體裁，
亞伯拉罕的時代可沒人聽說過什麼小說，也沒有理由虛構
故事。事實上，如果你決心創作一則英雄故事，肯定會把
奇蹟加在你筆下的英雄身上。創世記的記載幾乎看不到奇
蹟，出埃及記倒是有不少，但創世記裡少之又少，而神話
傳說裡通常有很多奇蹟或神奇的事情發生。

不僅如此，從來沒人在創世記的故事裡找到時代錯
置的事物（亦即不可能在當時出現的東西竟出現了），一
件都沒有。考古學證明，這些故事裡的文化細節全然真
實。

惟一無法用常理解釋的就是天使，但聖經從頭到尾
都有天使出現，如果你不相信天使存在，也會很難相信整
部聖經。除了天使的部分之外，都是尋常的故事——尋常
的男女出生、相愛、結婚、生子、老死。他們放牧牛羊，
栽種少量作物。他們意見不合、吵架紛爭；他們搭帳篷、
築壇敬拜神。這一切都在人類正常的經驗範圍內。

神為何揀選猶太人？

但這些故事有一點和其他故事不一樣，就是神對故

事中的一些人說話，而這些人也向神說話。於是我們看
到，全宇宙的神竟然特別跟一個名叫亞伯拉罕的人結交，
事實上，神說的是「我朋友亞伯拉罕」。這就是所謂獨鍾
之惡，神竟與個人結為朋友，一般人接受不了這樣的神，
覺得有失體統，然而神真的這樣做了。

有個大問題：神竟然選擇自稱為亞伯拉罕的神，以
撒的神，雅各的神，為什麼？這三人有何特別之處？歷世
歷代許多國家民族都有此疑問，猶太人到底哪裡特別？為
何挑他們而不是我們作選民呢？

答案在於神全權的選擇。不是這三人天生就該獲得
神特別對待，而是神隨己意主動與他們建立關係，所以他
們不能主張說這段神人關係要歸功於他們。的確，這三代
人的傳統繼承權都被推翻，這實在太特別了。通常繼承家
業的是長子，但從這三代來看，神都沒有揀選長子，反而
選擇小兒子。祂揀選以撒而非以實瑪利，揀選雅各而非以
掃。神藉此確立一件事：沒有人可以主張自己天生就該得
到神的愛；神要愛誰就愛誰，要揀選誰就揀選誰。因此這
與長子繼承的世襲制無關，以撒和雅各都不是長子，他們
所繼承的，是白白得來的禮物。

更令人驚訝的是，這三人也都不能憑道德要求神特
別眷顧，因為說起來他們也不比別人高尚多少。事實上，
聖經指出這三人都曾為了避免麻煩上身而撒謊。亞伯拉罕
和以撒都為求自保而謊稱妻子是妹妹，雅各更是三人中最
壞的一個。這三人不但都說謊，而且都不只有一個妻子。
我們看到的是他們就像我們一樣平凡、一樣有不少缺點。

他們惟一與眾不同的是信心。三人都相信神，而神

能藉著信祂的人成就奇事。神寧可要一個信祂的人，而不要一個好人——聖經甚至說：「亞伯拉罕信神，這就算爲他的義。」光有好行爲而不信神，算不得什麼。

以撒和雅各都有這樣的信心，儘管兩人個性氣質大不相同。三人有一個共同點，就是都相信神。

列祖的信心

亞伯拉罕離開迦勒底的吾珥，這件事特別顯出他的信心。吾珥是一個吸引人而且高度發展的地方，堪稱當時世上最先進的城市，但是神對亞伯拉罕說，祂要他餘生都住帳篷。大概很少有人願意離開舒適的城市，到山裡住帳篷，忍受寒冬風雪，尤其是已經一把年紀，七十五歲了。神吩咐亞伯拉罕離開一個他再也不會見到的地方，前往一個他從未見過的地方。亞伯拉罕必須離開親友（雖然他其實帶著父親和其他親人走到了哈蘭，但從那以後，只有姪子羅得繼續跟著他）。亞伯拉罕順從了。神說他會得到一個兒子的時候，儘管他的妻子撒拉已經九十歲了，但他信神。（後來他們果眞得了一子，取名爲「以撒」，在希伯來文就是「喜笑」的意思，因爲當撒拉第一次聽到年紀一大把的她即將懷孕，就忍不住笑了出來。）

亞伯拉罕的信心不是沒有動搖過，自從神應許他會有一個兒子，十一年過去了，撒拉的肚皮一直沒有動靜。於是亞伯拉罕聽從撒拉的建議，找撒拉的婢女夏甲生孩子。聖經明言，以實瑪利並非「信心之子」，而是「血氣之子」，神並未揀選他（儘管神仍然賜福與他，使他的後代繁衍昌盛，形成今天的阿拉伯各族）。

　　以撒終於出生了，但後來亞伯拉罕應神的要求，憑信心準備將以撒獻在祭壇上。聖經告訴我們，亞伯拉罕之所以願意殺以撒獻爲祭，是因爲他相信神能使他的兒子死而復活。想想看，在此之前，神從未使死人復活過，這是何等的信心！亞伯拉罕推想，神既然能從他老邁的身子裡製造出生命（以撒），也必能使以撒從死裡復活，只要祂肯。

　　描繪「獻以撒爲祭」的圖畫，大多把以撒畫成一個十二歲的孩童。但若我們仔細查考相關經文，就會看到緊接在這事之後，撒拉去世。撒拉是一百二十七歲過世的，那麼以撒當時就是三十七歲。所以獻祭的時候，以撒應該三十出頭。因此他大可抵抗老父亞伯拉罕，易如反掌，但他憑信心順從了（獻祭的地點也別具意義，那座山叫摩利亞山，就是後來的各各他，或稱加略山）。以撒也在其他方面展現信心，但主要還是相信亞伯拉罕的僕人爲他尋妻的這件事，顯出他的信心。

　　雅各也有信心，但起初只是對他自己有信心而已。故事敘述他如何用計瞞過父親，將要給長子的祝福給了他，而沒給以掃。雖然是騙來的，但至少他想要神的祝福，相形之下，以掃對於長子的祝福滿不在乎。到後來，神必須使雅各「破碎」。神整夜與他摔跤，使他瘸腿，以後他終生跛足，但這是他信心的轉捩點，從此他堅心信靠神的應許：他的十二個兒子將成爲十二支派。

　　這三人雖然各有軟弱和失敗的地方，卻因爲信神而突出於眾人之上。他們的信心和不信的親友形成強烈對比，一邊是信心之人，一邊是血氣之人。

羅得看重物質，選擇約旦河谷的肥沃平原，不願住在貧瘠的山地。他相信自己的眼光，而亞伯拉罕卻用信心的眼睛看見，縱使住在山地也必有神同在。以掃執意要一碗「即食湯」，不要父親的祝福。希伯來書告訴我們別像以掃一樣，後來才後悔而嚎哭切求祝福，卻不是真正的悔改。因此，這些有信心的人和他們憑血氣的親戚形成強烈對比——今天許多家庭裡也可以看到這樣的對比。

三人的妻子也形成對比。撒拉、利百加、拉結有一個共同點：都很美麗。三大先祖的妻子都有不隨歲月消逝的內在美，都順從丈夫。相形之下，其他人的妻子就不同了，例如羅得的妻子，因為捨不下舒適的生活而回顧神所審判的那地，因為不聽從神的話而變成一根鹽柱。

亞伯拉罕

現在來細看這三個人。神給亞伯拉罕一個應許，今天基督徒仍可倚靠這應許。神的創造從一個人開始，神的救贖也從一個人開始。神與亞伯拉罕立約，「亞伯拉罕之約」這個主題貫穿整部聖經，直到耶穌為止，如今我們以聖餐來記念耶穌所立的新約。

我們必須明白「約」的意義。有些人把「約」跟「契約」混為一談，但約並非能力與權柄對等的雙方所定的交易。這約完全是甲方為了祝福乙方而立的，而乙方只有兩種選擇：接受或拒絕，但不能更改約的內容。神立了約，就必守約，而且祂指著約發誓。人可以說「我指著神保證」，神則是說「我指著我自己起誓」，因為沒有比祂更高的，所以祂指著自己起誓，而祂所說的是實話，全都是

實話，而且只說實話。

在創世記第十二章，神給亞伯拉罕的應許裡說了六次「我必」，頗像新郎娶新娘時說「我願意」。誠然，全宇宙的神使自己與這個家族結合，而他給他們的第一個應許就是賜給他們一塊地方居住（那是幾大洲交會處的一小片土地——耶路撒冷是世界幾大陸塊的中心，從非洲到亞洲、從阿拉伯到歐洲的路線就在一座希伯來文叫作「哈米吉多頓」的小山附近交會，那是全世界的十字路口）。神其實是說：「我要把這地永遠賜給你們。」不管別人說什麼，他們握有那塊地的所有權，因為神把所有權給了他們，永遠賜給亞伯拉罕和他的後裔。

神的第二個應許是賜給他後裔。他說亞伯拉罕必有後裔綿延不絕，儘管說這話的時候，亞伯拉罕和撒拉都年事已高，尚未有子。

第三個應許是，他會使用他們來祝福或咒詛其他各民各族。神給猶太人的呼召是要他們向萬民傳揚神的名。這呼召有兩面，因為神對亞伯拉罕說：「為你祝福的，我必賜福與他；那咒詛你的，我必咒詛他。」但神也有所要求。首先，他要每一位猶太男子以割禮作記號，象徵他們生在此約之下。其次，他要亞伯拉罕順服，照著他所吩咐的一切去做。

此約乃聖經的核心，神以此約為基礎，說：「我要作你們的神，你們要作我的子民。」這句話在聖經中不斷出現，直到啟示錄最後的一頁。從這句話我們知道，神希望一直跟我們在一起，我們在聖經末了看到神親自從天降下，在新天新地中永遠與我們同住。

以撒

　　以撒的事蹟，我們所知有限，不如他父親亞伯拉罕或他兒子雅各的事蹟那樣多，不過以撒是上下兩代之間重要的橋梁。他的信心表現於接受神為他選擇的妻子，在迦南地遭逢大饑荒時仍堅持留守，然後將這地留給兒子，儘管事實上他並未擁有這地，只是在應許上擁有。可惜他晚年因為喪失視力而被自家人所騙。

雅各

　　雅各的經歷大概是三人之中最多采多姿的。他抓著雙胞胎哥哥以掃的腳跟出生，打從出生起就開始抓東西了。以掃長大後去住在今天稱作佩特拉（Petra）的地方，今日那裡仍有從紅砂岩雕鑿出來的壯麗殿宇。以掃在那裡建立的國家就叫以東。以實瑪利和以撒之間的仇恨今日仍存在於中東地區的阿拉伯人和猶太人之間，但是以掃和雅各之間的仇恨則已泯滅。最後一個為人所知的以東人，名叫希律，是以掃的後代，在耶穌出生時分封作猶太人的王。他為了除掉這位生來要作王的雅各後代，屠殺了伯利恆所有的男嬰。

產業

　　亞伯拉罕、以撒、雅各最後都以不尋常的方式顯示出信心，他們都把實際上並未擁有的產業留給兒子。亞伯拉罕對以撒說，他把他們周圍的整塊地都留給以撒。以撒也對雅各說，他把一整塊地都留給雅各。雅各對十二個兒

子說，他把整個迦南地留給他們。但他們都不曾擁有傳給兒子的土地，只有亞伯拉罕真的擁有一小片地，但那不過是希伯崙的一處洞穴，是他買來埋葬撒拉的。三人都相信神已經把那地賜給他們了，所以都在遺言中傳給兒子，相信有一天這整塊地終將歸他們所有。

一直到了聖經相當後面的地方，也就是希伯來書第十一章，這些人又出現了。希伯來書第十一章說：「這些人都是存著信心死的」，他們雖因信受到讚許，「卻沒有得著所應許的，因為神給我們預備了更美的事，叫他們若不與我們同得，就不能完全。」亞伯拉罕、以撒、雅各都沒有死，雖然我們可以在希伯崙看到埋葬他們的墳墓，但他們不是死人。耶穌說，神現在是亞伯拉罕的神，以撒的神，雅各的神——並非曾經是。祂不是死人的神，而是活人的神。

約瑟

創世記最後一部分是約瑟的故事，想必許多人耳熟能詳，「好人贏、壞人輸」的故事大人小孩都愛聽，甚至改編成了一齣音樂劇。不過，大家以為真有件彩衣，這大概與實情不符，那應該是一件長袖外套，而不是五顏六色的外衣。重點在於，約瑟成了哥哥們的監工，所以穿上這件外衣，代表他不必勞動。但約瑟本非長子，所以他受到這樣的偏袒是很奇怪的，自然引來哥哥們的憎惡。

約瑟是第四代，是亞伯拉罕的曾孫，但不是長子。由此可看出一個清楚的模式：天生該繼承家業的人並未領受祝福，神選擇讓恩典臨到誰，誰就領受祝福。聖經的模

式往往是較小的兒子得著祝福。

　　不過，這模式有一個重點並未延續下來，就是我之前提過的，約瑟有一點與前面三代大不相同：神不曾自稱「約瑟的神」。從沒有天使向約瑟顯現，而且約瑟的兄弟也不像前面三代的兄弟那樣被神拒絕。約瑟的兄弟都屬於塞特的敬虔後代，所以並沒有和約瑟形成明顯對比。還有，神不曾直接對約瑟說話。約瑟從神那裡領受異夢和夢的解釋，但從來不曾像列祖那樣，真正與神溝通。

　　所以約瑟似乎別樹一格。為何他和別人不一樣？聖經為何訴說他的故事？

　　有個原因很明顯，因為約瑟的故事自然而然連結到聖經的下一卷書。我們在出埃及記中看到，這個家族淪為埃及人的奴隸，若沒有約瑟的故事，我們就不知道他們為何來到埃及。約瑟的故事是很重要的連結，說明雅各一家人下埃及的原因與先前亞伯拉罕和以撒下埃及一樣：食物短缺（埃及不靠雨水滋潤，因為有自衣索匹亞高地流下的尼羅河，而以色列地的作物，則完全靠地中海吹來的西風所帶來的雨水）。因此，約瑟的故事至少是為了連到下一卷書而存在。約瑟過世，戲幕就拉上了，這一闔就是四百年，中間發生了什麼事，我們無從得知，只知當帷幕再次升起，這個家族的人口已高達數百萬──卻是在埃及為奴。

　　單這一個原因，還無法解釋為什麼創世記用那麼多篇幅述說約瑟的故事。聖經中關於約瑟的細節幾乎和亞伯拉罕一樣多，比以撒或雅各還詳盡。為何聖經要講得這麼仔細？為了讓我們看到一個品德高尚的好人終究戰勝一

切？恐怕不只如此。

我們至少可從以下四個層面來看約瑟的故事：

1. 人的角度

第一是從人的層面看。這是一個扣人心弦的冒險故事，人物個個非常眞實，情節比虛構故事更奇特。其中有一些很不尋常的巧合，可用兩章概括約瑟的一生：第一章——急轉直下，第二章——逆流而上。他從父親最寵愛的兒子，淪爲法老內臣的家奴，然後從被遺忘的囚徒高升爲一國宰相。降卑與升高之間，我們看到約瑟的哥哥們因爲嫉妒而害他淪爲奴隸，而他最後成功的關鍵竟然是靠著解夢。因此，從人的角度看，這確實是製作音樂劇的好題材，難怪在倫敦西區上演時吸引無數觀眾前往欣賞。

2. 神的角度

第二是從神的角度看這個故事。雖然神未曾實際跟約瑟說話，但祂在幕後控制一切，看不見的神藉著夢，將祂的旨意和計畫啓示出來，並安排環境來成就。從聖經可以很清楚看到，有時神需要藉著夢向祂的百姓說話，但祂也必給予解釋。所以約瑟說這些夢出於神，解夢也出於神。後來有一個人也具有解夢的恩賜，就是但以理。約瑟相信他的遭遇都是神在支配，是神在幕後安排一切。

約瑟故事的關鍵經文是第四十五章7節，約瑟試驗兄長，逼得他們低聲下氣又難堪不已，最後才與他們相認。約瑟表示原諒兄長當年賣他爲奴的事，然後說：「神差我在你們以先來，爲要給你們存留餘種在世上，又要大施拯

救，保全你們的生命。」

　　約瑟的兄長以為把他當作奴隸賣給駱駝商隊，就可以眼不見為淨。他們把他那件特別的外衣染上山羊的血，然後騙父親說他最寶貝的兒子死了。約瑟卻看出是神的手在支配這一切，他回顧他在埃及的工作：為法老解夢（七個豐年之後將緊接著七個荒年），建議豐年要妥善儲存食物，因此升作宰相，不但救了埃及全國，連他自己家人的性命也因此保全了；他救了他們。

　　我們還可以從約瑟全家下埃及這件事，看到神的護理。雖然神把應許之地賜給他們，但許多許多年前，神也告訴亞伯拉罕，祂必把亞伯拉罕全家移到埃及去，在那裡住上四百年，直到「亞摩利人罪孽滿盈」為止。神暫且不讓亞伯拉罕家族據有應許之地，是因為那地居民的罪孽還未深重到喪失對土地和生命的權利程度。神是有道德的神，不會平白無故把人趕出去，讓祂自己的百姓進去。今天考古學已經指出當時那地的居民墮落到多麼可怕的地步，由於性行為氾濫，性病蔓延迦南全地，到了積重難返的地步，神才讓祂的百姓取得他們的地。有些人抱不平地說，神把那地賜給猶太人，實在不公平；這種說法實在大錯特錯。

　　但是還有別的原因：神想要祂的選民成為奴隸，那也在祂的計畫之中。祂要把他們從為奴之地拯救出來，好讓他們感謝祂而遵行祂的道，成為榜樣，讓世人看到在天國治理下的人民多麼有福。所以神讓他們經歷奴役之惡，每星期工作七天卻無半文酬勞，沒有自己的土地，沒有自己的金錢，沒有一樣屬於自己的東西。然後他們向祂呼

求，祂就伸出大能的手拯救他們。神讓這一切發生，有祂的美意，祂希望他們知道救他們出來、讓他們擁有自己土地的，乃是神。

3. 約瑟的品格

我們也可以把約瑟的故事當成約瑟的品格報告。最引人注意的是，找不到任何一句壞話。前面已經指出，聖經敘述亞伯拉罕、以撒、雅各的生平，都是全盤托出，這三人各有各的軟弱和過犯。但聖經對於約瑟卻無半點批評。他做過最糟糕的事，不過是有點不智地把自己的夢境告訴兄長，說自己未來會高升。但約瑟的性格沒有一絲絲錯誤的心態或反應。他淪落到社會最底層，而他的反應卻是第一流的：毫無憤恨、毫無抱怨、對神沒有半點質疑，即便淪為階下囚，可能在法老的監獄裡被關到死，他也沒有大呼不公平。不僅如此，儘管身在異鄉，沒有人認識他，但是波提乏的妻子引誘他時，他依然正直不移。就連關在大牢中受苦的時候，他一樣熱心助人，從他主動安慰法老的酒政和膳長，可看出他的好心腸。約瑟應該是個關心別人，自己的事卻不大在乎的人吧。

即使當他晉升到一人之下、萬人之上的高位，他的性格仍不見缺點。請注意他對當年賣他為奴的兄長作何反應——他給他們食物，不收他們的錢，把銀子放回他們的口袋；他流著淚原諒他們，在法老面前替他們說情；買下尼羅河三角洲最肥沃的土地，作他們安居之地。他們曾拋棄他、把他給賣了，還對父親說他已經死了，但如今他仍供應他們一切需要。

約瑟可說是富貴不能淫、貧賤不能移的人，整部舊約中完全正直、表裡如一的，只有他一人。舊約呈現的人物都是優缺點兼具，但約瑟只有優點，沒有缺點。整部聖經只有另一人如此。

約瑟的故事講到一半，突然插入一章，是他哥哥猶大的事，跟約瑟的良善形成對比，讀來令人震驚。猶大跟一個他以爲是妓女的人共度春宵，誰知這位自始至終蒙著面紗的女人竟是他兒媳。猶大亂倫的醜齪故事穿插在約瑟的故事中間，爲何這樣安排？因爲這正好突顯出約瑟的表裡如一。正如亞伯拉罕對比羅得，以撒對比以實瑪利，雅各對比以掃，同樣地，約瑟與猶大也形成對比。

4. 反映耶穌

至此我們已從三個層面看約瑟的故事：人從谷底翻身，爬到頂端，拯救了他的百姓，成爲埃及的主；神掌管一個人的生命，使用這人來拯救神的百姓；最後，我們看到一個完全正直的人，無論身處低谷或高峰，都保持真誠良善的本色。

以上每一個層面都令我們想到另一個人：耶穌。約瑟成了耶穌的一個預表，這詞有「預示」的意思。彷彿神用約瑟的生平讓我們看見祂將如何對待祂自己的兒子。就像約瑟一樣，神的兒子也將被自己的同胞拒絕，遭受世間最大的羞辱，然後高升，成爲祂百姓的「救主」和「主」。

認出是「預表」以後，兩相對照更有深義。我們愈看約瑟的生平，就愈看出耶穌的畫像。神早就知道祂要成就什麼，所以給祂的百姓暗示。耶穌自己也鼓勵猶太人查

考聖經,「給我作見證的就是這經」,這經指的就是舊約。我們讀舊約的時候,一定要記得尋找耶穌,尋找像他的人,尋找他的影子。耶穌自己是本體,而他的影子灑落在舊約的篇篇頁頁,尤其是創世記。

從創世記看耶穌

既然看出約瑟是耶穌的畫像,那麼在創世記其他地方也可以看見耶穌。約瑟是一個典範,從他身上,我們看到神怎麼回應信靠祂的人。約瑟的故事顯示神如何使用一個人的一生,拯救百姓脫離苦難,又使這人升高成為救主和主宰。

家譜

創世記裡的家譜其實就是我們的主耶穌基督的家譜,如果讀馬太福音第一章和路加福音第三章,就會看到創世記家譜出現過的名字。這條世系從塞特一路下來,直到為馬利亞所生的耶穌為止。因此凡是屬基督的人,讀這些家譜就像在讀自己的家譜。我們有最顯赫的祖先,原因是,我們因著信靠基督,就成為亞伯拉罕的後裔了。

以撒

仔細看創世記的人物,可以看到與耶穌相似之處。前文談過了約瑟,現在再回頭去看亞伯拉罕獻以撒為祭的那一刻。亞伯拉罕聽見神吩咐他登上摩利亞山,許多年後,這座山被稱作各各他,就是神獻祂的獨生子為祭的地點。創世記第二十二章告訴我們,以撒是亞伯拉罕鍾愛的

獨子。前文也提過，那時以撒應該已經三十出頭，夠強壯
了，足以抵抗父親的行動，但他順服地任父親綑綁、甘願
被放在祭壇上。

在千鈞一髮的時刻，神阻止了亞伯拉罕，提供別的
祭物——旁邊有一隻公羊，角被荊棘勾住而動彈不得。千
百年後，施洗約翰如此論到耶穌：「看哪，神的『公羊』，
除去世人罪孽的。」我們往往用「羔羊」來形容耶穌，但
用於獻祭的從來都不是溫馴的小羊——而是用一歲大、已
長角的公羊獻祭。啓示錄描繪耶穌是頭上有七角（代表力
大強壯）的公羊——這是「神的公羊」。神提供了兩角纏
在樹叢裡的公羊，取代亞伯拉罕的兒子，作爲祭物獻給
祂。同時神也宣布自己的新名字「耶和華以勒」，意思是
「我永是你的供應者」。就在同一地點，另一個三十出頭的
年輕人，荊棘繞頭，也被獻上爲祭。你是否看到耶穌的畫
像？

麥基洗德

另一處經文也頗値得細看。亞伯拉罕與一位身兼王
和祭司的男人有一次奇特的會晤。此人是撒冷城（即後來
的耶路撒冷）的王，當時亞伯拉罕把被綁架的家人搶救回
來，帶著奪來的戰利品折返，途經撒冷城。當時撒冷城還
是異教城市，與亞伯拉罕的敬虔譜系毫無關係。亞伯拉罕
凱旋榮歸途中，麥基洗德從城裡出來迎接他。麥基洗德身
兼祭司和君王，在以色列人中可從來沒有這樣奇特的組
合。這位「君王祭司」帶著餅和酒，給亞伯拉罕和他的壯
丁家兵洗塵，亞伯拉罕則從戰利品中拿出十分之一，送給

麥基洗德。新約告訴我們,耶穌是照著麥基洗德的等次永遠為祭司。

雅各的天梯

還有雅各的天梯,又是怎麼回事呢?雅各離家的第一晚,宿在野外,以石為枕,他夢見一道梯子(其實比較像電扶梯)。希伯來文暗示,這梯子會動,一邊向上移動,另一邊則向下移動,有天使在梯子上,上去下來。雅各知道梯子的頂端就是天堂,神的居所。

他醒來之後,保證會把他所有的十分之一獻給神。那時並沒有什一奉獻的律法,要等到摩西的時代才有。(雅各獻上十分之一,本質上比較像是跟神交易:祢若帶我平安返家,我就獻十分之一給祢。不過,人哪能跟神談交易呢。是神與你立約,而不是你與神立約——雅各後來吃了苦頭才學會這功課。)

千百年後,耶穌遇見一個人,名叫拿但業,耶穌對他說:「你在無花果樹下時,我就看見你了。我看到你是一個真以色列人,心裡毫無詭詐。」拿但業問耶穌從哪裡知道他的?耶穌回答說:「因為我知道你生活的細節,你就認為很奇妙嗎,如果你看見天使在人子身上,上去下來,你會怎麼想呢?」耶穌是在說:「我就是雅各的梯子,我是天與地的連結,我是新的天梯。」

亞當和夏娃

再繼續回溯到創世記第三章。神在懲罰亞當夏娃時,也給了一個應許。神對蛇說,女人的後裔(或謂後

代，希伯來文裡「後裔」這詞是陽性的）將要傷蛇的頭，而蛇只能傷他的腳跟。傷腳跟並不致命，傷頭卻是致命的，這是神的第一個應許：有一天，祂必給撒但致命的一擊。現在我們知道了，這後裔指的就是捆綁壯士又擄掠了仇敵，將各樣恩賜賞給人的那一位。

保羅在羅馬書第五章告訴我們：因一人的悖逆，眾人成為罪人；照樣，因一人的順從，眾人也成為義了。這話暗示耶穌就是第二個亞當。昔日在伊甸園裡，亞當說「我不要」，如今在客西馬尼園哩，耶穌說：「不要照我的意思，只要照祢的意思。」多麼強烈的對比！兩人都開始新的一族：亞當是「智人」族的第一位；耶穌則是「新造之人」的第一位。

我們生來都是「智人」，靠著神才可以成為「新造的人」。新約講到新人，新造的人。今天在地上有兩種人類：要麼屬亞當一類，要麼屬基督一族。有一種全新的人類將住在全新的地球上——那才真正是全新的宇宙。

創造天地

新約論到耶穌的事，最叫人驚嘆的，就是祂也參與宇宙的創造。最早的一批門徒領悟到耶穌也曾參與創世記第一章的事件，所以約翰福音的第一段就說：「萬物是藉著他造的；凡被造的，沒有一樣不是藉著他造的。」

因此，我們讀創世記第一章的時候，會發現耶穌也在其中。神說：「我們要照著我們的形像、按著我們的樣式造人。」耶穌就是三位一體神中的一位。

這幾十年來，我們都知道地殼是由板塊構成，這些

板塊浮在岩漿上，仍在移動中，而且會互相擠壓，造成地震。當初，科學家發現今天的各大洲是由板塊移動而形成，這時需要造一個新詞來形容板塊，於是用了 tectonic plates，而希臘文 *tectone* 的意思就是「木匠」。今天我們居住的整個地球，都是出自這位拿撒勒木匠之手——祂名叫主耶穌基督！

　　創世記的查考從創造天地開始，至此告一段落。人類悖逆，神該如何回應呢？這個問題真的解決了，解決之道就是耶穌基督。世界是藉著祂所造，也是為祂而造，並且靠著祂，我們將找到所有問題的答案。

3. 出埃及記

▊引言

　　出埃及記講的是史上最大的一次逃脫行動。兩百多萬名奴隸逃離當時全世界最強盛的國家。從人的角度來說，這是不可能辦到的，所以這故事非比尋常，而且包含一連串神蹟，其中有些神蹟成了整本聖經最為人所熟知的故事。當時率領以色列人的領袖名叫摩西，他親眼目睹的神蹟，比亞伯拉罕、以撒、雅各加起來還多。在某些地方，神蹟接二連三發生，都是神為了祂百姓的緣故而親自介入。有些神蹟聽起來像變魔術，例如摩西的杖變成蛇，但絕大多數的神蹟顯然是神在支配大自然，證明祂的能力高過一切，也證明祂眷顧祂的子民。

　　出埃及記在希伯來文聖經的卷名是「他們的名字」，因為當祭司展開這卷書朗讀時，首先映入眼簾的就是幾個字。英文聖經的卷名是 Exodus，源自希臘文 *ex-hodos*，字

面意義就是「出口」（類似拉丁文exit），出去的道路。

整個出埃及事件在兩方面具有重大意義。

1. 民族的意義

首先是對以色列民族的意義。出埃及記標示了民族歷史的起點，以色列人從此獲得政治上的自由，成爲一個主權獨立的國家，儘管他們還未擁有國土，但已經有了國名：以色列。出埃及事件絕對是以色列民族的核心，因爲從此以後以色列人每年都要慶祝此事，就像美國人在七月四日慶祝美國獨立一樣。每年三、四月間，猶太人都要慶祝出埃及事件，吃逾越節晚餐，述說神的大能作爲。

2. 屬靈的意義

第二，出埃及記有屬靈的意義。以色列人發現他們的神是創造宇宙的神，能夠爲了他們的緣故而控制祂所造的萬物，於是他們相信他們的神比埃及一切的神更有能力。後來他們漸漸了解，他們的神是宇宙間惟一存在的神（尤其從以賽亞的預言可看出）。

神比所有其他神明更有能力，此一眞理顯示在神給自己取的名字。祂的「正式」頭銜是全能神（El-Shaddai），但在出埃及記裡，以色列民獲知祂的名。人與人之間若知道名字，關係就更親近，同樣，當以色列人獲悉神的名字，他們與神的關係就更近了。

英文把這個名字譯成Yahweh，雅威——其實這名字在希伯來文是沒有母音的，嚴格來講只能寫成「Y H W H」，是動詞「存在」（to be）的分詞。前面查考創世記時說過，

英文的「永遠」（always）頗能傳達猶太人對「雅威」這個字的了解。神是永在的，無始也無終——永遠。這是祂的第一個名字，但祂還有很多別名：「永是我的供應者」、「永是我的幫助者」、「永是我的保護者」、「永是我的醫治者」。

　　出埃及記也呈現另一項不凡的真理：創造萬物的神竟然救贖少數的人。「救贖」有個含義：贖價付清後，被擄者獲得釋放。以色列民族需要從這方面去了解他們的神，這神不但是宇宙的創造者，也是祂百姓的救贖者，這兩方面一樣重要，若要認識聖經所啟示的神，就不可不知祂既創造也救贖。

這卷書

　　摩西寫了五卷書，出埃及記是其中之一。創世記談他出生以前的事件，而出埃及記、利未記、民數記、申命記則講述他的時代發生的事。這幾卷書因為記錄了立國基礎，所以對於以色列民族十分重要。同時，這五卷書也是整個舊約的根基。這群奴隸需要知道他們的身分，也需要知道他們怎樣成為一個國家。

　　前面查考創世記時已說過，摩西從口述記憶中收集兩樣東西：家譜和祖先的故事。創世記完全根據這類記憶寫成。出埃及記、利未記、民數記、申命記則不同，這四卷書混合了敘事和法律規條。敘事部分描述以色列人離開埃及，經過曠野，來到迦南地。至於法律規條，則反映出神給他們指示，教他們如何待人處事。敘事和法律的獨特組合，是這四卷書的特色。

出埃及記本身是一半敘事一半法律。前半部詳述神如何為以色列人施展大能，救他們脫離奴役。後半部則說明他們獲得自由以後，神指教他們如何生活。前半部顯示神施恩引領他們脫離困難，後半部顯示神期待他們遵行祂的道，以示感恩。這一點非常重要，一定要強調。有太多人讀了摩西律法之後認為可以藉著遵行律法而蒙神悅納，殊不知應該反過來才對。以色列民先蒙神救贖，然後神才頒布律法給他們，要他們遵行以示感恩。這個原則到了新約依然不變，基督徒先蒙神救贖，然後才領受神的吩咐，過聖潔的生活。若用神學術語來講，就是*稱義在成聖之前*。我們並不是先活出公義然後才成為基督徒，而是先蒙救贖、獲得釋放，然後活出公義。*得自由在行律法之前*。

出埃及記裡，以色列人在埃及獲得自由，前往迦南地，途中在西奈山獲得律法，在山下回應神與他們立的盟約。立約的形式有如婚約，神說「我願意」（作你們的神，如果你們聽從我的話），然後百姓也必須說「我們願意」（作祢的子民並且聽從祢）。

結構

出埃及記除了分成前後兩部分，還可以再細分成十個段落：第一至十八章分成六段，十九至四十章分成四段。請見第117頁的表格：

第一部分（一～十八章）詳述他們逃離埃及前後發生的事件，包括許多神蹟，其中最有名的就是以色列人得蒙保守，而埃及人所有頭生的都喪命，以及他們如何渡過紅海。他們從埃及走到西奈山的這一路上，也有好些比較

一～十八章	十九～四十章
（百姓移動）	（百姓紮營）

關鍵主題

神的作為
恩典
獲得自由
出埃及
（人）為奴
救贖

關鍵主題

神的話語
感謝
獲頒律法
到西奈山
服事（神）
公義

分段

1. 一章：繁衍與殺害（以色列人）
2. 二～四章：蒲草與燃燒的荊棘（摩西）
3. 五～十一章：災禍與瘟疫（法老）
4. 十二章～十三16：節日與長子（逾越節）
5. 十三17～十五21：拯救與淹沒（紅海）
6. 十五22～十八27：供應與保護（曠野）

分段

7. 十九～二十四章：誡命與盟約（西奈山）
8. 二十五～三十一章：規格與巧匠（會幕）
9. 三十二～三十四章：放縱與代求（金牛犢）
10. 三十五～四十章：興建與分別為聖（會幕）

不出名但一樣驚人的神蹟。一九七三年的「贖罪日戰爭」（Yom Kippur War），埃及軍隊才進曠野三天就不行了，而在出埃及記裡，兩百五十萬人卻在曠野度過了四十年。

第二部分的焦點是律法。首先出現的是十誡，其他律法則關乎神想要住在祂百姓中間。百姓住帳篷，神也要住在百姓營中，但祂有自己的帳幕，與其他人的帳棚迥然有別。在此之前，這些百姓除了做磚頭，沒有製造過別的東西。但神教導他們用金、銀、木材製作物件的技術。

第二部分也包含一些敘事。在這部分我們讀到整卷書最令人遺憾的故事，就是百姓放縱自己，製作金牛犢來膜拜。這卷書結束時，會幕完工，神以會幕為居所，榮耀降臨神的帳幕。

▌一～十八章

許多人都覺得出埃及記的第一部分問題重重，因為太不合乎自然了，有太多超乎尋常的事件，所以許多人認為這是一連串傳說而不是真相。那麼，這些事件到底是神話還是神蹟？

神話或神蹟？

1.沒有世俗的記載

難解的不單是事件本身，也包括這些事件沒有任何世俗的歷史記載作為佐證，僅找到一份文獻提到在歌珊地有「哈伯來人」（habiru）──可能就是「希伯來人」，以色列子民的俗稱。不過，缺乏文獻也是意料中事。猶太人出

埃及，堪稱埃及史上最丟臉的一件事，埃及人遭受一連串嚴重的災害，包括所有頭生的喪命，全國最精良的武裝部隊沉沒在紅海中，真是不堪回首，遑論筆諸史書。

2. 人數

許多人覺得這故事不大可信，是因涉及的人數之多。聖經說有兩百五十萬名奴隸離開埃及，確實是龐大的數字。假設他們五人為一排前進，隊伍將綿延約一百一十哩長，加上牛羊等牲口，更是浩浩蕩蕩。不論往哪裡去，都得花上好幾個月，光是在曠野裡供給食物和飲水給這麼多人，而且長達四十年之久，就夠可觀的了。

3. 日期

還有一個問題是事件發生的時間，由於在聖經以外並無其他記載可供確認日期，所以我們無法確定出埃及事件發生在哪一位法老在位時，大致只能從兩位法老中選一個。一位是軍容壯盛的蘭塞二世（Rameses II），他為自己立了好幾座巨像，而他眾子的陵墓最近才出土。另一位，依據羅爾（David M. Rohl）的「新年代表」，是圖特摩（Dudimore）。*

4. 路線

以色列人離開埃及的路線也有爭議，有三種可能：往

---

* 註：參見 *A Test of Time*（BCA, 1996）和 *Legend*（BCA, 1988），書中有這位埃及古物學家令人注目的主張，他聲稱已發現約瑟在埃及時期的證據，摩西獲得自由的證據，甚至上溯至伊甸園地點的證據！

北、往南,或往中部直行。第127頁再來詳談路線問題。

5. 神的名字

　　有些學者認為,出埃及記六章3節神對摩西說的話有問題。神說:「我是耶和華。我從前向亞伯拉罕、以撒、雅各顯現為全能的神;至於我名耶和華,他們未曾知道。」

　　最後這句話可以是直述句:「……我未曾使他們知道我的名字。」如此一來,亞伯拉罕僅知祂是「神」,卻不知道祂不同於其他神明的名字;但這句也可以是問句:「……我豈未曾使他們知道我的名字嗎?」如此一來,亞伯拉罕就和摩西一樣知道神的名字。後者的可能性較大。

事實

　　以上問題令學者懷疑出埃及事件究竟是史實還是虛構。不相信的人,需要自問為什麼不信,是因為成見還是所謂科學觀點?同時,我們也可以試著為這些有爭議的事實找出最合情合理的解釋。

(1) 毋庸置疑,今天世上確實有以色列這個國家,他們來自何方?起源為何?如果他們原是一群奴隸,那他們如何形成一個民族國家?根據世俗的歷史記載,可確知他們曾經為奴。以色列國之所以存在,必有峰迴路轉的來由。

(2) 每個猶太家庭每年都要慶祝逾越節,為什麼?這個節期儀式已流傳好幾千年,定有道理。

　　至少有上述兩項眾所周知的事實需要解釋,而出埃

及記給了答案。以下就來看這十個分段,思考與經文相關的一些問題。

1. 繁衍與殺害

我們在第一大段發現,出埃及的故事開始之際,為奴的希伯來人起碼有兩百五十萬。乍看之下,從雅各的十二個兒子及其家庭繁衍成如此龐大的人數,似乎不可思議,但仔細算一算,假設每個家庭有四個孩子(就當時來說並不算多),經過三十代確實可以達到這數字。

但是他們為何在埃及住了四百年?當初在約瑟的時代,隨雅各下埃及的僅七十人,為的是躲避迦南的饑荒(那時埃及是中東地區的糧倉,多虧約瑟明智,貯存了七個豐年的糧食)。他們自願來到埃及,受到當政者歡迎,還獲賜尼羅河三角洲一塊叫作歌珊的肥沃土地,因此那七個荒年他們一直集居在歌珊地。但是,荒年過去後,他們為何不遷回故鄉居住呢?尤其後來埃及人逼希伯來人作奴隸,更顯出這問題問得中肯。

從人的角度看,是因為他們過得太舒服了。比起猶太山地,尼羅河三角洲的生活畢竟容易得多。這裡土壤肥沃、氣候宜人,冬天也不下雪。這裡的飲食不錯,有尼羅河的魚可作佳餚,不愁餓肚子。他們不走,是因為在這裡很舒服。直到後來他們被迫作奴隸,才想到神,才開始向神呼求。

從神的角度看,也有一個原因。四百年間,神沒有做任何事鼓勵他們返鄉。假如饑荒一過他們就回去,那時人數還不多,不足以成就神想要成就的。因為神的用意是

把迦南人從那地上除去。祂曾對亞伯拉罕說，他的後代將住在埃及，直到迦南人惡貫滿盈爲止。神必須等待，等到迦南人罪大惡極才施行公義的審判，把他們趕出去，讓這群爲奴的希伯來人進入應許之地。我們在申命記讀到，不是因爲以色列人比別的民族高尚，所以神揀選他們。事實上，如果他們像那些被趕出去的民族一樣行惡，也必有離開的一天。身爲公義的器皿，他們自己也必須行義。

不過這些都是後來的事了。以色列人在埃及作奴隸的時候，受到三方面的壓迫：

1. 勞力的壓迫：法老決定用希伯來人作爲各項建築工程的人力。

2. 愈來愈嚴苛的條件：法老命令他們做磚頭，卻不給他們稻草（因爲這樣做出來的磚頭，搬運起來會重得多）。從埃及出土的古建物發現，磚頭有三種：打根基的磚頭含有稻草；中間的磚頭雜有垃圾（因爲希伯來人在沒稻草的情況下仍想製作較輕的磚）；最上層就是完全用土做成的磚頭。這道嚴苛命令的用意在於讓希伯來人白天搬這些格外沉重的磚，累得半死，晚上就沒力氣行房生子，也沒力氣鬧事，這樣他們的人口就會減少。結果，這種粗陋的人口控制方法證明無效，於是埃及人又想出第三個辦法。

3. 屠殺：希伯來奴隸所生的男嬰，一律丟到尼羅河餵鱷魚。

2. 蒲草與荊棘

這是個家喻戶曉的故事。尼羅河裡有很多鱷魚，埃及人認為，若要有效降低以色列人的數量，就必須採取這種集體屠殺的手段。嬰兒摩西本應命喪鱷魚腹，但我們看到摩西蒙神眷佑，像約瑟一樣，被帶到王宮裡，接受最好的教育，上埃及的大學。因此，摩西的教育程度自然超出所有希伯來奴隸，所以日後能夠寫出聖經的頭五卷書。在猶太人心目中，摩西是舊約中第二偉大的人物，僅次於亞伯拉罕。然而，摩西當埃及王子的日子嘎然中止，因為他在盛怒之下打死了一名埃及工頭，不得不亡命天涯。

來看摩西生平的數字，相當有意思。四十歲，他逃到曠野，在那裡牧羊四十年，然後又重返曠野，和以色列民同住了四十年！這顯然是神的手在引領。

還有一件事也引人入勝，就是摩西在燃燒的荊棘叢旁遇見神，不過更耐人尋味的是摩西的種種藉口。神首先要摩西把鞋脫下來，因他所站的是聖地。接著祂要摩西去把神的百姓從埃及領出來。摩西找了五個理由推辭不就。

首先，摩西說自己人微言輕；神說祂會與摩西同在，因為重要的是神。第二，摩西說自己無知無識，不懂怎麼說話；神說祂會告訴摩西該說什麼。第三個理由是他能力不足，無法說服人民相信他曾經遇見神，而且神還要他來帶領他們；神說祂的能力會與摩西同在，祂會使摩西行許多神蹟。接著，摩西說自己拙口笨舌，結結巴巴，連一句話都講不好；神說會讓他哥哥亞倫替他傳話，而神會先告訴摩西該說什麼，摩西再重述給亞倫聽。最後摩西

說，這事跟我無關——求祢差別人去好嗎？但是神已經讓亞倫與摩西一起同工了。每一次摩西找理由都把焦點放在自己的弱點上，而每一次神都有解決的辦法。

3. 災禍與瘟疫

這一段的十災包括：尼羅河變成血、蛙災、虱災、蠅災、畜疫之災、瘡災、雹災、蝗災、黑暗之災，最後是所有頭胎的都死。

有幾點應當注意。第一，昆蟲世界完全受神支配，神可以吩咐青蛙，也可以吩咐蚊蠅蝗蟲做什麼、往哪兒去。這些災害讓我們深刻體認到，神完全掌控祂所造萬物。

第二，十災的強度逐次遞增，人先是不適，然後生病，接著垂危，最後死亡；先是自然界受災，然後人身上患病。由於法老和埃及人不肯回應這些警告，災禍的痛苦程度也愈來愈高。有些人覺得最後一項懲罰不公平——所有頭胎都得死，是不是太過分、太嚴苛了？但是埃及人對以色列人做過更殘忍的事——把以色列男嬰通通殺死，所以，這完全是以其人之道，還治其人之身。

還有一點很容易忽略的，就是十災的過程其實是一場宗教競賽。每一災都針對埃及人所膜拜的一個神：

赫農：尼羅河的守護神。

哈皮：尼羅河的精靈。

阿西利斯：埃及人相信尼羅河就是阿西利斯的血脈。

赫克：象徵復活的蛙形神。

哈妥爾：母牛神。

亞皮斯：卜塔神的公牛，象徵生殖力。

米納維斯：也是公牛，是希利歐帕利斯城的聖牛。

印和闐：藥神。

努特：天空女神。

塞特：農作物的保護者。

雷、亞騰、亞通、何洛斯：都是太陽神。

法老據說也是神。

　　十災衝著這些埃及神明而來，所傳達的信息很簡單：你們的神全部加起來也比不上希伯來奴隸的神強。

　　有些人對於這段敘事裡提到法老心硬，頗有疑問。經上說，神使法老的心剛硬。甚至有人依據這段經文和羅馬書第九章的相關經文，建立預定論教義。他們認為這段經文教我們知道，神可以選擇讓人的心柔軟或者剛硬。支持這觀點的人主張，我們並不知道神為什麼如此選擇，就法老的例子來說，無論原因是什麼，總而言之，神決定使法老的心剛硬。這觀點等於說神用抽籤的方式隨機決定救誰上天堂、送誰下地獄，使這些人心硬、那些人柔軟。

　　聖經不是這麼教的。只要仔細查考經文，就會發現法老的心剛硬了十次，前面七次是他自己硬著心，後面三次才是神使法老的心剛硬。所以神是在法老故意一再硬著心之後，才使法老的心剛硬。法老已經做出選擇，神不過是鞏固他已有的念頭。你既已決定走上這條路，我就助你一臂之力——這就是神施行懲罰的方式。啟示錄中，神說：「污穢的，叫他仍舊污穢。」所以法老的硬心並非神

獨斷的選擇，是法老先硬起自己的心，然後神才幫他剛硬他的心。神回應我們的選擇。如果我們一直選擇錯誤的路，執迷不悟，神會任憑我們繼續走下去。如果我們不肯讓祂顯明祂的憐憫，祂就會顯明祂的審判。

4. 節日與長子

第十災是每個埃及家庭的長子都喪命。經過這災，情勢急轉直下。但這災也可能發生在猶太人家庭，除非他們遵守神的指示，用羔羊血塗在門楣和門框上。那一夜，降臨埃及的滅命天使見此記號，就越過那一家的家門而不入。其他無此記號的家庭，悲劇就在夜半時分發生了。有意思的是，血是紅色的，而在黑暗中最不容易辨識的就是紅色。

這血還有其他意義：猶太人要宰殺一頭一歲的成年公羊，用羊血塗在門框上，然後把羊拿到屋裡烤來吃。所以這羊既作他們的遮蓋，又作他們的食物。我們稱耶穌為「神的羔羊」，羔羊有比較柔軟而溫馴的意味，但這不是聖經的原意，因耶穌其實是「神的公羊」，比羔羊強壯雄健。神吩咐猶太人要穿戴整齊，站著吃這羊肉，以備隨時啟程。神又吩咐他們要帶上無酵餅，當作緊急口糧。當晚他們就要離開埃及了。

直到今天，猶太人仍然過逾越節，在這個特別的晚上，家中最年幼的成員要問：「這是什麼意思？」家中最年長的就要回答說：「這是獻給耶和華逾越節的祭。當以色列人在埃及的時候，他擊殺埃及人，越過以色列人的房屋，救了我們各家。」他們就是這樣一代提醒一代，凡頭

生的都要贖出來。

5. 拯救與淹沒

請看第128頁的地圖，以色列人離開埃及後有三條路線可選擇：

第一條稱爲北行路線，表示他們必須行經地中海淺水區的一排沙洲。埃及地圖上有沙洲標示的是一個叫作蘇巴尼斯湖的地方。過了這排沙洲之後，就抵達加底斯巴尼亞了。但是追趕以色列人的埃及戰車不可能通過沙洲，所以不可能是這條路線。

第二個理論是他們穿過米特勒隘口，直達加底斯巴尼亞。但那裡有一排碉堡（即今蘇伊士運河所在地），防備敵人自東方入侵。這表示以色列人必須通過這道防線，可是他們既無武裝又無戰力，所以也不可能走這條路線。

第三種可能就是往南走到西奈山，亦即摩西曾經牧羊四十年的地方。這條路線最有可能，因爲摩西很熟悉這一帶。雖然今天我們不確定西奈山的地點，但中東所有的傳統都指出西奈山位於南邊。以色列人離開歌珊地後，一路向南，進入曠野。法老大概也只肯放他們走這方向，盤算著隨時可把他們從曠野追回來。以色列人在曠野紮營，神降下雲彩遮蔽他們，不給埃及追兵看見。

至於過紅海的實際情形，聖經並未說神把紅海分開，而是說祂差遣一陣東風把水吹開。但是東風如何把水吹開呢？

仔細察看該區，就會看到我們所說的紅海在古代是和大苦湖相連的（見第129頁的地圖）。兩片水域由一片

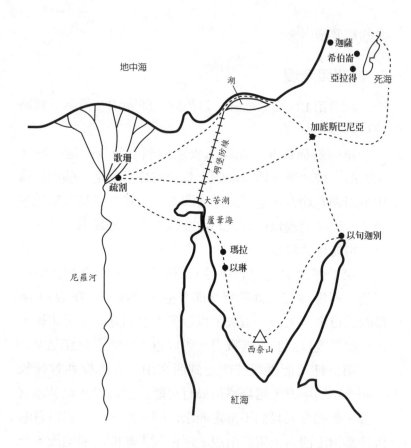

叫「蘆葦海」的淺水沼澤連起來。其實，這片沼澤的希伯來文比較像是蘆葦海（Reed Sea），而不是紅海（Red Sea）。

如果這就是希伯來人橫越之處，那麼有兩種自然力量可以分開這海。強烈的東風可將水吹往大苦湖的西端，退潮也可使水往南退。

然而這也不足以解釋神蹟。東風怎麼剛好就在那時把水吹開呢？用如此實事求是的態度檢視神蹟，不是為了

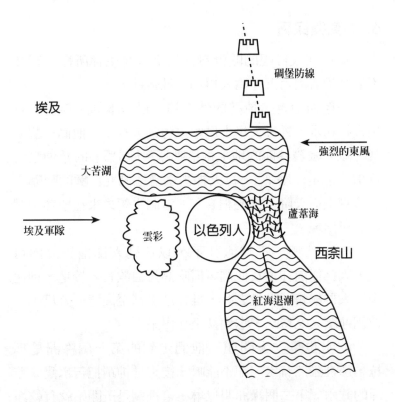

努力找出一個令人滿意的解釋，反而是要讓人看出那是一個「巧合」的神蹟。事實上，聖經告訴我們，沒有「巧合」，只有神的「照管」。

　　無論以色列人渡過的是紅海還是蘆葦海，最令人驚歎的一點，是這發生在逾越節羔羊被殺之後的第三天。以色列人是在逾越節羔羊被殺後的第三天獲得自由。不僅如此，出埃及記還告訴我們，宰殺逾越節羔羊的時間必須是在下午三點。三天之後，以色列人終於脫離奴役，永遠擺脫法老。稍後我們再來看新約裡與此平行對照的事件。

6. 供應與保護

以色列人行經的曠野無法供應人類生存所需，實在
不適合帶著兩百五十萬人再加上牲畜進入。

對摩西而言，情勢內外交迫。最基本的生存需求就
是食物和水。神每天早上供應以色列人食物，他們一醒來
就可以到帳篷外面的地上撿拾嗎哪。「嗎哪」的希伯來文
意指「這是什麼？」。每天神都供應他們九百噸的嗎哪，
這確實是從天降下來的糧食──這個主題後來在聖經中還
會一再出現。

有了嗎哪，不愁餓肚子，以色列人卻抱怨沒肉可
吃，因為從前在埃及他們習慣吃高蛋白飲食。於是，神送
來一大群鵪鶉，數量之多，堆在地上甚至高達一公尺半。
他們連續大吃特吃，吃到甚至吐出來！

飲水也是一大問題。他們走到的第一個綠洲是瑪
拉，那裡雖然有水，卻不能喝，後來是神蹟把苦水變成乾
淨的飲水。第二個綠洲叫以琳，這裡倒是一開始就有乾淨
的飲用水。要供應數量這麼龐大的人和牲畜，所需要的水
量也相當驚人，每天起碼要兩百萬加侖。後來，他們也飲
用從磐石流出的水。而最大的一個神蹟，是他們這一路上
蒙神眷佑，竟然連鞋子也沒穿破！如今，就連汽車駛過那
地，橡膠輪胎都會被石塊磨壞，但是當年以色列人的便鞋
竟然撐了四十年！

摩西也面對內部的難題。百姓人數如此龐大，難怪
排解糾紛成為摩西的一大問題。聖經告訴我們，摩西常花
一整天時間做這件事，筋疲力竭。還好他後來採納岳父葉

忒羅的建議，指派七十位長老協助審判，分擔責任。

▌十九～四十章

第二部分接在逃離埃及的敘事之後，內容轉向律法。神頒布誡命給百姓，告訴他們應當如何行，並與他們立約。

7. 誡命與盟約

出埃及記第二部分的「律法」內容可分成三段，最有名的就是十誡（或稱「十言」〔decalogue〕），由神親手寫在兩塊石版上（現代人描繪摩西帶著十誡從西奈山下來，幾乎都畫成兩塊石版上各寫五誡，其實是每塊石版上都刻有十誡）。這是一種法律契約，比方說，征服敵人的國王與被征服的國家訂立條約，一式兩份，由立約雙方分別保管。十誡也是這樣一式兩份，一份是神的，一份是百姓的。不過這合約很特別，聖經稱為「約」，但不是雙方討價還價後訂定的契約，而是由神所寫的合同，百姓要麼接受，要麼拒絕。

十誡形成第一組律法。第二組律法稱為「約書」，內容見於出埃及記二十章23節至二十三章33節，是關乎社群生活的法律。第三組則是第二十五至三十一章的律法書，這組律法的核心是以色列人的敬拜生活，論及敬拜地點和執行敬拜的人。申命記與這三組律法有所重疊，也從這三組律法衍生擴充。因此，關於人如何在神面前行義的律法，總共有六百一十三條規定與條例，並非只有十誡。

　　出埃及記的律法有十分重要的脈絡。十誡和約書正好位於過去和未來之間：

(1) 第二十章2節，神說：「我是耶和華你的神，曾將你從埃及地爲奴之家領出來。」

(2) 第二十三章20～33節，神確切地告訴百姓，只要他們遵行祂的道，從現在到將來祂都必與他們同在，也必將那地賜給他們。

　　第一處的經文回顧埃及，第二處的經文則聚焦於未來進入迦南地。由此脈絡可知，神頒布這些律法的對象是曾經經歷祂的過去、期待祂的將來，因此能夠活在祂的現在的人。

　　亞弗列德國王（King Alfred）制定英國的法律制度時，以十誡爲基礎，但是人民若未經歷救贖，很難理解這些法律背後的源由。這些法律必須放在適當的脈絡下方能了解。

十誡

　　細看十誡和隨之而來的律法內容，可看出內含三大基本原則。第一是**尊重**。十誡完全根據這條原則──尊重神、尊重神的名、尊重祂的日子，尊重人，尊重家庭生活，尊重生命本身，尊重婚姻，尊重別人的財產，尊重別人的名譽。

　　這裡的信息很清楚：一個健全而聖潔的社會乃建立在尊重的基礎上。今日的社會有太多地方，尤其是大眾媒

體，根本是在破壞尊重。電視喜劇往往助長缺少尊敬的人生觀，以致沒有任何東西是神聖不可侵犯的，每一件事、每一個人都可以拿來調侃取笑。但是我們清楚看到，失去對神的尊重導致拜偶像，失去對人的尊重則導致道德淪喪和不公不義。

十誡大部分的內容都是關於言行，但最後一誡則是關於感受——只有這一誡談到內心。或許這就是為什麼保羅在羅馬書第七章說，他守了九誡，只有關於貪心的第十誡難以謹守。因為我們渴望自己所沒有的東西時，所牽涉到的是內在生命的問題。違背一條誡命，就是違背全部的誡命。所有的誡命都互屬互連，就像一條珠鍊，扯斷了一處，所有珠子就灑落一地。實際上，十誡並非十條誡命，而是一條律法。

第二個原則是**責任**。我們愈來愈常被灌輸一個觀念：不必為自己的行為負責，甚至把惡行說成是基因所致！我們知道原罪是透過基因傳遞的，但是，說有些人比較邪惡都是因為基因不好，則導致大家認為不必為自己的行為負責。出埃及記的觀念恰恰相反。耶和華神說，我們是否依循祂的律法而活，是我們要在祂面前負起的責任。

第三個原則是**懲罰**。律法下的懲罰有三個原因，第一是改過自新：懲罰的用意是使犯錯的人改過向善。第二是懲一儆百：看到別人受罰可使其他可能犯罪的人心生警惕。第三是懲罰：不一定是為了警惕其他人，也不一定是為了讓有罪的一方學到教訓，而是單單因為這人的所作所為當受懲罰。

從殺人到違反安息日，共有十八項罪行應當處以死

刑。應當處死的罪行還有：綁架擄人、咒詛父母或對父母
施暴，沒把自家養的動物看好而害死人的情況也包括在
內。

神的律法很仔細地區分蓄意致死和意外致死。殺人
分為兩種：蓄意謀殺和過失殺人。一種處以死刑，另一種
不至於處死。但我們也看到，任何一種持續的、故意的、
有所圖謀的犯罪，按摩西的律法，是無法獻祭贖罪的。你
若去讀希伯來書，就會發現新約也如此說。

還有一點值得注意，摩西律法下的刑罰不包括把人
關起來，限制個人自由。聖經從頭到尾看不到這種懲罰形
式。不過，聖經倒是有一套清楚的補償制度，彌補受傷或
受損者，亦即「報復律」，簡單用一句話來說，就是「以
眼還眼，以牙還牙」。例如，傷害孕婦以致孕婦生下畸形
兒，嬰兒哪裡畸形，有罪的一方就要在相同的身體部位以
傷還傷。若是財物受損或遭竊，則有一套以實物或折成現
金補償的方式。

8. 規格與巧匠

規格

接下來，我們看到一個頗不尋常的事實：神要與以
色列人同住。祂讓以色列人清楚知道祂是聖潔的神。祂在
西奈山頒布律法時，為了讓以色列人確知神的聖潔是什麼
意思，說：「凡摸這山的，必要治死他。」摩西在山腳下
劃定界限，律法頒布時伴隨著雷轟、閃電和火，顯示神的
大能，也表示神與人有別。

然而，神強調祂有別於人之後，接著又對摩西說，

祂要下來，住在百姓的營中。他們在何處紮營，祂也要住在他們中間。營地正中央必須有一座足以傳達祂聖潔的帳幕，好讓百姓能心存敬畏敬拜祂。

這帳幕要稱作「會幕」，出埃及記裡有神所指示的建造會幕細節，屬於以色列人的宗教生活律法（二十五～三十一）。會幕的每一樣東西都在訴說神的事，訴說如何親近神才是正確的。會幕位於營地正中央，十二支派依序圍繞著會幕紮營。

巧匠

(1) 使用

最重要的是，會幕雖位於營地正中央，卻不可隨便進入。最外圍有帷幕，南北兩面各長一百肘、東西面各長五十肘，其高五肘足以擋住外人的視線。圍欄僅有一處入口，正對著猶大支派。內有一院，院內放置燔祭壇和洗濯盆。

見第136頁的圖示。親近神的第一步是獻祭：宰殺祭牲，燒在燔祭壇上，作為獻給神的供物。接著敬拜的人要在銅製的洗濯盆內清洗雙手，這時他是背對祭壇，面對聖所。獻祭與洗滌後他才可以靠近神的帳幕。帳幕分前後兩進，神的居所是裡面較小的部分，有幔子遮住，除了大祭司每年一次得以進入之外，其他人連看一眼都不能。

較大的部分有十肘寬、二十肘長，稱為聖所。只有祭司准許進入，而祭司進入聖所前必須先宰殺祭牲獻在壇上，接著在洗濯盆淨手。聖所裡有三樣物件：一張桌子，

會幕

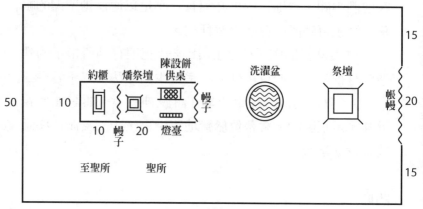

上置十二個陳設餅，代表以色列十二支派；七杈的金燈臺，以橄欖製成的聖油為燃料，必須經常點著；幔子前還有一座香壇。

這幔子遮住的就是長寬各十肘的至聖所：神居住的所在。至聖所裡有一約櫃，上有兩個基路伯。在聖經裡，基路伯永遠是審判的天使，經文描述，這兩個基路伯臉對臉，目光向下，對著包裹精金的施恩座。大祭司每年一次獻上一隻無瑕疵的一歲公羊，象徵為人民贖罪，然後可以進入至聖所。至聖所的約櫃裡面放著一些嗎哪和律法書。自然光線無法透進來，但至聖所裡面永遠是光亮的，因為神住在裡面，祂的榮耀照亮至聖所。

會幕之華美，想必令人讚歎不已，但絕大部分都遮起來了。幔子和罩子上都有精美刺繡，但全為一層海狗皮遮住，外面的人看不見會幕的美麗。會幕裡的物件都用精

金包裹，幔子則由藍線（天堂的顏色）、紅線（血的顏色）、金線和銀線織成。

會幕的整體結構表明一件事：到神面前來的人，必須先獻祭，潔淨自己。神說，這會幕乃是仿造祂在天上的居所。

帳幕即使拆卸下來、搬運途中，所有物件仍須全部蓋住。這帳幕必須由特定的人扛抬，「普通」人必須保持一千步的距離，直到帳幕再次架設起來爲止。

祭司的服裝同樣強調神的聖潔。神對於大祭司的服裝有非常具體的指示，大祭司胸前須佩戴十二塊寶石，象徵以色列十二支派。聖經最後一卷書描述新耶路撒冷時，再度提到這些寶石。大祭司還要佩戴特製的腰帶、冠冕、內袍、以弗得、外袍。

其他祭司也要穿聖服，但是僅要求他們穿戴特製的外袍、腰帶、頭巾、褲子。從聖服的差異，可看出大祭司永遠代表他的百姓。

(2) 建造

到目前爲止，百姓的技能僅止於造磚和搬磚，因此普遍來講並沒有能力建造如此繁複的帳幕。聖經說，比撒列、亞何利亞伯等人，蒙神賜下興建會幕所需的特殊能力。這是聖經第一次提到「屬靈恩賜」，竟是與手工藝結合，實堪玩味。

9. 放縱與代求

放縱

摩西在西奈山上領受律法，很久都不見他下山，沒有人知道他發生什麼事，百姓就問亞倫可否膜拜一位他們看得見的「神」。於是，在亞倫的協助下，眾人收集金子熔鑄成一頭金牛犢，然後拜牠。選擇拜牛，有其涵義。前文提過，公牛和牛犢是埃及人拜的許多偶像之一，象徵繁殖力，歷史上拜牛神以求豐產的例子很多。聖經有一條很清楚的原則：拜偶像會導致淫亂；不敬重神的結果就是不尊重人。他們拜著拜著，就開始狂歡縱慾。摩西下山目睹這景象，氣得把兩塊法版摔在地上。這舉動象徵百姓已經用行為把法版摔碎了。

代求

摩西回到山上，向神說這些百姓實在讓他忍無可忍，結果發現上帝的感受和他一樣。這是以色列歷史上的關鍵時刻，也是摩西領導力的關鍵時刻。神打算將以色列人從祂的冊上抹去，可是摩西說，那麼把我也抹去吧，我不要只剩我一人得救。這等於是說：「以我的性命為他們贖罪吧。」神說得明白，只有那些得罪祂的人，名字才會從祂的冊上塗去。這也是全本聖經不時出現的主題。人生最重要的事，就是讓你的名字記在生命冊上。神對摩西說：「誰得罪我，我就從我的冊上塗抹誰的名。」

摩西堅持百姓當受懲罰，神吩咐他去處理帶頭放縱的人。那天死了三千人。這個數字對我們或許沒有特殊意

義，但是出埃及記的一些細節與新約的事件有關連。神在西奈山頒布律法，是逾越節羔羊被殺之後的第五十天，羔羊在下午三點被宰殺，三天後奴隸獲得自由。逾越節之後第五十天，神頒布律法，此後，猶太人稱這天為五旬節。那天，有三千人因違背律法而死。千百年後，同樣在五旬節，在猶太人慶祝律法頒布的那日，神賜下聖靈 —— 那天，有三千人得救（參使徒行傳第二章）。

10. 興建與成聖

以色列人哪來那麼多的材料興建會幕呢？他們需要起碼一噸的金子，更別提還要有布料、細麻布、珠寶、銅、木料了。在此同時，每個男人都要奉獻五分之一盎斯的金子。

早在幾百年前，神就告訴亞伯拉罕，他的後裔將變成別人的奴隸，但是他們離開為奴之地時，必定帶著許多財物出來。會幕和祭司袍所需的材料，其實都來自埃及人，他們巴不得以色列人趕快走，就拿出金銀財寶來送以色列人上路。材料就是這樣來的，而且全都用在會幕上，因為百姓是為了這個用途才將財物奉獻出來。我們可用四個詞來形容百姓奉獻的本質：甘心樂意、考慮周到、持續固定、犧牲奉獻。這可不是強迫集資，誰不奉獻就要受罰，而是完全出於百姓的自由抉擇（「凡樂意奉獻的可以來……」）。

出埃及記的結尾讓我們看到，神分別會幕為聖，作祂的居所。百姓看到神的榮光降下來，雲柱或煙雲籠罩至聖所，至聖所充滿榮光，因為神的榮光降臨。神在祂的百

姓當中支搭帳幕，因此當他們看見雲柱和榮光移動，就知道他們也該拔營往前走。

▌基督徒如何應用出埃及記

出埃及記的故事激勵人心，以色列人敬拜神的相關細節也引人入勝，但我們必須問：當代的基督徒該怎麼看出埃及記？

首先，神不曾改變，祂從前如何對待以色列子民，今天也如何對待基督徒。正因如此，出埃及記有許多語詞，新約仍再度使用，比如律法、約、血、羔羊、逾越節、出埃及、酵。新約這些用語的意義得自於出埃及記。

同時，今昔對比，也有一些重大差別。如今我們不在摩西律法之下，而在基督的律法之下，有些事情變得比較難，有些則比較簡單，以下會說明。

會幕不再是必要的了，因我們知道基督已開啟一條通往至聖所的路。我們也不用再倚靠神從天上降下糧食或從磐石出水了。

當代基督徒要應用出埃及記的話，需從兩大基本方向入手。

基督

基督徒應當在出埃及記中尋找基督，耶穌說過：「你們要查考聖經，爲我作見證的就是這經。」出埃及記是舊約聖經的核心，之後的每一卷書都要回溯至出埃及記，因爲之後的每一件事都以救贖爲基礎，就像十字架是新約聖

經的中心一樣。

　　這樣的關連並非憑空想像。耶穌死在十字架上前六個月，登上以色列北部四千呎高的黑門山，同摩西和以利亞交談。路加福音告訴我們，他們談的正是耶穌即將在耶路撒冷完成的「出埃及」任務。

　　此外，耶穌於下午三點斷氣，那正是數千隻逾越節羊羔被宰殺的時候。因此基督被稱為「我們的逾越節羔羊」，祂為我們犧牲，好讓滅命的天使越過凡信靠祂的人而去。第三天祂從死裡復活，因祂復活，我們脫離死亡，就像當年希伯來人在逾越節後第三天脫離奴役，獲得自由。

　　不只如此。我們在約翰福音讀到，耶穌是天上的糧。保羅說耶穌就是當年摩西為以色列民引水出來的磐石。約翰在他的福音書中說「道成了肉身住在我們當中」，意思就是「在我們當中的會幕」，神確實支搭祂的帳幕，在基督裡住在祂百姓中間。

　　想到這些，我們就能了解馬太福音裡基督說的話：「我來不是要廢掉律法，乃是要成全。」簡言之，若無舊約，就讀不懂新約。

基督徒

　　出埃及記也能應用在基督徒身上。保羅反思出埃及記的一些事件，寫信給哥林多教會說道：「這些事都是我們的鑑戒，叫我們不要貪戀惡事，像他們那樣貪戀的。」

　　過紅海預表洗禮。保羅說以色列百姓在雲裡、海裡受洗歸了摩西，而收信的信徒則已受洗歸了基督。

　　基督徒也定期舉行逾越節餐，主的最後晚餐就是逾越節晚餐，今天我們領聖餐乃是記念基督拯救我們，使我們得自由。

　　保羅說，我們守這節不可用舊酵，應當把舊酵除淨，因為逾越節的羔羊基督已經被殺獻祭了。這勸勉聽起來有點怪，但是了解來龍去脈以後，就不覺得奇怪了。原來哥林多教會裡有人跟自己的繼母同居，保羅乃是針對這淫亂的事而寫下這句話。在這背景脈絡裡，舊酵就是邪惡，需要除掉，才能真正「守這節」。出埃及記從物質角度記載，而新約則從道德背景去看。

　　許多人特別關切基督徒要如何面對摩西律法。雖說我們的確毋需再守摩西律法，但其實守「基督的律法」在許多方面都比守「摩西的律法」難。摩西的律法說「不可殺人」、「不可姦淫」，許多人按這標準算是清潔的。但基督的律法說，連動殺人、姦淫的念頭都不可。所以，守基督的律法確實比守摩西律法難多了。

　　反之，也有些方面變得比較容易，因為現在我們不需要一大堆的祭司、儀式、特殊建物。使徒約翰寫道：「律法本是藉著摩西傳的；恩典和真理都是由耶穌基督來的。」每次我們奉耶穌的名禱告，就能毫無阻礙地進入至聖所。

　　新約和舊約也有很大的區別。在舊約律法之下，有三千人在五旬節喪命，但藉著神所賜下的聖靈，五旬節那天有三千人信主得生命。相較於舊的律法，我寧可要聖靈寫在心版上的律法。

　　對於基督徒而言，「榮耀」的主題也有新的意義。新

約裡，保羅以摩西臉上漸漸退去的榮光和聖靈的工作相較。基督徒可以和當年下山的摩西一樣認識神的榮光，不過，基督徒所認識的榮光，與祭壇、燃香、聖袍無關，而是與住在信徒裡面的聖靈有關，故此，這榮光不會漸漸退去，而會日日增強。

最後必須留意的一點是，會幕以生動有力的方式告訴今天的我們當如何進到神面前。首先要獻上自己（燔祭壇），藉著基督稱義，然後需要由聖靈來潔淨（洗濯盆）。會幕的顏色也有意義：紫色代表尊貴，藍色代表天堂，白色代表潔淨。今天我們有一位至高的大祭司在神面前為我們代求，但是，這位大祭司是無罪的，所以無需為自己的罪獻祭，祂只一次將自己獻上，成全了舊約之下所有的贖罪祭。

將來，基督徒終將獲救得釋放，如同出埃及的時候。我們在啟示錄裡看見法老的十災再度發生。歷史終局將發生的災難和臨到法老的十災相似得驚人。凡忠心跟隨耶穌的，必歷經末日的災難而得勝。啟示錄第十五章說，殉道者將和那些勝過一切外在逼迫和內在試探壓力的人，一起高唱摩西之歌。出埃及記第十五章有聖經記載的第一首歌，由米利暗譜曲，為慶賀埃及軍兵被紅海淹沒而唱。當世界的患難都過去，我們安然進入榮耀之中，必將再次唱起這首摩西之歌。那時，我們將慶賀兩次出埃及——先前脫離埃及奴役，後來靠著十字架脫離罪惡。

4. 利未記

▌引言

　　許多決心把聖經從頭到尾讀完的人，都卡在利未記，原因不難明白。利未記真的不容易讀，有三個主要原因：

　　第一是這卷書挺乏味的，讀的時候好比努力看完整本電話簿。利未記的內容跟聖經其他書卷截然不同，尤其和前面兩卷大異其趣，前兩卷有很多故事，高潮迭起，而且有情節進展。可是來到利未記，幾乎沒有什麼敘事，而且許多人早把聖經看作故事集，所以讀到利未記，一個故事也沒有，難免非常失望。

　　第二個原因是利未記讀起來非常陌生，除了內容不同之外，背景文化也不同。讀的時候形同離開現在的環境，去到三千年前、二千哩外，那是一個完全不同的世界，所以我們看到的每一件事都很奇怪。就以處理傳染病

的方法為例吧，染病的可憐人得把衣服撕破，披頭散髮，遮住臉的下半部，邊走邊喊叫：「不潔淨了！不潔淨了」這跟我們的社會處理傳染病的做法截然不同！利未記還提到其他古怪活動──今天我們上教會不會帶一隻小羊或鴿子去，讓牧師當著全會眾的面割開牠的喉嚨。

　　第三個原因是這卷書似乎跟我們無關。利未記跟今時此刻的我有何關連？對於我的生活和工作有何意義？我們都很清楚自己已經不在摩西律法之下，而利未記是摩西律法的一部分，所以我們也不大確定這卷書跟我們有什麼關連。

時空背景

　　因此，我們且來思想這卷書，看看是否能推翻一些原有的疑慮。利未記是摩西五經之一，這五卷書構成摩西律法，猶太人稱為「妥拉」，意思是「律法書」。他們每年都會把這五卷書從頭到尾讀一遍，以住棚節第八日（落在九、十月之間）為起始日，從創世記第一章開始，讀到隔年秋天的住棚節，剛好全部讀完一遍。

　　有意思的是，摩西五經有一個容易記憶的鮮明輪廓，仔細觀察這輪廓，有助於我們認識利未記的背景脈絡。請見第147頁的圖表：

利未記在摩西五經中的位置

　　創世記談起初，從卷名可知講的是萬物的起源，從宇宙的創造說到以色列人成為神百姓的由來；出埃及記把焦點放在以色列人從埃及出來的經過；利未記的名稱來自

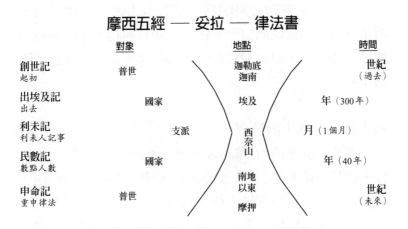

利未支派，是以色列十二支派之一；民數記的內容正如其
名，有許多統計數字（六十萬男丁離開埃及，加上婦孺，
總共約兩百五十萬人）。第五卷是申命記（由「第二」和
「律法」二字組成卷名），焦點在於重申律法。神頒布律法
兩次，第一次在西奈山，另一次在以色列人即將渡過約旦
河、進入應許之地的時候。所以十誡出現兩次，一次在出
埃及記，另一次在申命記，用意是在以色列人進入應許之
地的前夕，再次提醒他們神的律法。

　　若追問這五卷書的主旨，五經的整體輪廓就開始浮
現。創世記講的是全宇宙，關乎每一個人，全人類，全宇
宙；出埃及記講的是單一民族，鏡頭拉近看以色列人；利
未記把焦點縮得更小，縮到這民族的一個支派上；過了利
未記之後，焦點又放寬，民數記談的又是整個民族；申命
記則再次以全世界為背景來看以色列，回到寰宇視角。

　　這個輪廓有助於說明爲什麼很多人都卡在利未記，讀不下去，因爲他們對全宇宙的事頗有興趣，也想知道一個民族的故事，但說到跟自己無關的某個支派，就意興闌珊了。

利未記在地理上的位置

　　創世記從整個地球講起，然後把焦點集中在一個地區，就是亞伯拉罕居住的迦勒底，接著焦點移到迦南地，然後又移到亞伯拉罕後人移居的埃及。以色列人在埃及住了四百年，淪爲埃及人的奴隸。利未記完全聚焦在一個地方──西奈山，就是神頒布律法和典章的所在。之後，焦點再度放大，一路從南地、以東，到摩押地，然後再次回到迦南地。

利未記在時間中的位置

　　創世記涵蓋許多世紀，包括地球過去的歷史。出埃及記涵蓋三百年上下，利未記僅涵蓋一個月，而民數記涵蓋四十年，最後的申命記則展望未來的世紀，也就是以色列人的將來。摩西五經的輪廓又出現了，而利未記正好位於時間輪廓的樞紐，聚焦在最重要的一個月、最重要的一個地點、最重要的一個支派。整部摩西律法繫於此卷。

　　猶太人用十二個月讀完摩西五經，用在利未記上的時間大約爲兩到三星期。

與出埃及記的關係

　　以上是從摩西五經的時空背景來看利未記，接下

來，應該看看利未記跟出埃及記的關係。要充分了解每一卷書，就一定要看出這一卷書如何承續前一卷書。出埃及記的後半部講到建造會幕，神的帳幕在祂的百姓中間。想像一下整個營地的樣子：神的帳幕位於中央，周圍搭起千百個帳棚——神的帳幕和人的帳棚同在一地。利未記講的就是神的帳幕裡應有的規矩，以及人的帳棚裡應有的規矩。所以這卷書分爲兩部分：神的帳幕、人的帳棚，各有各的規矩條例。

不僅如此，說到會幕，出埃及記講的是神進到人中間，而利未記講的是人進到神面前；出埃及記講神救贖祂的百姓，而利未記講神的百姓獻祭給神；出埃及記講神施恩釋放百姓自由，而利未記從獻感謝祭講起，說明百姓應當如何感謝神釋放他們得自由。

兩卷書內容互補，缺一不可。利未記或許不如出埃及記高潮迭起，卻仍展現出神的期待，祂既爲我們成就了一切，我們也當向祂有所表示。利未記再次提醒我們，得救是爲了服事。出埃及記讓我們看到神如何拯救祂的百姓，而利未記則說明神的百姓應當如何事奉祂。

「你們要聖潔」

讀舊約時，不妨把自己想像成猶太人。猶太人認爲，讀利未記的理由再清楚不過：事關生死。對猶太人來說，神只有一位，就是以色列人的神，其他所謂的神都是人想像出來的。出埃及記和利未記都提出同樣的觀念。既然只有一位神，以色列人又是神在地上惟一的子民，他們跟神的關係自然很特別。神這一方應許要爲以色列人做許

多許多事：祂要作他們的內閣；祂也要作他們的國防部長，保護他們；祂要作他們的財政部長，好讓他們中間不再有窮人；祂要作他們的衛生部長，好讓他們免於埃及的一切疾病。神會供應他們一切所需，神就是他們的王。但神也要求百姓要行得正，聖經用的字是「義」，所以這民要按著公義而行。利未記的關鍵經文在新約中也經常出現，就是：「你們要聖潔，因為我耶和華——你們的神是聖潔的。」

神期待百姓得自由以後不可步上周圍民族的後塵。利未記有許多地方看似難解，但只要用這一點去解釋，就都說得通了，堪稱解開全書之鑰。神告訴百姓不可做的事，必是因為他們周圍的民族都那麼做，但他們不可效法。因為神是聖潔的，所以他們也要聖潔。如果神拯救了你，祂期待你也能像祂；祂期待你遵行祂的道，成為聖潔，因為祂是聖潔的。

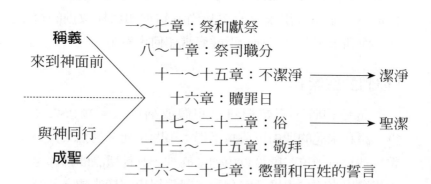

稱義　來到神面前　　一～七章：祭和獻祭
　　　　　　　　　　八～十章：祭司職分
　　　　　　　　　　十一～十五章：不潔淨 ——→ 潔淨
　　　　　　　　　　十六章：贖罪日
與神同行　　　　　　十七～二十二章：俗 ——→ 聖潔
成聖　　　　　　　　二十三～二十五章：敬拜
　　　　　　　　二十六～二十七章：懲罰和百姓的誓言

利未記的輪廓

前文提過這卷書可分成兩半,先逐漸攀升到一高峰,然後從頂點流洩而下。利未記又像是多層三明治,從上表可見,第一段呼應最後一段,第二段呼應倒數第二段,第三段呼應倒數第三段,剩下的就是最中間的一段。內容前後呼應,結構安排妥貼。

別忘了,這是神的安排,不是出於摩西。事實上,聖經裡記錄神話語最多的一卷書,正是利未記!約有九成的內容都是神親口說的話——「耶和華對摩西說……」。其他書卷都沒有記錄這麼多直接出自神的話,所以,如果你想讀神的話,這卷書是一個很好的起點,因為你所讀的真的都是神親口說的話。

頭七章的供物和獻祭,有全書最後一段的祝福與懲罰和許願條例來補充。祭司職分的細節,則與祭司帶領敬拜的細節相呼應。

這卷書的高峰是贖罪日,這日須獻兩隻牲畜,用來象徵百姓的罪。首先要在營內獻一隻公綿羊為燔祭,至於另一隻公山羊,則由大祭司用兩手按在羊頭上,承認以色列人的一切罪愆,把罪都歸在羊的頭上,然後把羊推出營外,送到曠野去。這羊要擔當他們一切的罪孽,死在曠野。這就是「代罪羊」,這詞今天依然常用。

利未記的上下兩半以贖罪日為樞紐,上半部描述人如何進到神面前,亦即**稱義**;下半部則描寫人如何與神同行,亦即**成聖**。

▌獻祭與敬拜

來看前面七章的獻祭條例，共計有五種祭，可分為兩大類。

感謝祭

前三種祭是以正確的方式向神表達感謝，感謝祂賜恩福。祭物不是為贖罪而獻，是為感謝而獻。如果我們覺得對神充滿感恩之情，神希望我們向祂說謝謝。

第一種感謝祭是**燔祭**，帶一隻牲畜到會幕門口，宰殺後全部燒在祭壇上，讓神聞那香氣，獻給神作馨香的火祭。

燔祭需要把一切全燒在壇上，但是**素祭**則留下一部分，讓敬拜的人與神一起享用。供物一部分獻給神，一部分則留給獻祭的人食用。

第三種感謝祭**是平安祭**，要將所有的脂油都燒在壇上，獻給神。

贖罪祭

另外兩種祭不是為了表達感謝，而是為了處理罪疚，就是**贖罪祭和贖愆祭**。

第一，這兩種祭都是為了贖罪、為補償過犯而獻。贖罪的用意不是要與神「合而為一」，那是現代人的想法，贖罪的意思其實是「賠償」。所以，若要「贖」某個罪過，就要獻上某樣祭物，作為賠償。贖罪祭和贖愆祭都是給神的賠償，都要流血，獻祭者的生命因為犯罪而變

壞，所以賠給神一個無罪的好生命。

　　第二，這兩種祭只對非故意的犯罪有效，對故意犯的罪則無效。換言之，沒有人是十全十美的，人人都會犯錯，都會有無心之過。雖然不是故意的，但終究做了，所以神為這種非故意的犯罪設立贖罪祭和贖愆祭。但若故意犯罪，就沒有任何祭可獻了。

　　新約再次強調此一重點，清楚區分基督徒的無心之過和故意、任性犯的罪。新約像舊約一樣，也說如果我們被赦罪後又故意犯罪，就沒有贖罪祭可獻了。罪已蒙赦的人又故意犯罪，是非常嚴重的事，所以耶穌對行淫被捉的婦人說：「去吧，從此不要再犯罪了。」然而，無心之過是可以彌補的，因為神知道我們軟弱，知道我們常跌倒，也知道我們想行善卻不一定做得到，正如保羅在羅馬書中說的：「我所不願意的惡，我倒去做。」不論舊約或新約，都把神百姓故意犯的罪，和不是故意犯的罪，作了清楚的區分。

敬拜的曆法

　　除了帶供物獻給神以外，猶太人還需要遵行敬拜的曆法。新約並沒有相應的曆法給基督徒遵守，也未曾指示我們要過聖誕節或復活節。但是，曆法是猶太人與神同行的重要依據。神把他們當小孩看，因為成人不需要月曆，但兒童需要月曆提醒他們，免得忘記事情。利未記提到好幾種類型的節日，全都要謹守遵行。

一年一度的節日

曆法上的正月（在西曆的三、四月間）第一個節日是**逾越節**，也就是除酵節，始自正月的第十五天，紀念神帶領以色列人脫離埃及為奴之地。前一天，也就是正月十四，要在下午三點宰殺一隻羊羔。

三天之後（指宰殺羊羔三天後），要將**初熟**的莊稼獻給神。不難看出，耶穌的死與復活與此節期模式雷同。

五十天之後就要過**五旬節**。這天，神在西奈山上頒布律法，所以他們要紀念這日，向神獻上感謝。第一個五旬節，也就是律法賜下的當日，有三千人因為犯罪被殺。數百年後，賜下聖靈的那個五旬節當天，有三千人得救。

靠近年底（猶太曆的七月落在西曆的九、十月間）的節日是**吹角節**，要吹羊角做的號角，作為紀念，象徵新年開始。

接著就到了重要的**贖罪日**，要把擔當眾人罪過的代罪羊推到營外。

再來是為期八天的**住棚節**，過節的時候，人人都要離開自己的家，住進帳棚，晚上在棚裡仰望夜空點點繁星，回想他們當年怎樣愚昧地在曠野漂流，其實只要十一天就能走到應許之地，他們卻花了四十年。

對基督徒來說，這些節期全都實現了。前面三個節日已在耶穌第一次來到地上的期間逐一應驗。其餘的則將在基督再來時完全實現。雖然我們不知道耶穌再來的日子是哪一年，卻可以知道必在九月、十月之間，因為祂從不耽延。其實那也是祂降生的時節，路加福音有證據指出是在第七個月，相當於住棚節的時候。這是猶太人期待彌賽

亞降臨的時候，每次新約提到吹號，都在宣告祂要降臨。當祂降臨，號角聲響，後面三個節日就要實現，贖罪日的救贖將完全應驗，以色列全家都要得救。

每週的聖日

除了一年一度的節期，還有每週的**安息日**，這是神給曾在埃及為奴的百姓一份特別的福氣。在摩西之前，聖經裡找不到安息日，例如亞當和亞伯拉罕都不曾守安息日，都是一星期工作七天。摩西把安息日引進以色列人的生活。這天不是假日，也不是給全家出門玩才設立的，而是為神休息的一天，是猶太人曆法上的聖日。

禧年

除了每年和每週要守的節日以外，還有一個節期是每五十年才過一次，就是**禧年**。每五十年，每個人的戶頭餘額都要打平，債務取消，產業回歸原來的家庭。所以，愈靠近第五十年，地租就愈便宜。奴隸也在禧年重獲自由。因此大家無不引頸期盼禧年來到，稱之為「神悅納人的禧年」。禧年對貧窮人來說是好消息，因為有希望逐漸**轉貧為富**。到了禧年，被擄的也要獲得釋放。

耶穌曾在拿撒勒宣告：「主的靈在我身上……叫我傳福音給貧窮的人；差遣我報告：被擄的得釋放……報告神悅納人的禧年。」換言之，耶穌開啓了眾所期盼的、真正的禧年。這也讓我們再次看到，需要認識舊約，才能了解新約。

▮生活的規矩

潔淨與不潔淨

　　要了解利未記，就必須掌握一個重點：區分聖的（holy）與俗的（common），潔淨的（clean）與不潔淨的（unclean）。我們大多從好與壞的角度看事情，但聖經將事物區分爲三類，請見下圖：

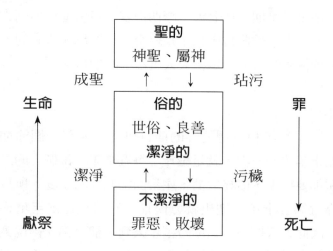

　　這裡牽涉到兩種過程。第一是神聖的、屬神的聖潔事物一旦被玷污，就變成俗物。把聖的東西當俗物使用，就把聖物糟蹋了。當年聖經協會送聖經到羅馬尼亞，共產黨政府竟把聖經毀了，用那些紙製成廁所用的衛生紙。此舉使基督徒震驚憤慨不已，結果引發羅馬尼亞革命。依據利未記的教導來看，這究竟是怎麼一回事呢？如廁固然需要廁紙，但把聖經拿來作廁紙，是把聖物變成俗物。第二

個過程則是把俗的、潔淨的變成不潔淨和罪惡的＊。

神聖的、世俗的、罪惡的，大致可對應到聖的、潔淨的俗物、不潔淨的。既然有褻瀆聖物、使之變成俗物，玷污潔淨的俗物、使之變成不潔淨的過程，同樣也有反方向的過程亦即贖回。你可以把不潔淨的洗淨，使之變成潔淨，然後將之分別出來歸給神，使之變成聖的。

聖的和不潔淨的絕不能相提並論，必須嚴格區分開來。聖的與不潔淨的絕無交集。若將潔淨的和不潔淨的混合，就都變成不潔淨了。同理，若在聖物中攙雜俗物，就都變成俗物了，而不是都變成聖的。

請看左頁圖表，向下的過程通向死亡，確實是喪命。而向上的過程則通往生命——但需通過獻祭。惟有獻祭才能使不潔淨的變潔淨，起死回生。

這會使我們的人生觀產生不同的結果。依據聖經，我們的工作也是可以分別為聖歸給神的。工作可能是聖的、潔淨的，或不潔淨的。有些工作違法又不道德，因此是不潔淨的，基督徒不應該從事這樣的工作。還有一些工作雖然潔淨，卻是平庸俗務，但你可以將你的工作分別為聖，為神而做，這份工作就不再是俗的了，而是在主裡變成神聖的呼召。因此，一個印刷工所做的可能是神聖的工作，而一個宣教士所做的有可能是俗務。你的錢若用在壞事上，就是不潔淨的，用在好事上，就是潔淨的，分別出

＊註：關於聖與俗、潔淨與不潔的區別，我要感謝溫翰（G. J. Wenham）允許我引用他的著作 *New International Commentary on Leviticus*（Wm. B Eerdmans, Grand Rapids, Michigan, 1979）。

來給神使用，就變成聖的。同理，性事也可能是聖的、俗的，或者不潔淨的。

有許多人過著體面、清潔的世俗生活，但並非聖潔之民。神可不只希望我們過正當生活就好，祂希望我們過聖潔的生活。利未記特別強調這點。

教會外的人縱然可以聲稱自己待人處世並不比教會裡的人差，但是神所尋找的是聖潔之民。

聖潔的生活

聖潔的生活牽涉的都是非常實際的事情。

要成為聖潔，身體**健康**和靈性健康一樣重要。我們若要歸神為聖，不可不留意身體方面的事。利未記不但對於理髮、刺青、男人戴耳環都有指示，對於男子遺精、女子月經和生產，也都有條例規定。

- 利未記有許多關於**飲食**的規定，尤其講到哪些食物潔淨，哪些不潔淨。
- 利未記說不可行**巫術**或交鬼。
- 房子長**壁癌**該如何處理，利未記說，為了愛鄰舍的緣故，你得把房子燒了。
- 還有關於**服裝**的指示，不可混合材料製作衣物。
- 利未記也涵蓋**社會生活**：聖潔意味著關心貧窮人、聽障、視障、老人。如果你是聖潔的人，那麼有長者走進來的時候，你就會起立以示尊敬。
- **性**的方面也有規定，利未記規定不可亂倫、不可人獸交、不可和同性交合。

如果你問如何才能過聖潔的生活，利未記告訴你的是從星期一到星期六怎麼過，而非只告訴你星期天該做什麼。神所尋找的不只是潔淨的人，而是聖潔的人，兩者區別甚大。在信主以前，你根本不會想到成為聖潔，只會想到作個好人而已——但那樣是不夠的。

規定與條例

對於摩西律法，有個觀念需要澄清。律法是一個整體，不是許多獨立條文。聖潔意謂「完全」，所有這些規定與條例都緊密搭配，形成一完全的整體，違反其中一條，就是違反全部（講出埃及記時，我舉了一個例子：打破一條誡命，就像扯斷一條項鏈，所有珠子灑落一地）。這事實打破了大多數人對於十誡的觀念，因為一般都以為只要能遵守半數以上的誡命就很不錯了！那是不夠的。

理由

神定下規矩，但並沒有說明每一條規定的理由。例如，祂沒有說明為何不可用兩樣攙雜的料做衣服穿在身上，也沒有解釋為何不可使異種牲畜交配、田裡不可撒兩樣攙雜的種子。不過，我們或許可以看出一個理由，就是神是純一的神，因此祂不喜歡用混合的材料製成的衣服，也不喜歡攙雜的種子和混種的牲畜。祂所禁止的事雖然不一定說明理由，但某些情況我們可以合情合理地推測。某些事被禁止，無疑基於衛生上的理由，比方如廁的規定，原因就很明顯：神吩咐他們那樣做是為了衛生。某些食物不可吃，被歸類為「不潔淨」，應該也是健康上的顧慮。

以豬肉為例，當地的氣候容易使豬肉腐敗，人吃了就容易生病。

　　神沒有說明理由時，百姓依舊遵從，因為相信賜與律法的神知道祂為何禁止這些事。在家庭裡也是同樣的道理，有時我們需要告訴孩子什麼得做、什麼不可做，不為什麼，只因「爸爸這麼說」，所以必須遵從。有時說明理由反而不適當，或是根本不可能解釋。

　　神藉著許多條律法問我們：你信任我嗎？你相不相信如果我說不可做某事，我必定有充分的理由？

　　我們往往必須先相信這樣是為了我們好，才願意遵守。我們都像亞當和夏娃一樣，想要像神，結果就摘了分別善惡的知識樹的果子來吃，因為我們想要自己作決定，想要自己去經歷、自己安排。但是，神並沒有義務向我們解釋祂的一切意念作為。

獎懲

　　神不一定給理由，卻賞罰分明。神要我們聽從祂，也把不聽從的代價說得一清二楚。而神的懲罰頗為嚴厲，因此利未記第二十六章一方面講遵行誡命的正面理由，另一方面也講悖逆者會遭受的咒詛。猶太人讀利未記，就會發現違背了神的律法有什麼後果。他可能會失去家庭，失去公民身分，還可能喪命。利未記提到十五項應處以死刑的重罪。看到這裡，你該明白為何非了解這卷書不可——這確實是一卷事關生死的書啊。

　　此外，利未記也明說整個國家可能會失去兩樣東西：他們可能受外敵入侵，失去自由（在士師記可看

到）。他們也可能被擄被逐，失去土地。後來這兩件事都發生了。所以神的話並不是空洞的應許和威嚇。信靠順服神必蒙福，不信而悖逆神的必遭禍。

快樂與聖潔

神將蒙福和遭禍明擺在我們面前，用意是指出惟有真正的聖潔才有真正的快樂。快樂與聖潔相依互屬，不聖潔的人不會快樂。絕大多數人都反其道而行，想在今生快樂，來生再作聖人。神為我們所定的旨意卻是今生聖潔，永生快樂。

神容許一些事發生，或許令我們痛苦，但這些事最後使我們變得更聖潔。逆境比順境更能造就品格。

▌基督徒如何看利未記

利未記告訴我們什麼呢？身為現代基督徒，我們真得把混紡的衣服通通扔掉嗎？房子若有壁癌，真得放火燒了嗎？

有一條原則可以引導我們，就是保羅在提摩太後書所說：「你是從小明白聖經，這聖經能使你因信基督耶穌，有得救的智慧。聖經都是神所默示的，於教訓、督責、使人歸正、教導人學義都是有益的，叫屬神的人得以完全，預備行各樣的善事。」

保羅這裡所說的聖經，自然是指舊約，當時還沒有新約聖經。耶穌說：「你們要查考聖經，為我作見證的就是這經」，指的也是舊約。我們可以從舊約學到兩件事：

救恩與公義。這道理同樣適用於利未記，這卷書能幫助我們了解如何得救，並打開我們的眼睛，使我們看見如何行義，這兩個目的再明顯不過。

新約中的利未記

看看新約如何應用舊約經文，總會給我們很大的啟發。有人說：「舊約顯明在新約中，新約隱藏在舊約裡。」新舊約密不可分，相輔相成。

新約有好幾處直接引述利未記，最常引用的兩節經文是：「你們要聖潔，因為我是聖潔的」，和「要愛鄰舍如同自己」。新約還有很多段經文明顯以利未記為背景，尤其是希伯來書，沒讀過利未記的人是看不懂的。這兩卷書也是密不可分，若非有利未記寫在前頭，就不可能有後來的希伯來書。

新約提到利未記的地方約有九十多處，所以基督徒不能不了解這卷書。

律法的實現

想想，摩西律法不只是十誡，而是總共有六百一十三條，我們要怎麼遵守呢？或許我們隱約知道不必全都遵守，但是究竟該遵守多少呢？例如，有些教會教導會友奉獻十分之一，有些教會對於安息日有嚴格的規定，儘管他們所謂的安息日是星期天，而不是像猶太人一樣守星期六為安息日。每個基督徒都會碰到這些難題，而使情況更形複雜的，是耶穌說過：「我來不是要廢掉律法，乃是要成全。」

因此我們必須要問的是，耶穌如何成全了每一條律法？有一些顯然在基督裡成全了，也結束了，所以從此以後你不必再帶一隻鴿子或一隻羊上教會作禮拜，有關流血的祭都成全了。

同理，耶穌也為我們成全了安息日的律法，當我們每一天停止作自己的工，轉而為神作工之時，就是進入為神子民存留的安息。我們仍可自由選擇一日守為主日，但也有自由看日日都一樣。因為我們在基督裡都是自由的人，所以不能將守主日強加在別的基督徒身上，更不用說是非基督徒了。

重點是要弄清楚每一條律法要如何成全。十誡之中有九誡重現於新約，一模一樣，例如不可偷竊，不可姦淫。未曾重覆的則是守安息日的誡命，現在我們有不同的遵守方式。

其他的摩西律法有不同方式遵守，比方申命記裡有一條例，牛在場上踹穀的時候，不可籠住牠的嘴，因為牠有充分的權利吃牠為別人預備的穀物。新約也守這條律法，但方式很不一樣，保羅引述這條例，解釋說，照樣，福音的工人有充分的權利期待信徒在財務上支持他，「叫傳福音的靠著福音養生」。所以我們必須細察每一條律法在新約中如何實踐，看新約如何賦予律法更深的意義。

因此，我們可從利未記學到四件至為重要且到新約依然不變的事：

1. 神的聖潔

聖經中最強調神的聖潔的，莫過於利未記。我們若

忘記神是聖潔的，就危險了，尤其現代人愛問：「神若是慈愛的，怎會把人打入地獄？」因著耶穌，我們知道神是慈愛的，但耶穌也常公開談論地獄。我們不能挑自己想聽的聽；如果耶穌說過神是慈愛的，說這是真理，那麼我們也必須接受耶穌說有地獄，這也是真理。

其實，神對於愛的理解和我們有一點不同。我們所理解的愛是情意上的，但神的愛是聖潔之愛。祂的愛，之高之深，以致祂對惡極其恨惡。很少有人愛到恨惡邪惡的地步。利未記教導我們什麼是神的聖潔，使我們學習以敬畏的心愛神，對神存著聖潔的畏懼。希伯來書說，我們當「用虔誠、敬畏的心事奉神，因為我們的神乃是烈火」。作者這個感想正是得自利未記。當代的基督徒一定要讀利未記，將神的聖潔謹記在心。

2. 人的罪惡

除了神的聖潔，利未記也強調人的罪惡，這是真實的，再也實際不過。利未記讓我們看到，人性竟可以卑劣到與獸交合、亂倫、迷信，還有其他許多惹神憎惡的行為。「憎惡」的意思是某件事令你厭惡到噁心想吐。這個字的希伯來文所表達的情緒非常強烈，厭惡、討厭、齷齪、噁心，都不足以表達那種憎惡的強度。

聖經也講到神的情緒，神對罪有情緒反應，是因為祂是聖潔的。人的罪性不只玷污了潔淨之物，也褻瀆了聖物。罵人的髒話就褻瀆了神聖的話語。人生在世只有兩種神聖的關係——人與神的關係，男與女的關係，而罵人的髒話有九成都出自這兩種關係。人類褻瀆了神聖的事物，

也玷污了潔淨的東西。我們就活在這樣的世界裡。人的罪惡不僅使潔淨的變爲不潔淨的，也因爲隨意把聖物當作俗物，而使聖的變爲俗的。

3. 基督的豐盛

　　利未記指向基督的豐盛，指向祂所獻上的一次即永遠的贖罪祭。爲了潔淨人的罪惡，神提供了一條路，問題是，如何兼顧公義與憐憫？祂應該憑公義處理我們的罪而懲罰我們呢？還是應該以憐憫來處理我們的罪而赦免我們？神是既有公義又有憐憫的神，祂必須找出兩者兼顧的辦法。我們是不可能找到出路的，但在神凡事都能——祂以無罪的生命代替有罪的生命。惟有這個做法能夠同時滿足公義和憐憫。利未記的獻祭條例讓我們得以一窺這事將如何發生。

　　關於這個過程，有幾個字眼尤其經常出現：「贖罪」和「血」，因爲生命在血裡面。讓一個人流血，等於讓他的生命流掉。此外也經常提到「祭」。燔祭是指我們需要完全降服，素祭是指我們的服事，平安祭則是指我們可以在神裡面得著平安。蒙恩得救而滿懷感恩的人，應具備這三項特質。

　　不過，我們也注意到，神這一邊有祂所獻的祭。現在我們來到神的面前，僅須獻上讚美和感恩爲祭，這兩樣祭應該要恭敬地預備，然後獻上給神。但利未記也講到耶穌所獻的祭。贖罪祭是用一個無罪的生命代替有罪的生命而死，贖愆祭則讓我們清楚看到這祭滿足神的公義，同時也符合律法。所有的祭都指向新約。

4. 敬虔的人生

　　利未記告訴我們生活各方面都要聖潔，甚至如廁的安排亦然！聖潔就是完全，因此利未記才會如此詳細地介紹神如何將祂的聖潔應用到祂百姓的生活各層面。由此可見，敬虔的人生是徹頭徹尾地敬虔，只在某些層面敬虔並不叫敬虔。

　　不過，還有一個重點，從舊約的聖潔到新約的聖潔，出現兩個重大的轉變。利未記區別聖的、潔淨的、不潔淨的三種。這在新約雖仍適用，卻有兩大變動。

　　第一，聖潔從物質層面轉到了道德層面。當時，以色列子民就像小孩子，神必須把他們當成小孩子來教。比方說，他們必須學習分辨潔淨和不潔淨的食物。然而，基督徒沒有這類規定了。神還用了異象來教導使徒彼得分辨何為潔淨、何為不潔淨。耶穌說，現在「入口的不能污穢人，出口的乃能污穢人」。潔淨和不潔淨不再是關乎衣服和食物，而是道德上的潔淨和污穢，這是從物質層面轉變成道德層面。現在，我們雖然沒有服裝和飲食的條例，但確實有很多教導告訴我們，要如何在道德問題上成為聖潔。

　　第二，蒙福和遭禍從今生轉變到永生。在這世上，聖潔的人很可能受苦，不會得到獎勵，但是轉變已經發生了，因為新約賦予我們更長遠的眼光：我們不只有今生而已──今生是為了預備在他處更長久的存在。所以在新約當中，我們讀到「你們在天上的賞賜是大的」，而不是在地上得賞賜。

　　由此可見，讀利未記對基督徒大有益處。最重要的

是，這卷書使我們洞悉四大重點：神的聖潔、人的罪惡、基督的豐盛、敬虔的人生。

5. 民數記

▌前言

　　民數記不太有名，也不常被引用，可能只有兩節經文大家比較熟悉。一八四四年五月二十四日史上第一份電報傳送到美國首府華盛頓的那一刻，摩斯（Samuel Morse）引用民數記表達對通訊發展的驚喜之情：「看哪，上帝成就了偉大的事！」（民二十三23，現代中文譯本）他把電子通訊的新發現歸功於神的大能。

　　另一節為人熟知的經文是：「要知道你們的罪必追上你們。」（民三十二23，和合本）原出自摩西的口，是他告訴百姓必須過約旦河去擊敗仇敵時所給的警告。

　　但一般人並不知道這兩句話出自民數記。能夠引述民數記經文的人很少。我發現，知道民數記內容的人也很少。這種情況需要補救，因為民數記也是聖經非常重要的一部分。

英文聖經給了民數記一個不大像卷名的卷名「Numbers」。原來的希伯來文聖經是取書卷開頭的幾個字「耶和華說」作為卷名。希伯來文聖經翻譯成希臘文時，譯者取了新的書名「*Arithmoi*」（即英文「arithmetic」〔計算〕的字源）。拉丁文版聖經（武加大譯本）譯作「*numeri*」，即英文版卷名「Numbers」的由來，中文版聖經則譯作「民數記」。

這卷書以人口普查作開始，以第二次普查作結束。第一次普查是在以色列人離開西奈山後一個月，會幕豎立起來的時候，計算出男丁總數為 603,550 人。第二次普查是在抵達摩押地，即將進入迦南地之時，距離上一次普查約四十年，男丁總數為 601,730 人，少了 1,820 人——差距不算大。兩次普查都僅計算適合作戰的男丁。

民數記告訴我們，計算人數並沒有什麼不對。大衛王曾因計算男丁而遭到神的懲罰，但原因是他的動機出於驕傲。聖經裡也有別的計算人數的例子，例如，五旬節那天，教會約增加了三千人。耶穌曾鼓勵門徒計算跟隨祂的代價，就像軍隊統帥應當計算敵我軍力多寡，衡酌勝算大小一樣。

有關民數記裡的數字，可以看出三件事：

1. 人數真龐大！

許多聖經註釋者質疑人口數目太大。這些數字實際上代表的是可徵用的兵丁，亦即二十歲以上能出去打仗的男丁。我們查考出埃及記時已經看到，以色列總人口超過二百萬，因此看似「龐大」的 603,550 人不過是全國人口

的一小部分而已。以下幾點分析顯示這些人口數是可能而
且合理的。

■ 在撒母耳記下，我們看到大衛的軍隊有一百三十
萬人，因此六十萬人左右的兵丁，相較之下並不
算多。

■ 若跟迦南人的數量相較，也不算多，以色列人需
要強大到某個程度，才足以出兵打仗（不過也別
忘了，神與他們同在）。

■ 有些人質疑說，當初下埃及的不過七十個人，怎
麼可能繁衍出這麼多人口。提出這種問題的人都
忘了，他們可是在埃及住了四百年。假如每一代
都生四名子女（以當時而言算少了），是有可能達
到這個人數的。

■ 有人說，這麼多人，如何進西奈曠野？然而，確
實有可能，因為空間是足夠的。如果他們五人為
一排前進，隊伍將綿延一百一十哩長，花十天即
可全部通過！

■ 有人說，如此龐大的人數在曠野也要吃也要喝，
怎麼養活呢？這話倒是沒錯，但神以超自然的方
法供應他們。

2. 人數差不多！

　　以人數規模來看，第二次普查比第一次短少了1,820
人，比例很小。西緬支派短少了37,000人，瑪拿西支派增
加了20,500人，而其他支派人數大致持平。由於人口增長

表示蒙神賜福，因此從總人數可看出，這段時期神並不喜悅祂的百姓。不過，曠野環境如此嚴酷，他們又待了那麼長的時間，還能維持這樣的人數，相當了不起。

3. 人口大不同！

兩次人口普查相隔至少三十八年，所以有一整代的人已經倒斃在曠野（當時人能活到六十歲即屬罕見，摩西活到一百二十歲是個例外）。所以雖然人數差不多，但人已大不同。當年離開埃及而能活到現在，進入應許之地的，只有約書亞和迦勒（兩百萬人中僅兩人）。（編註：作者此一說法稍微引人誤解，應指第一代被數點的六十餘萬男丁中僅兩人進入應許之地。）從某個角度看，這堪稱整本聖經最大的悲劇。民數記是很悲哀的一卷書，全卷書有三分之二的內容原本不必發生，更無須記載。從埃及走到應許之地，本來只要花十一天，但實際上他們花了13,780天才走到！在出發的同一批人中，只有兩人走到目的地，其他人都在曠野兜圈子，渾渾噩噩地「殺時間」，直到神的審判成就。這些人都死在曠野，由新一代繼續旅程。

我們從民數記學到的多半是負面的教訓，神的百姓真的不該這樣！保羅告訴我們該怎麼看這卷書：「這些事都是我們的鑑戒，叫我們不要貪戀惡事，像他們那樣貪戀的；……他們遭遇這些事都要作為鑑戒，並且寫在經上，正是警戒我們這末世的人。」（林前十6～11）民數記處處都是「前車之鑑」。

背景脈絡

　　那麼，這卷書的背景脈絡是什麼呢？從西奈山走到加底斯巴尼亞（南地沙漠的最後一個綠洲），抵達迦南地界，這段路只要十一天的腳程。以色列人走的路線卻是背對加底斯往前行，越過大裂谷，直抵以東山地，最後來到摩押地的約旦河邊，對岸才是迦南地，花了三十八年又幾個月的光陰，終於來到這裡，不是因為路途崎嶇，而是因為神一次僅移動一小段路程，而且在每一處都停留很久。祂告訴以色列人，祂要等到他們每一個人都在曠野倒斃，只有約書亞和迦勒除外。

　　到底發生什麼事，讓神的審判臨到百姓呢？在加底斯，神吩咐百姓進去迦南地，他們不肯。今天有許多基督徒雖已蒙神引領脫離罪惡，卻未進到神已擺在他們面前的蒙福之地，也陷入某種悲慘的曠野出不來。

　　民數記有三分之二的內容在談這段延宕的旅程。聖經總是忠實地呈現偉大的勝利和高尚的品德，也記載失敗與罪行。保羅對哥林多信徒說，民數記所記載的事情是為了作為鑑戒，警戒我們，他這番話點明這卷書的寫作目的。這卷書也許不受歡迎，但你若不讀歷史，注定要重蹈覆轍。

　　就連摩西也不准進入應許之地，儘管好幾百年之後他進去了，而且和耶穌交談。但是就連他，也不幸在一個重要時刻做錯了事，稍後再來看。

內容與結構

民數記和前面兩卷書一樣有律法也有敘事。律法的作者不是摩西，而是神。有句話在這卷書裡出現八十次之多：「耶和華曉諭摩西說……」。神給摩西一般律法和條例，也規定治理的儀式和宗教的典禮。

先來看敘事部分，摩西每日記錄百姓遵照神的吩咐所走的路程，他還寫了一卷書叫《耶和華的戰記》（編註：參民二十一14），是他們打仗的紀錄。摩西就根據這些紀錄，寫下民數記，只是提到他自己時用第三人稱。

混合敘事與律法的寫法，似乎和出埃及記雷同，但出埃及記是前半敘事，後半律法，民數記則是全部混合交錯，因此也比較難找出貫穿全書的主線。

依循背景脈絡去思考敘事和律法，比較容易看出民數記的模式。這卷書的結構是按照時間順序，而不是按主題來組織。最能呈現這個結構的方式，就是將民數記與出埃及記、利未記、申命記並列來看。

年代背景	內容	持續時間
出埃及記一～十八章，埃及到西奈	敘事	五十天
出埃及記十九～四十章，在西奈	律法	？
利未記一～二十七章，在西奈	律法	三十天
民數記一1～十10，在西奈	律法	十九天
民數記十11～十二16，西奈到加底斯	敘事	十一天
民數記十三1～二十21，加底斯	律法	？

民數記二十22～二十一35，加底斯到摩押地	敘事	三十八年
民數記二十二1～三十六13，摩押地	律法	三個月十天
申命記一～三十四章，摩押地	律法	五個月

很有意思的是，律法都是在以色列人安營期間頒布，而他們上路的敘事都是講他們如何違背這些律法。他們安營時，神吩咐他們應該做的事，但是接著我們就看到他們起行後實際做的事。他們經由兩種途徑學教訓，一是摩西的教導，另一則是旅途經歷（很像耶穌教導門徒的方式，一方面傳講「信息」，比方說登山寶訓，另一方面他們也「在路上」經歷事情）。

上表的結構不妨視同多層三明治。出埃及記第一至十一章，以色列人還困在埃及，到了第十二至十八章，他們就朝西奈移動了，這兩大段都是敘事。然後到了出埃及記第十九至四十章，利未記第一至二十七章和民數記第一至十章，他們仍然待在西奈曠野，這三大段都是律法。

民數記第十至十二章，他們又開始移動，從西奈走到加底斯，這是一段十一天的路程。神在加底斯對他們說話，記載在第十三至二十章，內容都是律法。停留加底斯期間，發生悖逆神的危機。

民數記第二十至二十一章，記載從加底斯到摩押的這段路，篇幅只有兩章，時間卻長達三十八年。民數記第二十二至三十六章，則記載神向以色列人所說的話，此時他們正在等候進入應許之地。接下來的申命記從第一章到

最後一章，同樣屬於這段紮營期間。

民數記裡有很多次移動，申命記則無，而出埃及記僅半卷記載百姓移動。

▌律法

如前所述，民數記共記載八十次神「面對面」跟摩西說話。這是獨一無二的，其他人領受神的道，都是藉著醒時見異象，或睡時做異夢。以色列人若想求問神該如何行，就會去求教於祭司的烏陵（相當於「抽籤」）。

摩西初次遇見神是在西奈山，以色列人必須與西奈山保持一段距離，但如今會幕既已完工，神就住在百姓中間。現在神「與他們同在」，最大的危險反而是他們覺得跟神太親近，因而失去對神的敬畏和尊重之心，忘了祂是聖潔的神。民數記的律法既非道德法，亦非社會法，神頒布這些律法，是為了避免百姓失去對神的敬畏。我們可將這些律法分成三大類：要小心、要潔淨、要付代價。

1. 要小心

安營時

以色列人必須小心安營在正確的位置，民數記第二章記載每一支派被分配到的位置，會幕在中央，各支派在相關位置安營。營地位置的鳥瞰圖就像一個空心矩形（見下表）。據悉埃及也依此法紮營，蘭塞二世（可能就是以色列人出埃及時在位的法老王）就偏好這種軍隊紮營配置法。

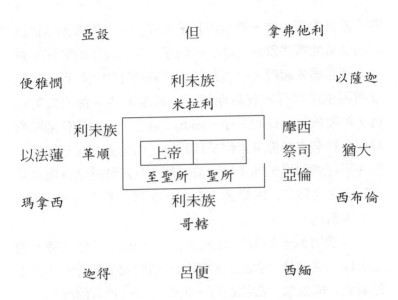

中央的會幕由帷幕圍住，僅留一個出口。有兩人在出口外面紮營，就是摩西和亞倫，另外三面則給利未支派紮營，利未支派的三個宗族——革順、哥轄、米拉利，各有負責辦理的事務。其他人則連碰帷幕一下都不可。神吩咐任何人不得接近，否則必死。神是聖潔的，人不能隨意靠近。

其他支派則圍著會幕紮營，按照神的分配各就其位。其中最重要的位置是會幕入口的正前方，由猶大支派駐紮。耶穌即出自猶大支派。

起行時

拔營起行的時候，同樣井然有序，人人皆須遵守次序。會幕的拆卸和搬運也有具體而詳細的規定。先由祭司

將聖器具覆蓋妥當，然後由利未人扛抬。每個人都知道誰該抬會幕的哪些器具、誰該抬幔子，還有扛抬的順序。有些支派必須先起行，接著是扛抬會幕物件的人起行，其他支派再依序起行，有點像橘子一瓣瓣剝開。每次拔營起行，都要按照同樣的次序，如此，抵達下一個紮營地點的時候，每個支派都可以輕易找到自己的位置，支搭帳棚。整件事從頭到尾，細節都一清二楚。吹銀號就是宣佈拔營起行，首先往前行的是猶大支派，他們一邊讚美，一邊領著大隊前進。

什麼時候要拔營，大家都知道，因為雲柱（晚上則是火柱）從會幕一收上去的時候，他們就要起行。我們清楚看到一幅景象：當神前行，祂的百姓就跟著前行。

為什麼費這麼大工夫規定這些細節？因為如此龐大的人口，無論是移動或紮營，都必須用最有效率的方式。神的用意是：「要小心！」在神的營地不容隨便，漫不經心是很危險的。套用現代話來說，那就是一種「反正是給神的，什麼都行」的隨便態度。

神賜下如此詳細的指示，意在告訴祂的百姓要小心，因為祂就在他們的營中。祂也指示其他需要小心之處，民數記提到一些罪，屬於「粗心大意」罪，例如，不把安息日放心上而違反安息日者，必須處死。他們得在衣裳邊上做繸子，提醒自己要祈禱。許願必須慎重，向神許願，務必還願，不可延遲。（士師記裡有一個人向神許願，說要把回家時第一個看到的活物獻給神作燔祭，結果第一個出來迎接他的是其愛女！）作妻子的若是向神許什麼願，她的丈夫有二十四小時的時間可決定同意或反對。

2. 要潔淨

除了仔細的紮營配置之外，營地也必須乾乾淨淨，因為他們都是「神的百姓」。神吩咐他們要把廁所設在營外，便溺後就拿自備的鍬鏟土，轉身把糞便掩蓋，如此可以為著神的緣故保持營地整潔。神可不只是擔心細菌問題而已，而是注重營地的「清潔」，因為祂是潔淨的。這條原則今日仍然適用。教會若骯髒凌亂、疏於維修，就使神的名蒙羞。

不但營地要整潔，我們還看到百姓離開西奈山以前，神吩咐他們要先潔淨自己。

第十九章有潔淨儀式的細節。死亡是一件不潔的事。神是生命的神，所以營中不可有任何一處被死屍沾染而污穢。甚至還有疑妻不貞的試驗方法與條例。就算沒有人證，但實情如何神都看見，祂必懲罰行惡之人，因為這營是祂的。

有句話說：「潔淨與敬虔為鄰。」從民數記能找到不少經文支持！

3. 要付代價

獻祭與供物

有罪的人與聖潔的神同住一營地，代價可不小。每一天、每一週、每個月都要固定獻祭，代替百姓贖罪。算起來有上百次之多。每一種祭的代價都不低——只有無殘疾的牲畜方可獻為祭。

每天獻的祭、每週獻的祭、每月特別獻的祭，讓我們清楚看到，領受從神而來的赦罪，是一件代價高昂的

事，必須流血。

祭司職分

不僅如此，祭司職分也靠獻祭來支持。以色列人離開西奈山之前，利未人就被分別出來，承擔獻祭的服事，約有8,580人（從整個支派22,000人中）出來服事，而這些祭司和利未人都得靠其他支派在財務上支持他們。

因此，維持祭司職分，加上固定獻祭，對百姓是一筆不小的「花費」。

這教導我們一件事：今天我們進到神面前，也要非常小心。雖然我不需要帶一隻羊或一隻鴿子來獻祭，才能親近神，但這不表示我到神面前的時候，什麼祭都不用獻。例如，聖經告訴我們，要以讚美和感謝為祭獻給祂。我們必須捫心自問，來敬拜前，是否已預備好獻給神的祭？

民數記也記錄拿細耳人的願，這是一種自願離俗歸耶和華的願，但並不屬於祭司的職分。許了拿細耳人的願，就不可剪髮，一點酒都不能碰（皆與當時社會風俗相反），也不可沾染死屍。有些人是暫時為拿細耳人，有些則是許願終身作拿細耳人。聖經裡最有名的兩個拿細耳人，就是撒母耳和參孫。

到了阿摩司的時代，拿細耳人竟成了被揶揄的對象。

我們可以從民數記學到什麼？

當代對於敬拜神有一種反對儀式、輕鬆隨意的傾向，可能使我們忘了神是昨日、今日永不改變的神，從前以色列人來到神面前的時候，要帶著敬畏的心和尊重的態度，今天我們也一樣。希伯來書提醒我們，神是烈火。

我們在新約讀到，聚會敬拜的時候，或有詩歌、或有教導，或有預言，或有說方言和翻方言的，這就是新約告訴我們要獻的祭，來到神面前的時候，心態要正確。

民數記也提醒我們，敬拜神必須照祂所喜悅的方式，而不是依我們的喜好。現代的敬拜傾向以個人喜好為焦點，例如，有人喜歡唱聖詩、有人喜歡聽現代詩歌。我們可能忘了，我們偏好什麼方式一點都不重要，最重要的是要確定我們的敬拜符合神想要的方式。

新約也提到我們所獻上的讚美祭和奉獻：「……你們的餽送，當作極美的香氣，為神所收納、所喜悅的祭物。」利未記和民數記都說，神喜悅聞羊燒在壇上的馨香之氣，照樣，今天我們獻上的讚美之祭也能討神喜悅。

▌敘事

再來看民數記敘事的部分。先前看神的話語，現在看人的行為，從看人本應該做什麼，轉而看他們實際上做了什麼。這是一個令人遺憾的悲慘故事。曠野成了考驗以色列人的場地。他們雖出了埃及，卻進不了應許地，處於兩者之間的這塊地方，對他們來說是非常難熬的。

別忘了，現在百姓跟神已經是立約的關係了，祂對

他們有承諾的束縛,如果他們聽命就蒙福,悖逆就受懲。雖然出埃及記第十六至十九章和民數記第十至十四章,百姓犯的罪行相同,但只有在民數記的這一次違反律法,所以只有在民數記的這一次必須受罰。

神的律法雖能幫助你看出對錯,卻不能幫助你做正確的事。律法沒有改變行為的能力,而是帶來罪咎、定罪、懲罰。這就是為什麼在史上第一個五旬節賜下的律法是不夠的,需要千百年後同樣於五旬節賜下聖靈。若無超自然的幫助,我們絕對沒有能力遵守律法。

領袖

先來看全民的領袖如何力圖符合律法要求卻不幸失敗。這幾位領袖是一家人,兩兄弟和一個姊姊──摩西、亞倫、米利暗(這名字是希伯來文版的馬利亞)。我們看到三人的優點美德,也看到三人的弱點。

優點

摩西

整卷民數記的靈魂人物是摩西,從許多方面看,他既是先知,又是祭司和君王。

聖經其他先知都是藉著神所賜的異象和異夢,得知神的心意,但摩西不同,神在會幕裡與他面對面說話。神甚至曾容許摩西看見祂的一部分──讓摩西窺見祂的「背」。

摩西也扮演祭司的角色,五次在神面前為百姓代

求。有幾次他還大膽為人民祈求，敦促神信守祂自己說過的話。

從沒有人尊稱摩西為「王」，當然，還要再過好幾個世紀，以色列才建立君主政體，但是摩西領軍作戰又治理百姓，作用如同一國之君，即使他從未用過君王的頭銜。

摩西一生有許多事蹟值得一提，其中最難能可貴的，是他就算遭人批評、惡待、背叛，也從不為自己申辯。他寫到自己的時候，說「摩西為人極其謙和，勝過世上眾人」——這樣講自己可不容易啊，如果他要一直保持下去的話！當然，摩西能夠這樣講，就像耶穌也能夠要求我們效法祂柔和謙卑的樣式。摩西從不替自己辯護，他讓神為他辯護。謙和不是懦弱，謙和是不為自己辯護。

亞倫

亞倫是摩西的哥哥，神指派他作摩西的「發言人」，一起去見埃及的法老王。亞倫也是先知，並且奉派作祭司——大祭司。亞倫的祭司職分成為古時神的百姓敬拜與儀式的中心。

米利暗

米利暗是摩西和亞倫的姊姊，她是女先知，當埃及軍隊沉入海中，她充滿喜樂地又唱詩又跳舞。

所以我們看到，摩西是先知、祭司、君王，亞倫是先知和祭司，米利暗是女先知。請注意，他們分擔不同的恩賜，而且，先知職分是男女皆可擔任的。米利暗的先知恩賜特別表現在詩歌上。預言與音樂有非常直接的關連。

大衛王晚年揀選的詩班長都是先知；以利沙經常要求找彈琴的來，彈琴的時候他就準備發預言。看來，適合的音樂似乎能釋放先知的恩賜。

這三位領袖各有優點與恩賜，然而，三人各在某方面犯下大錯。讓我們仔細來看他們的過錯，引為前車之鑒。

弱點

米利暗

米利暗的問題是嫉妒：她渴望受人尊崇，想要像摩西一樣與神談話。此外，她還批評摩西選的妻子。米利暗受到的懲罰是長大痲瘋，直到七天後她悔改了才痊癒。她也是在加底斯曠野倒斃的人之一。

亞倫

接下來在領袖群像中消失的是亞倫，他的問題和米利暗一樣，也是嫉妒、渴想受人尊崇。他和米利暗聯合起來批評摩西，理由是摩西娶妻沒有經過他們同意（摩西娶了一名和大家一起離開埃及的古實女子，不是希伯來人）。神並沒有為這事批評摩西，怎麼會輪到亞倫和米利暗來批評呢！

後來亞倫活到一百多歲，死在離加底斯不遠的何珥山。米利暗和亞倫表達嫉妒又想獲得尊崇之後不久，就陸續離世。

摩西

就連摩西也有犯錯的時候。他對百姓變得非常沒有耐性。新約告訴我們，他在曠野忍受百姓四十年之久。帶領兩百多萬個不停抱怨、發牢騷的人，永遠有處理不完的紛爭，摩西實在是個了不起的領袖。

他犯下的大錯是違背神有關供水的指示。摩西曾經用杖擊打磐石，磐石就出水，供應百姓。西奈曠野的石灰岩有貯水的特性。雖然西奈曠野有好些巨大的貯水庫，但通常藏在岩堆間或岩石裡。摩西曾經用杖一碰磐石，就將磐石裡貯存的水釋放出來。

百姓第二次缺水時，神告訴摩西不要擊打磐石，只要吩咐磐石，一句話即足以釋出磐石裡的水。但摩西對百姓實在不耐煩了，以致他沒有仔細聽神的吩咐，就用杖擊打磐石兩次。神對摩西說，因為他沒有聽從神，所以他不能踏足應許之地。這個慘痛的教訓提醒我們，身為領袖，務必仔細聆聽神的吩咐。摩西死於可眺望應許地的尼波山，只可遙望，卻不能進入。

民數記告訴我們，帶領神的百姓是重責大任，必須用正確的方式帶領，也就是要照著神的方式。

個人

民數記裡也記載了其他違背神旨意的人，其中最突顯的一個就是可拉。我們看到可拉率眾叛亂，因為他不滿只有亞倫一家有權作祭司。其他人加入可拉，人數很快就達到兩百五十名，一起挑戰摩西的權柄和亞倫的祭司職分。叛黨說他們不信神揀選了摩西和亞倫，也抨擊摩西無

能，無法將百姓領進應許之地。

接下來發生一件非常戲劇化的事。摩西叫會眾遠離這些叛黨的帳棚，接著有火從天降下，擊中他們的帳棚，付之一炬，可拉見狀，帶著幾名跟隨者逃跑，但跑沒多遠就陷入淤泥灘，轉眼就被吞沒（西奈曠野有這種表面堅硬、底下卻非常軟的淤泥灘，好比水池上覆蓋一層薄冰。很像流沙或沼澤）。

縱然發生這種事，但可拉的後裔所寫的一些詩篇收入了聖經。可拉的家人並沒有全部跟他一起叛變，他的後裔成為聖殿唱詩班的成員。當父母輩行惡，我們不需要跟隨。

新約的猶大書提到可拉，警告基督徒不要質疑神的選召而滿心嫉妒。

事後，摩西宣佈他們要測試神是否揀選他和哥哥亞倫擔任這些職位。他叫十二支派的領袖各自到曠野折一根樹枝，然後把這十二根杖一起放在聖所裡。第二天早上，亞倫的杖已經發芽、長花苞、開了花、結了熟杏，而其他領袖的杖都枯乾了。從那以後，亞倫的杖就收入約櫃，作為神揀選亞倫的證據，證明亞倫作大祭司不是他自派自任的。

百姓

出問題的不光是一些人，還有全體百姓。使徒行傳告訴我們，四十年之久，神在曠野對百姓的行為忍耐又忍耐。民數記說，除了兩個人以外，所有百姓全都犯下大錯——兩百多萬人之中只有兩位，這比例實在不高。百姓

有一個普遍的問題，另有三次鑄下大錯。

發怨言

百姓普遍的問題就是「抱怨」。你不需要天分，不需要用腦筋，不需要有品格，不需要捨己，就可以建立起抱怨的事業。那是天底下最容易做的事。

百姓以為神在會幕裡面，所以他們躲在自己的帳棚內說什麼，神都聽不見。真是大錯特錯！他們抱怨沒水喝，抱怨千篇一律的食物。民數記說，他們抱怨沒有蔥蒜、魚、黃瓜、西瓜、韭菜，不像在埃及這些都吃得到。他們的怨言神聽見了，而且有回應。不久，祂就差遣風把鵪鶉由海面颳過來，作為嗎哪以外的補充食物——鵪鶉之多，散佈十二平方哩，堆起來約有一點五公尺高！百姓全部出動捕捉鵪鶉，但他們還在大啖鵪鶉肉的時候，神就用極重的災禍擊打他們，因為他們悖逆抗拒祂。

發怨言所造成的損害，可能大過其他任何的罪。

加底斯綠洲

他們第一次鑄下大錯，是在走到最後一個綠洲的時候，這綠洲（今天仍在，名叫 Ain Qudeist）位於死海西南方六十六哩處的南地曠野。以色列人按吩咐，每支派推出一個人來，去窺探迦南地，看看那地如何，然後回報給會眾。十二名探子花了四十天的時間，從南邊的希伯崙，一直走到北邊，發現那裡土地肥沃。但是，他們最後的結論是負面的。他們回報惡信，散佈謠言，說那地的人會把以色列人給吞吃了。他們寧願回去埃及，也不要進迦南。

　　只有兩位探子——約書亞和迦勒，對以色列全體會眾說，神必與他們同在，沒什麼好怕的。他們同樣認為那地非常肥沃，那地居民身材高大。今天我們從考古學得知，這群希伯來奴隸的平均身高，相較於迦南人，算是矮小的。約書亞和迦勒也同意，那裡的城牆高大，會是進攻的阻礙。但他們相信神一路帶領他們走到這裡，不是為了把他們扔在曠野不管。他們對百姓說，神會把他們放在祂的肩上（就像小孩子坐在父親的肩膀上，也會覺得自己像巨人一般）。

　　但百姓把那十個探子報的惡信聽進去了，聽不進約書亞和迦勒的報告。事實上，全體會眾都說要用石頭打死摩西和亞倫，因為他們不該把百姓帶到這裡來。他們離開埃及奴役之地才三個月而已，就想把領他們出來的摩西亞倫給打死！他們竟然寧可相信十個探子的所見所言。他們採用多數決，但就這個例子而言，多數決的結果與神的心意相背。

　　另外兩個人的回報形成強烈對比，那十人說他們不能攻取那地，約書亞和迦勒卻說：「我們不能，但神能。」這不是正面思考法，而是願意把問題看作神動工的機會。

　　多數人缺乏信心的眼光，因此，神誓言這一代的人沒有一個可以進入應許之地——除了約書亞和迦勒以外。我們看到神說：「我指著我的永生起誓」，因為沒有比祂更高的，使祂可以指著起誓。

　　因為他們窺探那地花了四十天，卻得出錯誤的結論，所以神說，一年頂一日，他們要在曠野漂流四十年，擔當他們的罪孽。這件事成了民數記的轉折點，倘若他們

聽從神，這卷書後面三分之二的篇幅所記載的事件就不必發生了。

蛇蠍谷

百姓第二次試探神而鑄下大錯，是在擊敗迦南人亞拉得王之後發生的。

他們一路走下很深的亞拉法山谷。這谷又名「蛇蠍谷」，位於何珥山下，以蛇蠍眾多而得名。以色列人又開始抱怨神，又提起食物的事，還說他們寧願回去埃及。

這次，神的懲罰是打發蛇進入百姓中間，很多人被毒蛇咬死。他們明白是自己犯罪的緣故，於是求摩西為他們向神禱告。神沒有叫蛇離開，卻賜下解毒的辦法。祂叫摩西製造一條銅蛇，掛在旗杆上，把旗杆豎立在俯瞰山谷的山頂上。凡是被蛇咬的，一望這銅蛇就不會死。只要有信心抬眼一望，就可以活。

摩押平原

第三次也是最後一次的危機，是在抵達摩押平原時發生的。他們打算走大路，從以東境內通過。回溯歷史，以色列人和以東人算是一家人（以東人是以掃的後代，而以掃是雅各的哥哥），但是以東王駁回以色列人的要求。接著以色列人打了幾場勝仗，神使他們擊敗了亞摩利王和巴珊王，所以這時他們頗有自信，於是起行，在摩押平原安營，就在約旦河邊，對面就是應許之地。

但是有人反對他們進入迦南，就是住在應許之地邊緣的亞捫人和摩押人。他們決定阻止以色列人的計畫，於

是雇用一位從敘利亞來的預言家，想藉此人達成目的。

這位來自大馬士革的預言家名叫巴蘭，素有名聲，他咒詛誰的軍隊，誰的軍隊就打敗仗。他卻沒有咒詛以色列人，反而向雇用他的人解釋說，神要他說什麼，他只能照著說！按當時人的習慣，打仗之前會先請預言家來咒詛敵人，所以請巴蘭來對以色列人宣告咒詛。巴蘭的動機純粹是拿人錢財替人辦事，然而他根本無法對以色列人說出咒詛的話，一開口只有祝福，他也控制不住自己呀！

巴蘭宣告說，神必賜福以色列人，以色列國必要振興 —— 這是關於大衛王和大衛子孫的預言。所以我們看到，一個非信徒竟然發預言祝福以色列人，真是太奇妙了。

這段記載還講到一件不尋常的事，就是驢子竟也開口說話。巴蘭騎的驢子不肯往前走，巴蘭就打驢，打了幾次之後，驢子開口說話，告訴巴蘭前方有天使擋路，所以牠不往前走！（有人質疑怎可能有這種事，別忘了，動物能被邪靈附身，也能被良善的靈附身。伊甸園的那蛇，耶穌把魔鬼趕入豬群，就是聖經裡的兩個例子。）總之，這故事的信息很清楚：驢子還比巴蘭聰明！

不過，這是個悲哀的故事，因為後續的發展很可悲。巴蘭終於想到一個好辦法，可以賺到亞捫王和摩押王的賞金。他告訴二王，咒詛不管用，得改用別的手段，就是把漂亮的女孩子送進以色列營中去引誘男人。由於這是律法所禁止的，因此絕大多數不正當的性行為都在營外，但是有一個男人，叫心利，竟厚顏無恥地把一個女子帶到會幕門口來。

一個名叫非尼哈的人，目睹這可惡的行為，拿起刺槍，將那一男一女刺死。他因此蒙神立約，賜他和子孫永遠擔當祭司的職分。只有他站出來保衛神的家，對抗在神眼前發生的惡事。這審判看似嚴厲，但是別忘了，以色列人正朝應許之地前進，那地最可怕的特色就是淫亂，到處都是各種象徵豐產的女神、巫術、象徵生殖器的雕像，還有各種放蕩的行為。以色列人需要明白，這些事都是神所憎惡的。

▌我們可以從民數記學到什麼？

民數記是寫給猶太人的，為的是叫他們的後代懂得敬畏神。因此，民數記也是為基督徒寫的，好教我們能從以色列人的失敗中學到教訓。前面提過，保羅對哥林多信徒說，這些事都要作為「鑑戒」，警戒我們不要像當年的以色列人那樣，否則也可能像他們一樣到不了應許之地。套用雅各的說法，聖經就像一面鏡子，讓我們照見自己。我們可能在曠野徘徊，直到死去；我們可能回顧「罪中之樂」，而無法前瞻「神的安息」所在的應許之地。

我們可以從民數記學到神的性格，恩慈與嚴厲的雙重主題到了新約又重現多次，包括羅馬書、希伯來書、猶大書、彼得後書。

猶大書提及可拉和巴蘭，初代教會的一大問題也是抱怨，就像當年的以色列人一樣。發牢騷和抱怨被稱作「毒根」，會從團契內部長出來，導致很多麻煩。

新約提醒我們，我們不是數字，是有名字的人，就

連我們的頭髮也都被數過了。我們的名字記在「生命冊」
上，不過也有經文顯示，神也可能從生命冊上塗抹我們的
名。

民數記教導我們認識神

民數記很清楚地告訴我們，神的性格有兩方面。使
徒保羅說：「可見，神的恩慈和嚴厲……」就是以民數記
為背景。

1. 一方面，我們看到神供應食物、飲水、衣服鞋
   子，看到以色列人遭遇比他們更壯更多的敵人
   時，神保護他們。我們看到神保守這個民族，儘
   管他們屢屢犯罪而得罪神。
2. 另一方面，我們看到神的公義。祂信守祂立約的
   應許，罪惡必招致懲罰，懲罰是為了管教，但若
   一再犯罪，不肯聽從神，至終必失去繼承權。我
   們面對的是同樣的神，祂是聖潔的，我們必須敬
   畏祂。

民數記教導我們認識耶穌

1. 以色列人曾走過曠野，耶穌也進入曠野四十天受
   試探。
2. 約翰福音三章16節大家耳熟能詳，但未必同樣熟
   悉前面的第14節：「摩西在曠野怎樣舉蛇，人子
   也必照樣被舉起來。」
3. 約翰也明確地說耶穌就是「嗎哪」，是「從天上降

下來的糧」。

4. 使徒保羅講到曠野出水的磐石，語出驚人，明指那磐石就是基督。

5. 希伯來書說，母牛犢的灰，灑在不潔的人身上，尚且帶來赦罪，何況基督的寶血，豈不更能達成相同的目標嗎？

6. 最叫人驚呼奇妙的，大概就是巴蘭這個假先知竟道出有關耶穌的真正預言！「我看他卻不在現時；我望他卻不在近日。有星要出於雅各，有杖要興於以色列。」從此，每一個敬虔的猶太人莫不期盼王的星降臨；後來，就是那星引領東方智者來到伯利恆。

給信徒團契的祝禱

民數記最為信徒熟知的經文可能是第六章24節：「願耶和華賜福給你，保護你。願耶和華使他的臉光照你，賜恩給你。願耶和華向你仰臉，賜你平安。」

當時，以色列人正要拔營起行，繼續下一段路程，神叫亞倫這樣為以色列人祝福。這必是直接出自神的默示，因為裡面有數學的精準特性，神每次說話，所用的語言無不具有此特徵。希伯來原文裡，這段祝福分成三行：

願耶和華賜福給你，保護你。
願耶和華使他的臉光照你，賜恩給你。
願耶和華向你仰臉，賜你平安。

　　希伯來文的第一句共有三個字，第二句有五個字，第三句有七個字。第一句有十五個字母，第二句有二十個字母，第三句有二十五個字母。第一句有十二個音節，第二句有十四個音節，第三句有十六個音節。如果耶和華不算在內，總共用了十二個希伯來字，也就是說耶和華加上以色列十二支派！完美的數字模式。即便翻譯作英文，也有層層堆高的效果，句句增強，每一句都有兩個動詞，後一個動詞是前一個動詞的擴充。

　　這祝福也適用今天的基督徒，因為祝福的內容是**恩惠**與**平安**。請看新約給基督徒的祝禱：「願恩惠、平安從神我們的父和主耶穌基督歸與你們！」我們與以色列人一樣，也能領受屬神團契的祝福 —— 只要我們留意民數記的教訓。

6. 申命記

▌引言

　　每座猶太會堂必然有一大型壁櫃，通常用布幔遮住，櫃內放置數匣經卷，每一經卷都用布包著，布上有精美的刺繡。這些經卷都是摩西的律法，稱作「妥拉」，意為「律法書」。律法書被視為舊約的根基，每一年都要從頭到尾朗誦一遍。

　　經卷從櫃內取出以後，先展開看頭幾個字，就知道是哪一卷經書了。申命記開頭的幾個字是「這些話語」，這就是申命記的希伯來文卷名。希伯來文聖經譯成希臘文時，譯者得想一個合適的名稱，而「申命記」（Deuteronomy）的希臘文由兩個字組成，分別是「第二」（deutero）和「律法」（nomos）。

　　這名稱給我們一條線索去了解申命記的內容，因為展讀申命記，我們會看到出埃及記裡的十誡又出現了。

重申——再次宣讀

　　爲何需要再提一次十誡呢？此外，摩西律法總共六百一十三條，其中有很多條都在申命記中重現。爲什麼？

　　線索就藏在民數記。申命記的寫作日期比出埃及記晚了四十年。四十年間，一整代人都去世了，包括當年出埃及、過紅海、在西奈山下紮營，第一次聆聽十誡的所有成年人。摩西宣讀申命記的時候，這些人都死了（僅摩西、約書亞、迦勒仍然健在）。因爲那一整代人迫不及待地違背律法，以致神說他們永不得進入應許之地，要在曠野飄流四十年，直到一整代人都在曠野倒斃爲止，以爲懲罰。

　　新的一代在過紅海、駐紮西奈山下時，年紀尚小，可能絕大多數都不記得父祖輩出埃及時發生過什麼事情，也想不起來在西奈山聽過律法。所以摩西再次宣讀律法，並且解釋給他們聽。每一代的人都必須重新與神立約。

　　重申律法的第二個原因與時機有關。以色列人即將進入應許之地，之前他們在曠野的時候不曾與他族爲鄰，如今他們要進入的這地有強敵環伺。所以當他們站在約旦河東岸，準備過河之前，摩西再次宣讀律法，並且解釋給他們聽，好叫他們知道神對他們有何要求。

　　此外，摩西是他們的領袖，卻不會跟他們同去。摩西進入那地的權利已被廢除，因爲在磐石出水的事上，他沒有聽從神的吩咐。神已經指示他，七天之內他就要離世。因此摩西想要確保新的一代熟知上一代的歷史，準備好面對未來。是的，大水分開的神蹟即將在他們眼前重現，而這次是約旦河的水。神要他們跟上一代的人一樣知道祂有行神蹟的大能。

　　我們一定要了解再度頒布律法的背景。神帶領以色列人過紅海，在西奈山與他們立約。神先拯救他們，然後再告訴他們如何過聖潔公義的生活。整部聖經的模式都是這樣：神先顯出恩典，拯救我們，然後再說明我們應該如何生活。

　　新的一代即將目睹神拯救他們，帶他們渡過約旦河。本來每年到了這時節，約旦河都水漫兩岸，無法橫渡。而他們目睹神蹟之後，也將走到屬於他們的西奈山（以巴路山和基利心山），重新聆聽律法上一切祝福和咒詛的話。四十年過去，一切皆為全新的一代人重演。

　　因此，申命記是摩西寫的最後一卷書，寫作地點在約旦河東岸的以色列營，而且是在摩西依然健在、依然領導百姓的時候，宣讀給他們聽。

土地

　　申命記有幾個鑰節。有句話出現將近四十次，就是「**耶和華——你的神所賜你的地**」。這是要提醒以色列人：這地乃是禮物，是他們不配得的恩賜。詩篇第二十四篇說：「地和其中所充滿的，世界和住在其間的，都屬耶和華。」每當我們爭論土地所有權是誰的，可別忘了，全地的終極所有權在神手中。神要把地給誰就給誰。使徒行傳第十七章記載保羅在亞略巴古向雅典人發表演說，保羅解釋道，神從一本造出萬族的人，住在全地上，並且預先定準他們的年限和居住的疆界。

　　還有一個出現次數一樣多的語詞是「**要進去得為業的那地**」。我們從神領受的一切都是禮物，但我們必須去

「得」。救恩是神白白賜下的禮物，但我們必須「進去得其
為業」，去拿，禮物才會是我們的，神不會強迫我們接
受。對以色列人來說，去占領那地可能得付出高昂的代
價：他們必須作戰，必須奮力奪取那地。縱然神已將一切
福分賜給我們，我們仍然必須起來去得才成。

申命記引發一個重要的問題，就是土地的所有權。
那地是否永遠歸以色列人所有，抑或他們雖能持有也會失
去？我們可以得到兩個結論：

1. 無條件的所有權

神說祂要把那地永遠賜給他們為業，然而，這並不
表示他們必永遠占有它。

2. 有條件的居住權

居住在這地上是有條件的。他們是否能住在其中並
且享有它，端賴他們是如何住在其中的。

申命記的信息很簡單：你們遵守我的律法多久，就
可以保有那地多久。儘管你們擁有那地，而且我也已經把
那地賜給你們了，但你們若是不守我的律法，就無法自由
地在那塊土地上安居樂業。

「無條件的所有權」和「有條件的居住權」，區別就
在這裡。舊約眾先知常常提醒百姓這個區別。眾先知都看
出來了，百姓的惡行將使他們保有這地的權利被廢。

直到今天，神的諸般應許仍是有條件的。神雖賜下
應許，但我們的生命態度如何，將決定我們能否享受應許
的好處。

約的框架

申命記所描述的「約」的框架，通行於古代近東地區。每逢帝國擴張版圖，征服其他國家，君王就會與被征服者簽訂所謂的「宗主盟約」，這種盟約的基本條款是，附庸國只要遵守協定，宗主國就會保護他們、供應他們，但附庸國若是違反協定，就會遭受懲罰。考古學家發現古代世界有不少宗主盟約的實例，尤其埃及出土的條約，大綱模式跟申命記一模一樣。

摩西在埃及受教育，想必看過也研究過這類條約。既然神是以色列人的王，而以色列人是神的子民，摩西自然採用條約的形式向百姓呈現神的聖約。宗主盟約的模式如下：

- **序文：**「以下是法老與赫人訂定的條約……」
- **歷史引言：**概述君王和新臣民訂定條約的歷史淵源。
- **一般條文：**列出整部條約的基礎。
- **詳細條文：**詳列臣民的行為規範。
- **祝福與咒詛：**說明如果臣民遵守規範，君王會做什麼，如果臣民不遵守的話，君王又會做什麼。
- **見證人簽名：**通常會請「眾神」作條約的見證人。
- **續約條款：**萬一宗主國的君王駕崩，臣民仍須效忠其指定之繼位者。

簽約儀式上，君王和新臣民在書寫下來的條約上簽名，表示同意，一切遂告底定。

申命記中的律法，形式內容顯然與宗主盟約相仿：

- **序文** 一章1～5節
- **歷史引言** 一章6節～四章49節
- **一般條文** 五～十一章
- **詳細條文** 十二～二十六章
- **祝福與咒詛** 二十七～二十八章
- **見證人簽名背書** 三十章19節，三十一章19節，三十二章
- **續約條款** 三十一～三十四章

「祝福與咒詛」是這卷書的關鍵部分，關係到我們對於之後聖經歷史事件的理解。如果以色列人沒有遵守神的律法，神會依據「祝福與咒詛」的條款行兩件事：

天災

神所降的天災就是不下雨。以色列人要進入的那地介於地中海和阿拉伯沙漠之間，從西邊吹來的風夾帶地中海的濕氣，降雨在應許之地。但是從東邊吹來的風則是乾燥的焚風，所過之處草木凋萎，大地枯黃。因此，以利亞的時代，百姓拜偶像而得罪神，神的懲罰就是三年半不下雨。降雨與否，是神獎善懲惡的一個簡單方式。

人禍

若天災仍不能使百姓回心轉意，神就會採取更嚴厲的手段，藉著人的手來攻擊他們。從這一點來看，阿摩司

書第九章意味深長。該章說，當年以色列人過約旦河的時候，神也領另一個民族──非利士人，從西邊進入同一片土地。也就是說，神同時把後來成爲以色列邊境大患的民族領進這地。以色列人定居在山區，而非利士人住在沿海平原（今迦薩走廊一帶）。如果以色列人忠心遵守律法，必能享受安寧和平的生活；如果他們不守律法，神就會派非利士人來對付他們。就是這麼簡單。

敗壞

迦南地是亞摩利人和迦南人混居之地，神吩咐以色列人把這些民族趕出去，占領全地。一般人因此對聖經起反感。在現代人的想法裡，這樣明顯的滅族屠殺，也太野蠻。神若是慈愛的，怎可吩咐猶太人去消滅應許之地的其他居民？這樣做，豈非既不道德，又不公義？

回溯創世記，即可找到答案。神曾對亞伯拉罕說，他的後代將羈留異鄉四百年，直到亞摩利人罪惡滿盈，亞伯拉罕的子孫才能回到這地。而神也眞的等待了四百年，等到亞摩利人罪大惡極，不配住在迦南地，才把他們趕出去，因爲他們已經不配住在神的地上了。神不會坐視百姓任意妄爲卻繼續占據祂的土地。雖然祂非常有耐心，但是審判終究會臨到。考古出土的證據顯示，這些亞摩利人作惡多端，例證之一就是當時性病到處蔓延。如果以色列人和這些人雜居，無異於住在人人皆愛滋病的地方，而亞摩利人敗壞的生活方式所造的各種不良影響，更不待言。

申命記中，神直言：「其實，耶和華將他們從你面前趕出去是因他們的惡。你進去得他們的地，並不是因你的

義，也不是因你心裡正直，乃是因這些國民的惡，耶和華一你的神將他們從你面前趕出去，又因耶和華要堅定他向你列祖亞伯拉罕、以撒、雅各起誓所應許的話。」

有些人問，為什麼神非要以色列人屠殺亞摩利人不可？神難道不能親自除滅亞摩利人嗎？答案很清楚。祂要教導以色列人明白，遵行祂的命令是非常重要的，如果以色列人的行為也像亞摩利人一樣，必會落入同樣的下場。

我們讀申命記的時候，務必了解一件事，申命記的內容是一面鏡子，反映迦南人生活。神吩咐以色列人不可做的每一件事，迦南人都做了。因此我們得以見識應許之地在以色列人進入前是何等光景，可用三句話道盡：

1. 淫亂

前文說過，那地性病蔓延，因為通姦、姦淫、亂倫、同性交合、變裝癖、人獸交，都是那地居民習以為常的事。離婚和再婚更是普遍。這類行為都是申命記明令禁止的。

2. 不公

申命記也提到當地社會不公不義，「富者愈富，貧者愈貧」，而人類自古以來的罪：驕傲、貪婪、自私，也無處不見，導致窮人不斷被剝削。身有殘疾的人、盲人、聾人都無人照顧。因為高利貸的緣故，許多人擺脫不掉貧窮的枷鎖。神吩咐以色列人不可自私，要照顧聾人、盲人、寡婦孤兒。人，是最重要的。

3. 拜偶像

迦南人嗜拜偶像，巫術、各種迷信、占星術、招魂術、通靈、膜拜多產之神，無所不至。他們膜拜「大地之母」，相信性行為與豐收有關，所以在廟裡有男妓、女妓，膜拜儀式包含性交。全境處處可見的亞舍拉像（生殖器的象徵）適足以反映這些習俗。這些神像豎立在各地的高崗上，見證異教風俗深入民間。

神怎麼看這種行為呢？申命記說得很清楚，祂的這片土地已被徹底敗壞、玷污、貶低，所以祂不能任憑迦南人再這樣下去。今日情況可有改變？

摩西的最後一件工作

摩西寫了五卷書——摩西五經，申命記是最後一卷。前文已提過，申命記的寫作時間正值以色列民的關鍵時刻：他們即將進入應許之地，摩西卻不能領他們上去。摩西這時已是一百二十歲的老人，只剩七天可活（隨著他去世，申命記也劃上句點）。這一代人的父母輩如何軟弱，他都看在眼裡，擔心新的一代步上前人後塵。他看到這一代人未來有一連串的仗要打，有身體上的爭戰，也有靈性上的爭戰。

摩西在生命的最後一週，向百姓講了三次話。整個申命記就是由三段很長的演說組成，每段演說顯然都得花上大半天時間才講得完。申命記呈現演說風格，全書文體十分親切動人，充滿個人情感。摩西苦口婆心勸誡百姓，就像臨終的父親交代兒女遺言一樣。

摩西在世的最後這六天裡，很可能是一天演說、一

天寫作。第一、三、五日，他向百姓講論，然後在第二、四、六日，把前一天所講的內容形諸文字。律法書寫好後就交給祭司，置於約櫃旁，好叫百姓永誌不忘。這是摩西「最後的遺言與見證」，這位舊約裡最偉大的先知，把神的話語交給了神的百姓。

這卷書可以切分成三大段：

1. 過去：回首從前（一1～四43）
a. 責備先民小信（一6～三29）
b. 勸勉百姓信靠神（四1～43）

2. 現在：宣示律法（四44～二十六19）
a. 呼籲百姓專心愛主（四44～十一32）
b. 詳述律法內容（十二1～二十六19）

3. 未來：賞善懲惡（二十七1～三十四12）
a. 重申盟約（二十七1～三十20）
b. 指定接班人（三十一1～三十四12）

‖第一段演說（一1～四43）：過去

第一段演說中，摩西回顧神在西奈山與上一代人立約之後的日子。摩西提醒眼前這批聽眾，從西奈山到應許之地其實只有十一天的路程，但是他們的父母竟走了一萬三千七百八十天。他們抵達迦南地邊界的加底斯巴尼亞時，先安營，並且照著神的指示，每個支派推出一人去窺

探那地。這些探子返回後，對於那地的食物品質多所肯
定，卻認為征服那地的勝算很小，因為那地的居民又高又
大，城牆堅不可摧，他們如是說。只有約書亞和迦勒敢促
百姓信靠神，上去得那地。

以色列的美好未來就在前方，他們的士氣卻整個消
沉下去。這一路以來，神一直以信實待他們，然而他們對
神還是沒有信心。第四章的信息很簡單：「不要像你們的
父母那樣，他們喪失了信心，因而喪失了土地。如果你們
保守信心，便能保有那地。」

▌第二段演說（四44～二十六19）：現在

第二段的律法不容易讀。這一段的內容最長，很可
能是摩西在世最後一週的第三天發表的。以色列人若想在
神所賜的這片土地上長住久安，就一定要遵照這段演說所
描述的方式生活。

摘要

第五章：摩西首先談若要過著符合神公義的生活，
基本原則是什麼？就是十誡。十誡講的全都是一件事：尊
重——尊重神、尊重祂的名、尊重祂的日子、尊重你的父
母、尊重生命、尊重婚姻、尊重別人的財產和名譽。破壞
一個社會最快的方式，就是破壞尊重。

拿摩西律法和異教社會的律法對比，會很有意思。
若用摩西律法的標準對照異教社會的惡習（前文談過亞摩
利人如何敗壞迦南地，即是一例），就會清楚看出十誡的

律法多麼純淨而且神聖。

第六章：這一章將聖約的律法加以擴充延伸。在這一章我們看到律法的目的：把神的愛一代一代傳下去。

第七章：神命令以色列人要拆毀所有的偶像（亦即遵守十誡的第一誡），也要把迦南人全部消滅，免得受其引誘而偏離了神。

第八章：神勉勵以色列人要常存感恩的心，記念神怎樣恩待祂的百姓。神警告他們不可忘記，尤其是日後富裕了，更不可忘記神。

九章1節～十章11節：摩西回顧百姓犯罪和悖逆之事，警告他們不可自以為義。

十章12節～十一章33節：本段的主題為順服。百姓順服，就必蒙福；百姓悖逆，必遭咒詛──選擇全在他們。整卷書都強調這個重點。「聽」一共出現五十次，而「行」、「遵行」、「遵守」一共出現一百七十七次。

此外，在摩西的闡述中，另一個常見的字就是「愛」，共用了三十一次。如果你愛耶和華你的神，就必遵守祂的律法。新約中，保羅說：「愛人的就完全了律法。」因此最關鍵的不是律法，而是愛。人若愛神，就必聽從祂，因為在神的眼中，忠心就是愛，愛某人，意味著對某人忠實。愛與律法並不是對立的，而是並肩同行。

第十二～二十六章：這幾章涵蓋範圍甚廣，有些地方講到非常深入的細節。摩西從普遍狀況講到特殊情況，從垂直關係（我們與神的關係）講到水平關係（我們與他人的關係），可謂包含生活各層面，鉅細靡遺。

截然不同的標準

　　我們不妨把摩西律法放在當時的背景下，和當地其他社會對照，會更清楚看出摩西律法特別與眾不同。

1. 應許之地的標準

　　前面提過，申命記的律法是一種鏡像，反映當時那地的實際情況。有些比較令人困惑的律法，其實是為了因應占據那地的居民的習俗。

2. 鄰近之地的標準

　　還有一種有趣的比較，就是用摩西律法對照古代的另一套律法，亦即考古發現的漢摩拉比法典。漢摩拉比是古巴比倫（或謂巴別）的一位亞摩利王，漢摩拉比法典寫成的時間比摩西還早了三百年，包含不可殺人、不可姦淫、不可偷竊、不可作假見證等律法。此外，著名的「同態報復法」（*lex talionis*，亦即「以眼還眼，以牙還牙」）也出現在這部法典裡。我們看到這些雷同，無須訝異。保羅在羅馬書裡就說過，神已將律法的功用刻在外邦人心裡。祂不單用指頭把律法寫在石版上而已──祂把律法刻在人的心版上，好叫人人都知道某些事情不對。例如，全世界每個社會都認為亂倫是錯的。

　　不過，漢摩拉比法典與摩西律法還是有重大差異。對於做錯事的人，前者規定只有一種懲罰，就是處死。而在摩西律法裡，必須處死刑的罪行並不多，只有十五種罪行。所以相較於漢摩拉比法典，摩西律法並不那麼嚴苛。

　　另一個重大差異是，摩西律法把奴隸和女人當作人
對待，而漢摩拉比法典則視奴隸和女人為財產。摩西律法
賦予女性權利、尊重女性，漢摩拉比法典則不然。

　　漢摩拉比法典有階級之分，貴族和平民是不同的階
級，適用不同的法律。摩西律法沒有階級這回事，人人適
用同一套法律。

　　最後要提的一點是，漢摩拉比法典是決疑法律，以
條件的形式呈現，「如果你這樣做，那麼你就得死」。摩西
律法的呈現方式則是所謂的明文法律——不是談條件，而
是下命令，「你必須這樣做」。摩西律法反映出身為君王的
神有權告訴人民應該怎麼做。因為標準是祂所訂，所以命
令也由祂下達。

　　這些命令和律法可分成幾類，請看以下說明。*

1. 宗教／儀式

拜偶像／信奉異教

　■　以色列人不准隨從其他神，也不准立什麼雕刻的
　　　偶像。聖經告訴我們，神是忌邪的神。忌邪即嫉
　　　妒，神有這樣的情緒是合宜的，儘管我們一開始
　　　可能並不這麼認為。當我們想要某樣屬於我們的
　　　東西時，會感到忌恨。當我們想要的東西不是我

---

*註：以下的摩西律法分類，要感謝吾友 F. LaGard Smith，他曾是加州馬里
　布（Malibu）的佩柏戴恩大學（Pepperdine University）的法律教授。
　他以 NIV 版聖經為本，拿掉章節標號，重新將各卷書按照年代順序
　排列，並將律法用比較方便閱讀的分類法呈現。此處的分類即採用他
　的編排法。他的這本著作，精裝版書名為 *The Narrated Bible*，平裝版
　書名為 *The Daily Bible*，皆由 Harvest House 於一九七八年出版。

們的，那叫羨慕。因此，如果別的男人把自己的
妻子給勾引走了，這男人感到忌恨是合宜的；同
理，當神的百姓隨從別的神，祂當然不會容忍，
祂是忌邪的神。

■ 第一誡之故，特別禁止亞舍拉像，必須全部打碎。

■ 有宰牲吃肉的條例，有守喪剃頭髮的條例。

■ 若有人勾引親人離開神，去拜別的神，就要將那
人治死——不可憐憫他。

■ 當以色列人上去攻打那些拜偶像的城市，務要滅
掉所有的人，還要用火將城和其內一切財物都燒
盡，使那城永為荒堆，不可再建造。

■ 若有兩三個人作見證說某人拜偶像，就要用石頭
把那人打死，並且其中一名見證人有責任第一個
扔石頭。

■ 只能有一處敬拜神的地方。迦南人膜拜神明的
「邱壇」全都要拆毀。

■ 以色列人不可問起其他宗教的神，更不可對其他
宗教感興趣，絕對不可把自己的兒女獻作火祭，
那是神所憎惡的。

不是出於神的靈

■ 所有「隨從別神」的、假先知、做夢的人，都要
治死。

■ 所有形式的招魂都要處以死刑，包括求問已逝
者、求問女巫、卜卦算命、施咒、靈媒。

■ 申命記說，必有一位像摩西一樣的先知興起（指

耶穌）。

■ 當假先知奉別神的名號說話，或者所說的並不成就，必要治死。

褻瀆神

■ 不可妄稱神的名，擅敢託神的名的，必要治死。

獻給神

■ 牲畜中所有頭生的都必須獻給神。

十分獻一

■ 所有土產的十分之一都要分別出來。每逢三年要把一切出產的十分之一完全取出，分給利未人、寄居的和孤兒寡婦。

占領之地

■ 以色列人占領了任何地方以後，就要把那地初熟的果子放在籃子裡獻給神。

■ 他們進了那地以後，要宣告自己的歷史，重述獲救出埃及的經過。

安息日

■ 以色列人以前是沒有安息日的，直到摩西的時候才開始守安息日，有了這條新規定，從前每星期工作七天的奴隸現在每星期可以有一天不必工作。

節期（朝聖的節慶）

- ■ 逾越節。
- ■ 五旬節。
- ■ 住棚節。

獻祭與供物

- ■ 如有人遭害，卻找不出行兇者，就要將一隻母牛犧獻為祭，以宣告該社群是無辜的。

不得進耶和華的會

- ■ 睪丸受傷的，或生殖器被割除的，不可進耶和華的會。
- ■ 私生子不可進耶和華的會，他的後代直到第十代，也不可進耶和華的會。
- ■ 亞捫人或摩押人永不可進耶和華的會。
- ■ 以東人從第三代開始，可以進耶和華的會。

許願

- ■ 許了願就必須做到。許願是個人甘心的事，所以應該徹底執行。如果向神許願，不可延遲還願。

分開

- ■ 不准把兩樣的種子撒在園子裡。
- ■ 不可用牛和驢一同耕地。
- ■ 不可穿羊毛和細麻混合織成的布料。

這些規定要「分開」的律法看似奇怪，但那是因爲當時迦南地盛行異教，信奉多產的神，相信混合不同的東西就會多產。所以神的用意是要強調，多產是祂所賜的，祂的子民不需要隨從那些迷信的習慣。

2. 政府

君王

申命記有爲君王而立的律法，儘管要到好幾百年以後，以色列人才有王。

- 神就是以色列人的王——神的計畫本不包括立王，那是讓步的結果。

- 君王登基後，必須親筆恭錄摩西律法，並且定期誦讀。

- 君王不可以有許多嬪妃、許多馬匹，也不可有許多金錢。

審判

- 詳列審判法庭的執行規則，還有上訴法庭的條例。耐人尋味的是，藐視法庭的懲罰竟是處死。

- 還有關於公正的規定：不可賄賂，也不可偏袒，對待寄居的和孤兒寡婦，要和對待富有的商人一樣平等。

- 總要憑兩、三個人的口作見證，證人的所見所聞必須一致才可定案。若有人作假見證，經過仔細查問果然作假，他所誣陷的人本來會受什麼懲罰，這個作假見證的人也要受相同的處罰。比方

說，我在法庭上作假見證，害某人被罰一千元，那麼我被發現作假見證後，我也要被罰一千元。「以眼還眼，以牙還牙。」

■ 刑罰如何執行也有規定，鞭刑最多只能四十下（所以通常只打三十九下，確保不違反律法）。過度鞭打是踐踏人性尊嚴——不把罪犯當人看。人被處死後，屍首須在日落前取下，不可掛在樹上到隔日（使徒保羅在加拉太書中把這條律法應用到耶穌釘十字架的事上）。沒有坐牢這種處罰。

3. 特殊的罪行

觸犯人

■ 殺人者必須處死，除非是誤殺或無意間殺了人。約旦河兩岸要各設三座逃城，讓誤殺人的逃到那裡可以存活。

■ 拐帶人口的要處以死刑。

■ 假如是在田野發生強暴的事，強暴者須處以死刑，但如果發生在城裡，則男女雙方都要處死，因為受害者雖在城裡卻沒有喊叫求救。

觸犯財產

■ 偷竊和挪移地界者，也有相應的處罰條例。

4. 個人權利與責任

■ 人身傷害與財物損害的情況，都有相關規定。

■ 主人與奴婢：奴婢也有權利；主人應準時付工

價，不可拖延。

■ 借貸、利息、擔保抵押品，都有相關規定。

■ 每七年的最後一年，債主要把借給自己同胞的一切都豁免了，不可追討。借錢給同胞，不可收取利息。

■ 度量衡。不可有兩樣不同的法碼，僅能用一套準確公正的法碼。

■ 傳宗接代。最近的親屬有責任為去世的弟兄傳宗接代。

5. 性關係

■ 婚姻。關於婚姻的約束力、關於夫妻、關於許配、關於強暴，都有明確的條例。

■ 離婚。丈夫不准以「不喜歡」妻子為理由休妻，也不准休妻後再娶前妻，這是為了保護無辜的女性。

■ 姦淫。男女雙方皆應治死。

■ 異性裝扮癖。婦女不可穿男子的服裝；男子也不可穿婦人的衣服，因為都是神所憎惡的。

6. 健康與衛生

■ 任何人疑似感染痲瘋病，有一套非常仔細的檢查過程，包括給祭司檢查。

■ 凡自然死去的動物都不可吃。

■ 什麼食物是潔淨的、什麼是不潔淨的，有嚴格的規定。嚴格禁止吃駱駝肉、兔肉、豬肉，以及某

些鳥肉。

■ 不可把肉和奶放在一起煮。

最後這一條「不可用山羊羔母的奶煮山羊羔」，猶太人幾乎都誤解了。他們根據這條律法，訂定了一大套潔淨食物的教規，即所謂「kosher」，意指「潔淨的食物」。他們（實際生活上）設置兩個廚房，用兩套鍋具煮食，連洗鍋具的水槽都分兩個——只為了奶製品必須與肉製品完全分開。亞伯拉罕可從來沒這樣做過，他接待天使訪客所擺上的是奶酪、奶，加上小牛肉。所以猶太人完全誤會了這條律法的目的。這條例同樣與異教徒膜拜多產神明有關。迦南人相信把小羊（小牛）放在母羊（母牛）的奶裡面同煮，形同亂倫相交，可以促進多產。

7. 救濟

■ 律法不只是鼓勵，而是命令以色列人要照顧窮人。收割莊稼時不可割盡田角，要留給窮人拾取。

■ 子女當孝敬父母；忤逆倔強的兒子要治死他。

■ 鄰舍的牲畜走失了，要去幫忙。

■ 要善待動物：牛在場上踹穀時，不可籠住牠的嘴；可容許拿鳥窩中的蛋，但不可把母鳥抓走，必須留下母鳥繼續下蛋。

8. 打仗

■ 打仗前務必做好準備。上戰場的人不可膽怯，害怕的人就讓他回家去。

■ 圍城時不可砍伐該城周邊的樹木。

■ 要在營外劃定一個地方作為廁所，便溺後須鏟土
掩蓋，保持軍營潔淨。

■ 新婚的士兵可以在家裡待一年，然後再上戰場。
不可為了打仗而犧牲婚姻生活。

這些條例該怎麼看？

1. 範圍

　　神關心我們生活的全部，行公義不只是星期天上教
堂而已，而是包含人生各個層面。做每一件事都要合乎正
道，神希望祂的百姓在生活的每個領域都行得正坐得直。

2. 整合

　　這些律法奇妙地整合在一起，從禁吃駱駝肉到如何
過節，通通有律法規定。現代人可能不覺得這有什麼好，
律法總要有個分類吧。但是神的意思是，人生是無法切割
分類的──人生並沒有聖俗之分，全部都要為神而活。

3. 目的

　　這一切律法都有一個清楚的目的。不是為了掃興，
也不是為了阻止人、限制人。有一句話在整卷申命記一再
出現：「**使你們得福，並使你們在那地上的日子得以長
久。**」神希望我們健康快樂，所以賜下律法。有些人把神
想像成坐在天上發號施令：「不可以」、「你們不可……」。
其實，祂的禁令都是為了我們的益處，祂關心我們的福祉
與安康。

▋第三段演說（二十七1～三十四12）：未來

摩西的第三段也是最後一段演說，可分為兩部分來看。

1. 重申盟約（二十七1～三十20）

第一部分，摩西要以色列人親自正式接受這些律法。等過了約旦河之後，他們必須站在以巴路山和基利心山下，兩山相對，中間的山谷形成一個露天劇場。領袖們要站在基利心山上宣告祝福，又站在以巴路山上宣告咒詛。每宣讀完一句祝福或咒詛，百姓都要應聲說「阿們」，意思就是「這是一定的！」。所有的咒詛和祝福都記載於申命記第二十八章（剛好也收錄於聖公會的公禱書，每年大齋期都要誦讀一遍）。

話語是大有能力的。舊約其餘歷史皆繫於以色列人對於這些祝福和咒詛的回應。展讀申命記第二十八章，就好像在看以色列過去四千年的歷史一樣。

2. 指定接班人（三十一1～三十四12）

摩西立約書亞作繼承人時，約書亞高齡八十。完成接班之後，摩西把寫好的律法書交給祭司，由祭司置於約櫃旁。摩西囑咐，每七年的最後一年，要把律法書宣讀給百姓聽。

摩西最後以一首詩歌結束他的信息。摩西就像許多先知一樣，也懂音樂。他姊姊米利暗曾在過紅海之後歌頌

神，如今摩西在臨終前也作歌頌讚神。歌中詳述神以信實和公義對待以色列百姓。神是磐石，絕對可靠，永不改變，眾民都當投靠祂。頌讚完畢，摩西接著祝福十二支派，其中也有一點對於未來的預言。

最後，是摩西的死亡與埋葬——五經中只有這部分不是摩西自己寫的！這些細節應該是約書亞補上的。摩西死時，只有他一人獨自在尼波山上，背靠著石頭，眺望約旦河對岸、他無法涉足的應許之地。

千百年後，我們在福音書裡讀到，摩西在黑門山頂上與耶穌交談，但他在世時從未進入迦南地。他死後也葬在尼波山，不過不是由同胞安葬。新約的猶大書告訴我們，有一位天使來安葬他。當天使來到，魔鬼也站在旁邊。魔鬼說這人是牠的，因為他曾殺過一個埃及人，但天使長米迦勒對魔鬼說：「主責備你！」所以是天使埋葬摩西的。這真是一個奇妙生命的奇妙結局。百姓為他哀哭了三十日，然後才開始準備過約旦河。

▌申命記的重要性

申命記是以色列歷史的關鍵。以色列人初抵迦南地時，由於不能夠也不願意把迦南人全部趕出去，所以很快就與迦南人通婚，接著就學異教徒作惡犯罪了。事實上，他們花了一千年的時間（從亞伯拉罕算起，一直到大衛的時代）才終於占據應許之地，卻在接下來的五百年內失去了整塊應許之地，如列王紀所記載。以色列的歷史可用兩句話總結：順服神而行義，就蒙祝福；悖逆神而行惡，就

招咒詛。而這一切在申命記裡尤其清楚。

申命記也在新約聖經扮演重要角色。新約二十七卷書總共引述申命記八十次。

耶穌

- 申命記中，摩西所預言的那位先知就是耶穌。
- 耶穌很熟悉申命記。祂在曠野受試探時，每一次都是引用申命記的話來護衛自己。
- 登山寶訓有言，律法的「一點一劃」也不能廢去。
- 有人請耶穌歸納摩西的律法，祂引述申命記「你要盡心、盡性、盡力、盡意愛主——你的神」，還有利未記「愛鄰舍如同自己」。

保羅

- 保羅論述我們的內心必須被改變時，引述的就是申命記。
- 他引述申命記，以基督受死作為受咒詛的例子。
- 他引述申命記的律法：「牛在場上踹穀的時候，不可籠住牠的嘴」，作為給傳道人財務支持的原則。

基督徒與摩西律法

那麼，今天的基督徒應如何看摩西律法？

特殊條例

我們不在摩西的律法之下，而是在基督的律法之下。因此我們需要弄清楚舊約的每一條律法在新約中究竟

是重覆出現、還是重新解釋。

例如,在十誡之中,惟獨有關安息日的第四誡,新約沒有重講。還有什一奉獻,新約亦未實施,儘管新約鼓勵我們要甘心樂意地慷慨奉獻。有關潔淨與不潔淨的律法則已廢止。

一般原則

請務必把握這個重要觀念:我們得救是爲了行義,而非靠著我們的義行而得救。舊約和新約都說「要遵行」主道,只是如今動機更重要。我們的義必須「勝於文士和法利賽人的義」,不過現在我們的義不僅見於外在行爲,更在乎心意更新變化。如今有聖靈幫助我們。因此,我們雖因信稱義,但仍按各人行爲受審判。

還有一點也值得一提,申命記警告人留心「混合主義」。我們很容易把周遭的異教風俗融入生活而不自知,比方萬聖節和聖誕節,其實原本都是異教徒的節日,如今教會卻極力把這兩個節日「變成基督教的」,其實應該全然避免才是。

結論

就以色列歷史而言,申命記十分重要,不只是因爲這是摩西五經之一,也是因爲這卷書提醒以色列人過去的事,教導他們現在該如何生活,同時督促他們前瞻未來。摩西擔心百姓偏離神,他的擔憂完全反映在這卷書中。同時,這卷書也宣示神渴望祂的百姓能尊榮祂、尊重祂,配得住在祂所賜的土地上。

土地與王國

Part II

7. 約書亞記

▊引言

　　有個小學老師問全班學生：「耶利哥的城牆是誰推倒的？」大家沉默很久之後，有個小男生回答說：「老師，不是我！」

　　後來，老師在教職員辦公室跟校長講到這件事，說：「你猜我班上今天怎麼著？我問耶利哥的城牆是誰推倒的，結果史密斯小朋友回答說：『老師，不是我！』」

　　校長聽了之後說：「我認識史密斯好幾年了，也認識他的家人，他們家都是好人，如果他說他沒推倒，我相信他說的是實話。」

　　稍後，校長把小男孩的回答報告給一位來訪的督學，督學的回應是：「現在去查是誰推倒的，已經太晚了，直接把牆修一修，再把帳單寄給我們吧。」

　　這個笑話之所以好笑，當然是因為大家應該都知道

耶利哥的城牆是誰推倒的。這是聖經上很有名的一個故事，如果不是讀聖經知道的，也應該聽過這首黑人靈歌〈約書亞打贏耶利哥之役〉（Joshua fit the battle of Jericho），不過，整卷書中只有這段故事家喻戶曉。約書亞記並非大家耳熟能詳的一卷書，知道耶利哥戰役的人，也不見得都相信確有其事，因為這個故事讓人忍不住要問：城牆是怎麼倒的？真的倒了嗎？

探討約書亞記之前，顯然需要先問幾個問題，第一個問題是：這是一卷什麼樣的書？應該怎麼去讀書中那些不可思議的故事？先回答這個問題，再來看這卷書的內容和架構，看看基督徒要怎麼讀這卷書，才會受益良多。

約書亞記是怎樣的一卷書？

約書亞記是舊約聖經的第六卷書，在英文聖經中排在申命記後面。申命記最後記載摩西的死，約書亞記顯然是接下來的故事，一開頭就談到約書亞接下摩西的棒子。但是對猶太人來說，這卷書的重要性不在於此。申命記是最後一卷律法書（摩西五經），猶太會堂每年都會朗讀這五卷律法書，年初從創世記一章1節讀起，年尾讀完申命記三十四章12節。這五卷律法書的書名，都取自書卷開頭的幾個字，這樣要選擇書卷來讀的時候，只要展開前面，就知道是哪一卷書了，而約書亞記是頭一卷用作者來命名的書卷。

約書亞記也採用全新的文體書寫，聖經頭五卷書是以色列民的基本憲法，是接下來所有經文的根基。相較之下，約書亞記沒有記載律法，接下來的書卷也沒有。從約

書亞記開始，我們看見的是這些律法在生活中的實際運用。

約書亞記很容易被當成歷史書，因為英文聖經就把這卷書歸為歷史書，但約書亞記不只是一卷歷史書。前面「舊約概論」那章說過，猶太人把舊約聖經分成三部分，有點像是把圖書館裡的書分成三類。頭五卷是「律法書」，也叫作妥拉或摩西五經。接下來是「先知書」，約書亞記是「前先知書」的頭一卷，再來是士師記、撒母耳記上下和列王紀上下。從以賽亞書到瑪拉基書，除了少數幾卷之外，都屬於「後先知書」。第三部分是「聖卷」（writings），包括詩篇、約伯記、箴言、路得記、雅歌、傳道書、耶利米哀歌、以斯帖記、但以理書、以斯拉記、尼希米記和歷代志上下。但以理書和耶利米哀歌這兩卷書，在英文聖經中被歸為先知書，但在猶太人的舊約聖經中則被歸入「聖卷」。歷代志是聖卷的最後一卷，但是英文聖經把歷代志歸為歷史書。

猶太人的舊約聖經把約書亞記歸為先知書，讓許多人覺得意外，因為這卷書大多是敘述文體，讀起來比較像歷史，而不像後面幾卷以詩體寫作的先知書。不過，這卷書被歸為先知書，是有原因的。

第一個原因，鮮少有人知道約書亞是一位先知，大家對他的印象大多是軍事領袖，可是他確實跟摩西一樣是先知，他聽到神說話，也為神代言。約書亞記最後一章就以第一人稱單數，記載約書亞向百姓傳達神的信息。

第二個原因，聖經歷史是比較特別的一種歷史。通常寫歷史的時候，必須遵循兩個原則：

- 挑選──即便涵蓋的時期很短，也不可能把所有的事都記錄下來。聖經記載的歷史需要精挑細選，焦點大多放在一個民族上，而且只記載這個民族的某些事件。
- 關連──優秀的史學家能把看似不相關的事件，巧妙地串連起來，發展出共同的主題。

　　運用這兩個原則之後，就可以看出為什麼約書亞記的歷史，還有聖經其他幾卷「歷史書」，其實都該歸為先知書。作者挑選的，都是對神有重大意義的事件，或是可以用神的作為來解釋的事件。只有先知能寫出這種歷史，因為只有先知才知道要記錄什麼，並且知道為什麼要記錄這些事。把約書亞記視為先知書，可以提醒我們：這卷書真正的主角不是約書亞，而是神（聖經每一卷書都是如此），我們看到的是神在這世上的作為，看祂說了什麼、做了什麼。因此，雖然約書亞記講的是史實，也敘述了歷史事件，但我們必須視其為先知性的歷史，因為這卷書宣告神真實存在，也宣告神在世上的作為。

　　由下方的圖表，可以看出「前先知書」和律法書的差別。

前五卷書	接下來六卷書
創世記	約書亞記
出埃及記	士師記
利未記	撒母耳記上、下
民數記	列王紀上、下
申命記	
律法書（摩西五經）	前先知書
應許	實現
恩典	感恩
救贖	公義
立法	實踐
蒙福	順服（賜與土地）
咒詛	悖逆（失去土地）
訂立盟約	實現盟約
因	果

這張圖表有幾點要注意：

1. 律法書有**神對以色列的應許**；前先知書則描述**這些應許如何實現**。

2. 律法是**神向百姓傳達的恩典**；在前先知書中則可以看見，**百姓用感恩來回應**自己所聽見的這些話。（不過我們後面也會看到，以色列百姓常常缺乏這種感恩的心。）

3. 律法書描述**神拯救祂的百姓**脫離埃及（出埃及記）；前先知書則說明**百姓應該回應神的作為**，活

出公義的生命。

4. 律法書指出，**神會賜福順服的行為，也會懲罰悖逆的行為**。由約書亞記則可以看見，順服的態度帶來得勝，比如耶利哥之役戰勝。反之，書中也可以看見不順服律法的後果，比如艾城之役戰敗。持續悖逆的結果，就是在約書亞記中得到的土地，在列王紀下被奪走。

前先知書所傳講的就是這個悲哀的故事：百姓因為遵行律法而得到應許之地，後來卻因為悖逆而失去應許之地。換句話說：頭五卷書是「因」，接下來的六卷書是「果」。

約書亞記該怎麼讀？

聚焦於約書亞記的內容之前，我們需要先談談某些學者的論點，這些論點會侵蝕我們研讀大量聖經歷史的基礎。很多學者辯稱，聖經的真理不是表現在歷史或科學上，而是表現在道德和宗教上，他們很樂意接受聖經中的神蹟奇事，只要大家別相信這些神蹟真有其事就好！他們說聖經的歷史故事是神話傳說，旨在教導屬靈真理和價值觀，而非描述實際發生的事。

我們不必否認聖經中有些故事是虛構的，耶穌所說的比喻基本上就是寓言，是不是真的有一個浪子並不重要，因為這個故事的目的在於向聽到的人傳達重要真理。然而，承認聖經納入了一些故事，是一回事，同意聖經所涵蓋的事件全屬虛構，則是另一回事，兩者之間的差別實

在是大到難以形容。

對聖經真理的質疑，始於十九世紀，當時的學者辯稱，亞當和夏娃並非真有其人，而是神話人物，只是要用他們的行為來解釋一個普遍的真理。這些學者說，罪進入世界，並不是因為人類始祖犯罪，也不是真有一個亞當和夏娃吃了神所禁吃的果子，這個故事只是要講一個普遍的真理——你若不准人去碰什麼，人就會想去碰！

這套解釋法不只用於亞當夏娃的故事，挪亞方舟的故事是下一個受害者；到了後來，聖經中的事件大多難逃這種解釋。經他們這麼一說，聖經儼然成了伊索寓言，只是傳達屬靈真理，沒有歷史根據。

從這個角度來讀聖經，就叫作「去神話化」（demythologization），簡言之，就是想要保留真理，就必須捨棄故事（神話），不可認為這些故事於史有據。因此，神蹟和超自然事件都可以捨棄，因為這些都屬於神話。

這種「去神話化」的看法不只套用在舊約聖經上，新約聖經也受到波及，最容易遭人質疑的，就是童女生子、耶穌行的神蹟和復活。學者的辯論影響了神學的訓練，很快地，連教會的傳道人都這樣教導，說耶穌是否真的復活並不重要，只要大家相信耶穌復活就行了，就算耶穌的屍骨如今仍然躺在以色列境內腐爛，也不會影響我們的「信心」。

既然有這些看法，難怪約書亞記的許多元素令人生疑，尤其是耶利哥城牆倒塌的故事。學者們辯稱，在科學這樣發達的時代，讀者切莫把這故事中的神蹟當真。他們

認為這只是一個故事，旨在告訴我們：神要我們贏得爭
戰。

　　然而，若把約書亞記「去神話化」，那麼這卷書大半
內容都得刪除，因為書上記載了許多顯然是神話的故事：
約旦河枯乾、耶利哥城牆倒塌、天降冰雹幫助以色列人戰
勝、日頭和月亮靜止一天不動。

　　很多人想要抹殺約書亞記的歷史價值，我們該如何回
應呢？

1. 如果同意這些神蹟並非真有其事，那麼剩下的就
   只是人類歷史，罕有屬靈價值，**神的部分會悉數
   被排除**。如此一來，聖經中的「價值觀」和「真
   理」，價值不過如同（舉例而言）從中國歷史蒐羅
   而得的訓誨。

2. 神話作品的地方和人物是虛構的，有別於真正的
   歷史，但聖經歷史完全不然。**約書亞記所描述的
   都是真實的地點**，今天仍然可以造訪，像是約旦
   河、耶利哥、耶路撒冷。**約書亞記所描述的都是
   真實的人物**，世俗的史學家也承認，這些人物當
   時確實存在，像是迦南人和以色列人。

3. 約書亞記說，這卷書**由當時的目擊者所寫**，書中
   用了第一人稱複數的「我們」，因為寫的人在回想
   親眼所見之事。再者，這卷書中有一句話常常出
   現，就是「直存到今日」，表示當時的人可以查證
   這些事。這些不是縹緲人物的寓言故事，而是當
   時親眼目睹的人所描述的一連串歷史事件。

4. **考古學家證實，約書亞記許多內容千真萬確。**他們挖掘出幾座城市，發現這些城市的文化在短短五十年間徹底改變。有證據顯示，像夏瑣、伯特利、拉吉這些城市，在西元前一二五○到一二○○年之間被摧毀，居民的生活方式變得更簡單，而發生改變的年代正符合約書亞記所述，這些城市是在那段期間被征服的。

5. 質疑約書亞記中神蹟事件的人，忽略了一個事實——這些事件本身不見得是奇蹟。相信這些是神蹟，對我們來說當然沒有問題，但有意思的是，這些現象也找得到解釋。比如說約旦河，至今仍會在水漲期間止流。約旦河蜿蜒流下約旦河谷，水漲的時候，灣岸常受洪流沖蝕而坍塌，暫時堵住河水，有時會堵住四、五個小時之久。同理，今天也有大型建築物倒塌，有些教堂和摩天大樓就像約書亞記所描述的城牆那樣，突然崩塌。**神奇的不是事件本身，而是發生的「時間點」**，河水止住和城牆倒塌，都在神所說的時間發生。

6. 前文已經指出，聖經並不是一部以色列史，有很多史實未曾收錄。約書亞記涵蓋四十年光陰，但期間還有很多事件沒有記載。光耶利哥城倒塌一事，就用了三章的篇幅，如果聖經是一部以色列史，這樣的篇幅配置實在不成比例。**其實聖經的歷史是在記載以色列這位神的作為**，作者記錄的主要是神動工的時候，因為祂是永活的神，祂在

時間和歷史上不斷動工，祂口中的話一出，事情就成就。當初要不是神出手幫助以色列人，以色列人根本不可能得到應許之地。他們原本只是一群奴隸，沒受過軍事訓練，卻要占領一塊戒備森嚴的土地，取代一個比他們發達的文化。倘若約書亞記的主題是在講述神的作為，無怪乎這卷書超越人的理解。如果我們把這部分的故事刪除，或「去神話化」，就破壞了這卷書的本質和目的。

聖經到底是神話還是歷史，這個問題追根究柢，其實與我們切身相關：我們相信有一位永活的神嗎？若是相信，接下來就可以把聖經視為一部紀錄，上面記載了神說過什麼話、做過什麼事，並且探討神為什麼說那些話、做那些事。

聖經不只在講神，甚至不只在講以色列的神，聖經講的是神和以色列的歷史，講這兩者之間的關係，所以我們需要讀舊約聖經的每一卷書，包括約書亞記。若把神和以色列的關係看作婚約關係，也不足為奇。當神應許要作亞伯拉罕和他後裔的神，就等於和亞伯拉罕訂了親。當百姓在西奈山下聽到律法的義務和應許，同意在神和他們立的約中履行己方的義務，就等於成了親。蜜月期本來是三個月，因為他們必須走到應許之地。然而新娘沒有準備好，或者說不肯信任丈夫，結果走了四十年，才走到應許之地。在約書亞記中，我們看見他們在一塊為他們預備好的土地上，在他們的新家，展開共同的生活。他們已經拿到所有權狀，但仍然得進去占領這塊土地。可惜這段婚姻

不美滿，甚至暫時離了婚，錯在「妻子」那方。然而，因為神恨惡離婚，所以祂從未離棄他們。

▌約書亞記的內容

我們必須先看約書亞記的內容架構，再來了解細節，這樣做可以幫助我們不對經文的含義妄下結論，就像我們也不能光看幾頁，就評斷一本小說寫得好不好。一本書中的每句話，含義都和上下文息息相關，所以我們需要先來看看整卷約書亞記的架構。

這卷書涵蓋約書亞八十歲到一百一十歲這段時期，出埃及記、利未記、民數記、申命記則涵蓋摩西八十歲到一百二十歲這段時光。兩人的差別在於摩西既頒布律法，又是以色列民的領袖，而約書亞只是領袖而已。律法的頒布已經完成。

架構

這卷書像三明治，有三部分：外面兩片薄薄的麵包，還有中間厚厚的餡料。

- 最上面的那層麵包是**第一章**，這段前言描述約書亞受命成為領袖。
- 最下面的那層麵包是**第二十三和二十四章**，是約書亞**最後一次講道**，還有他的**死亡和埋葬**。

兩層麵包中間的餡料是重點，敘述以色列人怎樣占

領那地，雖然那地已經有人居住，但神把這塊地賜給他們。中間這大段可以再分成三部分：

- **第二至五章**，敘述他們怎麼**進去**迦南地，怎麼渡過約旦河。
- **第六至十二章**，記載他們如何**占領**那地；第十二章列出約書亞打敗的二十四個王的名單。
- **第十三至二十二章**，敘述他們征服這塊地之後，眾支派怎麼**分地**。

約書亞受命

約書亞八十歲的時候，蒙召作領袖。我們可以看出這個呼召包含兩方面：神的鼓勵和人的熱情。

神的鼓勵

神告訴約書亞，摩西死後，祂要約書亞取代摩西作領袖。摩西當年帶領以色列人出埃及，如今約書亞要帶領以色列人進入應許之地。神應許說，祂當年怎樣與摩西同在，如今也會怎樣與約書亞同在，叫約書亞要剛強壯膽，要謹守律法。他若順服，就會道路亨通，凡事順利。

約書亞剛接下領導責任，這話令人鼓舞，但也是很大的挑戰。很多人都誤解了這裡的「亨通」，這裡的意思不是指他會變得有錢。有些人說聖經應許人財富亨通，其實錯了。這裡的「亨通」是說，約書亞必會達成他奉神的名去達成的目標。

這些鼓勵的話不只是為了約書亞好而已。神知道，

約書亞的領導會影響全以色列的士氣。鼓舞士氣固然重要，約書亞自己也必須依最高的道德標準而行，因為他不只是領導一群人披掛上陣、給他們訓話打氣就好，他是在領導神的百姓。他的道德標準會影響他們是否能夠打勝仗，所以約書亞必須以身作則。

人的熱情

約書亞把神揀選他做領袖的事告訴百姓，百姓反應熱烈。這樣的反應誠然呼應神給約書亞的命令，因為百姓也叫約書亞要「剛強壯膽」。再者，百姓承諾要完全順服他的帶領，正如他們順服摩西一樣。這聽起來也許有點怪，因為摩西帶領以色列人的時候，百姓的行為根本稱不上順服，所以他們花了四十年才走到應許之地。但新的一代從祖先的悖逆學到教訓，摩西還在世的時候，這一代就順服摩西的帶領，征服了摩押和亞捫，如今他們樂意委身支持新的領導人。他們特別承諾要照約書亞的吩咐去做，他差他們去哪裡，他們就去那裡。他們懇求神，當初怎樣與摩西同在，今天也要與約書亞同在。

如今，蒙召事奉的人可以從約書亞蒙召的這兩方面學到一些功課。神呼召人必包括以下兩方面：一個人感受到神呼召他出來事奉，而神的子民也由衷肯定有這樣的呼召沒錯。

約書亞的命令

這卷書的核心講述約書亞帶領百姓進入迦南地，共分成三部分，基本上全都關乎那地。

1. 進入

(i) 進入之前

約書亞進入迦南地之前，先差兩個探子進去窺探。四十年前，有十二個探子奉命去窺探迦南地，回來後，有十個報了壞消息，使得以色列人缺乏信心，不肯進入迦南地。這次只差兩個探子進去，對照當初只有兩個探子回來報好消息。差探子進去窺探，看似缺乏信心，畢竟神不是已經把那地許給他們了嗎？但他們是在執行一個原則，耶穌有一次講故事，就指出了這個原則：打仗之前必須先坐下來計算代價。以色列人如果沒有先弄清楚要面對什麼困難，就貿然進入迦南地，就是有勇無謀。

從探子落腳的地方就可以看出迦南當時的道德景況。兩名探子在一家妓院落腳，遇到妓女喇合。他們和喇合的對話清楚顯示，以色列打敗埃及和鄰國的消息，已經讓當地人十分擔心以色列人會入侵。其實喇合深信神會把這塊地賜給以色列，所以她願意加入以色列這邊。新約聖經稱讚這是大有信心的表現，希伯來書提到的信心英雄裡面，喇合也榜上有名。

喇合得救的方式，讓人想起當年滅命天使臨到埃及的那一夜，猶太人的長子怎樣逃過一劫。他們把逾越節羔羊的血塗在住家的門框上。探子叫喇合在窗外繫一根紅繩，如此一來，當毀滅臨到耶利哥城，她和她一家就能得救。這樣做有如在窗戶上塗血，叫死亡避開她家。聖經不但稱讚喇合的信心，馬太福音還記錄這個妓女名列耶穌的直系族譜。真是個不凡的故事，令人感動。

(ii) 進入之時

約旦河就像迦南東邊的一條護城河，尤其在收割時節，河水上漲，深可達二十呎，沒有橋可以過河，也沒有淺灘可以涉水而過。前文已經指出，當時可能因為上游的河堤潰決，暫時堵住了河水，以色列人因此可以過河。時間點十分完美，在前頭護衛的祭司一踏入河裡，河床上的水就斷絕了。

這個神蹟除了讓他們可以過河，還有另外一個目的。跟約書亞一起進迦南地的新一代百姓，並沒有親眼見過出埃及記所記載的紅海分開神蹟。神要祂的百姓看見祂的大能，並且對領袖約書亞有信心，讓約書亞帶領他們攻打迦南人，進入應許之地。神當年怎樣與摩西同在，如今也同樣與約書亞同在。

(iii) 進入之後

他們在應許之地紮營的第一站，就是吉甲，這是戒備森嚴的耶利哥附近的一塊空地。當初建造耶利哥城，就是為了抵禦敵人從東邊攻打上山。以色列人到了吉甲後，做了三件事：

(1) 他們**從約旦河取出十二塊石頭，立在吉甲做為標記**，讓後代記念神當年如何為他們弄乾河水。在舊約聖經中，記念神的作為很重要。以色列文化中有許多紀念物在提醒他們，神過去為他們做了什麼。他們喜歡在意義重大的地點立石記念，十二塊石頭代表十二個支派。

(2) 他們**為所有的男人行割禮**。割禮始於亞伯拉罕，而這新的一代沒有行過這立約的儀式。約書亞想要切實遵守律法——百姓的屬靈光景是很重要的。

(3) 他們把這個地方命名為**吉甲，意指「滾開」**，因為神把他們在埃及蒙受的羞恥都滾開了。

他們進去應許之地以後，神也做了一件事：天不再降下嗎哪。以色列人日日靠這食物餬口，有四十年之久，但如今他們來到肥沃的迦南地，一個流奶與蜜的地方，嗎哪就變成多餘的了。直到今天，耶利哥仍出產十分美味的葡萄柚和柳橙。

(iv) 耶和華軍隊的元帥

耶利哥是以色列人要攻打的第一座城，但約書亞在作戰之前，遇到一件奇事。他在夜間走近耶利哥城，想要親自看看這座城有多堅固，卻遇到一名武裝男子。

約書亞猜想自己或許遇到敵人了，就問對方是敵是友，對方的回答卻令他大吃一驚，因為那人回答說：「不是。」這到底是什麼意思啊！不過那個人接著說，他既不是希伯來人，也不是迦南人，而是屬於神的軍隊，是天上的軍隊，不是地上的軍隊。他等於是在問約書亞到底站在哪一邊！此人正是耶和華軍隊的元帥，是資深的天使長，甚至有可能是道成肉身之前的神兒子。這提醒了約書亞，他並不是耶和華軍隊的最高統帥，他只是統帥下面的一名軍官。此番經歷讓他清楚看見，他不是獨自作戰，也不是以色列真正的指揮官——他是神和百姓手下的一個僕人。

2. 征服

占領這塊土地的戰略很清楚,他們要採取各個擊破的方式。約書亞先從迦南地中間攻進去,把敵人切成兩半之後,先攻占南方,再攻占北方。這樣的戰略可以防止迦南的軍隊整合到一起,以色列就不用一次和那麼多敵人作戰了,只要一次攻占一個地區即可。

約書亞記被視為先知式的歷史書,就是因為書中用許多篇幅敘述以色列人攻占頭兩座城的經過。耶利哥城和艾城被視為最重要的兩座城。以色列人從最初這兩場攻占行動學到的道德教訓,在後來的爭戰中得到印證,這兩場戰役有一次戰勝,是正面的教訓,有一次戰敗,是負面的教訓,只是先知的信息不必再重複提及。

(i) 中央
耶利哥

古耶利哥城距離現代的耶利哥城只有一哩。如今,古耶利哥城的遺跡就位在蘇坦廢丘上(Tel Es Sultan),由此可以看出耶利哥是全世界最古老的城市,年代可追溯至西元前八千年,有全世界最古老的建築,那是一座圓塔,裡面有螺旋梯。這些遺跡已經被挖掘出來,當然,最重要的問題是能不能找到約書亞時代倒塌的城牆。一九二〇年代,考古學家約翰‧葛斯坦(John Garstang)認為他找到了耶利哥城牆的遺跡,然而凱薩琳‧肯揚(Kathleen Kenyon)反駁,聲稱這座城在約書亞時代根本沒有住人!但是後來埃及古文物學者大衛‧羅爾(David Rohl)修正了年代問題,在出土遺址的另一層發現了倒塌的城牆

和燒毀的建築。(詳見其精采著作《時間的考驗》[*The Test of Time,* Century, 1995],還有同名的電視節目系列,書裡談到他在埃及發現約瑟時代的遺跡。他還有另一本更精采的著作《傳說:文明世界的創世記》[*Legend: Genesis of Civilization,* Century, 1998],說找到了伊甸園,而且園中現在還有許多果樹。這位作者甚至不是基督徒!)

耶利哥城終於倒下,約書亞咒詛想要重建耶利哥城的人,說若有人想重修耶利哥城,立根基的時候,必喪長子,安門的時候,必喪幼子。列王紀下就記錄,五百年後有人想要重建耶利哥城,咒詛果然應驗在他身上。因此,雖然人都很自然地想在遺址上重建,但這個咒詛發揮了嚇阻的功效。耶利哥的遺跡任由風吹雨打,誰都可以從這裡隨意取走石頭去蓋別的建築。耶利哥少了某部分城牆,有助於印證聖經的記載是真實的。

考古學家從類似的建築中,證實耶利哥城牆的尺寸。他們認為耶利哥城牆高三十呎,外牆厚六呎,內牆厚十二呎,內外兩牆的間隔為十二到十五呎。隨著耶利哥城人口增加,這些城牆就成了圍欄,所以房舍就蓋到了城牆上,一戶又一戶,非常靠近,不難想見,只要一場小地震,就可能震垮整座城牆。經文說,那四萬人持續的呼喊聲,使城牆應聲而倒。也許光這響聲就足以震垮城牆,就像歌劇女高音可以用特定的音頻與強度震破燈泡一樣。耶利哥城惟一沒有倒塌的房子,就是窗戶繫著紅線的那家,也就是妓女喇合所住的房子。她因為信靠以色列的神而保住了性命。

　　耶利哥城嚴重倒塌，以色列人根本不需要開打，直接走進去就占領那座城了。但是要慶功是有條件的。神吩咐他們說這城屬祂，就像初熟的果子要獻給神，他們必須承認這勝利屬於神，不屬於他們。未來他們征服其他城市時，可以奪取戰利品，但耶利哥城裡的東西，他們不能拿。偏偏有人違反這命令，而此事和接下來的故事有密切關連。

艾城

　　過了耶利哥的山上，是繁榮的艾城，但以色列人沒攻下艾城。他們犯了兩個錯誤，第一是太自信，約書亞這次派出的軍隊較少，以為艾城跟耶利哥城一樣，很容易攻下。他們學到一個重要的教訓──若以為神賜福過一次，就會用同樣的方式再賜福一次，這樣的想法可是要命的。

　　第二個錯誤，是有個叫亞干的人偷拿了耶利哥城的東西。他拿了一件巴比倫袍子、兩百舍客勒銀子、一條重五十舍客勒的金子，以為沒有人會注意到這些東西不見了。約書亞的軍隊第一次攻打艾城的時候，被打得落荒而逃。約書亞憂心忡忡，問神為什麼他們會打敗，尤其現在他們的名聲都傳揚開了。神說，以色列犯了罪，他們當中有人拿了屬神的東西。於是以色列人就用抽籤的方式，先找出是哪個支派，再找出是哪個宗族，最後找出了亞干的家族。

　　這麼重大的事情，竟用抽籤來決定，似乎有點奇怪，但是以色列人相信，神掌控一切情況，一定會決定抽籤的結果，找出禍端，後來果真如此。以色列歷史上也一

直使用類似的方式決定事情。祭司的胸牌裡面帶著黑白兩
塊石頭，叫作烏陵和土明。以色列民用這兩塊石頭來決定
事情，拿到白石頭就代表肯定，拿到黑石頭則代表否定。
以色列百姓持續使用這個方法來決定事情，直到五旬節聖
靈降臨為止，此後由聖靈來引導神的百姓，這方法就不再
被使用了。

亞干知道自己有罪，假如他早點認罪，也許會得赦
免，但他拒絕認罪。他的家人因為沒有揭發他的罪行，也
成了共犯，所以全被亂石打死。這真的很可怕，一人之罪
竟讓全族大大蒙羞。

解決罪的問題後，以色列人再度攻打艾城，這次他
們打贏了。

以巴路山和基利心山

攻下艾城之後，約書亞帶領以色列民上迦南地中央
的兩座山。摩西曾經清楚指示他們，必須重新宣誓神當年
在西奈山和他們立的約。他們必須在未切鑿並且抹上灰泥
的石版上，寫下摩西頒布的律法，然後分成兩組人，一組
人站在基利心山上，喊出約中的祝福；另一組人則站在以
巴路山上，喊出約中的咒詛。那兩座山形成一座天然的圓
形劇場，所以每個人都能聽到另外一組人的喊聲，並且用
「阿們」來回應所聽見的話。

(ii) 南方

儘管重新宣誓立約了，百姓還是會犯錯，他們很快
就在和基遍人打交道時犯下大錯。基遍人是住在迦南地的

民族，知道自己擋不住以色列人的攻勢，就想出一條詭計。基遍人穿著舊衣舊鞋，拿著舊口袋和縫綴的破舊皮酒袋，以及乾掉發霉的餅，來見以色列人，聲稱自己來自遠方的國家，聽說了以色列人的作為，想來尋求保護。

聖經說，以色列人信以為真，沒有向神確認，後來才發現犯下大錯，但為時已晚。基遍人居住的四個城市，以色列人不能碰，因為已經起誓不殺對方。基遍人行詭計，誘騙以色列人簽下和約，不殺他們，而他們將終生服侍以色列人，為他們劈柴挑水。因為這個緣故，以色列人無法把基遍人趕出迦南地。

基遍人的故事還沒結束。耶路撒冷王亞多尼洗德聽說基遍人和以色列人簽下和約，就聯合四個亞摩利王去攻打基遍。基遍人要求以色列人來幫助他們，於是大戰開始。神讓以色列人戰勝，降下大顆冰雹，被冰雹打死的人甚至多過被刀劍砍死的人。這時，約書亞向神求一個很不尋常的神蹟，他知道天黑之後，就沒辦法繼續擊潰敵人，日落之後不管誰輸誰贏，都得停止打仗，因為在黑暗中分不清敵我雙方。於是約書亞做了一個史無前例的禱告，求神讓太陽停止，好讓他可以繼續打仗！如此驚人的信心得到回報。聖經說，日頭在天空停住一整天，以色列人打贏了這場仗。

他們往南方攻打伯特利和拉吉，也繼續得勝（根據考古發現，這兩座城在西元前一二五〇到一二〇〇年之間被毀），整個地區都被征服了。

(iii) 北方

　　打敗南方之後，以色列人轉去攻打北方。當時北方諸王得知以色列打了勝仗，就聯合起來抵擋以色列人。但是，神再度讓以色列人得勝，以色列仇敵的戰車都被燒毀，馬匹都被砍斷腿筋。

　　只有山崗上那些城市沒有全毀，被約書亞燒毀的夏瑣除外。考古學家證實，這座城是在此時被燒毀的，即西元前一二五〇到一二〇〇年之間。

　　攻占行動結束後，我們看到一段很有意思的經文，扼要敘述以色列人的行為，包括一段話，說神使列國的心剛硬，好叫他們和以色列爭戰。顯然這些民族惡貫滿盈，惟有徹底消滅他們才是辦法。

3. 分地

　　進一步探討約書亞記之前，必須先區分一下「占領」和「征服」有何不同。占領指的是地方，征服指的是人民。迦南人被以色列人征服，土地成了以色列人的土地，但以色列人仍然有許多地方需要去占領。這卷書有很多篇幅就是在敘述這個過程。

　　以色列用全民抽籤的方式分配土地，因為這個緣故，今天有些人相信神認可現代許多國家（包括英國）發行的樂透彩券。但是我們要知道，以色列人的抽籤方式和今天的樂透彩券有一重要的差別。樂透彩券的設計，是要人不能影響結果；而以色列選擇抽籤，是要神來影響結果。畢竟，如果神連太陽都能掌控，決定抽籤的結果對祂來說根本易如反掌。

(i) 約旦河東岸

這塊地極為肥美，約書亞記錄了以色列人怎麼查看這塊土地。這片地的面積跟威爾斯一樣大，是中東惟一有綠地的地方，東邊是阿拉伯沙漠，南邊是南地曠野，還有來自地中海的雨水。

摩西當初答應呂便支派、迦得支派、半個瑪拿西支派，只要他們幫助其他支派擊敗迦南人，就可以得到約旦河東岸這塊肥沃的土地。約書亞履行了這個承諾。

整個分地的過程中，有一個關鍵詞：產業。這塊地是神賜給以色列的產業，不是暫時給他們的，不是只在他們有生之年屬於他們，而是永遠賜給他們，可以傳之後代。

(ii) 約旦河西岸

在吉甲：兩個半支派

四十五年前，以色列派出十二個探子去窺探迦南地，回來報告好消息的探子只有兩個，迦勒是其中一個。如今，他八十五歲了，而聖經說，他仍和四十歲時一樣身強體健。迦勒問約書亞，能不能讓他去攻占山上的土地，那是多年前答應要給他的地。約書亞祝福他，並且把希伯崙城給了他。

瑪拿西支派的女子提醒約書亞，當年摩西也答應要給她們土地。約瑟的後代人數太多，分配給他們的土地不夠住，所以也分給他們森林地區去開墾。

約書亞記詳細記載分配給各支派的城市和村莊，偶爾會提到別的事。比如以色列也有無法打敗敵人的時候，

像猶大支派就沒辦法趕出住在耶路撒冷的耶布斯人。

在示羅：八個半支派

有幾個支派還沒分到土地，所以每個支派挑出幾個男人去查看地形，好進一步分地。

(iii) 特別的城市

逃城

他們設立了六座特別的逃城，在約旦河兩岸各有三座，過失殺人的可以逃到這些城市，以免遭到仇家追殺。在猶太人的律法中，無預謀的過失殺人，不同於預謀殺人，逃城的設立讓這條律法得以執行。

利未人

聖經清楚記載，土地分好後，利未支派沒有得到土地。聖經說，神就是利未人的產業——他們單單事奉神就夠了。當然，利未人還是需要有地方住，所以分給他們幾個有牧草地的城鎮，散居在各支派中間。

(iv) 約旦河東岸的祭壇

約書亞記結束前，我們看到一場可能發生的悲劇及時逆轉。兩個半支派過了約旦河，返回他們在東岸的土地。約書亞叫他們要謹慎，要愛神，行神的道路，遵守神的命令。可是他們一回家，就在約旦河邊的毘珥築起一座祭壇。其他支派認為這是偶像崇拜，立刻向他們宣戰。還

好兩邊在開戰之前，決定應該先好好談一談。「有罪」的支派說，他們只是想用這座新祭壇，記念自己和約旦河西岸的同胞一樣是屬神的子民。此舉化解了其他支派領袖的擔憂，免除了一場戰爭。

約書亞的委身

約書亞記的最後兩章，結局十分感人。約書亞知道自己年紀老邁，不久人世，想為以色列民的未來預做準備。

摩西指定約書亞為接班人，約書亞卻沒有指定接班人。這似乎有點奇怪，但從此之後，以色列不可能只有一個領袖，而是需要好幾位領袖，因為十二支派已經分散居住，如果只有一個領袖，勢必無法好好領導這麼一大片地區。因此，約書亞把他的任務交給所有的人。

約書亞的信息很堅定：神的應許是，以色列若順服，就會蒙福；若是悖逆，就會受咒詛。神已經把他們帶到祂所應許的地方，但他們若想繼續經歷神的恩寵，就必須順從律法。

約書亞把以色列占領那地的功勞，全歸給神。雖然是他帶領百姓爭戰，但他明白，是神在為他們爭戰，他們應該感謝神讓他們獲勝。約書亞講到最後，要求以色列人起誓效忠神。

這卷書最後一章的風格截然不同，約書亞用第一人稱單數講話，跟前一章一樣，但是這章的「我」是指神。他最後這段信息是預言，而以色列民也明白這是預言。

(i) 恩典

首先，神提醒百姓，祂已經爲他們做了什麼。這裡沒有提到約書亞的角色。

(ii) 感恩

這時，約書亞勸百姓要敬畏神，要事奉神，要對神忠心，離棄一切偶像。接著，他爲自己和家人說話，他說：「我們必定事奉耶和華。」

百姓同意跟著約書亞一起事奉神，約書亞立了一塊石頭作爲見證。百姓三次宣告說：「我們必定事奉耶和華。」

這卷書最後幾節記錄了三場葬禮：約書亞的葬禮，約瑟屍骨的葬禮，還有以利亞撒的葬禮。這四十年來，他們一直抬著裝有約瑟屍骨的棺材，因爲約瑟死前遺願是葬在應許之地。如今，約瑟的屍骨終於可以如願入土爲安。

這卷書以三場葬禮作結。聖經說，約書亞和他那一代的長老還在的時候，以色列百姓都忠心事奉神。但是，從下一代開始，一切就大大地走樣了。

約書亞記這卷書的教導，可以歸納爲簡單的兩句話：

■ 沒有神，他們**做不到**。
■ 沒有他們，神**不會**去做。

這兩項功課很重要。我們很容易不是把責任都推給神，就是都攬到自己身上。聖經要我們取得平衡：沒有神，我們做不到；但是沒有我們，神就不會去做。這裡用

不同的動詞，至關重要 —— 並不是沒有我們，神就做不到，而是沒有我們，祂就不去做。如果約書亞和以色列百姓當初不和神合作，就不可能進入應許之地，可是如果沒有神和祂的幫助，他們也絕對做不到。

神的幫助

1. 神的話語

在約書亞記中，神的話語極為重要，我們聽到神鄭重和以色列立約，而祂絕不會違約。神指著自己起誓，說祂必與他們同在，而這塊地是神應許給他們的禮物。神絕對不會食言，祂不可能說謊。神曾向以色列的先祖起誓，要將這塊地賜給他們，而約書亞記告訴我們，如今祂果真將這整個地區賜給以色列了。

2. 神的作為

神的作為和祂的話息息相關。聖經說，神會為以色列爭戰，會把別的國家趕出那地。

約書亞記裡有許多實際發生的神蹟：約旦河水分開、嗎哪突然止息、耶利哥城牆倒塌、天降冰雹協助以色列人打敗五王、日頭停住不動而延長了白日，還有抽籤決定怎麼分地。

約書亞記小心翼翼地把這些驚人事件的榮耀都歸給神。神確實和以色列同在，「以馬內利」這個名字，若把重點放在不同的字上，就有四種可能的含義：

(i) 神與我們同在！

(ii) 神與我們同在！
(iii)神與我們同在！
(iv) 神與我們同在！

第四種傳達出聖經的意涵，「以馬內利」意指神站在
「我們」這邊，重點在於祂會爲我們爭戰，不是爲別人。
約書亞記見證了這項眞理。

人的合作──正面

神藉著人的合作來動工。神不是自己去爭戰，以色
列人必須上戰場去面對敵人。如果沒有他們，神不會去做
這件事，以色列人必須自己進去應許之地，必須採取行
動。神說，他們腳掌所踏之地，祂都會賜給他們。

1. 態度

不懼怕（反面來說）

以色列人不可懼怕，反而要採取行動，進入應許之
地，這是神從一開始就給約書亞的命令。四十年前，以色
列人就是因爲懼怕，才不肯進入迦南地。

有信心（正面來說）

以色列人若想打贏每一場仗，就必須大有信心、完
全順服。他們順服神的命令，默默繞行耶利哥城七次，由
此可以看出他們的信心，因爲他們其實一定更想直接衝進
城去廝殺。他們也必須準備好冒險，約書亞就冒著風險，
在眾人面前請求神叫日頭停住。

2. 行動

信心必須帶來順服才行，以色列人必須照神的話行動，照神的吩咐去做。這提醒我們，神所賜的東西，我們必須領受。凡以色列人腳掌所踏之地，神都要賜給他們，但這表示他們必須採取行動，才能擁有這份產業，產業不會自動掉到他們頭上。

在信心和行動之間取得平衡不容易，箇中技巧，克倫威爾（Oliver Cromwell）說得好，他命令部隊：「要信靠神，火藥也要保持乾燥。」司布真也說得好：「禱告的時候要迫切，就好像一切都得靠神；行動的時候要賣力，就好像一切都得靠自己。」

然而，如果以色列人的態度變得自信，行動變得悖逆，一定每仗必輸。所以約書亞記的兩大故事，一個是攻打耶利哥，一個是攻打艾城；攻打耶利哥城大勝，但攻打艾城（首次）卻大敗。我們若能夠從這兩個城市學到教訓，必然能夠征服那地。

人的合作——反面

聖經是一本很誠實的書，談到人的長處，也談到人的短處。約書亞記告訴我們，以色列人在攻占應許之地時，犯了三個錯誤。

第一個錯誤是攻打艾城的時候，因為太過自信，結果兵力不足而慘敗。上一代的人缺乏自信，心中懼怕，但這一代的人過於自信，所以愚昧行事。兩種態度都一樣有害無益。

第二個錯誤是，基遍人為了自保而騙他們簽下和

約。聖經說，以色列人這次會上當，是因為不先求問神該怎麼做。

第三個錯誤是，兩個半支派在約旦河東岸築了一座祭壇，約旦河西岸的支派看見了，就控告他們背叛神、離開神。這場誤會差點導致內戰。

∥基督徒的應用

哥林多前書第十章和羅馬書第十五章告訴我們，寫下過去發生的事，目的是要讓今人從中學習。新約聖經怎麼使用約書亞記呢？我們今天又可以從這卷書學到什麼功課？

信心

希伯來書第十一章，把約書亞和妓女喇合當作信心的榜樣，兩人都躋身那些圍繞我們身邊、像雲彩般的見證人之列。

雅各說，沒有行為的信心是死的，無法拯救我們，又舉了喇合為例，說她藏匿探子、揮別過去、接受以色列的信仰，正是有行為的信心。

罪

這卷書也大大提醒我們，罪可以影響到整個民族。在新約聖經中，亞拿尼亞和撒非喇犯的罪，正是亞干犯的罪。使徒行傳說，這對夫婦拿出部分金錢奉獻給教會公用，卻謊稱奉獻了全部的錢，而亞干則是偷了耶利哥城裡

的東西卻不承認，欺騙百姓。兩者的下場一樣，都受到神的審判。亞拿尼亞和撒非喇當場被神擊斃，亞干則是被百姓亂石打死。

救贖

這卷書也生動描述了救贖。「約書亞」這個名字原是Hoshea，意指「救贖」，但摩西把約書亞的名字改成Yeshua，意指「神拯救」。舊約聖經的希臘文譯本把這個名字譯作「耶穌」（Jesus）。

摩西這個名字意指「拉出來」，所以他的名字和約書亞的名字加起來，就描述了以色列人進應許之地的過程。摩西把以色列人帶出埃及，卻是約書亞這個救星把以色列人帶進應許之地。離開埃及不等於救贖，進入迦南才是。

這顯明了一個重要的真理：基督徒不只是從某個地方被救拔出來而已，還要被救到另外一個地方去。人有可能離開了埃及，卻仍然待在曠野中；人有可能停止過非基督徒的生活，卻仍然無法享受基督徒生命的榮耀。

觀念的應用

最後，我們必須問：基督徒該如何應用應許之地的觀念？

天堂

有些人把應許之地想成是「天堂」，比如有一首詩歌的歌詞就說：「當我踏過約旦河，一切憂懼全消失」，彷彿約旦河這形象所描繪的就是死亡，過了死亡就是迦南地

（天堂）。

聖潔

　　然而，「應許之地」不是天堂，而是聖潔。希伯來書的作者談到約書亞征服迦南地，說以色列人雖然進了迦南，卻從未在約書亞的帶領下，進入「那樣的安息」。他又說，必有「安息」爲神的百姓存留。這安息意指不必再打仗，我們進了應許之地，可以享受神爲我們預備的一切。所以每當我們戰勝試探，就可稍微預嚐神應許給我們的安息滋味。約書亞記中的勝利，應當可以在每個基督徒的生命中重現，只要我們爲基督而活，和罪惡爭戰。當我們終於戰勝仇敵，從此不必再爭戰，並且因爲努力而得到獎賞時，那種釋放，就是這裡所講的「安息」。

▌引言

士師記和路得記密不可分，所以這兩卷書要放在一起探討。聖經有一點很獨特，就是歷史記載占很大的篇幅，不同於世上其他宗教的經書，比如可蘭經，就幾乎不含歷史記載，但聖經從頭到尾都有歷史記載。再者，聖經所記載的歷史，沒有史學家寫得出來，因為是從宇宙的創造寫起（創世記），寫到最後宇宙的結束（啟示錄）。這若不是人想像出來的，就是神自己啟示的，再沒有第三種可能存在。

我們探討約書亞記時，看見先知式歷史是一種很特別的歷史，因為裡面記錄了許多事件，要叫人看見神對祂的以色列民說了什麼、做了什麼。聖經歷史不像一般的歷史書，只記錄一個國家的作為和經歷——聖經記錄的是神對待祂百姓的故事。

歷史可以從四個層面來研讀：

1. **研讀人物**：這個層面仔細分析那些影響歷史的人物——君王、軍事領袖、哲學家、思想家。他們的生平決定了史書內容，一切以他們爲中心。

2. **研讀民族**：這個層面把焦點放在國家或民族上。我們看見一國如何興起衰落，看見世上各國的權力平衡如何受此影響。

3. **研讀模式**：這個層面除了研讀人物和民族之外，還會研究各時代歷史的模式，比如文明的興衰交替，比較注重主題而非細節。

4. **研讀目的**：史學家也會探問歷史的走向，想找出歷史的意義和目的。馬克思主義史學家相信辯證唯物論，民族歷史包括衝突，尤其是工人和資本家的衝突。相信演化論的樂觀派則認爲人會愈來愈好，人類正逐漸邁向更好的世界。還有人看見歷史上戰爭不斷重演，因此預言人類的未來一片黯淡。

研讀歷史的目的，又可以分成兩派，一派認爲歷史是線性發展，從過去到今天，從今天到未來；另一派認爲歷史一再循環，同樣的故事一再重演，並沒有向前推進，只是漫無目標在打轉，沒有意義可言。

然而，神的史觀含有目的意識。聖經的史觀並不是演化論者的樂觀看法，因爲並非一切都愈來愈好，但是聖經的歷史的確有其目的，因爲神在掌管一切，也會按照祂的意思安排一切的終局。歷史（history），就是「神的故

事」（his story）。

用這兩種角度看歷史（線性模式和循環模式），可以幫助我們了解士師記和路得記。士師記的歷史是典型的循環模式，記載了七次循環，但在故事的背景中仍有一條時間線。反之，路得記的故事走直線，有開頭，有中間的情節，也有結局，有明顯的進展。

士師記的歷史模式反映出一種生活方式，正是不認識神的人大多有的生活方式：每天就是起床、上班、回家、看電視、上床睡覺，然後第二天再重來一遍。這樣的人生是在繞圈子！沒有目的地，也沒有成果。路得記的模式則比較符合神要祂百姓過日子的方式：有目的，有意義，往目標前進。

無論談聖經的哪一卷書，最重要的問題就是爲什麼那卷書會被寫下。有些書卷很容易看出寫作目的，但是想知道士師記和路得記的寫作目的，可需要好好查考研究一番。我們需要仔細檢視這兩卷書，才能對這兩卷書的寫作目的下結論。

▌士師記

大家對士師記的印象，大多來自主日學，只知道「鮑德勒」版的士師記故事。湯瑪斯‧鮑德勒（Thomas Bowdler）不認同莎士比亞劇作的某些內容，於是自行修改，刪掉他認爲不道德的內容，因而爲自己留下罵名。同樣地，兒童主日學所講的士師記故事，也省略一些較不愉快的部分，比如妓女、慘遭分屍的小妾、強暴、殺人、陽

具象徵等等。結果許多人對書中某些人物很熟悉，例如參孫、大利拉、底波拉、基甸，對其他人物卻一無所知，更別說明白整卷書的主題和目的了。

個人的故事

士師記的故事很吸引人；用字精簡，但描述仔細生動，人物讀來栩栩如生。

描述每個人物用的篇幅長短差異甚大。參孫有整整四章，基甸有三章，底波拉和巴拉有兩章，有些人物只有一小段。似乎故事情節愈聳動，篇幅就愈長。作者的目的顯然不在於把篇幅平均分配給每個英雄。然而，我們很容易以為這卷書在敘述一系列的民間英雄，在亂世之中力挽狂瀾（而且這卷書記載了好些相當詭異的事件），有點像英國歷史上的納爾遜將軍或威靈頓公爵。

士師記開頭，我們讀到迦勒兄弟的兒子**俄陀聶**。聖經只說他為以色列國內帶來四十年太平的日子。

我們讀到**以笏**這位士師。他是左撇子，偷偷在右腿上綁了一把長十八吋的劍。因為大多數人是右撇子，所以搜身時都搜左腿。因此他有機會帶著武器，單獨面見摩押王，然後拔劍刺進摩押王的肚子！

我們讀到**珊迦**這個人，他用趕牛的棍子打死了六百名非利士人。

我們讀到**底波拉**和**巴拉**。底波拉是女先知，嫁給拉比多，她的名字意指「忙碌的蜜蜂」，拉比多的名字在希伯來文裡是「閃光」的意思。底波拉專門聽從神的指示，排解糾紛，士師記記載底波拉叫巴拉率領百姓去打仗，巴

拉不肯上戰場，除非底波拉一起去。以色列軍隊一向的慣例都是由資深軍官領軍作戰。巴拉不肯去，神很生氣，就對巴拉說，為了叫他羞愧，敵人西西拉必死在婦人手下。後來果真如此。

下一個故事講**基甸**，他是聖經上的膽小鬼。他把肉放在祭壇上，有火從天而降，把肉燒掉，他卻還求主從天上顯個徵兆給他，好像這火還不夠似的！神憐憫他，利用羊毛給他進一步的徵兆，一天讓羊毛變乾，一天讓羊毛變溼。基甸必須明白，惟有倚靠神的力量和方法，才能打勝仗。神把他的軍隊從三萬多人減為三百人，為的就是讓基甸學會不倚靠人的力量。

我們讀到的下一個人物是**亞比米勒**（後面會再談到他）。然後是**陀拉**，聖經只簡短提到他帶領以色列二十三年。在他之後，**睚珥**帶領以色列二十二年，聖經說他有三十個兒子，三十匹驢駒，三十座城邑，這是很有意思的細節，但也就這樣而已！

再來是**耶弗他**，描述他的篇幅較長。他是基列人的首領，衝動地向神起誓，說他若能打勝仗，回家時就把第一個出來迎接他的人獻給神，結果竟然得獻上他自己的獨生女。

伯利恆人**以比讚**有三十個女兒和三十個兒子，他的兒子娶的都是猶大支派以外的女子。再來的**以倫**，帶領以色列十年。之後的**押頓**，有四十個兒子，三十個孫子，七十匹驢駒！聖經對這些人沒有再多加敘述。

不過接下來的**參孫**，就有詳細的描述。參孫這名字意指「陽光」。他從小就作拿細耳人，所以不能喝酒、不

可剪髮。這男人的故事可不尋常，他完全栽在女人手上。他成了親，還沒度蜜月婚姻就破裂。後來他找上一個無名妓女，最後一名叫大利拉的女人成了他的情婦。參孫雖然是大力士，卻是一個軟弱的人。他的弱點主要不是他的感情關係，而是他的品格。因著聖靈的恩膏，他多次使出神力，但後來神的靈離開他，他被非利士人抓住，弄瞎眼睛，關起來推磨，成為非利士人的笑柄。

我在很多年前講過一篇道，題目是「參孫的頭髮再度長出來」，那篇道後來變得很有名，有位年輕女士聽到了，就寫了一首詩。詩中描述瞎眼的參孫由一個男孩牽著，來到殿裡的柱旁，後來他把柱子推倒，毀了整座殿。

牽他手的男孩

他們挖出他的眼。
起初
我不忍瞧，
　空洞又血腥又殘酷。
我不願瞧，
　那空蕩蕩的震撼，
　心知他再也看不見。
我注視那剃光的腦袋低低垂下，
　隨著磨石的節奏晃動，
　推了一圈，一圈，又一圈。
我注視那多餘的枷鎖，
　沉重堅硬，

　　啃蝕著再也毋須捆綁的肉身。

如今
他失去雙眼又何妨，
　我就是他的眼。
　他透過我來看。
他也只能透過我來看，別無他法。
於是我流下了他流不出的淚，
　那荒唐的歲月啊。
於是我學會了愛這個破碎的人，
而他終於學會了敬畏他的神。

因此
我不怕死，
樂意最後一次當他的眼，
牽他的手，
一如往常領著他，
一步一步引導他，
來到他可以禱告的地方。
「主啊，至高無上的主啊！」
柱子倒下的那一刻，我高喊：
「阿們！」

　　參孫死前五分鐘為他同胞做的，多過他生前所做的一切。

人的軟弱

聖經描述人物的時候，總是很誠實，不會隱瞞人的失敗和軟弱，士師記也不例外。我們可以看見士師記的人物有好些缺點：巴拉不像個男子漢；基甸膽小，老是求徵兆，死前還用黃金打造一件以弗得（祭司的套衫），後來成了以色列的「網羅」，變成他們膜拜的對象；耶弗他是妓女的兒子，沒想清楚就亂起誓；參孫沒有善待妻子，和妓女睡覺，又找了個情婦。他們都不是勇者，也不聖潔，但是神卻使用他們！

神的力量

這些不完美的人，爲什麼能夠成就大事？他們不是靠自己的力量，祕訣在於聖靈降臨在他們身上，他們都是「聖靈充滿」的人。

神聖的力量透過軟弱的人動工，這些士師正是活生生的例子，我們讀到這些人竟然能夠發出超自然的力量。參孫大概是最好的例子，但士師記裡還有很多不可思議的故事。有一點很重要，要特別指出來：在舊約聖經中，聖靈的恩膏只臨到少數人身上。在士師記中，當時以色列的人口有兩百萬，只有十二個人經歷到這種恩膏。還有，聖靈只是暫時降臨在這些身上，不是永久的。比如聖經就說，聖靈離開了參孫。在舊約聖經中，聖靈的恩膏會觸摸人一段時間，但不是一直住在人裡面。

士師到底是什麼？

我們已經看了士師記的幾個故事，但有個重要的問

題還沒問：士師到底是什麼？他們是誰？做什麼工作？

英文聖經把士師翻譯成「judges」（審判官），但這個譯法沒有抓住原文的本質。英文聖經說參孫「審判」以色列，或說基甸「審判」以色列，而希伯來文的原意是說，他們是「解決問題」的人，把神的百姓從自己的過犯和敵人的壓迫中救出來。聖經並沒有給他們「審判官」這頭銜，只是描述他們做了什麼。在士師記中，惟一能稱作「審判官」的，只有神，祂才是真正的審判官，只有神才能真正解決百姓的問題。所以，比較正確的說法是，神透過這些英雄，藉著自己的聖靈，為百姓的益處來拯救百姓，為百姓解決問題。

士師也關心國內是否公義公平，但主要是解決外來的問題，因為那些鄰國充滿敵意，陸續攻打以色列，亞捫人（三次）、亞瑪力人（兩次）、摩押人（一次）、米甸人（一次）和非利士人（三次）。聖經也特別提到耶利哥王、摩押王、夏瑣王。

神的百姓來到一個人口眾多的地區，這裡的民族對以色列人大多充滿敵意，視他們為入侵者。以色列人住在那地只有一個理由——那是神賜給他們的地，他們必須向那地的居民施行懲罰，方式就是將那些民族通通除滅。所以士師記不只是在講幾個英雄的故事，不只是在研讀人物（本章引言所描述的第一種歷史層面），士師記也是在講述民族的故事（第二種歷史層面）。

民族歷史

把上述十二個士師治理以色列的時間加起來，一共

有四百年，但士師記只涵蓋兩百年的歷史，怎麼會這樣呢？

地理

只要知道士師在做什麼，這個問題就很容易回答了。我們讀到基甸和參孫的時候，會以為他們是在拯救全以色列的百姓，但此時以色列支派已分成兩組，分散在跟威爾斯差不多大的地區。所以，當我們讀到某個士師治理四十年，有可能只是指北方而已，同時期可能有另外一個士師在治理南方。比如參孫拯救的是南方的支派，而基甸則是拯救北方的支派。

政治

此時的以色列沒有領袖。摩西帶領他們出埃及，約書亞帶領他們進入應許之地，但這兩位偉大的領袖過世之後，以色列就沒有領袖了。請記住，當時的以色列還沒有王。因此，士師只是地區領袖，領導當地的支派，全國還沒有統一。

道德

各支派不斷受到其他國家和民族敵擋，還有一個道德上的原因，而這正是士師記的中心信息。從這卷書的簡短大綱，就可以明顯看出原因何在。士師記可以清楚分成三部分。

1. 不可原諒的妥協（一～二章）

(i) 姑息

(ii) 聯姻

2. 無可救藥的行為（三～十六章）

(i) 百姓違抗

(ii) 敵人壓制

(iii) 向主求救

(iv) 得到拯救

3. 無可避免的敗壞（十七～二十一章）

(i) 北方拜偶像——但支派

(ii) 南方犯淫亂——便雅憫支派

第二部分的四階段循環重覆了七次。這卷書最後有一句話，在全卷不斷出現：「那時以色列中沒有王，各人任意而行。」

1. 不可原諒的妥協

(I) 姑息——難防的山谷

神差遣以色列進入迦南地，徹底消滅當地居民。考古學家證實，迦南人作惡多端，性病氾濫。有些人質疑這種消滅行為是否公義，但他們忘了神對亞伯拉罕說他的後裔未來將如何。神告訴亞伯拉罕，猶太人會在埃及待上幾百年，直到亞瑪力人惡貫滿盈為止。神容忍亞瑪力人的惡行，但他們終於超過尺度，神就利用以色列作工具，審判

這個罪大惡極的社會。

然而，以色列沒有遵從神的命令，沒有消滅全部的敵人。他們占領山區，卻讓很多居民留下來，尤其是山谷中的居民。於是，以色列民分成了三群：北方、中部、南方。各支派之間溝通困難，外敵入侵時，無法立即回應，難以團結。再者，入侵者可取道山谷，以色列內部有這麼大的弱點，給入侵者可乘之機。

(II) 聯姻——和外族通婚

谷中居民鬆散的道德標準，對以色列許多男人來說是一大試探。不久之後，以色列人就開始和外邦人通婚，公然違抗神禁止他們和外邦人通婚的律法。這影響了以色列的屬靈生命。你若和魔鬼的女兒結婚，勢必會和你的岳父起衝突！過聖潔生活的計畫遭到破壞，很多以色列人和外邦人通婚後，轉而事奉迦南神祇。信主的人和不信主的人結婚時，不信主的一方在屬靈方面的影響力往往大過信主的一方，這現象直到今天仍然一樣。事奉迦南神祇的結果，就是道德敗壞，因為錯誤的信仰必然導致錯誤的行為。

2. 無可救藥的行為

士師記有許多篇幅都在描述一次又一次的循環。神的百姓一再重蹈覆轍。

- **求救**：以色列人向上主求救，因為受到壓制。
- **解救**：神差拯救者（如基甸、參孫）來解救百姓。

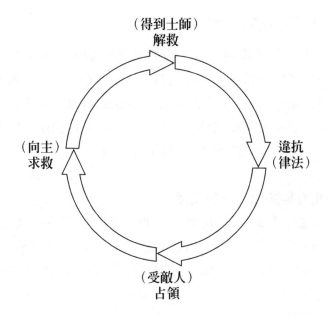

- **違抗**：百姓獲救後，又走回犯罪的老路。
- **占領**：因此神差敵人（如米甸人、非利士人）來壓制以色列，以色列人在自己擁有的土地上，反而成了別國別族的臣民。
- **求救**：在患難中，以色列人再度向主求救，這個循環繼續下去。以色列人似乎只在遇到困難時才禱告，很難看出究竟是真心悔改，抑或只是後悔自食惡果。很多人顯然不知道，他們受到壓制是自己犯錯造成的。

不只一國有這種循環，人也一樣，不斷犯罪、悔改、蒙赦免，然後又繼續犯罪。

3. 無可避免的敗壞

士師記最後這部分，百姓道德敗壞，慘不忍睹。當時發生了兩個情況，一在北方但支派所在地，一在南方便雅憫支派所在地。兩個情況都是神的百姓被一個祭司帶入歧途，正是前文那句格言的最佳寫照——拜偶像（錯誤的信仰）會造成道德敗壞（錯誤的行為）。

(I) 北方拜偶像——但支派

這故事始自一個作兒子的，名叫米迦，是以法蓮人，偷了他母親一千一百舍客勒銀子。後來他把錢還給母親，母親高興極了，就拿這筆錢去雕刻一個偶像，送給兒子收藏，兒子就把偶像擺在家中。

有個年輕的利未人，來到米迦的家中求宿，結果米迦給他固定薪水，管吃管住，請他擔任父親和祭司的角色。後來，但支派沒能占領神分配給他們的南方土地，就移居北方。有一天，但支派的首領在這戶人家過夜，看見神像，又看見這個祭司，就說要聘他做全支派的祭司，給他更多的薪水，這利未人就答應了。

這顯然違背神的律法，因此，但支派陷入偶像崇拜的大罪。就像十二使徒中的加略人猶大，因為犯下滔天大罪而被除名，在啟示錄中，但支派也被除名了。這罪始於一個人偷了母親的錢，後來又請一個利未人來擔任私人祭司；先是一個家庭犯罪，後是整個支派犯罪，沒有經過正當的派任或授權就聘用祭司。

(II) 南方犯淫亂 —— 便雅憫支派

這故事更糟。有另外一個以法蓮支派的利未人，娶了一個妾，是猶大伯利恆人，這個妾離開他回娘家。四個月後，這個利未人去伯利恆，想帶小妾回家。岳父一直挽留這個利未人在家裡過夜，最後實在留不住，只好放女兒走。那天他們太晚出發，只能走到耶路撒冷，當時耶路撒冷還是外邦人的城。利未人不肯留宿外邦人的地方，就往北趕路，前往便雅憫支派，日落時分來到基比亞，有個老人招待他們到家裡過夜。不料，他們吃飯的時候，有一群「城中的惡人」打斷他們，要求那個利未人出來跟他們交合。老人不答應，卻願意交出自己的女兒。最後，利未人把他的妾交給這群人。第二天早上，這個妾死在門口，是被那些人輪暴至死的。

利未人把妾的屍身切成十二塊，分送到以色列的十二支派。以色列人發現便雅憫支派的男人做了這等惡事，就要去找那些惡人報仇。便雅憫人遭到這樣的控告，非常生氣，不肯把那些人交出來。

於是內戰爆發，便雅憫支派幾乎全族被滅，只剩下六百個男人，城鎮盡毀，婦孺被殺光。其他支派已經起誓，不讓便雅憫人娶他們的女兒，但現在便雅憫支派快滅族了，以色列人可憐他們，只好採取行動，避免便雅憫滅族。他們從基列雅比帶回來四百個處女，給存活的便雅憫男人作妻子，但這還不夠。接下來，他們想出一個辦法，就是讓便雅憫人在示羅的節慶期間去綁架一些以色列女子回來當妻子，這樣就不算他們主動把女兒嫁給他們了，沒有違背之前的誓言。

不管從哪方面來看，這都是一個可怕的故事，加上但支派的故事，士師記的結局實在悽慘。

神學意圖（永恆目的）

讀了這麼陰鬱的故事之後，現在要看一個比較令人振奮的主題：思考這卷書的神學意圖。聖經歷史至終不是要記錄人的事，而是在記錄神的話語和作為，讓我們看見神是誰。

我們已經看到，神才是百姓的審判官和拯救者，因為只有祂稱得上是這卷書中的「士師」（審判官）。神才是真正的英雄，人類領袖惟有跟神合作，才能夠成功。

然而，我們若問：「是誰把迦南人趕出那地？是以色列還是神？」答案必是：「兩者皆是！」這樣的情況可以歸納成這句話：沒有神，以色列人做不到；沒有以色列人，神不會去做。神一方面宣告祂要把那地賜給以色列人，並趕出那地的居民，但另一方面，神需要以色列人回應祂的帶領。

再者，我們讀到，神有幾次並未趕出敵人，反而讓他們留在那地，考驗以色列，藉此教導他們怎麼打仗。阿摩司書告訴我們，神如何帶領以色列人出埃及，也怎樣帶領非利士人從克里特來到這地，與以色列為鄰，來傷害以色列。

所以，我們在士師記中看見神管教祂的百姓。祂把百姓交給惡者，彰顯祂的公義，但祂也救他們脫離惡者，彰顯祂的憐憫。

這個原則也在新約聖經出現。當然，主禱文就有這

麼一句:「不叫我們遇見試探,救我們脫離兇惡。」聖靈的大能可以醫治病人,但也能夠使人生病;可以叫瞎眼的看見,但也能夠叫明眼人看不見;可以叫死人復活,但也能夠叫活人死,亞拿尼亞和撒非喇就是例子。教會最終的管教就是把犯錯的會友交給撒但,讓撒但敗壞他的身體,也許他會因此清醒過來,在審判日那天,靈魂得以拯救。

但是神同時也聽以色列人的禱告,並且回應。以色列遭遇苦難,神內心憂傷;儘管百姓一再悖逆,神仍然耐心、信實。因此,我們讀到神如何回應禱告,差遣有恩膏的領袖,比如基甸和巴拉,前來指示百姓如何作戰。我們看見神和人的關係是互動的,雙方互相影響。

不過,光看見神和人之間的互動,仍然無法解釋這卷書的目的,要等看過了路得記,這卷書的目的才會顯明。現階段我們看見的就是以色列一再重蹈覆轍,在麻煩和拯救中不斷循環,不知未來如何。

造成以色列這些問題的原因可以從兩方面來看:

1. 第二代人民

如今盤踞應許之地的以色列人,不像上一代那樣認識神,不清楚神過去為他們做了什麼,也不想認識神。他們做自己眼中覺得對的事,卻是神眼中的惡事。每個人都有自己的一套律法。

2. 第二代領袖

領袖死後不見得立刻有人接班,中間會有一段空窗期,在這段空窗期,百姓又走回老路行惡,再度招致神的

懲罰。這個模式不斷循環，可以從這樣的句子看出：「士師在世的日子……但士師死後……」。這和其他國家很不一樣，那些國家都是一個朝代接著一個朝代，確保政權延續、國家安定，而士師帶領的只是一群人，不是整個國家。

立王的問題，爆發過幾次。

(1) **基甸**打敗米甸人之後，跟隨者想要擁戴他爲王，開創一個新朝代。有些人認爲基甸應該接受才對，但這顯然不是神揀選君王的時刻。基甸告訴百姓，他們的問題出在不把神當作他們的王

(2) 基甸死後，有幾個人做了領袖。**亞比米勒**問百姓，是希望他一個人來領導他們，還是要基甸的七十個兒子一起來領導他們。結果亞比米勒順利做了領袖後，就殺光自己的兄弟。他對權力的渴望日增，顯示他無意爲百姓謀福祉。江河日下，最後他死在戰場上。

(3) 士師記從頭到尾一直出現一句話：「當時以色列沒有王……」，暗示如果有王的話，情況一定會比較好。這個主題後面會再談到。現在的重點是，士師記告訴我們，百姓很需要一個王。稍後看路得記時，更正面的信息出現了：他們會有一個王。而路得記問的是：「誰是那個王？」

‖路得記

路得記和士師記是同一時期寫的書卷，卻截然不同。

■ 士師記講了很多人的故事，路得記只講幾個人的故事。

■ 士師記很長，路得記很短，是舊約聖經中極短的一卷書。

■ 士師記講到整個以色列，路得記只講到一個小村莊。

■ 士師記涵蓋兩百年，路得記只涵蓋一代。

路得記這卷書讀起來像古典愛情小說，也像是女性雜誌會刊登的愛情故事。讀完士師記再讀路得記，令人耳目一新。士師記裡記載屠殺、強暴、妓女被分屍、內戰、邪惡的祭司，而便雅憫支派所在的地區，離路得居住的猶大地，不過兩哩，氛圍卻全然不同。

路得記只有四章，頭兩章在講兩個分不開的婦人，後兩章在講兩個有影響力的男人。這四個人就是這齣劇的主角。

1. 婆婆喪夫喪子。
2. 媳婦忠誠親愛。
3. 至親的愛情。
4. 君王的血脈。

1. 婆婆喪夫喪子

故事一開始，說以色列發生饑荒，於是有三個男人離家去摩押尋糧。我們可以猜測這場饑荒是神的懲罰，因為饑荒是神不悅時常會出現的徵兆，而且這恰恰跟路得記的主要場景伯利恆形成強烈對比，因為伯利恆這名字在希伯來文意指「糧倉」。

假如這個家庭從歷史學到教訓，就會知道，去以色列境外的地區尋找糧食，都會遭遇災禍，亞伯拉罕、以撒、雅各正是如此，但這裡沒有記載他們向神禱告求糧。所以拿俄米和她的丈夫就往東邊去了，越過死海另一邊的山地，來到摩押。日子一天天過去，他們的兩個兒子都成了親，娶了摩押女子。但拿俄米的丈夫死了，雪上加霜的是，接著兩個兒子也死了，三個寡婦孤苦無依。在那個年代，寡婦生活是非常艱苦的。這整個戲劇化的事件一開頭就是男人不肯倚靠神，只想靠人的辦法來解決問題，沒有求問神這是怎麼回事、該怎麼辦。

他們若是問神，神一定會告訴他們，饑荒是祂降的懲罰，只要他們回轉歸向祂，就會再度有足夠的糧食。但他們連問都沒問，更別說聆聽神的回答。

因為這場危機，拿俄米的心變得苦毒。她的名字其實原來意指「歡樂」，但當她回到以色列家鄉時，親友都認不出她來，她要大家開始改口叫她「瑪拉」，意指怨苦。她鼓勵兩個媳婦留在摩押，因為她知道回到猶大地之後，她們沒有再嫁的指望，猶大地的男人不太可能娶本族之外的女子。

　　媳婦俄珥巴同意了，回到摩押地去，從此沒在聖經上出現，這個選擇使得她不再有分於神的計畫。但是路得跟著拿俄米走，結果她的名字留芳百世，成了主耶穌基督的祖先。

　　這個故事提醒我們，一個選擇可以改變一切，我們的選擇反映出我們的品格，路得在正確的時機做了正確的選擇。

　　終於，我們看到有一個人的行動，打破了那永無止盡的循環。路得成了神計畫中的君王族譜的一部分，她的名字出現在馬太福音的耶穌家譜中，儘管她是個外邦人，而且還是個女人。

2. 媳婦忠誠親愛

　　路得兼具內在美和外在美，非常謙卑，但也有膽識，這對男人頗有吸引力。她是個忠貞的女子，有服事的心腸，但絕不消極，也不會一副可憐相。

　　她不但選擇留在拿俄米身邊，也選擇拿俄米的同胞和拿俄米的神。顯然神對路得來說是真實存在的，雖然她也見過神懲罰祂的百姓。她四次對拿俄米說：「我願意。」從她對拿俄米的忠誠，可以看出她對拿俄米的愛。在希伯來文中，忠誠和愛幾乎是同一個字，沒有忠誠的愛不是真愛。同樣地，神立約要愛祂的百姓，意思就是不管景況如何，祂都會愛他們到底。

　　再者，聖經說，路得在神眼前蒙「恩」。在希伯來文中，「恩」和「喜愛」是同一個字，她成了神所喜愛的人。從故事中也可清楚看出，伯利恆的人都在談論她，因

為神不斷地向路得施恩。

3. 至親的愛情

這卷書的下半部講兩個有影響力的男人，波阿斯和未來將作王的那位。

波阿斯是個有地位的人，為人慷慨。當時的習俗是，農作物收割之後，田中剩餘的麥穗要給人拾取，但波阿斯吩咐手下的收割工人，要特別多留一些麥穗給路得。

路得記中還有兩個習俗，我們必須先了解，才能明白接下來的故事。第一個習俗是寡婦可嫁給亡夫的兄弟。以色列每五十年的禧年一到，所有的土地都要歸還給前次禧年時擁有這塊地的家族。所以，五十年後，那個家族必須有男丁代表，出面要回這塊土地。寡婦嫁給亡夫兄弟的律法規定，女人如果來不及生子繼承產業就死了丈夫，那麼亡夫的兄弟必須娶她，給她一個兒子，這樣才能保住家族的土地。路得的亡夫當然擁有土地繼承權，但她現在沒有丈夫也沒有兒子，必須有個親戚來娶她，保住她丈夫的姓氏和血脈，這樣禧年來到時，才能重新得回這份產業。

第二個要了解的習俗是社會習俗。當時的女人不能向男人求婚，但她可以透過幾種方式，向男方表示願意嫁給他的心意。其中一種方式是幫那個男人暖腳！路得去躺在波阿斯的腳旁，用自己的衣服蓋住波阿斯的腳，就是表示願意嫁給波阿斯。這兩個習俗解釋了波阿斯為什麼娶路得為妻。

路得躺在波阿斯腳前，明白表示願意嫁給他，波阿斯受寵若驚，想不到路得竟看中他，畢竟他不是路得的近

親中最年長或最年輕的一位。不過，按理應是較波阿斯年長的人來盡這個義務，所以波阿斯必須讓他先選！此人同意讓出機會，按著習俗，脫下涼鞋交給波阿斯，等於一言爲定的意思，這樣路得和波阿斯就可以成親了。

4. 君王的血脈

這是一個很美的鄉間愛情故事，但我們必須問，這一切事情的背後，神有什麼用意呢？聖經收錄這個故事，不可能只是來個輕鬆的小插曲。神顯然是在爲以色列預備一條君王的血脈。路得做了正確的選擇，決定跟著拿俄米回鄉作她的同胞，而神選對了人，揀選她成爲這條君王血脈的一分子。

雖然經文沒有直接指明神怎樣介入，但整卷書中常常提到神，書中的人物經常求神賜福他人。比如拿俄米求神賜福給路得，因爲路得選擇跟隨她；收割的工人求神賜福給波阿斯，波阿斯也求神賜福給這些收割工人；波阿斯求神賜福給路得，因爲她選了波阿斯。他們講到神的時候，都是用「雅威」來稱呼神，這個名字的含意就像 always（永遠）這個英文字——神永遠是我的供應者，永遠在我身邊，永遠是我的醫治者。

有一點很有意思。波阿斯是猶大的直系後代，猶大是雅各十二個兒子中的一個。波阿斯也是她瑪的直系後代，她瑪被公公亂倫「強暴」後生子，從這些可以看出，神能夠使用最糟的情況，來成就祂的計畫。雅各臨終之前給猶大一段預言：「權杖必不離猶大，王圭必不離他兩腳之間，直到屬他的那位來到。」（編按：新譯本）雅各過

世幾百年之後，以色列人才想到要立一位君王，但是雅各早已應許猶大，將來必有一位君王出於猶大的後代。

我們也知道波阿斯的母親喇合不是猶太人，妓女喇合是迦南地第一個相信以色列神的外邦人。所以這裡的族譜很複雜：她瑪遭強暴，喇合是外邦人又是妓女，路得是摩押人，但她們都是我們的主耶穌基督的直系祖先。

▌士師記和路得記的作者是誰？

現在要來看士師記和路得記為什麼密不可分，同時要回答一個問題：這兩卷書的作者是誰？寫作的目的又是什麼？

聖經每一卷書的最後，通常會透露寫那卷書的目的。從「那時以色列沒有王」這句話可以看出，士師記和路得記是在以色列有了王之後才寫的。從路得記的結尾也可以明顯看出，寫作這卷書的當時，大衛還不是王，因為裡面有一句話說：「耶西生大衛」，而不是說：「耶西生大衛王」。

這兩個事實強烈暗示，寫這卷書的時候，以色列有王，卻是在大衛作王之前。因為大衛緊接在掃羅之後作王。所以這卷書寫作的當時，一定是掃羅作王，他是以色列第一個王，是百姓選出來的。百姓選他是因為他的個子高、相貌堂堂，不是因為他的品格好或能力強。

如果我們知道這卷書是什麼時候寫的，也要問是誰寫的。在撒母耳記上，撒母耳講話的語氣，和士師記、路得記的語氣一模一樣。撒母耳喜歡用同胞的歷史來教導，

這是他的風格。因此，很有可能是撒母耳寫了士師記和路得記，原本是同一卷書，而當時掃羅作王。

我們若問掃羅王來自哪個支派，就更可以看出這卷書的寫作目的了。掃羅來自便雅憫支派。這兩卷書的主要信息就是──跟猶大和伯利恆的人比起來，便雅憫支派真是壞透了。換句話說，撒母耳寫這兩卷書是為了預備百姓，把盼望從掃羅移到大衛身上。撒母耳暗中膏抹了大衛，但他需要預備百姓接受大衛作王，來取代他們自己選出來的掃羅王。

撒母耳要讀者把便雅憫支派的壞人和伯利恆的好人比一比。最後，撒母耳提到耶西是大衛的父親。他知道大衛是神預定的王，而大衛將扭轉整個情況。

我這推論還有一個根據，就在士師記第一章。猶大支派進入應許之地時，耶路撒冷城分給了便雅憫支派。但士師記前面告訴我們，當時耶路撒冷城掌握在耶布斯人手中「直到今日」，暗示便雅憫支派從未征服這城。撒母耳記上記載，大衛作王之後首先採取的行動，就是占領耶路撒冷城。這進一步釐清了士師記的寫作年代，印證這卷書的寫作目的很可能是要鼓勵百姓支持大衛。路得記和士師記讓我們看見兩座城市：「糧倉」伯利恆，大衛的家鄉，以及被耶布斯人占領的耶路撒冷，不久之後卻成了以色列的首都。

▌今天如何運用士師記和路得記？

在新約聖經中，使徒保羅告訴提摩太，聖經是神所

默示的，能給我們「得救的智慧」。耶穌說，聖經是在為祂做見證，所以我們必須問，基督徒應該怎麼讀士師記和路得記。

士師記

基督徒可以從士師記的人物學到很多功課，不管是士師犯的錯誤，還是他們做的正確決定，都足以教導我們。每個故事都對基督徒有用處，但我們不是把士師視為該效法的榜樣，新約聖經並未鼓勵我們這麼做。希伯來書第十一章講到許多人物，包括幾位士師，第十二章則說，那些人是我們的先鋒，如今正在看著我們這些人——是我們這些人，要怎樣跑完這個賽程。我們仰望的真正榜樣是耶穌，祂是為我們信心創始成終的那位，祂的拯救工作存到永遠。

教會也需要讀士師記，因為教會也同樣可能陷入群龍無首的情況，做自己覺得對的事。教會有可能犯下錯誤，追隨一個看得見的「王」——看重某個人的想法或帶領，高過於基督。民主政治、寡頭政治、獨裁政治全都靠人的領導，但聖經教導我們，應該靠神的領導。我們的領袖既是人又是神，祂曾到地上，如今在天上。

我們也必須記住，神的特質始終不變，士師記和路得記所敘述的神，直到今天仍然一樣，祂愛自己的百姓，管教那些偏離神道路的人，藉此彰顯祂的愛。而且祂的計劃都對我們有益，我們不必陷入沮喪的循環，因為我們可以知道真正的方向，跟隨神的目的前進。

路得記

　　路得是早期相信以色列神的外邦人，我們在她身上看見，所有屬君王血脈的基督徒，都藉著信耶穌而成了耶穌的弟兄。

　　這卷書讓我們想到耶穌，如果教會像路得，那麼波阿斯就像基督——至親的親屬。教會被納入舊約神百姓的這條血脈，我們是新婦，祂是新郎。路得記不是舊約聖經中孤立的一卷書，這卷書所涵蓋的主題，貫穿整本聖經。整本聖經是個愛情故事，結局是啟示錄所記載的羔羊婚宴。路得和波阿斯的愛情故事，正是基督和祂外邦新娘的最佳寫照。

▋引言

　　撒母耳記上、下在希伯來聖經裡其實是同一卷書，而且歸類爲「前先知書」。撒母耳記上下總共涵蓋一百五十年的歷史，從先知的角度來記錄神怎麼看事情、神所看重的事。撒母耳記上下以書卷中主要的先知來命名，而且大部分的內容可能就是他寫的。撒母耳記上下記載了以色列歷史的重大轉變，以及大衛王的崛起，大衛王留芳百世直到今日。

背景

　　猶太人先祖亞伯拉罕的年代，大約是在西元前兩千年；大衛王則是在西元前一千年左右作王。因此，從神應許要給亞伯拉罕後裔和土地，到撒母耳記和大衛出現，當中有一千年之久。本書第一章〈舊約概論〉有一張舊約聖

經的時間表（見頁23），指出撒母耳記記錄了以色列歷史上第三次的領導模式改變。

1. **西元前二○○○年到一五○○年**。帶領以色列的是族長：亞伯拉罕、以撒、雅各、約瑟（當時以色列還不是國家）。

2. **西元前一五○○年到一○○○年**。從摩西到撒母耳，以色列是由先知帶領。

3. **西元前一○○○年到五○○年**。從掃羅到西底家，以色列由王帶領。

4. **西元前五○○年到基督時代**。從約書亞到亞那和該亞法，以色列由祭司帶領。

這些年分只是大概，但有助於我們了解。撒母耳記敘述以色列由先知帶領轉變為由王帶領，一百五十年間逐漸走上坡，大衛作王是高峰期。

這是以色列歷史上很重要的一段時期，猶太人把大衛王時期視為黃金時代，神所應許的土地，在大衛時大多征服了，全國平安富足。直到今天，猶太人仍在期盼大衛的子孫再度來掌權，國家統一、得勝。但撒母耳記所講的並不都是好消息，我們看到這個王國開始走下坡，列王紀上下記載這一路走下坡的情況，到最後，以色列失去了等待了一千年才得到的一切。

在探討如何詮釋撒母耳記之前，先來看看撒母耳記上下幾個主要的故事。首先看這兩卷書的內容和架構。

架構

1. **撒母耳 —— 最後一位士師**
   (i)　哈拿 —— 愁苦的妻子
   (ii)　以利 —— 體衰的先知
   (iii) 以色列 —— 驕傲的軍隊
   (iv) 掃羅 —— 受膏的王

2. **掃羅 —— 第一個王**
   (i)　約拿單 —— 膽識過人的兒子
   (ii)　撒母耳 —— 憤怒的先知
   (iii) 大衛 —— 明顯的對手
   　　　進
   　　　(a) 單純的牧人
   　　　(b) 優秀的琴師
   　　　(c) 一流的戰士
   　　　出
   　　　(a) 遭忌的臣子
   　　　(b) 逃亡的罪犯
   　　　(c) 流放的傭兵
   (iv) 非利士人 —— 頑強的對敵

3. **大衛 —— 最好的王**
   (i)　得勝的高升
   　　　上
   　　　(a) 一個支派

        (b)統一全國

        (c)龐大王國

   (ii) 悲哀的沉淪

       下

        (a)個人蒙羞

        (b)家庭破碎

        (c)百姓不滿

4. 結語

在這個結構表中，撒母耳和掃羅分別跟三個人及一個民族有密切的互動關係。和撒母耳相關的是哈拿、以利、掃羅和以色列；和掃羅相關的是約拿單、撒母耳、大衛和非利士人。

如上所示，大衛的一生可以用四個表示方向的字來總結：進、出、上、下。「進」和「出」是指掃羅王對大衛的態度轉變，「上」是指大衛不斷高升，到達君王的權力高峰，「下」是指他走下坡，淪落絕望深淵。

▌內容

1. 撒母耳──最後一位士師

(i) 哈拿──愁苦的妻子

撒母耳記一開始講撒母耳的母親哈拿的故事。哈拿的丈夫以利加拿娶了兩個妻子，正室哈拿不能生育，側室

毗尼拿有孩子，所以哈拿經常得忍受毗尼拿的嘲笑。很多年過去了，哈拿因為沒有孩子，心中的愁苦日增。有一天，哈拿來到示羅的聖殿（以色列的約櫃在此），向神禱告說，神若肯給她一個兒子，她就奉獻這個兒子來事奉神。祭司以利注意到哈拿嘴唇在動，喃喃有聲，以為她喝醉了。哈拿向以利解釋說她心裡非常愁苦，以利就祝福她，叫她平平安安地回去。後來哈拿懷孕，生下一個兒子，取名叫撒母耳。

哈拿心存感恩，向神還願，將撒母耳交給以利，讓撒母耳在聖殿裡事奉神。哈拿再度禱告，從禱告中可以看出她對神的信心和喜樂。一千年後，當天使告訴馬利亞，她將生下耶穌時，馬利亞也做了這樣的禱告。她當時所表達的喜樂和讚美，今天被稱作「聖母馬利亞的頌歌」，和哈拿的讚美互相呼應。

(ii) 以利——體衰的先知

撒母耳在祭司以利手下事奉神。有一天晚上，撒母耳聽到有人叫他，就跑到以利那裡，以為以利在叫他，但以利說他沒叫撒母耳。同樣的事發生三次，這時以利恍然大悟，是神要向撒母耳說話。這是非常重要的一刻，因為當時不管是透過異象還是話語的先知啟示，都非常罕見。

十二歲的撒母耳要負責告訴以利，神將審判以利的家，因為以利的兩個兒子行為不端，以利卻姑息他們，視而不見。這兩個兒子濫用自己的地位和職責，擅自食用奉獻給神的肉，還跟來獻祭的女人行淫。神說，從現在起，以利家不會有人活到老年。

撒母耳的先知事奉由此展開，但這不是他最後一次傳達逆耳之言。

(iii) 以色列──驕傲的軍隊

接下來的故事講到以色列敗給非利士人。與以色列為敵的非利士人住在西岸。以色列人以為打敗仗是因為他們把約櫃留在聖殿內的緣故，所以下次上戰場時，就抬著約櫃同行，結果再度打敗仗，死了三萬名步兵，包括以利的兩個兒子（應驗了他們會早夭的預言）。約櫃被非利士人搶走，抬到非利士人膜拜大袞的神廟。

此時已垂垂老矣的以利，一聽到這個消息，就從座椅上往後跌倒，跌斷脖子而死。然而，約櫃卻給非利士人帶來麻煩，神降下惡疾，最後非利士人把約櫃放在牛車上，用兩條牛拉車，跟在牛車後面，看牛會往哪裡走，結果牛一路上山，往耶路撒冷行去。

撒母耳把以色列人聚集在米斯巴，告訴他們，先前打敗仗跟約櫃無關，而是跟他們膜拜的異教神祇有關。以色列燒了偶像，再度和非利士人打仗，這次就贏了。這證明了士師記所敘述的一個原則：以色列人每次悖逆神，都會有敵人來打敗他們，但每次悔改與神和好，就能夠打敗敵人。

撒母耳從此聲名遠播，他的士師事奉和先知事奉，都極受重視。

(iv) 掃羅──受膏的王

撒母耳先知最後一次公開做的事，就是膏抹掃羅作

王。百姓問撒母耳，可不可以跟鄰國一樣，也有一個王。百姓知道神是他們的王，但他們想要一個看得見的王。撒母耳起初很不高興，但神提醒他，他沒有必要生氣，因為百姓拒絕的是神自己。

神告訴撒母耳，如果以色列想要一個王，就必須有心理準備，面對後果。王會想要王宮，想要軍隊，想要百姓繳稅，登基之後就會開始徵兵。儘管神這樣警告以色列人，他們還是想要一個王，而且選了掃羅作王，因為掃羅的個子最高，長相最英俊。

2. 掃羅——第一個王

揀選掃羅的過程很不尋常，神告訴撒母耳，要受膏抹為王的那人，會出外找驢子！所以，當掃羅來到撒母耳家中求助，撒母耳就心裡有底了。神賜給掃羅先知的恩賜，藉此表示要讓掃羅作王，不過聖經並未詳述掃羅說了什麼預言。掃羅三十歲時，百姓擁戴他為王，最後一位士師撒母耳，便將領導權轉移給掃羅。

掃羅剛開始做得不錯，百姓對這個王很滿意。掃羅打敗了亞捫人，初嚐勝利滋味。但是他的人際關係不好，以至於不久之後情況就開始走下坡。

(i) 約拿單——膽識過人的兒子

掃羅的兒子約拿單，是以色列能夠打敗非利士人一事中的靈魂人物。起初掃羅很以兒子為榮。但是約拿單犯了一個錯誤，他沒有先告知父親，就自行再去打仗，結果雖然贏了，掃羅卻嫉妒兒子的勝利，和約拿單的關係從此

緊張起來。

接下來的故事，他們再度上戰場，掃羅草率起誓，說那天誰要是在他找到敵人報仇之前吃東西，就要被處死。約拿單不知道掃羅起了這個誓，吃了一些蜂蜜，這下棘手了，掃羅威脅要殺兒子，因為他違背命令，即使他根本沒有聽到這命令。要不是掃羅手下的人阻止，約拿單早就喪命。

(ii) 撒母耳 —— 憤怒的先知

掃羅和撒母耳的關係也日益惡化。撒母耳是先知，他的責任是把神給他的話傳達給掃羅。有一次撒母耳吩咐掃羅，要等他來之後再向神獻上戰爭之前的祭。後來撒母耳遲遲未到，掃羅就自己動手獻祭，撒母耳對掃羅這樣傲慢的行徑非常生氣，就告訴他，他的王權將要移交到別人手中。

掃羅犯的第二個錯誤也是違背神的話。這次他奉命要殺光亞瑪力人及其牲口，但掃羅沒有殺掉亞甲王，還保留那些上好的牲畜。撒母耳來了之後，再度發現掃羅沒有聽從神的命令，非常生氣，下令在主的祭壇前殺了亞甲，然後對掃羅說：順服勝於獻祭。撒母耳又告訴掃羅，因為掃羅棄絕神的話，神也棄絕掃羅作王。從這天起，直到撒母耳過世為止，掃羅再也沒從撒母耳那裡聽到什麼話。這故事對我們是很好的提醒——外在的儀式無法替代公義。這事之後，以色列的第一個王，開始走向終點。

沒有撒母耳可以諮詢，掃羅無從知道神的旨意，也就無法知道以色列打仗會不會贏。掃羅剛作王的時候，禁

止以色列地有交鬼的人，此舉討神喜悅，但是就在掃羅失去王位前，撒母耳剛過世，掃羅竟然設法在隱多珥找到一個交鬼的人。掃羅去找這名女子，叫她招出撒母耳的亡魂，最後一次和撒母耳對話。撒母耳告訴掃羅，掃羅即將和非利士人打的這場仗，會是他的末日。

(iii) 大衛──明顯的對手

從掃羅的故事可以看見大衛怎樣崛起。年輕的大衛進宮服侍掃羅，聖經說掃羅很喜歡大衛，可惜好景不常，他和大衛的關係後來惡化，就像他跟約拿單和撒母耳的關係一樣。

進

(a) 單純的牧人

神棄絕掃羅作王後，大衛就出現了，不過掃羅仍然繼續作王一段時間。神差撒母耳去大衛家中，要膏抹耶西的一個兒子作王，卻發現沒有一個是神所揀選的。後來把第八個兒子（老么）從田裡找來，神才指出這就是下一個王的人選。大衛私下受到膏抹，等候多年之後，才終於登基作王。

(b) 優秀的琴師

這時，掃羅的精神狀況和人格已經急速惡化，聖經說，聖靈離開了掃羅，邪靈開始來擾亂他，掃羅變成一個難以捉摸的人，隨時可能情緒失控。他身邊的策士發現只有音樂可以安撫他，就把公認的優秀琴師大衛召進宮裡，

讓他彈琴來安撫掃羅的心靈。

(c) 一流的戰士

　　大衛和歌利亞的故事，是聖經上最為人知的故事。
兩人身材之懸殊，百年難得一見，猶太人就愛這種故事：
迦特人歌利亞身高九呎六吋，而大衛只是一個小牧童。當
時的習俗是，敵我雙方各選一個最厲害的人出來單挑，誰
贏了，那方就算贏了，這樣可以避免許多人戰死。

　　此時，掃羅已經不是以色列「最厲害的人」了，因
此，經過一番討論，他允許大衛代表以色列，上場單挑歌
利亞。儘管實力懸殊，大衛卻深信神會讓他得勝，相信爭
戰的勝敗在主手中，他的勝利可以叫世人看見神的大能。
大衛用一把彈弓應戰，就是他放羊時用的那種彈弓，他撿
了五顆石子，只射出一顆，就擊斃歌利亞，非利士人落荒
而逃。

出

(a) 遭忌的臣子

　　如果掃羅連自己的兒子都會嫉妒，那麼他會怎麼看
這個新出現的英雄呢？他聽到大家歡呼說：掃羅殺死千
千，大衛殺死萬萬。大衛成了全民英雄，掃羅開始嫉恨大
衛。從此刻起，大衛有性命危險，他繼續彈琴安撫掃羅不
安的心靈，但有時掃羅大發雷霆，竟朝大衛擲矛。

　　後來掃羅想謀害大衛，先是要把自己的女兒米拉嫁
給大衛，交換條件是大衛要上戰場去打敗非利士人。大衛
不肯娶掃羅的女兒，但他打敗了非利士人，而且毫髮未傷

歸來，掃羅的詭計落空。後來大衛娶了掃羅的另一個女兒
米甲。

接著，掃羅要約拿單幫助他害死大衛，但約拿單和
米甲都站在大衛這邊，幾次向大衛通風報信，警告他掃羅
的意圖。

(b) 逃亡的罪犯

後來情勢迫使大衛不得不逃離王宮，藏身在撒母耳
位在拉瑪的家中。接著發生一件很不尋常的事，掃羅和他
的手下要去追捕大衛，但神的靈降臨在這群人身上，他們
就開始發預言，無法執行這項計畫。

約拿單繼續幫助大衛，兩人立了約。約拿單是掃羅
王的兒子，卻承諾要作大衛的臣民，堂堂王子竟要讓位給
這個牧童。聖經描述了這段感人的友誼，說約拿單和大衛
之間的愛，沒有其他男人之間的愛比得上。

大衛逃到挪伯，祭司亞希米勒給大衛吃陳設餅，又
給他歌利亞的劍。大衛往西逃向迦特，被非利士王認出是
以色列的下一個王，大衛為了保命，只好裝瘋賣傻。

在亞杜蘭洞那裡，有四百個對現實不滿的人來跟隨
大衛。大衛送他的父母到他曾祖母的故鄉——摩押，好保
住性命。有先知叫大衛回到猶大。

掃羅在隱基底追捕大衛時，進入一個山洞上廁所，
渾然不覺大衛就在裡面。大衛在掃羅的袍子下方偷偷割掉
一角，等掃羅走出洞穴，才向掃羅喊話。掃羅非常震驚，
因為他頓悟大衛本可以在洞穴中殺掉他，於是有了悔意，
但只是暫時的，不久又重新開始追捕大衛。

　　大衛在瑪雲的曠野遇見一個婦人，後來娶了她。當時拿八拒絕招待大衛和他的手下，但拿八的妻子亞比該拿食物給他們吃，救了自己一家人，免於遭到大衛報復。這事之後不久，拿八就死了，大衛便娶了亞比該為妻。

(c) 流放的傭兵

　　在大衛的故事中，有一件很不尋常的事，在教會中很少教導。大衛因為害怕最後會遭掃羅殺害，就帶著手下投靠非利士人當傭兵，非利士人是以色列的頭號仇敵。不久之後，大衛就得到非利士人的信任。

(iv) 非利士人 —— 頑強的對敵

　　以色列人和非利士人爭戰，掃羅的結局終於來臨。大衛和他的手下雖是非利士人的傭兵，非利士領袖這次卻沒有派他們上戰場，因為擔心大衛和他的手下在戰場上見了自己的同胞，恐怕不會繼續效忠非利士人。總之，這次戰役，大衛和他的手下沒有派上用場。以色列人吃了大敗仗，掃羅和約拿單雙雙喪命，正如撒母耳的預言。掃羅受重傷後知道活不了，就伏在自己的劍上自盡。撒母耳記上到此結束，最後記載的是聖經上這個謎般人物之死。

3. 大衛 —— 最好的王

(i) 得勝的高升

上

(a) 一個支派

　　撒母耳記下的前九章，我們看見大衛步步高升。這

卷書一開頭，他寫哀歌悼念掃羅和約拿單之死，歌中有一些動人的詞句，記念大衛和約拿單相親相愛的友誼。

　　然而，大衛的家和掃羅的家開始相爭，有許多殺人和報仇事件。掃羅的元帥押尼珥改變支持對象，帶走便雅憫支派，但全國已經分裂。

(b) 統一全國

　　猶大支派在南方的希伯崙擁立大衛作王，大衛在那裡住了七年，最後統一全國，又從耶布斯人手中攻下耶路撒冷。耶布斯人一直以為耶路撒冷很安全，經得起攻打，但大衛從一座梯子進城，那座梯子從城中一直延伸到城牆外的水泉處，於是大衛拿下了耶路撒冷。

　　值得注意的是，耶路撒冷不但具備首都該有的絕佳屏障，三面臨崖，也是介於猶大支派（支持大衛的支派）和便雅憫支派（掃羅的支派）之間的中立地帶。因此，這城很適合作為政治首都，因為猶大支派和便雅憫支派都不能宣稱這城是他們的。

(c) 龐大王國

　　撒母耳記下繼續記錄大衛連戰皆捷。他打敗了非利士人、亞捫人、以東人，征服他們的土地，建立龐大的王國。這是第一次（也是最後一次），神應許給以色列人的土地大多落入以色列人手中，是以色列歷史的高峰。

　　然而，大衛雖然如此成功，卻願意記念掃羅的後代，恩待約拿單的兒子——瘸了雙腿的米非波設。

(ii) 悲哀的沉淪

下

(a) 個人蒙羞

有一天下午，大衛開始了走下坡的過程。當時以色列軍隊在外和亞捫人打仗，大衛本應率領他們作戰，此刻卻待在宮殿裡，望向窗外。他看見隔壁鄰居的妻子拔示巴在屋頂上沐浴，就動了淫念。接下來，他一步步違背了十誡中的五誡——貪戀鄰舍的妻子，向那婦人的丈夫說謊作假見證，偷人妻子，跟她犯姦淫，最後又殺害那婦人的丈夫。這個故事實在可怕，從那天下午起，這個國家開始走下坡，接下來五百年間，以色列失去神所賜的一切。

拔示巴懷孕，大衛想掩飾自己犯了姦淫，就安排她的丈夫烏利亞在戰場上被殺。大衛把拔示巴帶進宮中，娶她為妻，生下孩子。一年後，神差先知拿單來告訴大衛一個故事，藉此叫他知罪，大衛明白自己罪孽深重，便寫下詩篇第五十一篇，表示懺悔。這個孩子後來夭折了。拔示巴再度懷孕，這次生下的孩子活了，取名所羅門（意指平安），但大衛心裡沒有平安。

(b) 家庭破碎

大衛淫亂的行徑，似乎在家中引發了一連串的不幸，他的長子暗嫩強暴妹妹她瑪，他的次子押沙龍聽說此事，兩年後為妹妹報仇。

押沙龍受到百姓熱烈愛戴，以至於大衛被迫離開耶路撒冷，再度流亡。

拿單的預言應驗了，押沙龍接收大衛的妻妾，在王

宮屋頂上耀武揚威，公然和她們行淫。後來押沙龍作戰身亡，但大衛非常哀慟，寧願死的是自己。

(c) 百姓不滿

大衛家中的仇恨，影響到全國百姓。儘管大衛統治全國，版圖遼闊，百姓卻不滿意他的領導。首都設在南方，北方的百姓覺得受到冷落。便雅憫人示巴知道百姓不滿，便拒絕承認大衛為王，帶頭叛變。大衛平息了這場叛變，但百姓仍然懷怒含怨。

4. 結語

撒母耳記下的最後幾章用一種文學架構來安排，根據不同的主題寫下結語。這個架構可以分成六部分，各標示為A1、B1、C1、C2、B2、A2。A1和A2，B1和B2，C1和C2各包含類似的主題。

A1. 過去的遺害

以色列全地面臨三年的饑荒，神告訴大衛，這饑荒是在懲罰以色列，因為以色列曾經起誓不碰基遍人，但掃羅卻屠殺基遍人。基遍人要求處死掃羅的七個子孫，以報復掃羅的惡行，大衛便將這七人交給他們。

B1. 大衛的手下

這裡簡短敘述大衛的勇士，這些人跟著大衛打仗，在幾場戰役中幫助大衛打敗非利士人。

C1. 大衛的詩篇

　　大衛有一篇精采的詩篇，敘述神怎樣救他脫離一切仇敵之手，說神是他的磐石、山寨、拯救者。大衛能夠回顧過去，記念神怎樣大大供應他一生所需，並且為此感恩。

C2. 大衛最後的話

　　大衛藉著神的靈默想，寫出有如詩篇的話。神的靈啓發他寫下流唱萬代的詩歌，這些可說是大衛最了不起的遺產。

B2. 列舉更多英勇行動

　　大衛記錄並尊崇那些與他並肩作戰的勇士，其中三人曾經潛回伯利恆，為逃亡的大衛取水喝。

A2. 神的審判再度臨到以色列

　　大衛在生命走到尾聲的時候，受撒但試探，竟去數點以色列戰士的人數。他的動機是出於驕傲，神便懲罰了他。先知迦得來向大衛傳達神的不悅，並且叫大衛從三種懲罰中選一個：遭饑荒七年，被敵人追趕三個月，或是遭瘟疫三日。大衛選了第三項，結果七萬人死於瘟疫。

　　大衛呼求神停止這場瘟疫，神叫他在耶布斯人亞勞拿的禾場上獻祭，那是塊平坦的地方，地勢高過耶路撒冷城。大衛在那裡獻祭，瘟疫就停了。大衛覺得這禾場所在之地很適合建造神的聖殿，地主亞勞拿願意免費奉送這塊地，但大衛說，奉獻給神的東西如果不用花他一毛錢，就

沒有什麼價值，堅持要付錢買下那塊地。在這塊地上建造聖殿的始末，記載在列王紀。

神不准大衛自己蓋聖殿，因為他手上流過許多人血，聖殿必須由和平之人建造，所以在耶路撒冷的聖殿（耶路撒冷意指「平安之城」），是由大衛的兒子所羅門建造。擬訂建造計劃，安排工匠，收集建材的雖是大衛，但完成建造的是他的兒子所羅門。

▋撒母耳記該怎麼讀？

我們大略談了撒母耳記的內容，但尚未提到該怎麼讀這兩卷書。每個讀者讀這兩卷書的角度都不同，但我們讀聖經時，很重要的一點是照著該讀的角度來讀，才能夠正確地了解並詮釋，讀撒母耳記也不例外。聖經上的故事可以從六個不同的層面來讀，我們務必要選對方式。

1. **當作奇聞軼事來讀（有趣的故事）**
   (i) 孩童
   (ii) 大人

2. **從靈修的層面來讀（適用個人的信息）**
   (i) 指引
   (ii) 安慰

3. **當作傳記來讀（人物研究）**
   (i) 個人

    (ii) 社會

4. 當作歷史來讀（以色列國家的發展）

    (i) 領導方式

    (ii) 組織結構

5. 從批判的層面來讀（找出可能的錯誤）

    (i) 低等批判

    (ii) 高等批判

6. 從認識神的角度來讀（神掌權）

    (i) 公義——懲罰

    (ii) 憐憫——救贖

1. 當作奇聞軼事來讀

(i) 孩童

最簡單的讀法，就是只讀最有趣的故事。主日學老師會選孩子覺得有趣的故事來講，像大衛和歌利亞的故事，就特別受到喜愛。

馬利亞‧馬蒂塔‧潘史東（Maria Matilda Penstone）這樣寫道：

> 神給我們一本故事書
> 這是為祂古代子民寫的書
> 開頭講到一個園子的故事
> 結局講到一座黃金城的故事

> 有爸媽看的故事
> 有孩子看的故事
> 有即將安息的老人看的故事
> 這些故事人人都能讀
> 其中耶穌的故事最有趣

　　用這種方式讀故事當然有一些優點，但這是選擇性的，教導的人很容易因為自己的偏好，從他們認為孩童會懂的層面來解釋，結果扭曲故事真正的含意。

(ii) 大人

　　撒母耳記的故事讀來精采，文字簡潔優美。好的故事連大人也喜歡讀，所以很多人讀聖經，只是想讀那些有趣的故事而已。電影導演一向喜歡改編故事，比如把大衛和拔示巴的故事搬上大銀幕。

　　從這個層面來讀聖經故事，優點是至少會讀，但忽略了一個基本的重點——把聖經故事當作奇聞軼事來讀，就不會在乎故事的真假，是事實也好，是虛構也罷，不管怎樣，還是可以享受這些故事，還是可以從中看出道德的信息。但這種讀法有一個大問題，就是這些故事的真假確實很重要，因為這些小故事，是撒母耳記整個故事的一部分，在聖經的整個救贖故事中占有很重要的地位。如果我們懷疑這些故事中的人物是否真的做過那些事，那我們如何能確定，神確實做過書中講的那些事？聖經所記載的人的作為和神的作為，只有兩種可能，一種是兩者都真有其事，一種是兩者都是虛構的。

2. 從靈修的層面來讀

(i) 指引

這種讀聖經故事的方式，我稱之爲「星座命盤讀經法」，因爲有些人每天讀聖經的時候，都盼望會有適合自己的信息出現！的確有人做過見證，說在一些特殊狀況下，某節經文或某段經文對他們的生活影響重大；但這種情況毋寧是說明神有能力選用任何方式來引導我們，而不是這個方法有多管用。這個方法完全沒有考慮到大多數的經文跟人所面對的處境沒什麼關係。有個老掉牙的故事說，有一個人翻聖經看到一句話說：「猶大……就出去吊死了」，他覺得不滿意，就再翻聖經，結果找到另外一句話說：「你去照樣行吧」！

如果讀聖經的時候，總想找到一句適合自己的話，那麼撒母耳記上這句話要怎麼解釋呢？撒母耳對以利說：「在你家族中必定永遠不會有老年人」。數世紀後，以利有個後代，就是先知耶利米，才十七歲就展開先知的事奉，因爲他活不到老年。但這個預言跟我們無關。又如這節經文說：「……撒母耳在耶和華面前將亞甲殺死」，這節經文跟我們有什麼關係呢？

我取笑這種讀經方法，是因爲我很清楚一件事，我們讀撒母耳記這些故事，主要的原因不在於找到給自己的信息；我們若從這個角度來讀撒母耳記，會找不到跟自己相干的信息。我們需要從這兩卷書的寫作背景來讀，這樣才能萃取出正確的含義。如果只是想找一些跟自己處境有關的經文，就會錯過很多重要的事。

(ii) 安慰

以前的基督徒會利用「應許箱」(Promise Boxes)，尋找鼓勵，好面對人生。他們把聖經上的每一個應許都印出來，捲成紙捲，放在箱子裡，每天抽一張出來看。不用說也知道，這些經句都是斷章取義，沒有考慮到前後文。比如說：「我就常與你們同在」這句話，原本是和「你們要去，使萬民作我的門徒」連在一起的，我們若沒有去執行這個命令，就不該去支取這個應許。今天雖然沒有這種應許箱，但我們也可能用同樣的心態讀聖經，總是想找到一句跟自己有關的經文。在撒母耳記和列王紀這類歷史書中，就很難找到這種經文。想要從經卷中獲益，就要讀完整卷書，努力去認識神，了解神對我們的感受，而不是我們對自己的感受，甚至是我們對神的感受。

3. 當作傳記來讀

(i) 個人

傳道人最常用這第三種方法。聖經有一個很大的特色，就是誠實記錄聖經人物的成功和失敗。雅各在新約聖經說，聖經就像一面鏡子，我們可以從讀到的聖經人物身上看見自己的樣子。我們可以拿自己和聖經人物比較，問問自己是不是跟他們一樣。

知道這一點之後，我們就會明白，為什麼以色列頭兩個王，明明一樣都是虎頭蛇尾，但掃羅被視為最壞的王，大衛卻被視為最好的王。

我們讀到掃羅這個人物，他的個子比大家高，占盡個人優勢。我們讀到神的靈臨到他，徹底改變他。但我們

也讀到他有致命的性格缺點，沒有安全感，以至於人際關係不好，還嫉妒身邊那些有才華的人。

我們可以拿掃羅和大衛比較，聖經說大衛是個「合神心意的人」。撒母耳選出大衛時，聖經說：「耶和華不像人看人：人是看外貌；耶和華是看內心。」

聖經描述大衛活躍於戶外生活，從事勞力工作，長相俊美，勇氣十足。他在孤獨的牧羊歲月中，與神培養出親密的關係，他讀律法書，禱告，讚美神的創造和救贖。這些年是在預備他，成為以色列最重要的人物。

我們注意到他的領導才能，大衛不管做什麼決定，都會求問神的意見。雖然他受膏抹為王，卻不肯太早登基作王，而要等候神的時間到來。他連打了勝仗都還是寬大為懷，不樂見敵人被殺，即使掃羅曾經與他為敵，但是看見掃羅最後一個兒子被殺，他仍舊很憤怒。他深明饒恕之道，也懂得敬重勇敢的人，撒母耳記裡面就列出了許多大衛敬重的勇士。

所以大衛和掃羅完全相反：大衛對神有一顆真心，敬愛、尊重別人；掃羅對神沒有心，也不喜歡他身邊的人有傑出的表現。

另外還有幾個人物的比較：撒母耳和以利都無力管教子女；約拿單和押沙龍都是王的兒子，但行為截然不同——約拿單是壞王（掃羅）的兒子，但行為無私，願意臣服於大衛的領導；押沙龍是好王（大衛）的兒子，卻想篡奪父親的王位。

撒母耳記中的女人，也很值得研讀。哈拿和亞比該都很有特色，我們讀到哈拿對神忠心，懷上孩子之後非常

興奮。亞比該則勇敢化解一場危機，她的丈夫不肯招待大衛和他的手下，但亞比該為大衛一行人提供飯食，令大衛刮目相看，她丈夫死後不久，大衛就娶她為妻。

(ii) 社會

我們也可以研讀人物之間的關係。約拿單和大衛的友誼，是聖經中最純潔神聖的一段友誼。

而掃羅和大衛的互動關係，看來令人沮喪，甚至危機四伏。掃羅和大衛是很典型的例子，可以看出喜怒無常的人實在很難相處，一下子歡迎你，一下子又拒絕你，再加上還有邪靈攪擾，情況更為複雜。

大衛一生和幾個女人的傳奇故事，可以幫助我們對男女關係有更多洞見。而他能贏得許多男人的友誼和忠心，也是當代社會深感興趣的題目。

從百姓堅持選出的第一個王，以及選這個王的原因，可以看出「形象」的影響力，現代選舉亦然。

所以，這些故事對社會、對個人都有一些含義，我們可以從中學到寶貴的功課，但這還是不足以傳達這些經文要給我們的信息。

4. 當作歷史來讀

(i) 領導方式

第四個方法是把撒母耳記當作以色列歷史來研讀。以色列從一個家族發展成大族，而後立國，最後變成王國。撒母耳記就是在講這一百五十年來，以色列怎樣發展成一個王國。

當初是百姓要求立王，他們羨慕鄰國都有看得見的王來統一領導，因此不想再要十二個獨立支派聯合領導的方式。

撒母耳警告百姓，改成君主集權統治是要付代價的，但百姓仍然堅持，於是歷史的走向決定了。神同意他們的要求，但堅持以色列的王不可跟別國的王一樣；以色列的王必須天天抄寫、朗讀律法書，在靈性上也要帶領百姓（從申命記的這條規定，就可以看出神早預期情勢會如此發展）。從此之後，王如何，國家就變得如何。

(ii) 組織結構

國家從聯合統治變成中央集權，不是一個沒有痛苦的過程。我們可以從這個角度來研讀撒母耳記，看大衛面臨哪些難題，看他用什麼技巧克服。我們可以看見大衛有組織天分與領導技巧，順服神的帶領，使國家在他的統治之下，攀向和平與富足的高峰。他選擇耶路撒冷作首都，是非常高明的一著，因為這座城先前為耶布斯人所占領，所以不屬於任何一個支派。

在大衛的統治下，王國漸漸成長，先前的敵人都成了附庸國，神所應許的土地全都拿下，非利士人也不再攪擾他們。這是以色列第一次占領全部的應許之地，也是最後一次。然而中央政府也是以色列人走下坡的原因，因為權力愈集中，掌權者的品格愈能決定這個國家的命運。

5. 從批判的層面來讀

(i) 低等批判

低等批判就是學者為了找出原文的錯誤而研經，他們研讀和比較原文抄本，找出因為手抄員筆誤而造成的歧異。這項工作帶給我們很大的信心，因為我們發現聖經譯者所使用的抄本非常接近原文，新約聖經的準確度咸信高達百分之九十八。

舊約聖經最早的完整抄本是馬索拉抄本，年代在西元九○○年。有一份完整的以賽亞書抄本，是死海古卷中的一卷，年代在西元前一○○年，比其他抄本整整早了一千年。發現死海古卷的時候，英文聖經《標準修訂版》（*Revised Standard Version*）正在翻譯中，所以當時還暫停出版進度，直到和這份更早的抄本核對完畢才繼續。後來發現，他們用來翻譯的原文抄本已經非常準確，只有少數幾處需要修改。

雖然舊約聖經的準確度不如新約聖經，我們仍然可以肯定，原文傳下來出現的歧異甚少。此外值得注意的是，翻譯上難以取捨的地方都是枝節，無關信仰的核心真理。比如，在撒母耳記中，有兩處講到歌利亞的死，但只有一處說他是被大衛殺死。如果改一個字母，這個歧異就解決了，顯然是手抄員的筆誤。

(ii) 高等批判

低等批判是一門令人欣然接受的必要學科，但高等批判則帶來很大的傷害。高等批判源自十九世紀的德國，

到了二十世紀已滲入許多神學院。

高等批判的論點是，即使原文準確傳達寫作者的意思，我們還是有可能錯解聖經。高等批判抱著先入為主的觀念，根據自己認為合理的邏輯來研究聖經，他們說，科學已經證明不可能有奇蹟，所以應該刪除聖經上記載的奇蹟；而不相信未來可以預知的人，便刪除那些準確預告未來的預言。

這些批判學者，純粹把聖經當作學術和理性上的研究題材，根本不關心人的信仰，也不了解人的信仰。這樣做的結果，就是把聖經剪得支離破碎，看不出原貌。

6. 從認識神的角度來讀（神掌權）

從認識神的角度來讀聖經，讓每一頁、每一句都變得有價值。上述幾種讀經方法，都是從人的角度來讀，但聖經主要是在講神，其次才講屬神的人。這種讀經方法，目的就在於從讀經中去認識神。

我們已經看到，撒母耳記這卷書具有先知性質，從神的角度來記載歷史，記載神認為重要的事。

因此，從認識神的角度來讀經時，每次讀到一個故事，就要問：這件事和神有什麼關係？神有什麼感受？為什麼神這麼看重這件事，要放在聖經裡讓我們去讀？我們開始從神的角度去讀聖經，根據神的身分和特質來下結論，相信神永不改變，把這些歷久彌新的真理，應用在今天的世代。

公義和憐憫

從認識神的角度來讀撒母耳記是最好、最令人興奮的，這兩卷書敘述神怎樣介入以色列人的生活，因為祂才是這些故事的主角，不是掃羅、大衛、撒母耳。神讓歷史事件發生，再加以回應。我們看見哈拿不孕，向神禱告，神就給她一個兒子。我們看見大衛奉神的名，射出第一顆石頭，就殺死了歌利亞。我們看見大衛在神的幫助之下，逃過掃羅數千名士兵的追殺。神給一些人助力，也給一些人阻力，祂懲罰惡者，是公義的神，但有時祂沒有懲罰那些該受罰的人，因為祂也是憐憫的神。

神賜給以色列土地，但是當百姓悖逆神，神就派來壓制者；當百姓悔改，神就派來拯救者。神容許百姓選出一個王，但是這個王做得不好的時候，神就另外給他們一個王，是一個合神心意的人。

研讀撒母耳記的故事，固然可以從歷史學到教訓，也大可拿自己跟掃羅或大衛比較一下，不過，我們研讀撒母耳記的真正原因，是要從中認識神的特質。

在撒母耳記中，特別可以看見神的作為。神和大衛立約，重申祂從前和亞伯拉罕及摩西立約時對以色列的承諾。這是兩卷撒母耳記中最重要的一刻。起因是大衛求問神，是否可以為神蓋一座聖殿。大衛覺得很慚愧，因為他給自己蓋了豪華的宮殿，神卻只住在旁邊簡陋的帳幕中。

當大衛告訴神，說他想為神蓋一座聖殿時，先知拿單帶來三個信息。第一個信息是：「可以蓋」，第二個信息是：「不可以蓋」，神解釋說，祂住帳幕就夠了，祂從未要求住石造的殿。第三個信息是，大衛不能建殿，因為他的

手流過人血，但他的兒子可以建殿。

神和大衛立約，告訴大衛，祂將怎樣對待大衛的兒子。神說祂會管教大衛的兒子，但是會永遠愛他，而大衛的家和國必在神面前永遠堅立，他的國位也必堅定，直到永遠，不會斷了坐他王位的後裔。

從此以後，大衛的子孫都小心翼翼記載族譜，每個人都在猜想，自己的兒子會不會就是約中提到的那個大衛子孫。接下來三千年，猶太人一直在尋找他們的彌賽亞，這個應許成了全國百姓最大的盼望。

在接下來的聖經中，「約」一直是重要的主題。一千年後，這個應許實現了，一對卑微的夫妻生下耶穌，夫妻二人都是大衛的直系子孫。在法律上，耶穌因為父親約瑟而成了大衛的子孫；在血緣上，耶穌因為母親馬利亞，也成了大衛的子孫。所以從兩方面來看，耶穌都是大衛的子孫，祂在地上的期間就常有人稱祂作「大衛的子孫」，門徒也看出應該稱耶穌作「彌賽亞」（受膏者）。新約聖經後面寫到耶穌和祂的教會時，一直延續這個主題。使徒行傳、羅馬書、提摩太後書、啟示錄，都稱耶穌是大衛的子孫，都宣稱天上地下一切的權柄已賜給了大衛的這個子孫，這些權柄將永遠在祂手上。眾人歡喜快樂，因為神在祂兒子耶穌身上，守住了祂和大衛所立的約。

約實現了，我們由此看見神的應許有更廣的含意，因為在大衛寶座上的這個王，既掌管猶太人也掌管外邦人，兩者同時構成祂的教會。

惟有從「認識神」的角度來讀撒母耳記上下，才能體會到這兩卷書的信息有多麼豐富，也才能看出這兩卷書

在整本聖經發展出來的主題中，占有多麼重要的地位。

▌結論

撒母耳記上下是不一樣的歷史書，講述先知性質的歷史，記載了很多故事，有的有趣，有的詭異，有的浪漫，有的殘酷。全部的故事加起來，則透露出神對祂百姓一直以來的心意──神要我們接受一個人掌管，這人不是第一個大衛王，而是第二個大衛王。撒母耳記上下是基督教歷史的一部分，耶穌過去是猶太人的王，今天是教會的王，未來將是世界的王，到時候，祂會評公平和公義作王，而以色列國必會復興，重建並且恢復。

因此，撒母耳記上下這兩卷書真正的意義就變得很清楚了：我們要知道神怎樣介入歷史，怎樣在背後掌控、塑造歷史，怎樣向祂的百姓保證祂的國度必要增長，而且將來有一天，祂的親生兒子，也是大衛的子孫，必會作王。

‖引言

我學生時代的歷史老師，把歷史課教得極其無聊又枯燥，都在講年代、戰爭、國王和女王，把歷史講得很複雜，完全跟現代脫節。直到我讀了搞笑的《英史大事小編》（*1066 and All That*）這本書，才重新對歷史產生興趣，這本書比學校的歷史課有趣多了，每一個歷史事件，不是被歸爲「好事」，就是被歸爲「壞事」，沒有介於中間、不好不壞的事。

列王紀上下讀起來，有點像《英史大事小編》這本書（只是少了幽默），列王紀所記載的王，不是好王就是壞王，端看他們如何治理國家。不過，聖經歷史有意思多了，不像很多人記憶中的學校歷史課。聖經歷史的重點，不在於毫不相干的年代和戰爭，而是從神的角度來記錄神的百姓。聖經歷史也不只是供學術研究之用，而是全人類

不可或缺的一部分。

背景脈絡

列王紀上下的焦點，在於以色列四個領導階段中的第三階段（見第23頁）。〈舊約概論〉那一章，談到第一階段的全國領袖是族長，從亞伯拉罕到約瑟；第二階段是先知，從摩西到撒母耳；第三階段是王，從掃羅到西底家；最後一個階段是祭司，從約書亞到該亞法。

在英文聖經中，有四卷書在談列王統治的時期：

撒母耳記上：從撒母耳到掃羅。
撒母耳記下：大衛。
列王紀上：從所羅門到亞哈。
列王紀下：從亞哈到西底家。

希伯來舊約聖經只用兩卷書來記錄君王領導的階段，就是撒母耳記和列王紀，兩卷書的分界是亞哈王統治的時期，所以亞哈王的統治和先知以利亞的生死，分別記錄在兩卷書中。西元前兩百年，希伯來舊約聖經被譯成希臘文，這兩卷書變得太長，因為希伯來文只寫子音，但譯成希臘文要加上母音，篇幅增加一倍。於是，因著翻譯的緣故，撒母耳記分成上下兩卷，列王紀也分成上下兩卷。

王國

在希伯來舊約聖經中，列王紀原本的書名叫「以色列諸王國」（Kingdoms of Israel），而不是「列王」

（Kings）。「王國」一詞在希伯來文中有不同的含意，英文的「王國」意指王統治的一塊土地，所以英國是在女王統治之下，是聯合王國的一部分。但在希伯來文中，「王國」一詞意指王的統治權，是由權柄來決定，不是由地區來決定，重點在於王的統治權，而不是統治區。

再者，聖經中的「統治」觀念，和英國的統治觀念大不相同。英國行君主憲政體制，女王有王權，但沒有實質的統治權，權力掌握在民選政府手上。這種體制最大的優點，是軍隊和法庭不直屬於政府，而是直屬女王。英國君主政權的重點不在於可以運用多少權力，而在於防止權力落入他人手中。

反之，以色列的王擁有最高的權力，法令由君王制定，軍隊由君王指揮，沒有國會，沒有投票，沒有反對黨，君王的統治根據政令而不是辯論。人民必須絕對服從君王，所以君王的品格言行會影響到整個社會。這個王在神面前代表全國人民，但他也在全國人民面前代表神。

如此一來，評價國家的方式大為改變。約書亞記、士師記、路得記所描述的年代，在鬆散的聯邦形式之下，百姓按自己的行為受神的審判；但是在撒母耳記和列王紀中，王的品格和言行會決定國家的命運。

有所取捨的歷史

雖然列王紀是在講以色列諸王，但敘述每個王的篇幅長短不一。比如，暗利是北國的王，我們從其他史料得知，暗利的政績不凡，在全國的經濟發展上大有作為，但是列王紀只用八節經文就把他給帶過了，因為他在某個重

要的方面做得很差——他行神眼中看爲惡的事。與此類似的還有耶羅波安二世，他在北方統治時，也算是個小小的黃金時期，但因著同樣的原因，列王紀只用七節經文講他的事。至於希西家，他算是好王，列王紀用了三章來記錄他的事，而光是所羅門的一段禱告，就用了三十八節經文來記錄。另外還有以利亞和以利沙，這兩個人不是王，卻在列王紀上下這兩卷書中占了三分之一的篇幅。

篇幅的分配顯然很不平均，這是因爲作者並非從傳統的歷史角度書寫。我們研讀約書亞記時就已指出，史學家首先得挑選重要的事件記載，然後把選出來的事件或人物串聯起來，最後再解釋爲什麼這些事件互有關連。列王紀的作者的焦點不是政治歷史、經濟歷史、軍事歷史，即使這三方面都稍微提及。列王紀的作者把焦點放在每一個君王或王國的這兩方面：

1. **屬靈**的特質 —— 敬拜，不管是拜以色列的神或是拜偶像。
2. **道德**的特質 —— 有沒有具備公義和道德。

先知歷史

列王紀是希伯來舊約聖經中最後一卷「前先知書」，接在約書亞記、士師記、撒母耳記後面。這卷書從神的角度來看歷史，所提到的都是神所看重的人物和事件，也是未來世代需要知道的事。人可以成爲優秀的政治家或經濟學家，但神最在乎的，是人的信念和言行。

我們可以把這幾卷書稱作「神聖歷史」（holy history），

因爲書中記錄的信息歷久彌新，書中的故事也具備永恆的道德教訓。這幾卷書不只讓我們學到歷史，還讓我們從歷史中學到教訓，不了解這些教訓的人，必然重蹈覆轍。

放諸四海皆準的真理

以色列的歷史有幾個模式，這些模式可謂放諸四海皆準，比如列王紀中每一個王統治的時間，好王的平均統治時間是三十三年，壞王的平均統治時間則是十一年。整體說來，好王比壞王執政更久，由此可以看出神在掌管歷史，祂可以讓好王繼續作王。

也有幾個例外，不是每個好王都統治很長的時間，也不是每個壞王都統治很短的時間，但這原則大致成立，從現代領袖的統治時間長短仍可看出這原則。

以色列國的興衰

列王紀敘述以色列歷史上幾個重要的事件，我們需要認識這些事件，才能夠了解列王紀上下的信息，也才能夠了解之後的書卷。撒母耳記上下和列王紀上前面的一部分，講述以色列成了世界強國，但列王紀上下的絕大部分都在講以色列國衰敗的經過。以色列在大衛和所羅門的統治下，終於統一，王國版圖從埃及延伸到幼發拉底河，神在一千年前應許給亞伯拉罕的土地，終於大多爲以色列人占領、居住，而且他們還掌控更多地方。但是所羅門死後，國勢開始走下坡，經過內戰，王國分裂，人民被擄到異邦。

國家分裂，表示以色列這國名不再代表整個國家，

只能代表北方十個支派。而南方的猶大和便雅憫支派，則以較大的那個支派命名，稱爲猶大。在接下來的舊約聖經中，兩國始終分離，不曾復歸於一。

南方的猶大和便雅憫支派成了所謂的「猶太人」，這名稱衍生自「猶大」支派。在這之前，他們一直稱作「希伯來人」或「以色列人」。請記住這個重要的區分。在新約聖經的約翰福音中，南方的猶太人有別於北方的加利利人，把耶穌釘死在十字架上的，主要是南方的猶太人，而不是所有的以色列人。

雙國記

列王紀上下記載了這兩個「國家」的歷史，北方十支派的屬靈標準和道德標準一路走下坡，最後被亞述人擄走。南國惡化的速度比較慢，出過幾位好王，比如希西家和約西亞，但最後的命運也和北國一樣，人民被擄到巴比倫。他們的先祖亞伯拉罕當年蒙召離開吾珥，如今他們卻又回到亞伯拉罕的發源地，只是這一次，他們成了流離失所的人。

這是個很好的教訓——得到東西之後要失去是很容易的。通常，得到比較難，要花較長的時間，失去卻很快。

以色列王國

以色列國經歷三個階段，歸納如下：

1. 統一王國

掃羅　　四十年

大衛　　四十年
所羅門　四十年

2. 分裂王國
北方十支派 —— 以色列國
南方二支派 —— 猶大國

戰爭　　八十年
和平　　八十年　　　　以利亞
戰爭　　八十年　　　　以利沙
以色列國被擄到亞述，西元前七二一年

3. 單一王國
　　　一百四十年
　　　猶大國被擄到巴比倫，西元前五八七年

統一

第一個階段是「統一王國」，有三個王統治全以色列。第一個王是掃羅，大抵上是壞王；第二個王是大衛，大抵上是好王；第三個王是所羅門，時好時壞。

三人分別作王四十年。神常用四十這個數字來測試人，像耶穌在曠野被試探四十天，以色列民在曠野飄流四十年。在神眼中，這是一段試用期，可惜三個王都不及格，每一個剛開始都做得很好，可惜虎頭蛇尾。大衛被稱作「合神心意的人」，但連他都下場悲哀。

撒母耳記上涵蓋掃羅四十年的統治，撒母耳記下涵

蓋大衛四十年的統治，列王紀上前十一章則涵蓋所羅門四
十年的統治。

戰爭

所羅門一死，南北分裂，展開內戰，毀了「統一王
國」。動亂的種子早在所羅門對全國課重稅時就種下了，
而且他把好處都給了南方，北方的不滿與日俱增。所羅門
的死讓動亂一觸即發，愈演愈烈，最後變成戰爭。

南方兩支派保有首都耶路撒冷和大衛王的直系子
孫，北方十支派既無都城又無王室血脈，於是自行在伯特
利與但兩地設立敬拜中心，最後還加上兩尊金牛犢，作為
膜拜的焦點。因為大衛王的直系子孫在南方，北方就自己
立了一個王——耶羅波安。

北方建立一個又一個的王朝，不斷上演刺殺和政變
的戲碼，在位的君王大多是自立為王。

南北分裂後的八十年間，雙方戰爭連連，敵意日
增，最後北方十支派竟與敘利亞和大馬色協議，想要殲滅
南方僅有的兩個支派。先知以賽亞在以賽亞書中詳細記錄
此事。

和平

南北戰爭打了八十年後，接著有八十年的時間兩國
相安無事。神在這段太平歲月裡差來兩個先知，兩人在列
王紀中扮演很重要的角色。以利亞的事奉記載在列王紀上
和列王紀下的頭兩章，而他的接班人以利沙，則是列王紀
下前幾章的重要人物。

可惜，兩國走下坡的情況並未因為休戰而暫緩。西元前七二一年，亞述人打敗北方十支派組成的以色列國，把百姓擄走，十支派就此沒落，再也不曾用以色列國的名義歸回。

北國以色列被擄之後，列王紀的焦點就全部放在南方的猶大支派和便雅憫支派。南國很小，首都在耶路撒冷，周圍只有一點土地，但南國的王都是大衛的直系後代，他們知道，神曾經應許大衛，他會一直有子孫坐在這個王位上。

北方十支派被擄走時，神派先知以賽亞和彌迦來警告南方，說他們也會有相同的下場，但警告無效。列王紀所記載的最後一件事，就是短短一百四十年之後，猶大國被巴比倫擄走。

▍目的

現在我們要把焦點放在幾個基本的問題，這些問題可以幫助我們了解聖經各卷書：這卷書是誰寫的？怎麼寫成的？什麼時候寫的？為什麼要寫這卷書？

列王紀上下是誰寫的？

我們無法確定列王紀上下的作者是誰，猶太人大多認為是耶利米寫的，以下是幾個有力的原因。

1. 列王紀中有些地方和耶利米書一模一樣，連遣詞用句都如出一轍。

2. 列王紀沒有提到耶利米，但耶利米是約西亞時代

的人，也是列王紀中許多事件的靈魂人物。寫這段歷史的人不可能不提到耶利米，不過，如果作者是耶利米，就有可能不提到他自己。

3. 我們知道，先知常會寫下王的事，像以賽亞就寫了烏西雅王和希西家王。神也曾特別指示耶利米要在他的先知書中寫下以色列的事。

4. 再者，耶利米事奉時，有段時期特別需要回顧以色列的歷史。從耶利米書可以看出，當時神的百姓不聽耶利米苦口婆心的提醒，不肯順服約中的規定，耶利米不得不向全國宣告咒詛。所以耶利米寫這兩卷書是有可能的。

不過，這個假設有一個問題，就是耶利米在西元前五八六年被帶到埃及，客死異鄉，但列王紀下最後清楚記錄了巴比倫發生的幾件事，叫人很難相信這兩卷書都是耶利米寫的。也許最可能的情況是，耶利米寫了一部分，而其他部分是別人寫的。這或許可以解釋為什麼這兩卷書的敘事都沒有提到耶利米。

有些人認為，這兩卷書也可能是以西結寫的，大家都知道以西結所倚賴的是耶利米，而且兩人的風格類似。但是以西結最後一次發預言，是在西元前五七一年，這一點足可證明以西結不是這兩卷書的作者。耶利米比較有可能，但沒有進一步的證據，我們也不能妄下定論。

列王紀是怎麼寫成的？

列王紀常提到可以在別的書上找到進一步的資料，

像是《所羅門記》、《以色列諸王記》（提到十七次）、《猶大列王記》（提到十五次），這些著作和聖經上的歷代志有所不同。作者顯然是參考了國家史料，集合他人的紀錄，講述歷史。

以賽亞書有一些地方跟列王紀一模一樣，可見他們要不是參考相同的資料，就是借用對方的資料。

作者同時寫到猶大國和以色列國的事，講完猶大王的事，又緊接著講以色列王的事，有點令人困惑，但這個順序是刻意安排的。作者要我們對照南北兩國的進展。在兩國進行內戰或是以聯姻換取和平的時期，這種敘事方式尤其重要。

因此，作者寫歷史書的方法，跟今天的人一樣，也是從別處取得資料，或是從圖書館蒐集資料等等。差別在於，作者依循神的啓示，選擇要記載的事件，所以列王紀所記載的，不僅是歷史，也是神的話。

列王紀是什麼時候寫的？

有一條重要的線索，可以看出這卷書的寫作年代，就是書中提到耶路撒冷的聖殿仍在，「直到今日」。所以這卷書可能是在西元前五八六年被擄到巴比倫之前寫的，因爲聖殿毀於那一年。

不過，這卷書還有一個地方暗示寫作的年代可能更晚。巴比倫人將最後一個猶大王西底家捆上鎖鍊，當著他的面殺光他的兒子，然後挖掉他的眼睛，西底家最終逃不過被殺的命運。在他之前的約雅斤王，臣服巴比倫，成爲階下囚。列王紀最後記載巴比倫王尼布甲尼撒把約雅斤放

出監牢，邀請他同桌用餐。這似乎告訴我們，這卷書是在被擄中期寫成的，尤其全書無一處提到百姓回歸。這也表示，大衛的直系後代在巴比倫和王一同坐席，所以尼布甲尼撒在無意間協助保住了大衛的直系後代。

所以，把這兩件事放在一起看，列王紀可能大部分寫於耶路撒冷被毀之前，但在被擄時期才真正完成。

為什麼要寫列王紀？

作者寫列王紀的動機，顯然可以從列王紀的寫作年代看出來。

當時，這個國家失去了國土和首都，百姓被擄到異邦，被擄的那一代，永遠回不了故鄉，再度成為奴隸，加上聖殿被毀，百姓難免會質疑他們和神的關係。神在哪裡？祂為什麼容許這種不幸發生？祂的應許呢？

列王紀回答了這些問題，說百姓被擄完全是自己的過錯。神確實守住了祂的應許，因為祂應許說，百姓若是行惡，必會失去土地。可惜，神雖然一再警告他們，他們還是不聽。因此，列王紀的歷史，就成為被擄百姓的一大教訓。

列王紀的內容儘管黑暗，卻還是有盼望，因為神應許，祂絕不違約。神說，就算百姓違約，祂也絕不違約。神應許要帶回祂被擄的百姓，懲罰只是一時的。

百姓在巴比倫待了七十年，這其實不是一個隨機的數字。神曾經吩咐他們每七年要休耕，讓土地休息，但他們從所羅門以來的五百年間，一直漠視這項律法，所以，他們的土地錯失了七十年的休息，他們被擄的七十年，正

好給土地機會補上這段期間錯過的休息！

列王紀上下說，被擄是一段悲慘時期，但並非毫無盼望。神應許要保住大衛的直系子孫，而祂必會做到。

▌▌內容

所羅門

現在要詳細探討列王紀的內容，首先來看所羅門王，他是頭幾章的主角。所羅門這個名字意指「和平」，取得很貼切，因為他的父親大衛王建立王國，奠定太平基礎，他是受惠者。所羅門為人良善，起步順遂。

所羅門剛登基時，神在夢中向他顯現說，你要什麼我都會給你。所羅門知道自己缺乏經驗，就向神求智慧。神應許不只給他智慧，還要給他許多他沒有求的東西——財富、名聲、權力。

所羅門的智慧，可以從一個有名的故事看出來。有兩個妓女爭奪一個嬰孩，因為兩人都生了孩子，但有一天晚上，其中一個孩子死了，他的母親就把死掉的孩子和另外一個孩子調包。這個情況非常難解，所羅門必須斷案，決定活著的孩子究竟是哪個母親的。所羅門向神求智慧之後，叫兩個母親把嬰孩切成兩半，一人拿一半回去。所羅門一說完這話，嬰孩的生母就懇求他不要殺了孩子，寧可把孩子給另外一個婦人。所羅門因此知道，誰才是這孩子的母親。

所羅門最叫人難忘的事蹟，大概就是建造聖殿，他

用父親大衛蒐集的建材和製定的藍圖，為神蓋了聖殿。神應許大衛，會讓他的兒子建造第一座永久的中央敬拜場所。早在數世紀前寫的申命記就已預言了這件事。聖殿壯觀榮美，花了七年才完工（不過所羅門花了十三年蓋自己的皇宮）。

聖經說，那座聖殿雖然是由切鑿的石塊建造而成，建造期間卻從未聽過鐵槌和鑿子的聲音。多年來無人明白為什麼，一直到後來，有人在摩利亞山上發現一個巨大的洞穴，才真相大白。洞穴位於耶路撒冷外靠近加略山的山上，有一座大劇院那麼大，地上有幾百萬片石頭碎片，原來建造聖殿的巨石就是在這裡切鑿的。這裡的石塊質地柔軟，用小刀就可以切割，可是如果拿到外面就會氧化，質地變得堅硬。建造聖殿的石塊都來自這個洞穴，工匠在這裡按照所需的形狀和尺寸切鑿石塊，然後用來建造位在洞穴上方的聖殿。

所羅門建造聖殿，並且向神獻上聖殿。他獻殿時的禱告詞，取自利未記二十六章和申命記二十八章，詳細記錄在列王紀中。禱告中提到神應許說，只要百姓回轉歸向祂，祂就會把他們從被擄之地帶回來。在這兩卷書寫成時，這應許對那些被擄到巴比倫的人來說，意義特別重大。所羅門當時的統治，為以色列民帶來極大的富足，王國版圖從埃及一直延伸到幼發拉底河，神應許給他們的地方，大多被征服了。所羅門聲名遠播，甚至傳到示巴女王耳中，她來參見所羅門王，為壯觀輝煌的皇宮震懾不已。

國家太平，就表示有機會休閒和學習。所羅門蒐集了三千則箴言，寫了一千零五首詩歌，神只選了其中六首

收錄在聖經中。我猜所羅門大概爲七百名妻妾和三百名嬪妃各寫了一首詩歌，但神只選了少數幾首，包括雅歌中的那首。順帶一提，所羅門娶了這麼多妻妾，眞讓我們懷疑他到底有沒有智慧呀，這表示他有七百個岳母呢！他跟很多人一樣，有智慧可以給別人，卻沒有智慧可以給自己。

雅歌是所羅門年輕的時候寫的，他當時被戀愛沖昏了頭，書中沒有直接提到神。箴言大多是所羅門寫的，當時他正值中年。傳道書則是所羅門晚年所寫，向年輕人分享他人到黃昏的人生觀。我們在傳道書中看見所羅門的一生，他鑽研過哲學、音樂、農業、建築，雖然培養出許多興趣，卻沒有一樣能滿足他。傳道書是聖經上很悲哀的一卷書。

敗壞

所羅門的主要弱點，前文已經點了出來──他娶了太多妻妾。他這樣做不只是爲了縱慾，也是因爲渴求權力。很多婚姻都出於政治動機，比如他娶了法老的女兒，但是埃及人不可住在聖城耶路撒冷，於是所羅門就在聖殿北邊的城牆外，爲她蓋了一座宮殿。近年的考古挖掘工作，在此處挖出全以色列惟一找到的埃及手工用品。

我們在這裡看到一個很有意思的對比：一邊是榮美的聖殿，幫助以色列人敬拜惟一的眞神；另一邊是所羅門王和許多異邦妻妾，每個女人都帶來自己的偶像，一步步拖著百姓遠離以色列的神。所羅門不是惟一娶異邦女子的王，但沒有一個王像他娶了這麼多異邦女子。

建造聖殿也必須付上極大的代價，所羅門強迫人民

服勞役，課賦重稅，北方的支派忿忿不平，不甘為距離遙遠的一棟南方建築物納稅。因此，雖然聖殿順利完工，所羅門卻已為全國種下禍因。

所羅門分心，導致王國分裂，這個王國不久就會一分為二。即使在所羅門的時代，以東人哈達就起來叛變，接下來還會有更多人叛變。

分裂的王國

列王紀對猶大諸王的統治和以色列諸王的統治，有不同的記載。

北國	南國
登基年	登基年
在位年數	登基年齡
正式被譴責	在位年數
父親姓名	母親姓名
	品格綜述
參考史料	參考史料
崩逝	崩逝及下葬
皇子繼承或遭篡位	皇子繼承人

北國諸王都被拿來和北國的第一個王比較，也就是耶羅波安這個壞王。所以我們一再讀到聖經說，接下來的王「行耶和華眼中看為惡的事，行耶羅波安所行的」。

作者在敘述南國猶大諸王時，記錄的內容就不同

了，而且改變了順序和細節。他先記錄王的登基年，再來是王登基的年齡，比如約西亞登基時只有八歲。再來記錄在位年數。但接下來記錄母親的姓名，而不是父親的姓名，原因不明（如今，只要母親是猶太人，子女就算是猶太人，但在聖經時代，必須父親是猶太人才算是猶太人）。再來則是評價君王的好壞，北國每個王都是壞王，南國則是好王壞王都有，評量的基準是大衛。

諸王

北國有二十個王，南國也有二十個王，但南國比北國多了一百四十年。前面已經指出，這是因為好王的任期較長，有些壞王只登基幾個月就遇害。

前面提過，北國都是壞王，但壞的程度不一。

北國		南國	
以色列（十支派）		猶大（二支派）	
先知	王	王	先知
亞希雅	耶羅波安 ▼	羅波安 ▼	示瑪雅
	拿答 ▽	亞比央 ▽	
耶戶	巴沙 ▼	亞撒 △	
	以拉 ▼		
	心利 ▼		
	暗利 ▼		
以利亞	亞哈 ▼	約沙法 △	俄巴底亞
米該雅	亞哈謝 ▼	約蘭 ▽	
	約蘭 ▽	亞哈謝 ▼	
以利沙	耶戶 ▽	亞他利雅 ♀	
	約哈斯 ▼	約阿施 △	約珥
	約阿施 ▼	亞瑪謝 △	
約拿	耶羅波安二世▼	烏西雅 △	
阿摩司	撒迦利雅 ▼		
	沙龍 ▽	約坦 △	
何西阿	米拿現 ▼		以賽亞
	比加轄 ▼		彌迦
	比加 ▼	亞哈斯 ▼	
	何細亞 ▽	希西家 ▲	
	西元前七二一年	瑪拿西 ▼	
		亞們 ▼	那鴻
		約西亞 ▲	耶利米
	▲非常好	約哈斯 ▼	
	△好	約雅敬 ▼	西番雅
	▽壞	約雅斤 ▼	哈巴谷
	▼非常壞	西底家 ▼	但以理
	♀女王	西元前五八七年	
			以西結

　　南國有六個好王和兩個非常好的王（希西家和約西亞），但也有一個最壞的王瑪拿西，他是壞王在位時間不長的例外，因爲他作王五十五年。

　　南國只有一個王朝（譯註：指同一個家族），但北國有九個王朝，其中有六次政權靠弒君而轉移。

　　南國出過一個女王。神告訴大衛，他的王位上會一直有人作王——是男人，女人不可作王。亞他利雅卻不這樣想。她是耶洗別的女兒，嫁給南國猶大的王，想當以色列第一個女王，就把大衛的直系子孫一個個殺掉，替自己清掃路障，終於當上女王。不過王的么兒約西亞被阿姨藏了起來，等亞他利雅一死，就登基作王，保存了大衛的王室血脈。

　　南國猶大有兩個非常好的王，就是希西家和約西亞。希西家和以賽亞同時代，以賽亞書記載了希西家的故事。希西家在很多方面都是個好王。是他下令挖掘水道，把水引進耶路撒冷，好抵禦敵人的入侵。希西家犯了一個大錯，他生病時，歡迎巴比倫來使進宮。當時的巴比倫只是個不知名的小鎮，使者帶來慰問信，希西家受寵若驚，想不到遠方竟然有人知道而且關心他生病的事。他帶使者參觀王宮和聖殿，以賽亞指責他這樣做不對，告訴他說，他給巴比倫人看的東西，將來會全部被巴比倫人奪走。幾年之後，此話果然成眞。

　　猶大的另外一個好王約西亞，登基時年僅八歲，和先知耶利米同年。約西亞手下的人在打掃聖殿時，找到一卷申命記，蒙塵多年無人閱讀。約西亞王讀到書卷上說，神曾經應許，祂的百姓若是偏離祂的律法，就會受到咒

詛。約西亞王大驚，立刻改過自新，並且下令全國改革，摧毀所有的邱壇，禁止當地盛行的偶像崇拜，希望藉此帶來復興。但百姓的心仍然遠離神，光是訂定好的律法，並不能使百姓變好。

約西亞也犯了一個大錯：他向埃及發動一場不必要的戰爭，結果在米吉多被殺。他死後，全國又恢復過去的惡行。

希西家之後，瑪拿西作王，這是一個很壞的王，壞到極點。他膜拜摩洛神，在欣嫩谷把自己的男嬰當作祭物獻給摩洛。瑪拿西因為先知以賽亞傳道而處死他，下令把他綁起來，放進中空的樹幹，然後叫兩名木匠用一只大鋸子，把樹鋸成兩半。

另外還有一個很壞的王，亞哈，他娶了來自推羅的腓尼基公主，公主芳名在腓尼基文意指「櫻草花」，但這名字 —— 耶洗別，在希伯來文的意思是「垃圾」，正好道盡她的為人。她顯然利用亞哈來達成她邪惡的目的，亞哈也心甘情願和她狼狽為奸。例如，她設計害死鄰居拿伯，好讓亞哈可以奪取拿伯的葡萄園。

以利亞

先知以利亞的事奉就始自拿伯事件。以利亞來自基列，是提比斯人，提比斯位於外約旦地區。以利亞是以色列非常偉大的一位先知，雖然聖經沒有哪卷書以他的名字命名，但他在列王紀所占的篇幅卻多過許多的王。

他最有名的事蹟，就是在迦密山上對抗巴力的先知。迦密山位在以色列北部，綿延十二哩，突伸入海。山

的東端（靠內陸的那一端）有一塊大窪地，就在山頂下方，可容納三萬人。當初以利亞一定就是在那裡挑戰巴力的先知；而巴力神是耶洗別引進宮的。當地有一條泉水，終年不乾，連旱季都有水。經文告訴我們，以利亞在祭物上澆水，即使當時已經三年半不曾下雨。

這個故事很多人都知道。以利亞築了一座祭壇，挑戰巴力的先知在他的祭壇旁邊一樣築壇，然後呼叫他們的神降火來燒掉祭物。

這個挑戰很聰明。我們現在知道了，巴力祭壇的下方都有一條地道，巴力的先知可以拿一盒火柴躲在下面，百姓呼求巴力的時候，躲在壇下的先知就點火燒柴。以利亞很聰明，叫他們在空地上另築一壇，說自己也會築一座相同的祭壇，但他會在祭物上澆水，增加挑戰的難度。以利亞如此大膽地嘲笑巴力的先知，萬一實驗失敗，鐵定會當場喪命。以利亞慫恿巴力先知喊大聲一點，說不定巴力神正在度假或上廁所呢。這是北方十支派歷史上的重要時刻，神降下火來，燒掉以利亞的祭物，以色列國終於明白誰才是真正有能力的神。巴力的先知大敗。

這椿神奇事件的後續發展卻令人大惑不解。耶洗別聽說以利亞大勝，又聽說她的先知死了，就威脅要殺掉以利亞。儘管以利亞才剛戰勝四百名巴力先知，卻嚇得倉皇逃命。他來到了何烈山，心力交瘁，仁慈的神差天使來做飯給他吃，稍後並向以利亞保證，祂必與以色列同在，也必供應以色列未來的需要。神此時早已安排了一個同工，要協助以利亞完成他的工作。

David Pawson

以利沙

莊稼漢以利沙，是先知以利亞的接班人，他請求以利亞把「加倍」的靈傳給他，而後人常誤解這句話的意思。以利沙的意思並不是要作雙倍的先知，這句話其實跟當時的遺產繼承習俗有關。當時的習俗是一個人如果有四個兒子，過世的時候遺產就會分成五份，長子可以得兩份，同時繼承家族事業，而他也有更多的資本來擔起這份重責大任。以利沙求以利亞給他雙倍的靈，意思是要作以利亞的繼承人，繼承以利亞的事業。

以利亞對以利沙說，如果他離世的時候，以利沙能親眼目睹，就可以作他的繼承人。以利亞是聖經上少數幾個沒有死的人（以諾也是），聖經說，以利亞乘馬車升天。以利沙看見以利亞升天而去，外衣掉下來，便撿起來，然後走到約旦河。以利沙的事奉有個很好的開始，神為他分開河水，向他保證，祂當初怎樣與以利亞同在，今後也必怎樣與他同在。

以利亞和以利沙的事工

這兩位先知很不一樣。以利亞是戰士，是傳道人，會去挑戰人；以利沙本質上比較像是牧養的人。有一次，以利沙讓一個寡婦的兒子死而復生，地點在書念，離拿因只有半哩，後來耶穌在拿因做了同樣的事。以利沙也曾用幾塊餅餵飽一百人。以利亞的事工和施洗約翰的事工很像，而以利沙的事工，則和耶穌的事工很像。

神差了幾位先知到北方十支派，以利亞和以利沙是其中兩個。約拿去尼尼微城之前，是猶大國的先知，曾出

現在列王紀中。阿摩司和何西阿也奉差到猶大國。在眾先知中，何西阿的預言懷有最深的情感，因為他是用自己的生命去操演，傳達神對祂百姓永不改變的愛。

列王紀用很多篇幅來敘述以利亞和以利沙，這提醒我們，神常常警告百姓，若不按祂的律法行事，會遭遇什麼下場。

神的警告

話語

以色列國屬靈景況黯淡的時期，祭司本應提醒百姓該做什麼，但祭司是體制中人，反而無法提供客觀之言，神便改差先知來。

奉派到北方的先知有亞希雅、耶戶、以利亞、以利沙、阿摩司、何西阿。南方在被擄前和被擄期間也有好幾位先知：示瑪雅、俄巴底亞、約珥、以賽亞、彌迦、拿鴻、耶利米、西番雅、哈巴谷、但以理、以西結。

這裡有一點很重要——神總是會警告祂的百姓，若是繼續犯罪，就會受到懲罰。整本聖經的原則很清楚，神會照著百姓明知是錯卻還是去做的事情來審判他們。沒聽過耶穌的人下地獄，並不是因為沒聽過耶穌，而是因為做了違背自己良心的事。

以色列和猶大漠視他們領受的信息，寧願聽假先知的話。假先知說他們不會有事，還捏造不實的理由來解釋臨到他們身上的災禍。真先知卻準備好付上代價講真話，承受嘲笑、毆打、懲罰，甚至死亡。

行動

神給的警告，不只是口頭上的，也是看得見的。百姓早該看出神的賜福已經遠離。請注意，神的警告是逐步加重的：

1. 哈達帶領以東獨立，以色列失去了領土。
2. 外約旦的支派受到敘利亞轄制，拿弗他利支派徹底被亞述奪去，以色列失去了自主權。
3. 猶大看見九個支派被擄到亞述。
4. 最後猶大自己也分三階段被擄到巴比倫。

因此，除了口頭傳講的先知信息，還有用事件傳達的警告，清楚指出百姓即將大禍臨頭，但百姓連這些都不聽，絲毫不改。

▌▌為什麼要研讀列王紀？

基督徒可以很確定，舊約聖經所有的經文也都是要給他們讀的。哥林多前書告訴我們，舊約聖經中的事，「都是我們的鑑戒，叫我們不要貪戀惡事，像他們那樣貪戀的」；提摩太後書也說，「聖經都是神所默示的，於教訓、督責、使人歸正、教導人學義都是有益的」。

個人的應用

現在

我們雖不是王，但在職場上、家中、社區裡，也是

別人的榜樣。就像王一樣，我們在所屬的團體中也要建立屬靈的榜樣，尤其是擔任領導角色的人。

我們可能會想和那些有「異邦神」的人交往。我們必須提防，和神的家以外的人結婚是很危險的。

列王紀給我們一個負面例子，就是亞他利雅女王。她違背神的旨意，一心想要作王。每個基督徒都可能為了錯誤或不恰當的理由而想要擔任領袖。

約西亞的統治提醒我們必須常讀聖經。我們有可能疏忽或漠視聖經的真理，結果要面對類似的苦果。

列王紀也提供了重要的教訓給基督徒領袖，因為王也有牧養百姓的責任，卻經常沒有做到。

將來

將來我們都會作王：我們也是王室成員，正在預備自己，要和基督一同作王。我們可以期待光明的未來，即使現在沒有什麼機會擔任領袖，但將來有一天，情況會改觀。

團體的應用

教會

就像以色列在迦南地的邱壇豎立偶像，英國也有這種傳統，把異教神廟蓋在山上。如今這些地點大多建起基督教教會，但是向異教妥協的危險仍在。把兩種宗教結合在一起的混合宗教，今天仍然可見，也仍然盛行。

當年以利亞挑戰以色列民時，問他們要在兩種看法之間搖擺多久。今天我們也可以問教會同樣的問題，因為

在英國和其他地方，都有自稱是基督徒的人不覺得將基督教和異教、基督教和現代物質主義、基督教和新紀元哲學混合有什麼不對。查爾斯王子說，他比較想被稱作「信仰的護衛者」，而不是「基督信仰的護衛者」。如今這世代很流行說：所有的宗教都可以帶人到神面前。

再者，教會常常不知不覺就頌讚了異教的節日，聖誕節就是最明顯的例子。聖誕節原本是異教徒的節日，在仲冬慶祝太陽「重生」，異教徒在這個節日會燒木柴、唱頌歌、大吃大喝。當初第一個來到英國的宣教士奧古斯丁傳話回羅馬說，他實在無法勸阻當地人不要慶祝這個異教節日。教宗貴格利說，那麼，最好的辦法是把這節日變成基督教的節日，照著教宗意思去做的結果，就成了聖誕節。今天，全球各地的教會都慶祝這個異教徒的節日，儘管聖經從未命令我們慶祝聖誕節，甚至從未鼓勵我們慶祝。

列王紀也顯明一個原則，就是分裂會導致衰敗，很多教會可以見證這個悲哀的真理。以色列在大衛和所羅門的治理之下統一，走向高峰，但是花了這麼長時間建立起來的王國，接下來卻只用了不到一半的時間，就因為分裂而失去一切。我們必須警醒，別讓同樣的事發生在教會。

世界

列王紀給我們一個強有力的信息，就是神在人類歷史上掌權。神介入諸王的一生，或賜福他們，或懲罰他們，也垂聽他們求救的呼聲，而這當中的焦點始終是以色列。整體說來，好王的任期比壞王長。同樣地，神也掌管

所有的國家，是神揀選國家的領袖和統治者，決定每個國家的年限和版圖。神可以行公義，給百姓該得的統治者，也可以施憐憫，給百姓需要的統治者。即使在民主政治的選舉中，決定權仍掌握在神手中。

神掌權，絕不表示人的責任就變少了。神甚至可以使用不認識祂的人——像尼布甲尼撒這樣的壞王，神用他把自己的百姓擄到巴比倫；像波斯王古列這樣的好王，神用他來讓自己的百姓歸回故土。

新聞記者只從人的角度看歷史，但先知在每件事上都看見神的作為。所以整本聖經，尤其是列王紀上下，跟其他的歷史書大不相同，能讓我們看見歷史的全貌，看見以色列所有歷史事件的全部真相。

基督

我們需要研讀列王紀，最重要的原因是，在列王紀可以看見耶穌。列王紀有幾個人物，讓我們想到耶穌。

- **所羅門**：馬太福音說，耶穌大過所羅門。保羅說，基督是我們的智慧。約翰福音說，耶穌把祂的身體比作聖殿。耶穌斷氣時，聖殿內的幔子從上到下裂成兩半。
- **約拿**：列王紀提到先知約拿。就像約拿在大魚腹中待了三天三夜，耶穌也在地裡頭待了三天三夜之後復活。兩人都出死入生。
- **以利亞**：耶穌在變像山上和以利亞會面並且交談。以利亞被比作耶穌的表哥施洗約翰；施洗約

翰跟以利亞吃一樣的食物，穿一樣的衣服。

■ **以利沙**：耶穌所行神蹟的本質，讓祂和以利沙有間接關連。耶穌在拿因村讓一個男孩死而復生，拿因村就在書念附近，以利沙曾在書念行同樣的神蹟。耶穌行神蹟用五餅二魚餵飽五千人，以利沙行神蹟用餅餵飽一百人。耶穌斷氣時，死人從墓中出來，以利沙死了之後，有一個死人則因為碰到他的屍體而復活。

耶穌的生平和事奉還以別的方式實現了眾人對王的期待。祂是舊約百姓引頸期待的王；祂是大衛的直系子孫，將來有一天要復興以色列國；祂應驗了所有跟大衛子孫有關的應許；君王耶穌永遠不會令人失望，祂甚至比大衛還大。

▌結論

列王紀要告訴世人一個重要的信息：神是萬有的主，而神的百姓必須明白列王紀的信息，才不會像列王紀所記載的那樣，不斷走下坡，如以色列的百姓那般分崩離析，不再聽從神，不再遵從神的律法。然而，列王紀也能鼓勵我們，因為神能夠用公義和憐憫來對待祂的百姓，無人能攔阻神的計畫，神的國度將存到永遠。列王紀讓基督徒引頸期盼那一天的到來，到時，世人要親見，耶穌是最後一位君王。

敬拜與智慧之詩

Part III

11. 希伯來詩概論

　　詩是舊約聖經使用的一種文體，在先知書、聖卷和智慧書中可以看到許多詩，尤其是詩篇、約伯記、雅歌。但是希伯來詩和英詩大不相同，若想充分了解聖經中的詩，就需要細察希伯來詩的特性。

　　現代印刷的聖經，很容易看出哪些部分是詩，因為詩的編排形式不同於散文。散文的句子長，要用到一整行，詩的句子短，每一行的兩邊會留下許多空白，以示區分。只要大略瀏覽一下聖經，就可以看出，舊約聖經中的詩多過新約聖經中的詩。

　　散文是比較自然隨興的溝通方式，用散文體說話和寫作的人，會使用長短不一的句子來表達意思。詩則是一種打破常態、刻意加工的寫作方式，需要事先準備，要花很多心思，使用的字句也需要遵行詩體寫作的規則。我們也許會問，既然寫散文容易多了，為什麼要寫詩呢？

　　比如說，想像我回家後，對內人說：

> 老婆，我要吃飯了，
> 真好，今天吃豆派；
> 妳給我的刀真髒，
> 拜託換支乾淨的；
> 既然只有一道菜，
> 給我多加番茄醬。

　　如果我這樣講話，一定是事先想好才講得出來，但在這種情況下，用詩這種不自然的說話方式，恐怕會妨礙溝通呢！

▌更深刻的作用

　　為什麼要不厭其煩地寫詩呢？

　　詩比散文的作用更深刻，可以打動散文感動不了的人心。

更深入腦中

　　詩比散文容易記住，尤其是配上曲子的時候。詩能深入腦中直覺感受藝術之美的區域，這是散文的有秩序論述所做不到的。

　　所以，學生時代讀過的詩，幾十年後可能都還記得，但上課聽講的內容，隔週就忘得一乾二淨。因此，我們對神的認識往往來自敬拜的詩歌，所以敬拜使用的詩歌務必要符合聖經內容，這一點非常重要。

更深入內心

卡片上的詞句大多是詩體，因為詩更能打動收到卡片的人。詩能喚起溫暖的情感，同樣的感覺若是用散文表達，就不易打動人心。

看看下面這首詩：

> 他倆漫步小路上，
> 夜空星點點。
> 一同來到農舍前，
> 他為她開門。
> 她不笑也不道謝，
> 真的，她不會。
> 因他只是牧羊人，
> 而她是乳牛！

我每次在講道時引用這首詩，會眾都哄堂大笑。他們以為這首詩是在講浪漫的愛情，結果發現不是這麼一回事，於是忍不住笑出來。同樣的內容如果用散文來表達，恐怕沒有人會笑。

更深入意志

詩也會影響我們的意志力，激勵我們下定決心，採取行動。學校用詩歌來灌輸價值觀給學生，歷世歷代也常用戰歌來鼓舞士兵作戰。

看看下面這首詩，詩名叫〈漠不關心〉（Indifference），作者是史達德・甘迺迪（Studdert Kennedy），他

是第一次世界大戰期間的一位軍牧。

> 耶穌來到各各他，他們將祂掛在木頭上。
> 巨釘穿過祂手腳，祂被釘死在十字架上。
> 荊棘冠冕戴頭上，割裂的傷口鮮血直流。
> 那時代人心冷酷，人的生命不值一分錢。
>
> 耶穌來到伯明罕，所有人對祂視若無睹。
> 沒有人來傷害祂，只是任憑祂孤單死去。
> 因為人變溫柔了，不再無情苦待折磨祂。
> 只在街頭擦肩過，獨留祂佇立淒風苦雨。
>
> 耶穌仍對天大喊：
> 「赦免他們吧！他們不知道自己在做什麼。」
> 冷雨不停落下，淋透祂的全身。
> 群眾紛紛回家，街上空無一人。
> 耶穌蹲伏牆角，為加略山哭泣。

這首詩的韻律和謹慎的用詞，激勵我們去省察自己的生活。

▌美

詩用美麗、有意義的文字，觸動內心、思想、意志。我們深受詩的吸引，因為詩能打動我們對美、平衡、對稱、比例的感受。

　　就像長相美麗的人有勻稱的五官，詩之所以能夠吸引人，就在於平衡。

　　我們覺得詩很美，是因爲詩具備三種基本特性——押韻、節奏、重複。

押韻

　　押韻是英詩常見的特性，希伯來詩卻不然。從下面這首經典童謠，可以看出韻腳帶出的平衡感：

> Jack and Jill went up the hill
> to fetch a pail of water
> Jack fell down and broke his crown
> And Jill came tumbling after
> 傑克潔兒爬上山，
> 提一桶水不簡單，
> 傑克跌倒摔破頭，
> 潔兒跟著栽觔斗。

　　這首詩的押韻結構很簡單，是童謠中常見的，孩童很容易就琅琅上口。

節奏

　　詩有第二種特性讓文字變美，那就是節奏。根據字的音節，把重音放在正確的字上。比如下面這首詩：

> The boy stood on the burning deck

whence all but he had fled

少年立船頭，烈火熊熊燒，

至死守崗位，餘人皆奔逃。

──赫曼斯夫人（Mrs. Hermans）

這首詩是四三拍節奏，希伯來詩和英詩都很喜歡這種節奏，在蘇格蘭詩中也十分常見。再來看下面這個例子：

The *Lord's my shepherd*, I'll not *want*（四拍）

He *makes* me *down* to *lie*（三拍）

in pastures *green* he leadeth *me*（四拍）

the quiet waters *by*（三拍）

主是我牧人，我必不缺乏，

祂令我臥躺，

就在青草地，祂領我來此，

就在靜水旁。

──法蘭西斯‧羅斯（Francis Rous）

節奏好不好，要看重音是否落在正確的音節上。詩歌若做不到這一點，效果就大打折扣。比如下面這兩行，是聖詩的歌詞：

For all the *good* our *Father* does,

God *and* king *of* us *all*.

天父施行萬善，

是萬人之神與君王。

這裡的重拍放錯音節，強調錯的字眼，聖詩的美感就不見了。

另外也可以用押韻來讓讀者嚇一跳：

Thirty days hath September,
April, June and November;
All the rest have thirty-one,
Is that fair?!
九月只得三十天，
還有四、六、十一月，
其他月分多一天，
這樣公平嗎？！

讀到最後一句會嚇一跳，因為韻腳突然斷掉。

重複

詩有第三種特性讓文字變美，那就是重複。只要重複一個字或一個句子，就有詩的味道了。莎士比亞的名劇《凱撒大帝》有一段演說很有名，就單單重複一句話：「布魯特斯值得尊敬。」下面這首有名的童歌，也利用了重複的特性：

Baa, baa, black sheep, have you any wool?

Yes sir, yes sir, three bags full.

咩咩黑綿羊，你有羊毛嗎？

有啊，有啊，有三袋。

重複的地方可以是句子、短詞，甚至是字母。也許你已經注意到，史達德‧甘迺迪那首〈漠不關心〉中，用了幾個c開頭的英文字：crude（冷酷）、cruel（無情）、crouched（蹲伏）、cried（哭泣），他藉著強調兩個c開頭的關鍵字，來帶出詩的主題：十字架（cross）和釘十架（crucify）。

重複也可以用來強調重點，比如詩篇第一三六篇，就一直重複這句話：「祂的慈愛永遠長存。」

還有些詩會利用頭韻，像〈貝爾格勒圍城戰〉（The Siege of Belgrade）這首英詩，如果只看每一行詩開頭的第一個字母，會發現是按著英文字母的順序排列，而且每一行詩中的關鍵字，開頭的字母正是那一行開頭的字母，押頭韻。詩篇第一一九篇就類似這樣。

▌▌驚奇

因為詩的一個作用是要讓人覺得悅耳，所以如果只是默唸，效果往往會打折甚至完全不見。詩本來就是要朗讀的，把詩中的聲音唸出來，會給人滿足的感覺，而詩也會帶出驚奇的感受，這是散文通常做不到的。難怪猶太人敬拜神的時候會用詩篇，整卷詩篇（就是猶太人的詩歌本）都是詩。散文往往很難當成歌詞唱出來，但詩則很容

易配上曲子唱出來。

　　除此之外，詩也會幫助我們體會並表達敬拜時的那種驚奇感受。我用一首有名的童謠來說明我的意思。

> 一閃一閃亮晶晶，
> 滿天都是小星星，
> 掛在天空放光明，
> 好像許多小眼睛，
>
> ——珍・泰勒（Jane Tyler）

　　如果把歌詞改成科學詞彙，就會扼殺孩童那種驚嘆的感受，比如這樣：

> 一閃一閃亮晶晶，
> 到底什麼是星星？
> 各種氣體漸變冷，
> 固態團塊遂成形。

　　再進一步改寫的話，就變成這樣：

> 爍哉煥哉點點繁星，
> 欣然揣度汝之專名。
> 超拔靜懸太空浩瀚，
> 酷似一粒碳基美鑽。

　　你看，科學的文字和詩的文字所傳達的感覺，天差

地遠。科學的文字精確、冰冷，詩的文字較不精確，卻帶給人驚奇敬畏的感受。所以詩很適合用來敬拜，詩歌可以幫助我們表達驚奇的感受，傳達神的榮耀，那是科學文字做不到的。

詩除了可以朗讀之外，也含有圖像，能在心中勾勒出景象。寫詩不能缺少想像力，詩可以利用比喻、比方、圖像。例如「一閃一閃亮晶晶……好像許多小眼睛」，會讓人想像一顆閃亮星星的樣子。

再以詩篇第四十二篇為例：

> 我的心渴想神，
> 如鹿切慕溪水。

我們可以想像一隻動物渴得到把舌頭伸出來的畫面，這讓我們想到自己對神的渴慕。

▌語音和語意

英詩以希臘詩和羅馬詩為基礎，重點在於語音，雖然英詩也有別種形式和風格，但通常都有韻腳。而希伯來詩的重點則在於語意。

這種差異在英詩的一個傳統──胡言詩（nonsense verse）中尤其明顯。愛德華・里爾（Edward Lear）和路易斯・卡洛（Lewis Carroll）是胡言詩高手，卡洛寫的〈扎勃沃龍〉（Jabberwocky）一詩可謂胡言詩的最佳範例（編按：為展示音韻，將原詩英文併錄於下。中譯取自

《愛麗絲鏡中棋緣》，張華譯，台北：遠流，2011）：

> 'Twas brillig and the slithy toves
> Did gyre and gimble in the wabe;
> All mimsy were the borogoves，
> And the mome raths outgrabe.
> 劈烈時光，滑活的螺嘴獾
> 在圍邊陀轉椎鑽，
> 布洛鴿最為醜弱，
> 迷家的猜豬哨哮。

　　讀這種詩有點像在欣賞帕華洛帝唱義大利歌劇，聽不懂歌詞；也像有些流行歌曲，歌詞聽不清楚或是沒有意義。雖然不知道在唱什麼，但我們還是喜歡聽。

　　這種詩也許會「感動」我們，卻不能真正激發我們去做什麼。讀這種詩也許能幫助我們放鬆，欣賞生活之美，卻無法影響我們的生活方式。

　　希伯來詩和英詩大不相同，希伯來詩的重點都放在語意，而非語音，這是希伯來詩很少押韻的一個原因。

▌平行句（parallelism）

　　希伯來詩雖然偶爾也有節奏（四三拍和三三拍較常見），但大多仍以重複的句式為主，稱作平行句。詩行之間彼此對應即構成平行句。平行句是希伯來詩的基石，具有幾個作用：

■ 強調。如果一句話說了兩遍，我們就知道這句話
很重要。

■ 回應。對應的句子可以輪唱，由兩個詩班對唱，
一邊唱第一句，另一邊唱第二句回應。

■ 平衡。就像人體也對稱平衡 —— 雙手、雙眼、雙
耳、雙臂、雙腿，對應的句子能幫助我們領略思
想之美。

希伯來詩的重複特性，通常以兩行對應句呈現，但
舊約詩篇也有三行聯句（triplet），甚至偶有四行聯句
（quadruplet）。以下是詩篇第六篇的對應句範例：

> 耶和華啊，求祢不要在怒中責備我，
> 也不要在烈怒中懲罰我！

「責備」是告訴對方他錯了，「懲罰」則又更進一
步，所以第二句的意思比第一句更強烈。再來看下一節：

> 耶和華啊，求祢可憐我，因為我軟弱；
> 耶和華啊，求祢醫治我，因為我的骨頭發戰。

在第一句中，詩篇作者只是覺得軟弱，但在第二句
中，他覺得痛苦，需要醫治，所以第二句的意思比第一句
強烈。但請注意，這裡所重複的，是語意，不是語音。

我知道，分析詩就像把一朵花的花瓣一一剝下來，
然後盯著那些花瓣看。分析毀了詩的美。但是我想幫助你

了解聖經中的詩——為什麼要這樣寫？是怎麼寫成的？

平行句主要有三種：

同義平行（synonymous）

在同義平行中，同樣的想法會表達兩次，只是用字不同。以詩篇第二篇為例：

> 外邦為什麼爭鬧？
> 萬民為什麼謀算虛妄的事？
> 世上的君王一齊起來，
> 臣宰一同商議，
> 要敵擋耶和華
> 並祂的受膏者，
> 說：「我們要掙開他們的捆綁，
> 脫去他們的繩索。」
> 那坐在天上的必發笑；
> 主必嗤笑他們。
> 那時，祂要在怒中責備他們，
> 在烈怒中驚嚇他們。

上述每組對句中的粗體字含意都相同，但第二個字詞通常比第一個字詞更強烈、語氣更重。

反義平行（antithetic）

反義平行的作用和同義平行的作用一樣，只是第二句和第一句形成對比，例如詩篇第一二六篇：

> 流淚撒種的，
> 必歡呼收割。

這裡有兩組對比：「撒種」和「收割」，「流淚」和「歡呼」。下一節則進一步擴展主題：

> 那帶種流淚出去的，
> 必要歡歡樂樂地帶禾捆回來。

這兩行加了更多對比的細節——帶種子出去，帶禾捆回來。

綜合平行（synthetic）

在綜合平行中，第二句會針對第一句加以補充，既不是重複，也不是對比，而是添加。比如：

> 當耶和華將那些被擄的帶回錫安的時候，
> 我們好像做夢的人。
> ——摘自詩篇第一二六篇

> 耶和華是我的牧者，我必不致缺乏。
> ——摘自詩篇第二十三篇

上述兩例中，第二句是第一句的結果。詩篇第二十三篇就採用綜合對句的模式：

> 祂使我躺臥在青草地上，
> 領我在可安歇的水邊。

牧羊人必須知道哪裡有青草地和靜水，但這兩句話加在一起，就讓我們看見一個非常老練的牧羊人，很清楚該怎麼樣照顧他的羊。

所以，希伯來詩有三種形式，但是每一種形式都可以衍生很多變化。平行句不只表現在想法和文字上，也表現在文法上。比如詩篇第二篇的這幾句，在希伯來文中的字詞順序是：

> 那時他責備他們在怒中，
> 且在烈怒中他驚嚇他們。

動詞、受詞、介系詞的順序，在第二行中變動了。

三行聯句（tricolon; triplet）

上述三種平行句的模式常會被打斷，有時是節奏被打斷，有時是模式被打破，有時不是兩句而是三句，叫三行聯句。

來看詩篇第二十九篇的這三行：

> 神的眾子啊，你們要將榮耀、能力歸給耶和華，
> 歸給耶和華！
> 要將耶和華的名所當得的榮耀歸給他。

這三行的語氣，一行比一行強烈，「歸給耶和華」這句話不斷重複，然後每行再添加一些東西。

詩篇第三篇也有這種模式：

> 耶和華啊，我的敵人何其加增；
> 有許多人起來攻擊我。
> 有許多人議論我說：「他得不著神的幫助。」

這裡不斷重複「有許多」，而且一句比一句強烈：他抱怨的是誰、這些人做了什麼又說了什麼。也有些時候，會刻意拿掉某個字詞，省略不用。

希伯來詩的其他特性

明喻（simile）

希伯來詩中有許多明喻，明喻就是用圖像來顯明兩樣事物多麼相似：

> 父親怎樣憐恤他的兒女，
> 耶和華也怎樣憐恤敬畏祂的人。
> ——摘自詩篇第一○三篇

這裡把神對祂百姓的看顧，比作慈父憐恤兒女。

交錯配列 （chiasm）

第一句的後半段，成了第二句的前半段，比如：

耶和華看顧義人的道路，
惡人的道路卻必滅亡。

第一句最後的「道路」一詞，在第二句中成了開頭，位置調換。

省略 （omission; ellipsis）

省略就是在第二句中省略掉一部分。比如：

你把我放在極深的坑裡，
在黑暗地方，在深處。
——摘自詩篇第八十八篇

第二句省略了「你把我放在」，但意思仍在。

遞升 （staircase）

有些詩句像樓梯，層層遞升：

耶和華的聲音震破香柏樹，
耶和華震碎黎巴嫩的香柏樹。
——摘自詩篇第二十九篇

　　第二句在第一句已經提到的事上，再加上新東西。我們已經知道「耶和華震破香柏樹」，現在又說祂「震碎」香柏樹，而且是「黎巴嫩」的香柏樹。

離合體（acrostic）

　　這是根據字母來作詩。詩篇第一一九篇是詩篇中最長的詩，共有一百七十六節，每段詩（以及那段詩中的每一節），都以一個新的希伯來字母開頭。

副歌（refrain）

　　第二句不斷重複，比如詩篇第一三六篇，每一節的第二句都是「祂的慈愛永遠長存」。

▎聖經中的詩

　　查考希伯來詩，可以看出詩是多麼的巧妙合宜，聖經的確應該納入詩歌。

　　寫現代詩歌的人，發現聖經詩篇帶給他們很多靈感，但是當他們摘用詩篇經文作為歌詞的時候，很少使用整篇經文，所以那些字詞並沒有上下文。如此一來，詩篇的含意有可能失去平衡，有時甚至連意思都變了。

　　希伯來詩很容易譯成其他語言，因為重點是內容而非語音（押韻）。如果我透過翻譯，向不懂英文的會眾講道，當我引用英詩，一經翻譯，詩的韻味全失，因為英詩注重語音，這些語音是翻譯不來的。但希伯來詩能翻譯成任何語言，難怪神選希伯來文作為傳達祂話語的媒介。

▋▋敬拜中的詩

很多人主張，來到神面前的時候應該發自內心、隨興敬拜，如果事先想好要跟神說什麼，也太做作了。這話是有幾分道理，但是先想好要說什麼，其實非常重要。詩篇就是範例，讓我們看見如何向神說話，才不至於太過隨便，而且詩篇也向我們顯明，神是何等偉大尊貴。從另一方面來說，詩篇也描述了人跟神的親密關係，這是很多人還沒體驗過的，所以詩篇可以激勵我們更渴望去體驗神的良善。

事先花心思寫出來的聖經詩歌，是團體敬拜不可缺少的一部分。如果敬拜的時候，各人想唱什麼就唱什麼，一定會亂成一團，更別說會有多難聽了！我們能夠一同敬拜，就是因為有詩歌來幫助我們。有些人主張我們應該只唱自己有感覺的歌，這些人忘了，有時即使心裡沒有感覺，仍需要開口回應，這樣做有其價值，可以鼓勵我們更真心去回應，並且將真理牢記在心，面對未來。

我們家以前有一個傳統，每年有一天，家裡三個孩子會大清早就來把我叫醒，在我的床尾一字排開站好，然後一起向我唱一首很做作的歌，唱完後就送我一包他們最愛吃的糖果。那首歌就是「祝你生日快樂」！

我們當然可以說，三個孩子排排站好，一起唱同一首歌，實在做作，很不自然，如果改成輪流來唱給我聽，對我說爸爸我愛你，豈不更好？我告訴你，其實不會更好，因為這樣就不是以家人的身分一起做這件事。他們一起來向我唱歌，彼此互聯相依，反而讓我覺得這個小小的

家庭傳統更特別。

同樣地，當我們一起向神說話，神會很喜悅，即使我們必須用別人寫好的話。神喜歡看見我們在一起，也許我們會站成一排，用經過設計的方式向神唱歌，但我們是在一起向神表達愛。詩可以幫助團體一起敬拜。

前文已經指出，詩篇可以輪唱，兩個詩班對唱。除了用唱的，詩篇也可以大聲喊出來，詩篇第一四七篇就是一例。

詩篇也有助於團體的凝聚力，有些詩篇是用第一人稱單數「我」和「我的」來寫，適合個人的敬拜，但有些詩篇用第一人稱複數「我們」和「我們的」來寫，提醒我們這是神的大家庭，一起來敬拜。

詩會觸動人心，也會觸動神的心。我們看到每一篇詩篇和許多卷先知書都用詩來表達。聖靈也選擇用詩來傳達神的心意，並讓我們用詩來回應神。你若懷疑詩怎麼可能觸動神的心，請記得，聖經用了很大膽的文字來談神的感受。

例如詩篇第二篇說，神看見人徒然想要敵擋神時，祂就發笑。西番雅書第三章說，神因我們而喜樂歌唱。所以神喜歡音樂！音樂不是現代人的發明，而是按神的形像所造的人與生俱來的天賦。

所以，當神用詩向我們說話，我們就知道，祂要把祂內心的感受傳進我們的內心。因此，我們不妨問問，有哪些經文在傳達神的感受呢？了解希伯來詩可能就是關鍵，讓我們了解神的心。

12. 詩篇

▌引言

　　詩篇是聖經中最受人喜愛的一卷書，也是聖經中最為人知的一卷書。有幾篇詩篇很受歡迎，不常讀聖經的人喜歡讀，認識神、愛神、想要讚美神的人也喜歡讀。詩篇適合人人閱讀，雖然書寫年代久遠，卻和現代文化沒有什麼隔閡。儘管舊約聖經的經文大多需要從新約聖經的角度來讀，才能明白其意，但大多數的詩篇卻一讀就能明白。詩篇經得起時間的考驗，很容易應用在基督徒的生命中。難怪歷代以來的聖詩作者都從詩篇得到許多靈感。

　　教會史上，詩篇一直很受重視，馬丁路德曾說：「在詩篇中，我們可以看見每個聖徒的內心。」加爾文說，在詩篇中，「我們像是照鏡子，看見自己的內心」。有位現代的聖經注釋家則說：「每一篇詩篇似乎都是寫給我讀的，上面都有我的姓名和住址。」詩篇是舊約聖經中對人性闡

述最深刻的一卷書，每個人讀來都能感同身受。

在舊約聖經中，詩篇是以色列人的詩歌本和禱告本。這是聖經上最長的一卷書，花了快一千年才寫成。雖然大多數的詩篇是在大衛時代（約西元前一千年）寫成，但有幾篇是在摩西時代（約西元前一千三百年）寫的，也有幾篇寫於被擄時期（約西元前五百年）。

「詩篇」一詞意為絃聲，指的是唱詩篇時伴奏的絃樂器。在舊約希伯來文聖經中，詩篇位於聖卷之首，聖卷是聖經的第三部，在律法書和先知書之後。詩篇的卷名，希伯來原文是 Tenillim，意指「讚美歌」，這個名稱好多了，尤其「猶太人」（Jew）這個字，來自於「猶大」（Judah），而「猶大」意即「讚美」。詩篇通常用說的或唱的，甚至也可以用喊的，不過這不太適合某些拘謹的文化！

詩篇可分成很多類別，後面會再談到。若用最簡單的方式，可以分成兩種，一種是用第一人稱單數「我」的詩篇，一種是用第一人稱複數「我們」的詩篇。所以有些詩篇適合個人私下敬拜用，有些詩篇適合團體公開敬拜用。不過這樣區分不可過嚴，因為耶穌鼓勵祂的門徒使用「我們的父」一詞，表示即使在私人的禱告中，也要明白自己在團體中的責任。

▌情感

有些詩篇傳達出很深的悲傷，詩篇第五十六篇特別讓我感動，詩中說神把我們的眼淚裝在皮袋裡。猶太人弔唁親人時，並不是送花束或花圈，而是拿個十公分高的小

玻璃瓶，放在眼睛下面，把眼淚收集起來，然後把淚瓶送給悲傷的家屬，以示哀悼。詩篇告訴我們，神也會這樣做，即使讓我們流淚的事情不如死亡那般嚴重。

詩篇涵蓋了人類所有的情感，包括我們所謂的「負面」情感，諸如憤怒、沮喪、嫉妒、絕望、恐懼等等。詩篇作者真實表達自己的想法和感覺，包括咒詛人和埋怨神。詩篇也表達較為「正面」的情感，如喜樂、興奮、盼望、平安。

個人抒發情感的詩篇，大多是大衛寫的，有很多內容是人想對神說的話。稍後會談到三種詩篇，我稱之為「求求祢詩篇」（please psalms）、「謝謝祢詩篇」（thank-you psalms）和「對不起詩篇」（sorry psalms）。

詩篇的焦點雖然在於敬拜，卻不是專門給祭司使用的，詩篇中幾乎沒有提到祭壇、祭司、祭司袍、焚香。詩篇是給一般人敬拜神用的。

▋聖經主題

詩篇不但涵蓋人類所有的情感，也涵蓋聖經中各樣的主題。馬丁路德說詩篇是「聖經中的聖經」——聖經的縮小版。詩篇的內容包含以色列歷史、創造天地、族長、出埃及、君王統治時期、被擄，以及歸回耶路撒冷。

新約聖經引用的舊約經文最常出自詩篇，其中引用最多的是詩篇一一〇篇1節：「耶和華對我主說：『你坐在我的右邊，等我使你仇敵作你的腳凳。』」

舊約聖經中的詩歌，並未全部收錄在詩篇。摩西和

米利暗寫了一首詩歌（見出埃及記第十五章）；底波拉和
哈拿也寫了詩歌（見士師記第五章和撒母耳記上第二
章）。因為聖經的作者大多是男性，女人也寫詩歌是很有
意思的，也許這反映出女人天性中自然直覺的一面。約伯
寫了三首詩歌，以賽亞和希西家王各寫了一首詩歌。

舊約聖經中還有一些人物也使用詩歌。約拿在大魚
腹中用詩歌禱告，就是一個好例子。他說，他從陰間禱
告，陰間是亡靈的世界。他在那段禱告中引用了五篇不同
的詩篇。哈巴谷在他的預言中也引用詩篇三次。

每一篇詩都以詩體為惟一的表達方式，雅歌、箴
言、耶利米哀歌也是。舊約聖經有幾卷書（例如傳道書和
先知書），是詩和散文的混合體；歷史書中也有一些詩體
文字（例如創世記第四十九章；出埃及記第十五章；士師
記第五章；撒母耳記下第二十二章）。

▌五卷書組成一卷書

詩篇這卷書其實是由五卷聖詩集組成，有些聖經注
釋家認為這對應到律法書的五卷書。但是詩篇由五卷書組
成的原因可能很普通——因為原先就寫在五卷紙上。

每一篇詩的篇幅差距甚大，最短的是詩篇第一一七
篇，只有三節經文；最長的是詩篇第一一九篇，有一百七
十六節經文。

這些詩都用希伯來文書寫，所以最適合大聲朗讀。
詩篇不能像分析保羅書信那樣逐節來分析，過度的分析會
破壞詩的美感。讀詩篇最好是一口氣讀完整篇，好好默

想，讓信息進入心中，若有必要，可以一再反覆這個過程。

這五卷詩歌集，每一卷最後都以一首讚美詩結束（見詩四十一，七十二，八十九，一〇六）。最後一卷詩歌集，結束在詩篇第一五〇篇，這是一首讚美詩，爲這五卷詩歌集收尾。每一卷詩歌集的長度不一，因爲每一篇詩的長度都不同，不過，第一卷和最後一卷最長。

▌神的名字

很多聖經註釋家研究這五卷詩歌集的特色，發現有個模式很有意思，就是這五卷詩歌集對神的稱呼不同。詩篇對神用了兩種稱呼——「雅威」（Yahweh）和「以羅欣」（Elohim），這兩個名字出現在舊約聖經各處。

「以羅欣」單單意指「神」，但這是個複數名詞，所以有三位一體的含義。「雅威」則是神對以色列人自稱用的，是從動詞「存在」（to be）而來，而「always」（永遠）這個英文字，把「雅威」的意思傳達得淋漓盡致。

詩篇第一卷大多稱呼神爲「雅威」，這個名字出現兩百七十二次，而「以羅欣」只出現十五次。第二卷則恰恰相反，「以羅欣」出現兩百零七次，「雅威」只出現七十四次。第三卷也是用「以羅欣」（三十六次）多過於用「雅威」（十三次）。第四卷和第五卷又反過來，用「雅威」這名字三百三十九次，「以羅欣」只用了七次。

箇中原因不難了解。大衛王的詩歌大多收錄在卷一和卷二，少數幾篇在卷五。後面會再談到，大衛的詩歌較

多抒發他個人的感受，所以使用神的自稱。

「以羅欣」傳達出神超越一切的特質，祂高高在上，與我們截然不同，祂是至高神。「雅威」則比較能表達神與我們親近的特質。神既高高在上，又住在我們裡面，對於神的這兩面特質，我們需要平衡看待，詩篇對神的稱呼也反映出這一點。至於詩篇的開頭和結束，都是使用神向人自稱的親近稱呼。

▌詩篇的組別

聖經學者除了研究詩篇對神的稱呼，也想研究詩篇的組別，可惜徒勞無功。詩篇似乎可以分成幾組，但並沒有什麼邏輯順序可言，也無法像某些書卷那樣可以明顯看出為何如此安排。

詩篇可以分成下列幾組：

- 詩篇二十二～二十四篇：救主、牧人、君王。
- 詩篇四十二～四十九篇：可拉之子所作。
- 詩篇七十三～八十三篇：亞薩之子所作。
- 詩篇九十六～九十九篇：神是王。
- 詩篇一一三～一一八篇：讚美詩（the hallel psalms，逾越節唱的詩歌）。
- 詩篇一二〇～一三四篇：上行詩（聖徒上耶路撒冷唱的詩歌）。
- 詩篇一四六～一五〇篇：哈利路亞詩（the hallelujah psalms）。

有些詩篇有部分內容與其他詩篇重複（例如詩篇第一○八篇和詩篇五十七篇7～11節）。

▌詩篇是誰寫的？

詩篇有一半以上是大衛寫的，其中七十三首冠有他的名字，新約聖經也把詩篇第二篇和第九十五篇歸爲大衛所作，很可能還有別的詩篇也是他寫的。

大衛有很多角色——牧羊人、戰士、君王、音樂家，但最後一個角色，對他意義最大，因爲他死前感謝神讓他作以色列的「美歌者」，他心中最珍惜的，就是能夠寫詩歌、唱詩歌。大衛年輕時，就曾用音樂撫慰掃羅不安的情緒。數世紀後的先知阿摩司，選用大衛彈豎琴的形像，來描繪安於逸樂的以色列人（見阿摩司書六章5節）。

所羅門也寫了幾首詩篇：詩篇第七十二篇和第一二七篇。詩篇第一二七篇是在聖殿完工時寫的，他明白若不是神建造房屋，建造的人就枉然勞力。若沒有神的榮耀，聖殿就毫無價值。

可拉之子寫了十篇詩。民數記記載了一個叫可拉的人，因爲率眾違抗摩西和亞倫，被神處死。但是可拉的後代子孫卻參與了聖殿中的敬拜。他們作的詩篇收錄在卷二。

亞薩之子寫了十二篇詩，收錄在卷三。亞薩和他幾個兒子都在聖殿的唱詩班服事，因爲詩班長常被視爲先見或先知，難怪他們寫了幾首詩歌。

還有很多詩篇是無名氏寫的，全收錄在卷四和卷

五。有人認為詩篇第四十九篇和第五十篇可能是祭司以斯拉所寫。

▊個人的經歷

很多詩篇的靈感來自個人經歷，就像今天的人作詩寫歌一樣。大衛早年在鄉間牧羊時，就學會了唱歌和彈琴，他習慣把每天的經歷編成歌曲來唱。

大衛一生有許多遭遇都在詩篇中描繪歷歷。比如詩篇第三篇，就是狼狽逃避兒子押沙龍的時候所作，當時押沙龍篡位，大衛不得不逃離王宮。詩篇第七篇寫到一個名叫古實的便雅憫人。詩篇第十八篇，是在神「救他脫離一切仇敵和掃羅之手的日子」寫的。

大衛寫了兩首犯罪之後的懺悔詩。一是詩篇第五十一篇，他引誘有夫之婦拔示巴，不但犯了姦淫，還觸犯十誡的第五誡（殺人），之後便寫了這篇詩。另外一次，是他純粹因為驕傲作祟，去數點手下軍隊的人數，當他發現自己犯了罪，便寫下令人動容的詩篇第三十篇。

有些詩篇和特定地點有關，比如大衛有很多詩篇，是他在隱基底逃避掃羅的追殺時所寫。他常把神形容為「磐石」和「山寨」，也許這是因為他躲藏在一塊巨大的岩石平台上，也就是馬撒大。

有十四篇詩依史實命名，和大衛一生經歷有關：

▊ 詩篇第三篇：大衛逃避兒子押沙龍的軍隊時，作這詩歌。

■ 詩篇第三十篇：大衛爲獻殿之前犯的罪，作這詩歌。

■ 詩篇第五十一篇：先知拿單揭發大衛和拔示巴犯罪之後，大衛作這詩歌。

■ 詩篇第五十六篇：大衛在迦特感到恐懼時，作這詩歌。

■ 詩篇第五十七篇：大衛躲在隱基底，掃羅一時成了籠中鳥，大衛作這詩歌。

■ 詩篇第五十九篇：大衛遭人妒忌，作這詩歌。

■ 詩篇第六十篇：大衛在以東打了場險仗，作這詩歌。

■ 詩篇第六十三篇：大衛向東逃時，作這詩歌。

■ 詩篇第一四二篇：大衛在亞杜蘭洞，作這詩歌。

除此之外，很多詩篇雖然沒有寫出細節，但顯然是大衛從唱歌、牧羊、爭戰、逃亡、作王等各樣經驗中有感而發。比如詩篇第二十三篇就是根據他日常牧羊的生活寫的；詩篇第二十九篇的靈感顯然得自一場暴風雨，讓他想到神的聲音。

大衛寫的都是心中眞實的感受。他咒詛人，他抱怨神，他要求向敵人報仇。但他每一句負面的話都是對神說的。不管他心中的感受和想法如何不得體，他還是一五一十告訴神。難怪大衛的詩篇人人喜愛，歷世歷代、各國各邦的人，都對他的話語感同身受。

▌爲神全部的百姓而寫

　　詩篇不全都描述個人經歷，有些詩篇是爲神全部的百姓而寫。詩篇第二篇是大衛爲所羅門登基寫的，可以讀出大衛望子成龍的心情，神對大衛的應許也在此實現：「你是我的兒子，我今日生你。」

　　有些詩篇傳達一群人或一個國家的感受，上行詩（詩篇第一二○～一三四篇）就很適合上耶路撒冷朝聖的人讀。

　　很多詩篇的目的在於幫助人與神同行。比如詩篇第一一九篇是要鼓勵人讀聖經，這篇詩篇的每一節，都有一個和聖經同義的詞，比如「主的律例」、「主的命令」、「主的訓詞」、「主的典章」、「主的法令」。

　　詩篇第九十二篇鼓勵人要守安息日，教導敬拜者在早晨傳揚神的慈愛，在夜間傳揚神的信實，這是主日有早崇拜和晚崇拜的由來。（但現代人不這麼做了，只要早上崇拜一個半小時即可，剩下的時間都是自己的！）

　　不過，我們現在當然不必守安息日的律法，那是摩西律法的一部分。對我們來說，每天都是主日，但我們也不妨把某一天視爲特別的日子（見羅馬書第十四章）。

▌詩篇三明治

　　詩篇第二十二至二十四篇是很重要的一組詩篇，像是三明治，不過很多人喜歡只舔掉中間的果醬，不吃外面的麵包！我來解釋一下，這三篇詩必須一起讀，我把這三

篇稱為十架、牧杖、王冠，讓我們看見神首先是救主的身分，然後是牧羊人，最後是至高無上的神。如果光取三明治中間的餡，也就是有名的詩篇第二十三篇，宣稱耶穌是我們的牧羊人，就會錯過旁邊兩篇要教導我們的功課。

詩篇第二十二篇一開頭的吶喊，正是耶穌後來在十字架上的吶喊：「我的神，我的神，祢為何離棄我？」詩篇第二十三篇開頭說：「上主是我的牧者。」（現代中文譯本修訂版）從這兩篇詩的順序可以看出，除非我們先來到十字架前，找到耶穌作我們的救主，否則無法把耶穌當作我們的牧人。

詩篇第二十四篇接著說：「榮耀的王是誰呢？就是有力有能的耶和華，在戰場上有能的耶和華！眾城門哪，你們要抬起頭來！永久的門戶，你們要把頭抬起！那榮耀的王將要進來」（8～9節）。把這段話改成白話，意思就是：「眾城門哪，你們要打開，因為那榮耀的王將要進來，祂是我們的萬王之王，萬主之主。」所以，耶穌之所以成為我們的好牧人，是因為祂先是我們的救主，也是我們將要來臨的君王。

這三篇詩完美地搭配在一起，我寫了一本小書叫《聖經活頁》（*Loose Leaves from the Bible*，直譯），把這三首詩篇譯成了白話文：

> 我的神，我的神，為什麼？
> 祢為什麼丟下我孤單一人？
> 祢為什麼變得如此遙遠，
> 不來幫助我，

甚至聽不見我的呻吟？
我的神啊，我白日呼求，
祢不回答；
我夜間呼求，
仍得不到幫助。
這我實在不明白啊，
祢是全然良善的神，
受到這國家極大的讚美。
我們的祖宗全然倚靠祢，
祢便解救他們。
他們哀求祢，
便蒙解救。
他們倚靠祢，
就不羞愧。
但我像蟲一樣被看待，
沒有人的尊嚴，
被眾人羞辱，被百姓藐視。
凡看見我的都嗤笑我，
他們伸舌聳肩，
嘲笑我說：
「他說神會證明他是對的，
來看神怎麼救他吧！
如果神那麼喜歡他，
就來救他吧。」
那些人根本不知道──
是祢叫我安全從母腹中生出；

我還在吃奶的時候，祢就保護我的安全。
我從一出生，
就必須倚靠祢；
祢一直都是我的神，
從我母親生我起就如此了。
求祢不要離開我，
因為危險來了，無人能幫助我。
有許多公牛圍繞我，
全國最凶猛的野獸四面困住我。
牠們向我張牙咧嘴，好像凶猛飢餓的獅子。
我的精力耗盡，
我的骨頭脫節，
我的心跳遲緩，
我的肉體枯乾，
我的舌頭貼在牙床上，
祢讓我崩潰瓦解，坐在死地中。
惡人環繞我，如同惡犬，
他們扎了我的手，我的腳。
我的骨頭突出，清晰可數，
但他們只是袖手嗤笑我。
他們拿了我的外衣，
為我的裡衣拈鬮。
主啊，祢到底在做什麼？
求祢不要遠離我！
祢是我惟一的支柱！
求祢快來幫助我！

求祢救我的生命脫離這些暴行——
脫離犬類，
脫離獅子的牙，
脫離野牛的角……
祢已經回答了我！

我要告訴我的弟兄，又一次，祢未辜負祢的名；
我要在他們聚集的會中，分享我的見證。
凡是敬畏耶和華的人，
都要讚美祂。
凡是雅各的後裔，
都要榮耀祂。
凡是以色列的後裔，
都要大大尊敬祂。
因為祂沒有藐視或憎惡
受苦的人，
沒有掩面不看他，
祂垂聽他的呼求。
祢在大會中，
將祢讚美的話給我，
我必遵守我對祢的承諾，
凡敬畏祢的人必要看見。
受苦的人將得飽足，
尋求主的人必讚美祂。
願這令人興奮的經歷存到永遠。
在地的四極，

人人都要再度想念主，
並且歸順祂；
萬族萬國
都要一起
來敬拜祂，
因為主掌管世界，
管理萬國。
沒錯，連在上的人都要向祂的至高權柄下拜，
因為他們都是必死之人，一步步走向墳墓，
無人能長生不死。
後代子孫要接著事奉祂，
人必向後代談論
這位永活的神。
人必將主的釋放，
傳揚給尚未出世的人，
並且告訴眾人，這一切都是神的作為，
而且已經做成了！
──詩篇第二十二篇

　　耶穌死在十字架上時，心中顯然在想詩篇第二十二篇。

惟一真正存在的神，
猶太人的這位神，
祂看顧我，
如同牧羊人看顧他的羊；

所以我需用的一切，
必不缺乏。
祂命令我休息，
提供我豐富的營養；
又叫我起來向前走，
不斷補充我的精力。
我疲乏時，
祂為我注入新生命。
祂保守我走在正道上，
來維護自己的好名聲。
我即便走過深暗的幽谷，
危險在暗中蠢蠢欲動，
我仍然不怕受傷害，
因為祢就在我身邊。
祢用竿保守我，用杖引導我，
我感到安全無比。
在我無助的敵人面前，
祢為我擺設筵席；
祢待我如貴賓，
為我準備佳餚美食。
在我的餘生中，
惟有祢的恩惠一直跟隨我，
我一生都要與這位神
同住家中。
──詩篇第二十三篇

大地和其中萬物，
世界和其中萬民，
都屬於猶太人的神，
因為祂從海底建立土地，
又叫水流進河中。
誰能登上祂的聖山？
誰能站在祂完美的面前？
只有那些行為無過犯，
品格無瑕疵的人，
他們一生恪守誠實，
說話絕不食言。
這樣的人必蒙拯救祂的神
注意和肯定；
這樣的人真心渴望尋求神，
渴望與祂面對面，如同雅各。

（此處請暫停、自省。）

眾城門哪，你們要打開！
古老的城門啊，你們要打開！
因為那榮耀的王將要進來！
這位榮耀的王是誰呢？
祂是猶太人那位大有能力的神，
是以色列那位在戰場上所向無敵的神。
眾城門哪，你們要打開！
古老的城門啊，你們要打開！

那榮耀的王將要進來！

這位榮耀的王是誰呢？

向宇宙一切勢力發號施令的那位神，

就是這位榮耀的王！

（此處請安靜、默想神。）

——詩篇第二十四篇

▍神是王

其他幾組詩篇，我們可以大略來看一下。

詩篇第九十六至九十九篇有一個共同的主題：神是王。這是舊約聖經中最接近神國度的觀念。

詩篇第一一三至一一八篇在希伯來原文中被稱作「讚美詩篇」(hallel psalms)，逾越節的時候眾人會一起唱。

有一首有名的現代詩歌，就是從詩篇第一一八篇得到靈感，歌詞說：「這是耶和華所定的日子，我們在其中要高興歡喜。」但是「這日子」其實是指舊約時代的逾越節，不是安息日，更不是星期日。

詩篇第一一八篇裡也有一句呼求說：「主啊，求祢拯救我們。」意思是釋放我們。這裡的拯救在希伯來原文是ho shanah，我們從這個字得到「和散那」一詞。

可惜今天我們都把「和散那」當成是天國的問候語，其實這是要求自由的吶喊。耶穌騎驢進耶路撒冷時，群眾向祂高喊「和散那」，意思就是要耶穌拯救他們脫離羅馬人的統治。當耶穌手拿鞭子，趕出在聖殿裡做買賣的

猶太人，而不是去攻擊羅馬人，群眾就止住了喊聲。

詩篇第一二〇至一三四篇被稱爲上行詩，意指往上的詩篇。當然，耶路撒冷位在山上（其實是山頂上的凹地），所以朝聖的人都必須向上走去耶路撒冷。

詩篇第一二一篇對我和內人意義深遠，因爲幾年前內人罹患致命的眼癌，外科醫生盡全力搶救她。她在醫院的時候，我正想著那週主日要講什麼道，神引導我去看詩篇第一二一篇，我發現每一節經文都在講眼睛。第一節說：「我要向山舉目」，向上走去耶路撒冷的時候，眼睛若不看著腳，很容易跌倒，但詩篇作者卻說：「我要向山舉目」。於是我就講了那篇詩，然後把講道的錄音帶到醫院給太太聽。但是有一個信主才兩個月的年輕護士搶先我一步，她來看我太太，並且把神的一句話帶給她：「祢必要向山舉目。」幾個禮拜後，我和太太一起到加拿大爬落磯山，後來她的癌症再也沒有復發。

最後一組是詩篇第一四六至一五〇篇，都是哈利路亞詩篇。「哈利路亞」一詞在希伯來原文中意指「讚美主」（「哈利路」意指讚美，「亞」是指「雅威」一名的縮寫）。

▌詩篇的類別

詩篇雖然不可能篇篇分門別類，但還是可以看出有幾個類型的詩。

哀歌詩篇（lament psalms）

首先來看「哀歌詩篇」，可以叫作「求求祢詩篇」

（please psalms）。這種詩篇是作者遭遇不幸，有感而發，有時是因為生病，有時是因為遭遇不公，有時是因為有罪惡感。很多人覺得驚訝，哀歌詩篇竟有四十二首，遠多過其他類別。

這類詩篇常流露出自憐自艾的心情，但都是向神表明心意，然後得到醫治。

哀歌詩篇的形式都一樣，節奏緩慢，曲調有如喪禮上的哀歌，可以分成五部分：

1. 向神呼求。
2. 抱怨不對的事。
3. 宣告自己相信神必施行拯救。
4. 祈求神拯救。
5. 起誓：神若施行拯救，必要讚美祂。

所有的哀歌詩篇都按照這種五層形式，所以讀的時候必須讀整篇，光讀幾節是看不出整個模式的。

如果只看第一部分，就會陷在自憐自艾中。但詩篇作者最後都會說，只要神拯救他脫離困境，他必要讚美神。

哀歌詩篇大多為個人而寫，只有少數幾篇是為全國而寫（見詩四十四，七十四，七十九，八十，八十三，八十五，九十）。有意思的是，沒有一首是大衛寫的。

感謝詩篇（psalms of gratitude）

第二類是「感謝詩篇」，篇數僅次於哀歌詩篇。感謝

詩篇有特別的形式，幾乎都是不具名的作者寫的，每一篇
都提到四件事：

1. 宣告：「我要讚美……」
2. 敘述爲了什麼事讚美主。
3. 見證神的拯救。
4. 起誓要讚美：繼續爲所發生的事讚美神。

感謝詩篇常談到神的態度和作爲，詩中讚美的事包
括神的王權、神的創造、神帶領以色列人出埃及、耶路撒
冷、聖殿，以及有機會來朝聖。詩中也對神的話表示感
謝，尤其詩篇第一一九篇的一百七十六節經文，都是在感
謝神的話語。

懺悔詩篇（psalms of penitence）

第三類是「懺悔詩篇」，可以叫作「對不起詩篇」
（sorry psalms），這類詩篇不多，但可以看出作者知罪後，
內心有很深的痛悔。懺悔詩篇有詩篇第六、三十二、三十
八、五十一、一三○、一四三篇。

▌特別的詩篇

另外還有幾類比較特別的詩篇。

君王詩篇（royal psalms）

大衛當牧羊人的時候，寫出自己的牧羊生活體驗，

作王後也寫出君王的心情。詩篇第二、十八、二十、二十一、四十五、七十二、八十九、一○一、一一○、一三二、一四四篇是屬於君王詩篇。

英國國歌就是根據這幾篇君王詩寫成。詩篇第六十八篇的焦點放在君王在戰場上的勝利，英國國歌中「賜她勝利」（Send her victorious）這句歌詞，就來自這篇詩。當然這篇詩和英國國歌有一個很大的差別，就是英國國王並非統治神子民的君王，所以國歌中有很多歌詞其實不能用來形容英國國王。神只揀選一個國家歸祂自己，就是以色列。我們絕不可忘記，所有非猶太人的國家，都是外邦國家，所以都不可能像以色列那麼特別。

不過倒是有一篇很棒的詩講到皇后。詩篇第四十五篇講到一位皇后覺得自己不配當國王的妻子。這篇詩十分貼切地指出，我們作為基督的新婦，也應該有這種感覺。將來我們都會和耶穌同坐寶座上，並且活出王族的樣式。

很多國家自以為蒙神揀選，因此誤用了詩篇。英國國徽上的獅子和獨角獸，是從詩篇第二十二篇來的。早期有個英文聖經譯本，裡面有獨角獸一詞，其實原文並沒有這個詞。

全球只有加拿大這個國家，國名包含「權柄」（the Dominion）一詞。「加拿大權柄國」（The Dominion of Canada）一詞，是從詩篇第七十二篇來的：「神要執掌權柄，從這海直到那海……」。加拿大的領土西起太平洋、東至大西洋，於是開國元老便稱這國家為權柄國。

彌賽亞詩篇 （Messianic psalms）

有幾篇君王詩也是彌賽亞詩篇或預言詩篇。大衛是理想君王的模範，這幾篇彌賽亞詩反映出人民渴望有一位眞正配得神尊榮的君王。

「彌賽亞」一詞意指「膏抹」，以色列每位君王登基的時候，都要受油膏抹，象徵著聖靈澆灌。連英國國王和女王的登基儀式也有用油膏抹的儀式（用的是一種特製的油，由二十四種香草和油混合製成）。

希伯來文「彌賽亞」一詞（意指「受膏者」，即希臘文中的「基督」），在整本舊約聖經中只出現過一次，就是詩篇第二篇。但如果仔細檢視詩篇，找出有預言性質的元素，就會發現有二十處經文爲新約聖經所引用，而且這些詩篇中有關大衛子孫耶穌的預言，實在叫人驚奇。

- 神必稱祂爲兒子。
- 神必將一切放在祂的腳下。
- 神必不叫祂在陰間見朽壞。
- 祂將遭神離棄，遭人嗤笑；祂的手腳將被釘穿，衣服被拿去拈鬮，但祂的骨頭沒有一根折斷。
- 人必用假見證控告祂。
- 祂必無故遭到恨惡。
- 有個朋友將出賣祂。
- 祂必被迫喝下醋和膽汁。
- 祂必爲敵人代求。
- 出賣祂的人必喪失職分。

■ 祂的敵人必作祂的腳凳。

■ 祂必作麥基洗德等次的祭司。

■ 祂必作房角石，並且奉主名而來。

大衛自稱先知，因爲他寫詩篇的時候，能夠看見別人的未來。很難想像，大衛沒有親身經歷過，卻能夠體會耶穌在十字架上的痛苦。

詩篇第二十二篇說：「我的神，我的神，祢爲什麼離棄我？」（這是耶穌在十字架上的吶喊。）

早在羅馬人使用十字架處決犯人之前，這篇詩就談到被釘子穿過的手腳。耶穌諸多偉大的「我是」宣告，有一則也出現在這篇詩中，但大大出人意外：「我是蟲，不是人。」

智慧詩篇（wisdom psalms）

智慧詩篇是在安靜默想的時候寫的詩篇，很像箴言，富含日常生活中實用的智慧。

聖經中的智慧主要關於兩件事：第一是行事爲人，第二是人生的矛盾。

詩篇第一篇就是智慧詩篇，講到行事爲人，說人生有兩條路可以走，一條是惡人的路，一條是義人的路。馬太福音所記載的登山寶訓，耶穌最後也使用了類似的用詞：「因爲引到滅亡，那門是寬的，路是大的，進去的人也多；引到永生，那門是窄的，路是小的，找著的人也少。」所以詩篇第一篇就指出，這卷詩篇是給行在正道上的人讀的，不是給那些與惡人同行、同坐、同站的人讀

的。與人同行，就會受到對方影響；如果跟他們站在一起，關係會變得更深；如果跟他們坐在一起，就會變成朋友。這篇詩叫我們不要與惡人同行、同坐、同站，因爲近朱者赤，近墨者黑，對我們人生影響最大的，大概就是我們所結交的朋友。

智慧詩篇的另一個焦點是人生的矛盾，人生最大的矛盾就是壞人往往享福，好人常常受苦。

詩篇第七十三篇講的就是這個問題。作者覺得他徒然潔淨自己的心，想活出聖潔的生命只不過是浪費時間，因爲惡人飽賺財富之後，安詳地躺在床上死去。

這篇詩的作者說他白日煩惱，晚上失眠。他的解決之道是前往聖殿，在那裡默想神的榮耀，並且思想惡人要面對的結局。詩篇只有少數幾篇談到死後的生命，這篇是其中之一。舊約聖經不像新約聖經那樣詳盡地說明人死後的生命如何。

咒詛詩篇（imprecatory psalms）

在「咒詛詩篇」中，作者會求神審判他的敵人。比如下面這幾句經文：

> 那些昂首圍困我的人，
> 願他們嘴唇的奸惡陷害自己，
> 願火炭落在他們身上，
> 願他們被拋在深坑裡，
> 不能再起來。
> ——摘自詩篇第一四○篇

　　有一首咒詛詩篇很有名，就是詩篇第一三七篇，寫於巴比倫：

我們曾經在巴比倫的河邊坐下，
一追想錫安就哭了。
我們把琴掛在那裡的柳樹上，
因為在那裡，
擄掠我們的要我們唱歌，
搶奪我們的要我們作樂，
說：給我們唱一首錫安歌吧！

我們怎能在外邦唱耶和華的歌呢？
耶路撒冷啊，我若忘記祢，
情願我的右手忘記技巧。
我若不記念祢，
若不看耶路撒冷過於我所喜樂的，
情願我的舌頭貼於上膛。

耶路撒冷遭難的日子，
以東人說：拆毀！拆毀！直拆到根基。
耶和華啊，求祢記念這仇。
將要被滅的巴比倫城啊，
報復妳像妳待我們的，
那人便為有福。
拿妳的嬰孩摔在磐石上的，
那人便為有福。

這些話真難聽，對敵人全無饒恕之心，也不覺得這樣講或許不妥。難怪有些人懷疑基督徒不該使用這類詩篇。

基督徒可以使用咒詛詩篇嗎？

首先請切記，當時的猶太人只有舊約聖經，所以我們不能期待舊約時代的人都存著基督完全的心，他們不認識耶穌，不知道耶穌曾經說：「父啊，赦免他們，因為他們不知道自己在做什麼。」

第二，這些詩篇是很誠實的禱告。我們心裡若有什麼感受，就應該對神說出來。如果心中感受跟這些詩篇的作者一樣，卻不說出來，那就跟咒詛人一樣糟糕，其實該說是更糟糕，因為這是向神隱瞞自己內心的感受。

我記得有一位女士出了嚴重的車禍，之後二十年一直行動不便，只能夠靠著枴杖慢慢走，而且疼痛不斷。有一天晚上，她一面走進臥室，一面咒詛神害她這麼痛苦，突然腳被地毯絆到而跌倒在地，之後就不省人事。她昏睡了好幾個小時，醒來時已經是早上，陽光從窗外射入，直照她的眼睛。她以為自己死了，正站在神面前。她想起昨晚死前最後一句話竟是在咒詛神，心想八成要下地獄了。後來她發現那道強光是陽光，她仍在自己的臥室裡，大大鬆了一口氣。這時，她突然發現身上不痛了，她站起來，發現自己的身體完全好了，四肢都能自由活動了！她衝到街上，見人就說她咒詛神，神卻醫治了她！當然這不是很好的榜樣，但重點是，因為她對神誠實，就從神得到醫治。神的恩典何其大！

第三，以色列的敵人也是神的敵人。咒詛詩篇不只

是在要求神替自己報仇，也是在提醒神，他的仇敵就是神
的仇敵。對今天的基督徒來說，神的仇敵並不是血肉之
軀，而是在空中執政掌權者。我們如果眞正愛神，就會痛
恨魔鬼和一切惡者。舊約聖經的聖徒並不知道將來會有審
判日，不知道有天堂和地獄，所以他們只能禱告，求神在
今生懲罰惡人。他們相信人人死後都要到一個叫陰間
（Sheol）的地方，這裡有點像火車站的候車室，只是火車
並不會來。所以他們必須求神在今生就爲他們伸冤，呼求
良善的神伸張正義。

第四，咒詛詩篇的作者，都不願意自己去報仇，都
把這件事交給神，這正是保羅在羅馬書第十二章的教導：
「不要自己伸冤，寧可讓步，聽憑主怒。」神必懲罰惡人。

最後一點，我們必須看出新約聖經在這件事上和舊
約聖經沒有不同，新約聖經中也有類似的禱告。在啓示錄
第六章，殉道者的靈魂在天上禱告說：「聖潔眞實的主
啊，祢不審判住在地上的人，給我們伸流血的冤，要等到
幾時呢？」雖然這是在天上的禱告，卻和咒詛詩篇的內容
沒什麼兩樣，殉道的基督徒在求神爲他們伸冤，伸張正
義。

所以，我們若抱持正確的態度，今天仍然可以使用
這些咒詛詩篇。將來有一天，所有的罪行都會遭到懲治，
義人的冤屈必得伸張，殉道者將坐在審判罪人的寶座上。

▌詩篇對神的看法

詩篇對神的看法非常平衡，我們在詩篇中看到神至

高無上（「以羅欣」），也看到神與我們同在（「雅威」）。

　　詩篇鼓勵我們要高舉神，這不是因為我們可以讓神變得更偉大，而是因為可以拓展我們對神的看法。

　　詩篇談到神的屬性，也就是祂的特質，第八、九、二十九、一○三、一○四、一三九、一四八、一五○篇是很好的例子。詩篇第一三九篇形容神無所不能、無所不知、無所不在。

　　詩篇也談到神的行動，也就是神的作為，詩篇第三十三、三十六、一○五、一一一、一一三、一一七、一三六、一四六、一四七都是很好的例子，尤其是神的兩大作為：

　　　　創造（比如詩篇第八和十九篇）以及

　　　　救贖（比如詩篇第七十八篇談到出埃及的故事）。

　　詩篇告訴我們，神是牧人、戰士、審判官、父親，更重要的是，祂是王。

　　有鑑於神有這些特質和作為，難怪在詩篇中，對神的認識很快就變成對神的頌讚。真理必會帶來讚美。

▍今天該如何使用詩篇

　　從新約聖經對詩篇的用法，可以清楚看出，基督徒可以使用詩篇，也應該使用詩篇。新約聖經中的詩歌仿效詩篇來寫（比如路加福音第一和二章）。使徒遭遇壓力

時，會使用詩篇（比如使徒行傳第四章），講道時，也常使用詩篇（比如使徒行傳第十三章）。

希伯來書的作者大量引用詩篇，希伯來書的頭五章，每一章都談到至少一篇詩。

耶穌公開教導的時候，會引用詩篇（比如登山寶訓）；祂回答猶太人的問題、潔淨聖殿、吃最後的晚餐時，也引用了詩篇。

那麼今天的基督徒應該如何使用詩篇呢？

詩篇最好可以大聲朗讀或唱出來，有些詩篇還明白地鼓勵人喊出來呢！如果只是默讀詩篇，詩的影響力和價值就會大減。很多詩篇也鼓勵人加上身體動作，比如舉手、拍手、跳舞、舉目望天。

新約聖經命令我們要在團體敬拜中使用詩篇（例如以弗所書第五章），可以向會眾唱出或大聲朗讀詩篇，或是全體會眾一起朗讀或唱出詩篇（甚至喊出詩篇）。

顯而易見，詩篇本來就是要用樂器伴奏，唱出來。前文已經指出，「詩篇」一詞的希伯來原文意指「彈撥」，就是指一般用來伴奏詩篇的絃樂器（不過詩篇也提到別種樂器）。有很多詩篇出現「細拉」（Selah）一詞，這可能是給詩班指揮的音樂指示，可能是休止符，可能表示要改調，可能是表示要彈大聲一點或是唱大聲一點。

今天應該怎麼唱詩篇呢？我認為應該整篇都唱。很多詩歌只取用某篇詩的幾節經文，有斷章取義之嫌。

有些詩篇可以依詩節格律唱出（蘇格蘭的教會就常這樣做）；有些詩篇適合由詩班來唱；有些詩篇適合個人私底下唱。以下列出幾個方針：

▋ 每天讀一篇詩是好習慣。

▋ 有些詩篇適合在睡前讀，有助於安撫情緒，防止做惡夢。

▋ 有些詩篇即使和你目前的處境無關，仍然要讀，因為日後必會遇到。

▋ 給每篇詩訂個題目，這可以幫助我們專注在內容上。

▋ 把詩篇譯成你自己的話（參考本章前面我自己的翻譯）。

▋ 有些詩篇是生病時很大的安慰，甚至是即將死亡時的安慰。

　　雖然研讀詩篇大有益處，但最大的益處是在日常生活中使用詩篇。當我們大聲朗讀詩篇、唱出詩篇、喊出詩篇，就會發現詩篇真正的美和能力。詩篇的目的，本來就是要帶領我們熱情地讚美主、榮耀主。

13. 雅歌

▌引言

　　很多人覺得驚訝，聖經怎麼會收錄雅歌這卷書。聖經有兩卷書完全沒提到神，雅歌是其中一卷（另一卷是以斯帖記）。這卷書從頭到尾都沒有明顯提到屬靈的事，加上對男女之間的性愛描述生動。這表示教會的兒童主日學通常不會講這卷書！

　　這卷書的書名，直譯是「歌中之歌」（Song of Songs）。希伯來文的寫作不用形容詞，所以沒有「很棒的歌」這種用語。想形容這是「最棒的一首歌」，就說是「歌中之歌」，正如「至高的王」就稱作「萬王之王」，而「最偉大的主」就稱作「萬主之主」。

　　就算這是一首很棒的詩歌，我們仍無法確知，為什麼這卷書會出現在聖經上，因為這卷書既不屬靈，還充滿感官。書中觸及五種感官──嗅覺、視覺、觸覺、味覺、

聽覺，而且還生動描述一對年輕男女的肉體。所以主日學雖然不教，這卷書卻成了年輕人愛讀的一卷書。

我曾經有很多年講道都不講這卷書，因為不知道怎麼講。但我發現猶太拉比把這卷書視為很神聖的一卷書，稱之為「聖中之聖」（the Holy of Holies），讀這卷書的時候，甚至會脫鞋表示尊敬。此外，我也發現有一些寫靈修文章的基督徒作者，對這卷書讚不絕口。後來我決定自己研究這卷書，買了註釋書和靈修用的解經書，想好好了解一下雅歌，卻只加深我不懂這卷書的罪惡感。有人說，作者是用密碼的方式寫這卷書，不能照字面來解釋每個字的含義。最慘的一次，就是雅歌第一章有一節經文，那女子說她的愛人躺在她的雙乳之間休息（譯註：和合本譯為「我的良人……常在我懷中」），我讀到一位註釋家的解釋，竟說雙乳之間是指舊約聖經和新約聖經之間！我必須承認，當我讀到那節經文時，我完全沒想到什麼新舊約聖經。於是，我那時就下了一個結論，神把這卷書放在聖經中，大概是個圈套，要看看我們是屬靈的，還是屬肉體的。多年之後，我才懂得如何深入探討這卷書。

‖這是哪一種文學？

寓言嗎？

寓言是虛構的故事，背後隱藏著信息，比如十七世紀本仁約翰寫的經典名著《天路歷程》（*The Pilgrim's Progress*），就是寓言體，故事中所講的每件事都在描述一個屬靈真理。很多人把雅歌詮釋為寓言，但每個註釋家都

發明自己的一套解讀法，而且通常和經文本身沒什麼關連。這些註釋家似乎都是照自己的想法去詮釋，不太願意考量字面上的意思，因為他們認為這卷書對性愛有許多生動的描述，不可相信字面上的意思。

之所以會有這種現象，其中一個原因在於希臘思想對基督徒的影響，遠大過希伯來思想對基督徒的影響。希臘人相信生命可以切割成所謂的「身體」和「靈魂」兩部分，而且靈魂比身體重要。相反地，希伯來人相信世上只有一個神，祂造了身體和靈魂，兩者同樣重要。如果良善的神創造了物質的世界，那麼物質的東西就是好的；如果男女都是神造的，祂要男女能夠墜入愛河，結為夫婦，那麼男女之間的愛也是好的。

肯定

希伯來思想可以幫助我們詮釋這卷書，看出這不是寓言故事，而是神的肯定。神肯定男女之間的愛，把雅歌這卷書放在整本聖經的中間這裡，提醒我們，性愛這件事是神的主意，是祂想出來的。魔鬼在世上散播的一大謊言就是神反對性愛而撒但支持性愛。但事實正好相反，神說性愛是夫妻之間愛的表示，是潔淨的，是理所當然的。我每次主持婚禮，都會讀一段雅歌的經文，然後叫新人在度蜜月的時候繼續讀完後面的經文。

比喻

但雅歌不只是肯定，也是比喻。比喻不同於天馬行空的寓言，寓言是虛構的故事，背後有隱藏的含義，比喻

則是事實，與另外一個事實類同。耶穌教導時就會用比喻，比如祂用聽眾能明白的用詞來形容天國。雅歌這卷書也是如此，男女之間的愛就像神和人之間的愛，兩種愛都真實存在，而男女之間的愛有助於解釋神人之間的愛。雅歌說，我們和神的關係也可以像這樣，讓我們應該能夠說出：「我心愛的人屬我，我也屬他」，就像愛人之間的對話一樣。

▍雅歌的作者

　　雅歌這卷書是所羅門王寫的，他有寫歌作詞的恩賜。我們從列王紀上得知，所羅門總共寫過一千零五首詩歌，但只有六首收錄在聖經裡。所羅門有七百個妻妾和三百個嬪妃，我推測他大概給每人各寫一首歌，但是在這一千個女人當中，只有一個是神為他挑選的伴侶，所以只有他為這個女人寫的情歌，才被收錄在聖經裡。雅歌告訴我們，所羅門寫這首歌時，已經有六十個妻妾。

▍書中主角是三個人還是兩個人？

　　學者對這卷書的故事情節，看法分歧。有些學者說情節牽涉到三個人，是牧童、君王、女孩的三角戀愛，這女孩在兩個男人之間難以抉擇。這樣的情節很有意思，可以講出一篇精采的道，因為最後可以說這話來打動會眾：「你就是那女孩！你要選擇這個世界的王，還是選擇那個好牧人呢？」可惜，這情節和經文不符，所羅門何必寫一

首歌，把王（他自己）描寫成壞人呢？更何況，雅歌整卷
書的氣氛純真，沒有罪惡，根本沒有什麼邪惡的君王引誘
純樸的少女這回事。這卷書從頭到尾，就是一首單純的情
歌。

所以比較可能的故事情節是只有兩個人，這表示王
和牧羊人是同一個人。這看似不太可能，但請記得，以色
列有幾位君王就是牧羊人出身。大衛是明顯的例子；摩西
在領導神的百姓之前，也是牧羊人。這種雙重身分並非不
尋常。

但即使認定王和牧羊人是同一個人，還是不容易明
白整個故事怎麼兜起來的。這有點像打開一盒拼圖，看見
裡面五顏六色的拼圖片全混在一起，除非有盒蓋上的圖像
可以參考，否則會覺得很難拼出來。

所以，我要給你拼圖盒蓋上的那幅畫像，這樣當你
自己讀這故事時，所有拼圖片都可以兜在一起。

▌故事

所羅門在黑門山擁有一片山坡地，當他想暫時放下
在耶路撒冷作王的壓力時，就會到那裡避靜。在那裡，他
可以放鬆，可以打獵，可以暫時忘記自己是王。偶爾他也
會帶著羊群，在山間尋找青草地和水源，一天也許可以走
上十五哩路。

所羅門的那塊山坡地上，原本住著一個農夫，農夫
過世以後，兒子繼承了農場，但我們不曉得他有幾個兒
子，也許三、四個兒子，再加兩個女兒。其中一個女兒年

紀還小，另一個女兒已經長大，就是雅歌的女主角。她的生活平凡無奇，父親分了家產，把葡萄園分給兒子和女兒，但幾個兄弟把很多家事和農事都推給這個女孩去做。她怨嘆自己為了照顧兄弟的葡萄園而荒廢了自己的葡萄園。除此之外，因為她整天在外工作，膚色愈曬愈黑。古銅色肌膚在歐美文化中是一種魅力，但她的文化卻剛好相反，中東地方的準新娘，婚禮前十二個月都不能曬太陽。所以她很清楚，這一身黝黑的膚色，恐怕會讓她嫁不出去，一輩子替兄弟作牛作馬。

有一天，她在田裡遇見一個年輕人，兩人相談甚歡，約了第二天再見面。見了幾次面之後，兩人約定天天見面，會面成了每天最令人期待的事。連續相會兩週以後，雙方陷入熱戀，但有一件事令這女子感到困擾，就是她不曉得這男子的身分。她不停問他：你的田地在哪裡？你晌午在何處使羊歇臥？但是男子沒有正面回答問題，也不講明自己的身分。

雙方情投意合，深深相愛，最後男子向女子求婚，這一刻她等了多少年！她立刻開心地說：「我願意」。男子說，他明天得離開，回到南方的大城市工作，他把女子留在那裡準備婚禮，承諾一定會回來。

接下來幾個月，是這女子一生中最興奮的時光，她從未想過會有這麼一天，但現在她要結婚了。不過這時她開始做惡夢，這些夢境的含義很容易理解，因為她夢到的都是同一件事：「他不見了，我在找他。」

有一天晚上，她夢見自己在街上奔跑，到處尋找情郎。她遇見巡夜人，立刻問他有沒有看見自己的心上人，

但他沒看見。她在街上奔跑，瘋狂尋找男子，等她找到了，就抓住他，把他拉回自己母親的臥室，說再也不會讓他離開了。當她醒來，卻發現自己抱著枕頭。

還有一次，她夢見情郎站在門口，正把手從門上的洞口伸進來，想要把門栓打開，卻打不開，因爲門栓卡在更下面的地方。但她這時全身動彈不得，下不了床，眼睜睜看著情郎想盡辦法要開門，她的心情沮喪極了。後來情郎的手不見了，而她可以動了，就向門口跑去，可是情郎已經走了！

這女子爲什麼會做這些惡夢呢？原因很簡單：她擔心情郎不回來娶她。她開始胡思亂想，也許對方只是逢場作戲，不會遵守諾言。

後來有一天，她在田裡工作，看見路上突然揚起一大片灰塵，來了很多馬車，她問兄弟是誰來了。

兄弟說，是地主來了，耶路撒冷的所羅門王來巡視他的土地。大家準備屈膝迎接王，這女子沒見過王，就偷偷瞄了一眼，沒想到高坐大車上的王，正是她的情郎！

大家都知道，所羅門王已經有六十個妻妾，這女子驚訝地發現，她將是那第六十一個妻妾！

於是她離開農場，來到南方，住在皇宮裡。他們結婚了，她參加的第一場筵席是特地爲她舉辦的。她坐在首桌，就坐在王的身邊，那六十個美麗白皙的皇后，都穿著華服圍繞在她身旁，她覺得很自卑。

當一個男人有好幾個女人時，每個女人都會沒有安全感，都想知道他是不是愛她多過愛其他女人。於是這名女子問所羅門，能不能一起回到北方：「我們能不能以青

草為床，以樹木為頂？能不能回去住在你那裡的田園？」
所羅門解釋說，因為他是王，必須在耶路撒冷居住和統
治。最後她問到王身邊這些美麗的女人，她用很自卑的口
吻說：「我只是沙崙中的玫瑰花，只是谷中的百合花。」

　　我們以為這些花很漂亮，但在以色列，這些都是小
花，就像草地上的雛菊，很容易遭人踐踏。谷中的百合長
在蔭蔽處，沙崙的玫瑰則是一種長在地中海沿岸平原上的
小花。

　　王回答說，她就像荊棘裡的一朵百合花，她聽了很
高興，因為相較之下，荊棘裡的百合花是以色列最美的
花。這朵白色的百合花，姿態優雅，在她心愛的人心中，
她就是如此美麗。於是她高興地唱了一首歌，歌詞說：
「他帶我入筵宴所，以愛為旗在我以上。」

　　以上就是這個故事的大綱，也正是拼圖盒蓋上的那
張圖。

▌為什麼我們應該讀這卷書？

　　為什麼我們應該讀這卷書？原因有二。第一，基督
徒信仰的核心，其實是一種很個人的關係。並不是上上教
會、讀讀聖經或捐獻支持宣教士就算是基督徒了，要和神
相愛才算是基督徒。唱聖詩之所以重要，完全是因為我們
是在唱情歌。如果不明白這一點，就不明白信仰的核心。

　　所以，在整本聖經正中央的地方，述說了一段很親
密的愛情關係，是所羅門和一個鄉下女孩的愛情。

　　這卷書從更廣的角度來形容神和人的關係。聖經有

時會把神說成是丈夫，而以色列是妻子。神追求以色列，在西奈山上娶她，跟她立下婚約。當以色列去追求別的神明，就成了淫婦。

這也是貫穿何西阿書的主題。神要先知何西阿去街上找一名妓女，何西阿向神抗議，爲什麼要叫他這樣做？神叫他娶這名妓女，說她會生三個孩子，她會愛老大，卻不愛老二和老三，老三甚至不是何西阿的種，要給他取名叫「不是我的」。神告訴何西阿，這個女人會回到街上重操舊業，留下三個孩子給他，但是他必須去找她，從控制她的皮條客那裡，替她贖身，帶她回家，並且重新愛她。最後神叫何西阿告訴以色列民，這正是祂對以色列的心情。

其實在舊約聖經中，神和以色列的關係就是丈夫和出軌妻子的關係。神追求她，得到她，失去她，卻仍然愛她，想再帶她回家。

進入新約聖經，情況還是一樣。基督是新郎，祂在尋找新娘。在聖經的最後一頁，這個新娘渴望新郎快來，說：「快來！」她已經準備好了，穿上白衣，也就是公義袍。所以，聖經從頭到尾都是一個愛情故事。

雅歌描述了這種關係，這卷書中的年輕男子對女子說的話，正是神對我們說的話，而女子的回答，是我們可以給神的回答。所以這卷書的內容不是寓言，字裡行間並沒有隱藏什麼特別的含義，「石榴」就是石榴，「乳房」就是乳房，神說話是當眞的，但雅歌是在比喻我們和神可以擁有這樣的關係。

詮釋雅歌要小心，我們和神之間並不是情慾的關係，而是情感的關係。雖然雅歌有一些描述性愛的用詞，

卻十分含蓄，並不像現代文學作品那樣詳細露骨。

我們和神之間，是一種情感的關係，這故事讓我們想起，耶穌復活之後在加利利和彼得的對話。彼得曾經在庭院中的一堆炭火前不認主，而新約聖經只有另外一處談到炭火，就是幾週之後在加利利。所以，彼得見到那堆炭火時，就想起那段不堪的過去。但耶穌並沒有說祂對彼得感到失望，也沒有說彼得以後不能再服事了。祂告訴彼得，這件事祂可以釋懷，只要祂能夠確定一件事就行，這件事就是彼得愛祂嗎？

同樣的，耶穌不會問你去過教會幾次，或是這禮拜讀了幾章聖經，祂要問的是：「你愛我嗎？」耶穌說，律法的總結是「你要盡心、盡意、盡力愛主你的神，並且要愛人如己」。愛確實是最重要的。

第二，你和耶穌的關係不僅是個人的，也是公開的。大多數人愛耶穌是因為把耶穌看成他們的牧人，與他們同在，帶他們走過死蔭的幽谷，也帶領他們到可安歇的水邊和青草地。但是我們愛上耶穌這位牧人之後，會發現祂也是我們的王！祂是萬王之王，我們是祂的新娘，即將成為皇后，和祂一同作王。所以我們也是公眾人物，身上多了額外的責任。可是如果可以一直維持私下的關係該有多好，回到黑門山的森林，私底下跟主保持關係，就不用面對很多討厭的事了，不用一直被批評，不用一直活在公眾的眼光之下。然而，神要我們活在公眾的眼光之下，永遠把祂當作我們生命的泉源，和祂一同挑起治理全地的責任。

14. 箴言

▌▌引言 *

　　乍看之下，會覺得把箴言收錄在聖經有點奇怪，箴言裡面有些幽默的觀察和簡潔的格言，似乎也不過是一般的常識而已。

　　這卷書好像不太屬靈，很少談到私底下或公開場合的靈修生活，主題似乎十分世俗。

　　有些箴言的重點誰都明白，比如：「窮人的貧乏是他的敗壞」、「心中喜樂，面帶笑容」；「寧可住在房頂的角上，不在寬闊的房屋與爭吵的婦人同住」、「過路被事激動，管理事不干己的爭競，好像人揪住狗耳」。

＊註：箴言（和傳道書）這兩章的探討，我要感謝柯德納（Derek Kidner）精采的聖經註釋書，這是 IVP 出版社（Inter-varsity Press）出版的「丁道爾系列」。讀者若想更詳細地研讀這幾卷書，我很推薦這幾卷書的註釋書。（編按：此註釋系列已由校園書房出版社中譯出版。）

　　有些箴言聽起來，逗人發笑的作用多過造就人，有些箴言甚至好像不太道德，比如：「人的禮物爲他開路，引他到高位的人面前」。

　　很多箴言已經成了日常生活的慣用語：

　　「不打不成器」；
　　「盼望遲遲不實現，令人憂心」；
　　「狂心在跌倒之前」；
　　「偷來的水是甜的」；
　　「鐵磨鐵，磨出刀來」。

　　箴言描繪出人生的眞實樣貌，不是在教會的模樣，而是在街上、辦公室、商店和家裡的樣子。箴言涵蓋人生各層面，不只是星期天在教會做什麼，更談到如何面對一週七天會遇到的各種情況。

　　所以，箴言中的人物很容易在各個社會中找到，比如長舌婦、嘮叨的妻子、游手好閒的年輕人、總是不請自來而且賴著不走的鄰居，還有一早起來就笑嘻嘻、樂觀得讓人受不了的朋友。

　　沒錯，九百條箴言幾乎涵蓋了人生所有重要的主題，而且常以對比方式來呈現：智慧和愚昧、驕傲和謙卑、眞愛和情慾、財富和貧窮、工作和休閒、主人和僕人、丈夫和妻子、親戚和朋友、生命和死亡。

　　但是，有些頗重要的事卻被遺漏了，令人意外。比如這卷書很少談到信仰的事，沒有提到祭司和先知，也很少提到君王，這些人可都是舊約聖經中的主角。

　　我們從一開始就必須清楚該從什麼角度來看箴言的主題。有些人弄錯了，以為箴言的焦點是世俗生活，但是聖經並沒有區分所謂的世俗和神聖，在神眼中，只有罪本身才是世俗（secular）的事。

　　認為只有「宗教」的事才算「神聖」的這種想法，來自古希臘思想，這種思想已經進入許多現代人的觀念，甚至包括基督徒。聖經並未這樣區分，只要是為神做的事，都算為神聖。神寧可要一個盡職的計程車司機，也不要一個偷懶的宣教士。在神的眼中，所有的工作都一樣神聖。

　　所以，箴言要講的，就是我們清醒時的生活態度。這卷書告訴我們，平時應該如何行事為人，並且警告我們，很多人虛度了一生。箴言教我們活出美好的人生，箴言的智慧則幫助我們在走到人生的終點時，可以為一生的成就感到欣慰。

　　箴言和聖經其他書卷的信息有什麼關係？使徒保羅在提摩太後書中對提摩太說，聖經能夠使他「因信基督耶穌，有得救的智慧」。但我們讀箴言的時候，也許會納悶，這卷書哪有談到救贖？箴言根本不像聖經其他書卷那樣出現救贖的主題呀。

　　但是，救贖的主題確實出現在箴言中。「救贖」這個詞，很接近「廢物利用」或「回收」的意思。神專門在做回收人的工作，叫他們從無用變成有用。基督徒從罪人變成聖徒，也從愚昧變成有智慧。人才是污染地球的罪魁禍首，這就是聖經要傳達的信息。耶穌把地獄比作耶路撒冷城外的垃圾場——欣嫩谷，所有的垃圾都往那裡扔。祂講

到把人「扔」進地獄，這些人好似廢物。神在回收那些往地獄去的人，要把愚昧人變成有智慧的人。

所以，從這個角度來看，箴言其實充滿救贖的信息，因為箴言講得救以後要活出什麼樣的生命，並且要我們別忘了自己蒙拯救脫離何等生命景況。很多教會傳講箴言的時候，常常會失衡，太過注重我們是從什麼樣的生命景況被拯救出來，卻不夠注重得救是為了什麼、得救以後要活出什麼樣的生命。

那麼，聖經以外的智慧呢？很多人會說，還有很多智慧是聖經沒有提到的，比如柏拉圖、蘇格拉底、亞里斯多德、孔子的智慧。聖經以外也有智慧，不足為奇，因為男男女女都是照神的形像造的，自然具備一些人生智慧。可是，人的智慧還不足以洞悉人生，惟有被基督救贖之後，才能明白生命的意義，活出神的旨意。從這個角度來看，世人的智慧其實是愚蠢的，因為缺乏永恆的觀點。

因此，箴言是在肯定一個真理：神是全智的神，祂是一切智慧的源頭，是祂用智慧創造整個宇宙和其中錯綜複雜的萬物。

▌箴言的寫作目的

箴言在聖經中頗為特別，因為書中直接告訴我們為什麼要寫這卷書。箴言的序言說，學習箴言會帶領我們走向智慧，又告訴我們智慧的開端就是「敬畏神」（這神就是雅威，猶太人的神）。我們若明白神恨惡罪惡，曉得祂是一位無所不知的審判官，沒有什麼逃得過祂的眼睛，就

會看見自己的愚昧，看見我們需要幫助才能活出神要我們活出的生命。想要智慧，就要敬畏神，向神求智慧，學習如何靈巧但正直地待人處世。

這卷書也告訴我們，神會透過別人把智慧傳給我們，尤其會透過我們的父母、祖父母，還有經驗比我們豐富的人。所以箴言有多處提到，我們可以在家庭關係中學到什麼智慧。

▌箴言的作者

聖經上有一個人跟智慧最有關係，寫了箴言這卷書，這人就是所羅門王。所羅門登基作王的時候，神對他說：你要什麼我都願意給你，結果他向神求治理人的智慧。神給了他智慧，還給了他沒有求的東西，像是名聲、權力、財富。所羅門的智慧話語是個傳奇，但他給別人的智慧似乎多過給自己的智慧，畢竟，蒐羅七百個妻妾（想必還得加上七百個岳母）絕不是什麼明智的做法，更別說他還有三百個嬪妃！

不過，神所應許的智慧，有一個重要的條件。在列王紀上，神對所羅門說：「我會給你辨別是非的智慧……只要你謹守我的律例和誡命」。所以我們不得不下一個結論，所羅門晚年的愚昧行徑，是漠視這項條件所導致的後果。

所羅門在全盛時期因智慧而遠近馳名，連示巴女王都遠道而來，不只要看他的財富，更想聽他的智慧之言。當今的哲學家喜歡回顧古希臘的智者，像是蘇格拉底、柏

拉圖、亞里斯多德，這幾個人活在基督之前四百年左右的
時代。但這些哲學家忘了，早在基督之前一千年左右的青
銅器時代，就有一位同樣有名的智者了。所羅門蒐集了許
多箴言，自己也寫了許多箴言，放在這卷書中。此外，他
還寫了雅歌和傳道書這兩卷書。

　　所羅門年輕時寫了雅歌，因為給戀愛沖昏頭，完全
忘了神的存在，雅歌講的是內心的情感。箴言是他中年寫
的書，講的是意志。他最後的著作——傳道書，是在老年
時寫的，講的是心思意念；他默想自己的一生，不知道自
己究竟有什麼成就。所以所羅門寫這三卷智慧書，分別是
以年輕戀人、中年父親、老哲學家的身分寫的。

　　有意思的是，有些箴言來自以色列之外的地區。有
些箴言來自阿拉伯哲學家，還有一整章是埃及箴言，可能
是所羅門從一個妻子（法老的女兒）那裡蒐集來的。所羅
門知道，神也賜智慧給以色列境外的人，所以他很樂意將
這些智慧收藏在他的書中，從認識神的人生角度來看這些
箴言。

　　但這並不意謂箴言這卷書對神沒有強烈的敬畏之
心。其實箴言提到神九十次，而且是用神的名字「雅
威」，是以色列的神，不是別國信奉的隨便哪個神。書中
完全沒有提到阿拉伯或埃及所拜的神有任何價值。

　　箴言有一部分由多年之後的希西家王完成，他在大
約兩百五十年之後，把所羅門許多沒寫出來的箴言蒐集起
來，收錄在箴言這卷書中。所以今天我們看到的箴言，完
成於西元前五五〇年。

▋這卷書的風格

探討箴言的內容之前，要先了解一些背景，這關係到這卷書的風格和寫作目的。

箴言不是應許

首先，請務必了解，這卷書說的是箴言、格言，不是應許，我們不該把箴言當作神的應許來引用。

「箴言；格言」一詞的英文 proverb，來自拉丁文的 *proverba*，*pro* 意指「為了」，*verba* 意指「話」，兩者合在一起意指「給某種情況的話」。箴言是適合某種情況的話語，所以歷久彌新，適用不同的人生情況。

而「箴言」一詞的希伯來原文是 *mahshak*，意指「相像」或是「像某樣東西」。耶穌有幾個比喻，一開始就說：「天國就像……」。

所以，箴言、格言是對人生一般的觀察，而應許則是特殊的承諾。

我來解釋一下。比如「大衛·鮑森重視守時」是一句箴言好了，這要怎麼應用呢？這句話說大衛·鮑森喜歡準時，可沒說大衛鮑森應允要在某時到達某地。我若沒照這句箴言去做，毋須受責，可是我若不遵守承諾，就該怪我了。所以箴言、格言只是一般說來是真的，我們不該期待各種情況只要拿一句箴言來應用，都能奏效。讀箴言的時候，不可認定這是神給我們的應許。

很多人把箴言、格言當成應許，於是問題來了。比如有句箴言說：「誠實為上策」，這句話一般說來是真的，

但不見得總是眞的，我就知道有些人因爲誠實而破財呢！

而且有些箴言顯然互相矛盾，比如「欲速則不達」和「舉棋不定，坐失良機」。

箴言這卷書也有相同的特性，箴言第二十六章有句話說：「不要照愚昧人的愚妄話回答他」，但是下一節卻說：「要照愚昧人的愚妄話回答他」！

有兩則箴言常被當作應許來用，沒有成就時就讓基督徒錯愕不已。一則是：「你所做的，要交託耶和華；你所謀的，就必成立。」很多基督徒根據這節經文來創辦各種事業。這句話雖然一般說來是眞的，卻不表示只要將事業交在主手中，就一定會成功。

常給基督徒帶來問題的第二則箴言是：「教養孩童，使他走當行的道，就是到老他也不偏離。」

很多基督徒父母因爲子女不信主，而對這則箴言感到不解。他們說：我已經教養孩子走當行的路啦，結果卻很失望，他們似乎偏離了這條路。

我再重申一遍，箴言不是應許，只是一般說來是眞的。孩子不是受父母掌控的傀儡，我們不能強迫他們走我們的路，等他們長大了就會自己做決定，而且他們有做決定的自由。這兩則箴言都是準則，不是保證。如果使用箴言的人可以明白這一點，就可以避免許多心痛。

詩

箴言的第二個特色是詩的語言，詩這種形式的文字讓人很容易記住。

我來翻譯一句熟悉的箴言給你聽聽：

下決心採取行動之前，先仔細考慮你的處境和
選擇。

這句箴言也可以譯成這樣：

採取行動之前，若能及時發現、及時補救小問
題，就能防堵大問題發生。

以上兩句話其實都是「三思而後行」這句話的翻
譯，但是說「三思而後行」就好記多了！

本書前面曾談到，希伯來詩的文體很特別，不像英
詩大多以押韻為主，而是以節奏為主，這節奏不只是音節
的節奏，也是思想的節奏。所以希伯來詩常常是對句的形
式，兩句之間有對應關係，這對應的關係有三種，第一種
是同義平行句，第二句會重覆第一句的意思，比如：

驕傲在敗壞以先，
而狂心在跌倒之前。

第二種是反義平行句，第二句的意思和第一句相
反，比如：

欺壓貧寒的，是辱沒造他的主，
但憐憫窮乏的，乃是尊敬主。

第三種是綜合平行句，第二句將第一句的含意進一

步發揮出來，比如：

> 你要遠離愚昧人，
> 因為從他口裡得不到知識。

從以上例句中的「而」、「但」和「因為」這幾個詞，可以看出是哪種性質的平行句。

所有的箴言都符合這種模式，可是譯成英文之後，就沒那麼好記了，因為當中的節奏經過翻譯就不見了。不過，猶太父母就是透過這種方式，把價值觀傳承給子女，今天有些生活格言也是用這種方式傳承。

箴言還有另外幾種表達形式，箴言第三十一章是離合詩的形式，也就是每一行用一個新的希伯來字母開頭。有些箴言則以數字為架構，說神所恨惡的有三件事、四件事、六件事等等。這些形式有助於讀的人或聽的人記住內容。

父親的話

我們還需要知道，箴言這卷書有第三個特點：這是父親的話。這卷書是父親給年輕兒子的忠告，全書沒有一句話是講給女人聽的！這種方式在聖經上十分常見，比如新約聖經的書信，收信人並不是「弟兄姐妹」，而是「弟兄」，這種明顯的大男人主義，其實是因為聖經有個基本認定：如果男人行得正，女人和孩子也會行得正。聖經刻意把說話對象鎖定為男人，正是因為男人有責任藉著言教和身教來帶領全家，作一家之主。

▌智慧和愚昧

在箴言這卷書中，所羅門這個中年父親，一心想要預防年輕的兒子重蹈覆轍，犯下他自己少年時所犯的錯。他告訴兒子和所有讀這卷書的人，人生在世，有個抉擇非做不可：你是要智慧陪伴一生，還是要愚昧陪伴一生？所羅門用「女人」來象徵智慧和愚昧。

智慧擬人化

箴言第八章和第九章形容「智慧」是個好女人，父親勸兒子要好好愛她，要追求她，讓她成爲心愛的家人。她說：「愛我的，我也愛他；懇切尋求我的，必尋得見。」

智慧的化身

箴言第三十一章（離合詩），有個母親給兒子忠告，談到好女人是什麼樣子：她必須是賢妻良母，必須是好鄰居，必須懂得做生意，這樣的女人可以帶來安定的家庭生活。

愚昧擬人化

箴言第九章也用了相同的模式，把「愚昧」比擬爲女人。愚昧會用甜言蜜語引誘男人，用誘人的餌吸引獵物，受她吸引的人，結局就是死——她會毀了你，奪走你的男性氣概。

愚昧的化身

箴言第六章形容愚昧是妓女，把那些上鉤的男人變成一塊餅，對她而言，男人只不過是一張飯票而已。

▮▮聖經的主題

不只有箴言這卷書用女人作為象徵，啟示錄也用兩個女人作為象徵，一個是污穢的淫婦，一個是純潔的新娘；淫婦叫巴比倫，新娘叫耶路撒冷。所以這個主題貫穿整本聖經：哪個女人會成為你的終身伴侶——愚昧還是智慧？

聖經常叫我們做選擇，箴言也是如此。我們要選擇生命還是死亡？要選擇光明還是黑暗？選擇天堂或是地獄？

▮▮道德或智力？

除此之外，箴言還用另一種方式來形容智慧和愚昧，說兩者是道德層面的選擇，不是智力層面的選擇。世人眼中的愚昧，是智商不高，但在聖經上，智商高的人有可能非常愚蠢。人是有可能腦袋很聰明，但在道德方面淨做蠢事。

多年前，我聽說桑莫塞郡有個奇怪的鄉下人，如果你拿一個六便士的硬幣和一張五英鎊的鈔票給他選，他每次都拿六便士的硬幣。很多觀光客聽說了，都跑去試試

看，結果那個可憐的傻瓜，每次都拿硬幣，從來不拿鈔票。其實他一點都不笨，這招可讓他飽賺一筆呢！

愚昧和智慧跟學歷無關，詩篇第十四篇說：「愚頑人心裡說：『沒有神』」。魔鬼告訴夏娃，他們若吃了那棵樹上的果子，就會得到智慧，結果卻害他們離開神，離開一切智慧的源頭。屬世的智慧是看什麼最有利，但聖經的智慧是看什麼對品格最好，這樣的智慧不是建立在對世界的認識上，而是奠基於對神的認識。

有一節經文支持這個看法，就在箴言第二十九章，但這節經文常遭到誤解：「沒有異象，民就滅亡」（譯註：「滅亡」是直譯，和合本譯作「放肆」）。教會傳道人想說服會眾支持他們的某項計畫時，常會引用這句經文。但是「異象」一詞的希伯來原文，在比較現代的譯本中，更正確地譯為「啟示」，而「滅亡」一詞則譯作「放肆」或「變得愚昧」。所以這節經文的意思其實是說：「神若不向你啟示，你就會變得愚昧。」所以智慧就是在生活的各個層面，操練神的同在，我們需要聖靈的幫助，才能明白神的心思。

▌箴言的結構

現在要來看箴言這卷書的結構，這卷書的結構非常對稱，只有第三十章開頭的序言除外，那是從阿拉伯來的智慧。以下是箴言這卷書的大綱：

序言（一1～7）

給年輕人的忠告（一8～九18）

所羅門的箴言（十1～二十二16)

智者之言（二十二17～二十三14）

給年輕人的忠告（二十三15～二十四22）

智者之言（二十四23～34）

所羅門的箴言（二十五1～二十九27)

（亞古珥之言〔三十1～33〕）

給年輕人的忠告（三十一1～31）

　　這個安排有如三明治，最外面兩層是「給年輕人的忠告」，再來兩層是「所羅門的箴言」，最裡面兩層是「智者之言」，把「給年輕人的忠告」夾在中間。

　　看過本書的大綱後，現在來看比較詳細的內容：

序言
蒐集箴言的原因

給年輕人的忠告（一8～九18）
父親勸誡兒子遠離淫婦

　　1. 切記：

■ 孝順父母

■ 尋求並得著智慧

■ 保守你心

■ 對配偶忠貞

2. 切勿：
- 結交損友
- 犯姦淫
- 借貸
- 懶惰
- 結交愚昧婦人

所羅門的箴言（十1～二十二16）
所羅門親自編寫

1. 對比：敬虔的生命和罪惡的生命。
2. 內容：敬虔的生命

智者之言（二十二17～二十三14）
埃及格言（也許得自他娶的埃及公主？）

給年輕人的忠告（二十三15～二十四22）
更多的「切記」（「要有智慧」）和「切勿」（「醉酒」）

智者之言（二十四23～34）
阿拉伯（數字）

所羅門的箴言（二十五1～二十九27）
由希西家的文士抄錄

1. 與人相處之道：
■ 與君王
■ 與鄰居
■ 與仇敵
■ 與自己
■ 與愚昧人
■ 與懶惰人
■ 與長舌之人

2. 如何行義（二十七1～二十九27）：
■ 自己要謙卑
■ 以公義待人
■ 敬畏神

給年輕人的忠告（三十一1～31）

母親勸誡兒子要娶賢妻

1. 國中明君
2. 家中賢后（三十一10～31）

從本書的結構和內容，可以看清幾件事：

1. 聖經只有少數幾卷書明說寫作目的，箴言是其中一卷，詳見箴言的序言部分。
2. 這些箴言跟皇室成員關係尤其密切，有十段勸誡

是給「我兒」，主要是針對所羅門的兒子，告訴他應該結交什麼樣的朋友，應該娶什麼樣的女人。

3. 箴言第十至十五章大多是用綜合平行句的形式，第十六至二十二章大多用同義平行句。

4. 整卷箴言雖可看出一個結構，但這些箴言並不是按主題編排，讀起來像是父母在兒子離家獨立前給孩子的叮囑。各主題之間沒有關連，沒有順序，但該講的重點都講了。作父母的在勸告孩子的時候，哪裡會預先分段再加一條有力結論呢！

因此，為了分析這卷書，我們會重新編排箴言的內容，來探討幾個主題。

智慧人

箴言用幾個同義詞來形容智慧，比如：「審慎」、「明智」、「合宜」、「小心避開不想要的後果」等等。智慧人和愚昧人相反，愚昧人魯莽、輕率、粗心、揮霍。

智慧人能分辨善惡，遇到狀況，懂得面對和處理。智慧人謹慎，講求實際，有計畫的能力，能夠善用人生。

智慧人願意接受指正和責備，一點也不想只靠自己的力量，反而追求神的真理光照。智慧人不怕人，只敬畏神。智慧人不計代價也要看重真理——關乎自己、關乎別人、關乎神的真理。

▌愚昧人

有七十幾則箴言描述愚昧人，形容愚昧人（都是用男性來代表）無知、頑固、傲慢、變態、乏味、漫無目標、經驗淺薄、不負責任、容易受騙、粗心、自滿、無禮、輕浮、陰沉、粗魯、好辯。這種人貪得無饜，不肯動腦筋，喜歡幻想勝過事實，喜歡歪理勝過真理，說好聽一點是令人討厭，說難聽一點是凶神惡煞。他們令父母傷心，卻看不起父母，把爹娘當老古板。

在各種愚昧人中，有兩種人特別愚昧。一種是愛譏笑的人，對別人總是嘲諷批評。另一種則是懶人，喜歡賴床，聖經說這種人是在虛度人生。

▌口舌

箴言還有一個重要的主題，就是口舌。第六章說，神所恨惡的有七樣：勢利、撒謊、殺人、害人、行惡、作假見證和說閒話——光是舌頭犯的罪就占了四樣。所以口舌犯的罪是箴言的一大主題，因為人心裡有什麼，就會從口裡出來。

話語是有威力的

話語的殺傷力極大，有些話殘酷、笨拙又粗心。話語可以摧毀人的自尊，能造就人，也能拆毀人，甚至能損害身體健康。信念可以透過話語來傳達。適時發言可以造成很大的影響。

話語可以引起燎原之火，導致紛爭、不合、分裂，哪怕只是微妙的暗示或諷刺。但是好的話語可以傳遞給許多人，好處遍及整個群體。

話語是有限度的

話語不能取代行為，口舌不能改變事實，厚顏無恥的否認和最有力的藉口終有被揭發的時候。

話語不能強迫人回應。即使是最好的老師，也不能改變無動於衷的學生。就算是最可怕的閒話，也不能傷害無辜的人，只有惡毒的人才會注意這些閒話。

健全的話語

有四種話是我們應該說的：

■ 誠實話——是就說是，不是就說不是。
■ 少講話——話說愈少愈好，寡言是一種美德。
■ 冷靜話——冷靜的時候才說話，動怒時說的話少有益處。
■ 合宜話——適時適地的話語，對聽到的人或讀到的人有益的話語，都令人喜悅。

說這四種話之前，需要先想一想。我們需要知道自己在說什麼，也要在開口之前先想清楚說完之後會有什麼後果。

話語也跟品格有關，因為什麼樣的人，就會說什麼樣的話。人有多少價值，說出來的話就有多少價值。

新約聖經中，雅各說，不在口舌上犯罪的人，就是完全人。

▌家庭

箴言這卷書中有許多人際關係的忠告，包括家庭關係和朋友關係。家庭是社會的中樞，神給摩西的十誡當中有三誡跟家庭有關，其中有一條誡命，是惟一帶應許的誡命：「當孝敬父母，使你的日子在耶和華 —— 你神所賜你的地上得以長久」。以下是箴言中有關家庭關係的忠告：

丈夫和妻子：快樂合一的父母

箴言教導一夫一妻制，雖然箴言的作者是所羅門！父母應當一同分擔教養孩子的責任，兩人說話要一致。男人必須對妻子忠心，但妻子有能力造就丈夫或拆毀丈夫，有能力帶給丈夫祝福或咒詛。

這卷書告誡我們，婚姻非常重要，要嚴肅看待可能破壞婚姻的罪，尤其是性方面的不忠。在性方面不忠的人，會失去尊敬和自由，虛擲人生，在社會上抬不起頭，身體也會受到危害。簡言之，這樣做的人不啻自毀品德。

父母和孩子：要好好訓練孩子

箴言說，不管教子女的父母是愚昧人。有句家喻戶曉的格言說：「不打不成器。」箴言也說，管教是一種愛的行動，不過聖經並未暗示管教是萬靈丹。箴言也教導我們，孩子的心是愚昧的，他們有可能聽從也可能藐視父母

的教誨，正因為孩子天性愚昧，所以需要有人鼓勵他們成為有智慧的人。這觀念和今天的人本主義恰好相反，人本主義說，孩童天性本善，只要有正確的環境就會走上正路。但聖經開門見山指出，孩子犯錯時，你若不立即管教，就是不愛他。

箴言也說，孩子還小的時候，父母就需要訓練孩子行公義，培養明智的好習慣，這樣，他們的行為舉止就會帶給父母喜悅和驕傲，而不是羞辱。就算是最好的教導，也不能強迫孩子順服，只能鼓勵他們做出明智的決定。哪怕是最好的父母，他們的子女都仍有可能叛逆、懶惰、放縱或傲慢不聽勸，散盡家財，棄養年邁的父母。

兄弟（包括堂、表兄弟和其他親戚）

直接談到家中平輩關係的箴言並不多。箴言說，有些兄弟彼此幫助，忠誠可靠，但有些兄弟彼此不合，相傷相怨。

▌友誼

「朋友」一詞的希伯來原文，意為「鄰居」，指的是所有和我們沒有親戚關係的近鄰。這年頭人際關係疏離、少有真朋友，更顯出這卷書的忠告可貴。

好鄰居

好鄰居會和睦相處，不輕易吵架，而且和藹可親。好鄰居不會刻薄論斷，總是願意及時伸出援手。好鄰居會

重視隱私，不亂說閒話，也會拒絕不明智的約定。

良友

　　箴言說，少數幾個良友，強過一群泛泛之交。良友可以比親人還親。

　　良友有四種特質：

- **忠心**——無論如何都不會離開你。
- **誠實**——會對你誠實、說眞話。
- **忠告**——會給你忠告。有時我們需要從相反的角度來看事情。
- **禮貌**——會尊重你的感受，不會玩弄你的感情。

▌結論

　　我們應該從箴言學到什麼呢？先來看箴言有沒有達到原先的寫作目的。當時的以色列，國內太平富足，但所羅門知道他們大有可能失去這一切（只是沒想到他自己就是禍首）。

　　箴言第十四章說：「公義使邦國高舉，罪惡是人民的羞辱。」所羅門將箴言集結成書，因爲他知道，若沒有智慧，就保不住以色列國的和平富足。但是以色列漠視所領受的智慧，更加遠離神，連所羅門都沒有照自己的智慧去做。

　　新約聖經有多處經文來自箴言，焦點放在智慧這個主題上。有十四處是直接引用，另有多處提到箴言。

我們在路加福音第一章看到，施洗約翰是來「叫悖逆的人，轉從義人的智慧」。耶穌說話充滿智慧，聽見的人都忍不住問，他是從哪裡得到這些智慧。

大家都知道當年跟著一顆星來到伯利恆的那幾位「博士」（Wise Men，直譯即「智者」），很多人認為他們是外邦人，其實他們更可能是猶太人被擄到巴比倫之後，留在當地的子孫。他們記得巴蘭的預言說會有一顆星在以色列升起，成為萬國之君（民二十四），所以當他們看見那顆星，就跟著星走。馬太福音描述基督降生時，說他們也在場，顯示基督道成肉身何等重要。

聖經說，耶穌小時候「充滿智慧」（路二）。耶穌公開事奉時，曾說示巴女王從地極而來，要聽所羅門的智慧話，但如今比所羅門更大的那個人已經來了（路十一）。有人批評耶穌又吃又喝，耶穌回答說：「智慧會由她的兒女證實是對的。」（路七，此為直譯，和合本譯作：「智慧之子都以智慧為是。」）

使徒保羅回顧耶穌的生平，在哥林多前書第一章說，基督是我們的智慧，神使祂成為我們的智慧。

神的智慧在十字架上顯而易見，世人說，基督死在十字架上，真是愚昧。但保羅說，世人看為愚拙的，卻是神的智慧。

新約聖經的書信有多處直接引用箴言。保羅在羅馬書第十二章說：「你的仇敵若餓了，就給他吃，若渴了，就給他喝；因為你這樣行就是把炭火堆在他的頭上。」

彼得常常引用箴言，比如彼得後書第二章就引用箴言第二十六章說：「狗所吐的，牠轉過來又吃，愚昧人一

再重覆愚行。」彼得勸讀他書信的人說：「要敬畏神，尊敬君王。」

希伯來書第十二章，作者引用箴言第三章，談論神對祂兒女的管教：「我兒，你不可輕看主的管教，被祂責備的時候也不可灰心；因為主所愛的，祂必管教，又鞭打凡所收納的兒子。」

箴言第三十章，亞古珥問了一個問題：「誰升天又降下來？」耶穌在約翰福音第三章回答了這個問題，祂講到自己從天下降到地上。

不過，使用箴言最多的還是雅各書，這卷書信被稱作新約聖經裡的箴言，因為兩者風格非常類似。雅各書的主題也變換得很快，而且看不出彼此之間有什麼順序，簡直就跟舊約聖經的箴言一樣。雅各書中有些主題來自箴言，尤其他分析口舌會導致哪些可怕的後果，也敘述了智慧的益處。

把箴言這卷書收錄在聖經中，似乎有點奇怪，但仔細檢視之後，會發現其實恰得其所。箴言談到聖經中一些重要的主題，聖經其他書卷也引用或提到箴言，箴言也是基督徒在日常生活中對抗愚昧的重要利器。但這卷書不容易明白，必須謹慎研讀，才能夠領會當中許多的教訓。

15. 傳道書

▋引言

　　傳道書裡面有一些話，很多人認為見仁見智，作不得定論。比如下面這幾句話，你認同的有哪些？

- ▋ 一代過去，一代又來，世界卻仍然一樣。
- ▋ 人比動物好不到哪裡去，因為人的生命也一樣沒有意義。
- ▋ 滿於現狀好過貪得無厭。
- ▋ 勞碌的人不管吃多吃少，至少睡得香甜；有錢人卻擔心得整夜失眠！
- ▋ 不要行義過分，也不要過於自逞智慧，何必自取敗亡呢？不要行惡過分，為人也不要愚昧，何必不到期而死呢？
- ▋ 我在一千個男子中，找到一個值得尊敬的人，但

在眾女子中，卻找不到一個！

■ 快跑的人未必能贏，勇敢的人未必得勝。

■ 要把投資分散在幾個不同的地方，因為你永遠不
知道，在這世上會遭遇什麼惡運！

我們研讀傳道書時，會發現有句話講得特別對：「斷
章取義的話毫無意義」。換句話說，我們必須先從整卷書
的角度來了解一節經文的含意，然後才能夠引用。上面那
些話，只是作者一部分的想法，必須從整卷書的角度來
看，不可斷章取義。

傳道書大概是聖經上最奇怪的一卷書，雖然很容易
懂，內容卻令人驚訝，有些地方讀起來像幸運餅內的小紙
條，有些地方讀起來像詩。以下摘錄英國詩人丁尼生
（Thennyson）的幾句詩，看起來就像是傳道書作者會寫的
東西：

愛過又失戀，
強過未曾愛過。
——《悼念》（*In Memoriam*）

男人的好壞有如天地之別，
女人的好壞則有如天堂和地獄之別。
——《裴烈斯與伊妲荷》（*Pelleas and Ettare*）

王死權傾。
——《亞瑟之死》（*Morte'd'Arthur*）

我們的小小世界有過風光時刻，

風光之後便消失無蹤。

——《再遊庫特黑谷》（*In the Valley of Cauteretz*）

對的事就是對，

做對的事是智慧，

不管後果如何。

——《復仇號》（*The Revenge*）

　　傳道書儘管奇怪，卻很像現代人的論調，有如今天的許多哲學想法：

- **宿命論**：該來的躲不掉。
- **存在主義**：要活在當下，誰知道未來會怎樣呢？
- **男性沙文主義**：男人比女人好。
- **享樂主義**：活著就是要享樂。
- **憤世主義**：連善事都不見得是真的。
- **悲觀主義**：事情只會每下愈況。

傳道書的作者

　　這卷哲學推論之書，作者是所羅門王。他寫這卷書時，生命已走到盡頭，對人生感到絕望和幻滅。我們讀所羅門寫的三卷書，很容易看出他寫作時的年齡：寫雅歌時，是個陷入熱戀的年輕人；寫箴言時，是個中年父親，想阻止兒子重蹈覆轍，別犯他當年犯的錯；寫傳道書時，

已經垂垂老矣，這可以從本書最後一章，也就是第十二章的一節經文看出來：「你趁著年幼、衰敗的日子尚未來到，就是你所說，我毫無喜樂的那些年日未曾臨近之先，當記念造你的主。」

所羅門垂暮之年，深刻反省自己的一生。他很喜歡講一句話：「我看……」，傳道書中的見解，就是他觀察的結果。

▌本書的風格

所羅門在這卷書中給自己一個希伯來頭銜，叫作Qohelet，這個字可以譯作「傳道者」、「哲學家」或「教師」，但最好的翻譯是英文的 speaker，意思是「講說者」，也可指「議長」，就是「下議院」中那位主持辯論者的頭銜。傳道書的寫作風格就像一個老人在主持一場辯論──在他腦中進行的一場辯論。他就像個優秀的議長，給正反兩方平等的機會發言，講完人生不值得活的論點之後，再講人生值得活的論點。

因此，這卷書古今皆適用，因為人類自古至今都在辯論相同的主題，尤其到了不惑之年的人，都會問：「人活著的意義是什麼？」有些人因此徹底改變生活方式，因為覺得從前虛度了人生。

所羅門在傳道書中問了幾個重要的問題：人生的意義在哪裡？人生值得活嗎？我們應該怎樣善用人生？問這些問題是對的，雖然他沒有找到對的答案。他在這卷書中，反覆提問又回答，他的信息有時樂觀，有時悲觀，他

的心情一度高昂，然後又沮喪起來。這卷書就在深刻的眞理和膚淺的見解之間來回擺盪。

▌負面的話

　　所羅門的開場白，是一句非常負面的話，他說：「虛空的虛空，虛空的虛空，凡事都是虛空」。這裡的「虛空」也可以譯作「空虛」。這個走到人生盡頭的人，說人生一切都沒有意義，都沒有用。

　　我們要切記，所羅門當時是王，有錢有勢，想做什麼就可以做什麼，想買什麼就可以買什麼。傳道書也提到，所羅門嘗試做了很多事，想找到那已離他而去的快樂。

　　他試過科學和農業，甚至爲自己養的牛群配種；他鑽研藝術；他從父親那裡遺傳到寫情歌的天分；他打造偉大的建築物；他從世界各地蒐集名畫來收藏。但這些都不能滿足他。他投入商業投資，在商場上積聚了大筆財富；他嘗試享樂——美食、美酒、美女，卻仍覺得不滿足。他轉而鑽研哲學，買了許多書，其中還有從埃及買來的書。這些固然帶給他刺激，卻無法滿足他最深的需求。

　　上面提到的這些興趣，本身並沒什麼不對，但他想找的東西，無法在這些事中找到。他的生活滿了各樣的事情，卻不滿足。有時候，他眞希望自己是個平凡人。

　　我們其實可以看出所羅門爲什麼不明白人生的意義，他的問題出在他觀察得太多，但明白得太少。他的眼光狹隘，只用一隻眼睛看，就像我們用單筒望遠鏡那樣，所以他看得不深，看事情的角度也不正確。

所羅門的眼光狹隘，主要受限於兩方面：

1. 空間

所羅門有二十八次用同一個詞來形容他所見之物的所在，說都是在「日光之下」，這個詞在聖經其他書卷都沒出現過。如果我們的眼光受限於今生此世，就永遠無法明白人生的意義，也無法明白如何活出人生的價值，於是不得不靠著世界帶給我們的短暫歡樂，才能找到成就感。

2. 時間

所羅門還用到一個詞「今生」。他認定人一死，人生的一切意義、知覺、存在，都會結束。他沒有想到來生，他不知道人如果能夠從來生的角度看事情，就能夠明白人生在世的意義。

現代人的眼光，也跟所羅門一樣狹隘，常常從科學的角度來觀察世界，認定世上沒有神，沒有來生。科學可以告訴我們世界怎麼來的，卻不能解釋為什麼。所羅門需要從不同的角度來看人生，惟有從神的角度來看，才能明白人生。

▌正面的話

傳道書中有一些問題是無解的，有時反而讓人感到樂觀。無知不見得會讓人絕望。有些無知是因為真的沒有人知道；有些無知是因為神知道，但我們還不明白。所羅門每次想到神時，思想就正面起來。傳道書有兩處經文正

是如此。

　　第一處在第三章，這一章最廣爲人知，也最常被引用，裡面的經文常被拿來當作小說或電影名稱。下面這首詩，節奏清楚，提醒我們每件事都有適當的時機和地點。

　　　　神掌管一切，凡事都有定期；
　　　　生有時，死有時；
　　　　栽種有時，收割有時；
　　　　殺戮有時，醫治有時。

　　　　折毀有時，建造有時；
　　　　哭有時，笑有時；
　　　　哀慟有時，跳舞有時；
　　　　親吻有時，停止有時！

　　　　尋找有時，失落有時；
　　　　保留有時，捨棄有時；
　　　　撕裂有時，縫補有時；
　　　　靜默有時，言語有時。

　　　　喜愛有時，恨惡有時；
　　　　爭戰有時，和好有時；
　　　　享受你的人生，但要記住……
　　　　神掌管一切，祂命定一切。*

---

*註：這首詩也可以用洛・史都華（Rob Stewart）的《航行》（I'm sailing）這首流行歌的調子來唱。

　　大多數人讀這首詩的時候，會漏掉一節重要的經文，就是最後從詩轉為散文的地方，這裡說：「神造萬物，各按其時成為美好。」所以整段的重點不在於人的決定，而在於神的命定。「新英文本」聖經（The New English Bible）把這句話譯作：「世上萬事都是照神所選擇的時間發生。」

　　從這個角度來看人生，我們就不至於悲觀。我們若相信自己的人生掌握在神手中，相信祂知道什麼時候跳舞、什麼時候哭泣對我們最好，就會明白發生在我們身上的事並非偶然，而是神為我們做的選擇，祂要把我們的人生編織成一幅圖畫。

　　有些人認為這種觀點是宿命論，表示沒有人能影響命運，但是宿命論和神自由選擇要讓什麼事臨到我們身上，兩者可是大不相同。我們的自由意志不可能壓過神的旨意，祂會在各樣事上動工來達成祂的目的。祂要我們選擇祂的道路，將我們的意志降服在祂至高的權柄之下。我們必須為自己的人生負責，也要為自己的人生向神交代。

　　聖經其他書卷也提到這種人生觀，鼓勵我們根據神至高的旨意來看自己所做的一切計畫，所有的計畫都要有神的允許才可能做到。我父親有句口頭禪：「人生很長，足夠我們活出神的目的；但人生很短，不容許浪費一分一秒。」這正是第三章的信息。我們的年日掌握在神手中，祂會決定什麼樣的未來對我們最好。

　　另外還有一段經文，可以強烈感受到神的同在，就是第十一章和十二章，《當代聖經》（the Living Bible）這樣翻譯：

活著真好！人若活到很老，就該天天喜樂，然而也該記住，永生更長，今生的一切跟永生比起來，都是虛空。

少年人哪，年輕真好！你該享受每個時刻！隨心所欲做你想做的事，但要知道，你必須為自己一切的行為負責，向神交代。

所以，應該除掉煩惱和痛苦，但要記住，人在年輕歲月有可能犯下大錯。別讓青春的興奮，使你忘記你的創造主。

你該趁著年輕的時候榮耀祂，別等到衰老、無法享受人生的時候，這時就來不及記念祂了。太陽、月亮、星辰，會在你昏花的老眼中失去光輝，困境之中也不再有指望。到那時，你的手臂發抖，強健的腿變得無力，牙齒只剩幾顆，難以咀嚼，眼睛也昏花不明，到這時，你吃飯必須緊閉雙唇，因為牙齒都掉光了！黎明時分，麻雀初唱，你就醒來，但是耳朵已經重聽，說話聲音發顫；你懼高，怕跌倒，頭髮斑白，形容憔悴，寸步難行；你失去了性慾，站在死亡的門口，隨著街上送葬的隊伍，一步步接近永恆的家。

趁現在還年輕，應當記念你的創造主，不要等到銀鍊折斷，金罐破裂，瓶子在泉畔損壞，水輪在井口破爛。我們的身體將歸還塵土，我們的氣息將歸回賜生命的神。傳道者說：虛空的虛空，凡事都是虛空。

但傳道者因為有智慧，仍將知識教訓眾人，他

蒐集箴言，加以分類。因為傳道者不但有智慧，也是一位良師，他不但傳授自己所知道的，教法也十分有趣。

智慧人的言語好像趕牛羊的棍子，會激勵人拿出行動來，也會指出重要的真理。能精通教師所傳授的，才是有智慧的學生。

但年輕人哪，還有一件事你該留意：著作是沒有窮盡的，書一輩子都讀不完，而且讀書過多會讓你筋疲力盡！

我最後的結論是：要敬畏神，謹守祂的命令，因為這是人人應盡的義務。我們所做的一切，包括每一件隱藏的事，或善或惡，神都要審判。

這卷書的最後一段經文，有幾個重點：

要記念

所羅門勸告聽者，尤其是年輕人，要記念神。這個忠告大概來自他親身的經驗，比如雅歌這卷書就完全沒有提到神。所羅門想說的是，假如他年輕的時候能夠記念神，今天就不用這麼苦惱、不曉得人生的意義在哪裡了。

敬畏

所羅門勸告聽者要敬畏神。聖經的智慧書不斷指出，敬畏主是智慧的開端，我們若真正敬畏神，就什麼也不怕。我們必須敬畏神，因為祂會要求我們為自己這一生向祂交代。

耶穌告訴門徒，不要怕那能夠殺身體的，「當怕那殺了以後又有權柄丟在地獄裡的」（路十二）。如果教會外的人不敬畏神，那是因為教會內的人也不敬畏神。

順服神

所羅門知道自己沒有好好順服神，卻告訴讀者要小心順服神。現在他知道神賜下律法，是為我們好，不是要掃我們的興，是要幫助我們善用人生。所羅門說這是「人所當盡的本分」（十二章），我們的責任比我們的權利還重要。

▌結論

所羅門蒐集箴言，編寫箴言，但他也鑽研了太多其他的哲學，讀了太多書，反而對人生感到幻滅。傳道書中許多空虛的想法都來自其他哲學。這卷書讓我們看見，人的智慧有限。這卷書也於我們有益，提醒我們，人若不明白神所喜悅的生活方式，會變成什麼樣的人。

神把這卷奇怪的書放在聖經裡，因為既可以讓我們思考好的、真實的想法，也可以讓我們檢視錯誤的想法。我們在書中看見悲觀的人生觀和宿命的人生觀，看見人最好的想法也不過如此。

這卷書告訴我們，如果不從天上和來生的角度來看，就不能明白人生的意義，最後終將感到絕望、幻滅、沮喪。

聖經當然不會只留給我們這卷書的悲觀想法。新約

　　聖經說，基督是我們的智慧，透過基督，我們可以明白人
爲什麼活著、應該怎麼活。

　　約翰福音第十七章告訴我們，眞正的生命就是認識
耶穌，祂是首先的，又是末後的，是祂，確保了我們的人
生眞正有意義、有目的。

▌引言

英文有些慣用語是從約伯記這卷書來的，比如用「約伯的忍耐」來形容人面對重大苦難卻堅忍不拔，而「約伯的安慰者」則用來形容有些人去安慰受苦者，卻反而讓對方更難過。

聖公會的追思禮拜會引用約伯記開頭的一節經文：「賞賜的是耶和華，收取的也是耶和華」。韓德爾的神劇《彌賽亞》也引用約伯記的一句經文，是愛樂人士很熟悉的：「我知道我的救贖主活著」。雖然大家對約伯記少數幾節經文很熟悉，卻不熟悉整卷書。大多數人並不了解這卷書的目的，所以往往斷章取義使用自己所知道的那幾節經文。

約伯記可能是人類歷史上最古老的一卷書，不過真正的年代不容易考訂。我們知道這卷書寫於亞伯拉罕的時

代，因為從書中許多地方來看，最有可能是在那個時代寫的。作者使用「雅威」（Yahweh）來稱呼神，就跟摩西一樣，但書中沒有提到出埃及記、西奈山之約或摩西律法，而這些都是舊約聖經最根本的事。

讀約伯記的人很快就得要面對一個問題，而這個問題會決定他怎麼讀這卷書。到底這卷書是事實，還是虛構？還是根據事實改編的作品？

是事實？

相信約伯記的內容是事實的人，強調聖經的其他作者認定約伯真有其人。以西結把約伯、挪亞、但以理並列為歷史上的三大義人。在新約聖經中，雅各也舉約伯的忍耐作為例子。

而且約伯記第一章就告訴我們，約伯住在「烏斯地」。我們雖然不確定烏斯地在哪裡，至少知道約伯住在美索不達米亞盆地，靠近底格里斯河和幼發拉底河，大馬士革再過去一些的地方。

除此之外，從故事來看，也像真有其人。約伯面對苦難的反應非常真實，對他內心感受的描述也非常傳神。他和妻子的對話，大概是我們可以預料到的，而他那些朋友的意見和他後來的辯解，似乎都像真實人生的對話。至於他擁有的牲畜數量龐大，以富有的農場主人來說，是很正常的。

是虛構？

雖然本書內容十分可信，還是有很多人不相信這是

眞實故事，讀者就是覺得，有些事情感覺不像眞的，跟眞實人生好像有一段距離。

比如第一章發生的事件，四場可怕的災難接連來到，每次都只有一個人倖存回來報信，這一點實在讓人難以相信。怎麼可能連續發生四場災難，都只有一個人存活，而且報信時說的話都一樣：「只有我一人存活，回來向你報信。」

而最後快樂的結局，也像是刻意的安排。約伯的子女在這卷書剛開始的時候就全死了，但最後他又生了同樣數目的子女──七男三女。作者顯然認爲我們應該爲這個快樂的結局感到高興，卻讓人覺得好像他不太在意先前幾個子女死去。我們不得不問：「這也太不眞實了吧？我們應該把這故事當作事實來讀嗎？」

而約伯那幾個朋友說的話，也讓我們懷疑這是不是眞實故事，因爲每個朋友說的話，寫出來都是詩。前面已經談過，詩是一種做作的說話形式，不會用在對話中，更不會是約伯和朋友討論重要主題時使用的形式。但是每一個來「安慰」約伯的人，都是出口成詩，讓我們忍不住想問：「是誰記錄了這些詩？難道他所有的朋友都是傑出的詩人，都有絕佳的記性？還是這件事有別的解釋？」

根據事實改編而成？

惟一說得通的解釋，就是約伯記這卷書是根據事實改編，也就是說，以事實爲根據，但這些事實經過擴充和潤飾。所以約伯眞有其人，他相信聖經中的這位神，但他也必須明白爲什麼有苦難、爲什麼苦難接二連三臨到。

所以，約伯記這卷書很像莎士比亞的歷史劇，以史實爲背景來寫人物，就像《亨利五世》，這些劇把焦點放在人物的內心世界。比較現代的例子是羅伯波特（Robert Bolt）寫的戲劇《良相佐國》（*A Man for All Seasons*），根據湯瑪斯‧摩爾爵士（Sir Thomas More）的生平編寫。他捕捉了主人翁面對人生、奮鬥不懈的態度，但觀眾知道最後呈現出來的作品與眞實事件不會一模一樣。

文學

約伯記以希伯來詩的形式書寫，藉著語意和重覆來呈現詩的美，而不是靠語音。約伯記是一部傑出的文學作品，無法單單歸爲某種類別，因爲內容包含史詩、戲劇、辯論，故事情節引人入勝，對話內容含意深遠。不難想見，許多傑出人士對這卷書大爲讚賞，蘇格蘭哲學家兼歷史學者卡萊爾（Thomas Carlyle）說約伯記是「一卷崇高的書」；英國桂冠大詩人丁尼生說約伯記是「古今最佳詩作」；馬丁路德說約伯記是「聖經上最宏偉莊嚴的一卷書」。約伯記足以和詩人荷馬（Homer）、維吉爾（Virgil）、但丁（Dante）、米爾頓（Milton）和莎士比亞的作品媲美，足列古往今來最傑出的文學作品。

哲學

但約伯記這卷書不只是偉大的文學作品，也是哲學作品。書中問的問題，是人類有史以來哲學家一直在思考的問題：我們爲什麼來到世上？人生有什麼目的？罪惡是從哪裡來的？爲什麼好人會受苦？神還在掌管這個世界

嗎？神還關心嗎？祂在乎嗎？

約伯記涵蓋這些主題，尤其是這個問題：為什麼好人會受苦？約伯顯然是個好人，但他遭遇很可怕的悲劇。這卷書處理的就是約伯為什麼會受苦的問題。

神學

約伯記也是一卷談神學的書。哲學可以用抽象的方式來回答上述的重要問題，但神學直指這些問題和神有關。首先，我們必須了解一件事，就是人心中一定對神已有某些看法，才會想不通人生為什麼有苦難。如果你相信神很壞，就不會對苦難感到不解，因為神既然很壞，當然會讓你受苦。只有當你相信神是良善的，才會不明白為什麼有苦難。更有甚者，你可能相信神是良善卻軟弱無力的，所以才無法做什麼來幫助你。照道理說，你若這樣想，就不會對苦難感到不解，畢竟你認為神只能夠同情你，但幫不上忙。惟有當你相信神是良善的，而且有能力幫助人，才會不明白人生為什麼有苦難。

許多「現代神學家」為了替苦難找到解釋，就否定神是良善的，或否定神有能力幫助人。他們說，神若不是很壞，把我們當猴子耍，就是軟弱無力，不能做什麼。但約伯記的作者顯然相信以下這幾點：

1. 世上有一位神。
2. 祂和祂所造的萬物有關係。
3. 祂是全能的創造主。
4. 祂是良善的神，關心且憐憫。

但這卷書對約伯處境的描述，似乎和上述幾點牴觸。讀者得自己去看約伯怎樣面對這個衝突，看神在當中如何顯明祂自己。

智慧文學

我們也必須知道，英文聖經把約伯記歸類爲智慧書，和箴言、詩篇、傳道書、雅歌同屬智慧書。這幾卷書在希伯來聖經中稱作「聖卷」，蒐集了先知時期的各樣著作，但不算是預言。了解這個特點之後，應該有助於我們正確詮釋約伯記，因爲智慧書中有些話可能會讓人誤解，這一點我再來詳細解釋一下。

第一，智慧書中的話，不全是對的。智慧書中記錄了人的許多疑問，他們所說的話不見得就是神的想法，但聖經收錄這些話，讓我們看見他們的論點。我們若明白這個目的，就能夠正確詮釋這些話。約伯的朋友根據有限的理解來發言，聖經用他們作例子，叫我們看見人怎樣解釋苦難。可是，若把這些話斷章取義當作是神對這件事的看法，就是愚不可及了。聖經上的每句話，都必須放進整卷書的脈絡背景去看。約伯記這卷書的信息決定了書中每句內容的含義。

第二，我們務必要知道，智慧書中的智慧屬於一般原則，不是絕對眞理。也就是說，這些智慧的話不見得適用於所有的情況。比如箴言書所講的，並不是應許，而是格言，只是大多數時候符合眞實人生的情況。

你若堅稱這些經文適用於所有的情況，必然會大失所望。難怪約伯和他的朋友會有衝突，這些朋友知道有句

格言說惡有惡報，這句話通常是眞的，但不見得永遠爲眞，約伯的故事就是其中一例。約伯記這卷書講的正是有常理必有例外。

猶太人的觀點

我們必須記住，猶太人對約伯記的理解，不同於基督徒的理解。舊約聖經時代的猶太人無法從永生的角度來看短暫人生的苦難。他們認爲神的公義必須在今生伸張才行，因爲好人和壞人將來都去到同一個目的地——陰間，那是亡靈沉睡的幽暗之地。

基督徒對於眼前的苦難當然有不同的看法，他們可以從基督成就的工作看出將來在天上的景況。今生的苦難，跟將來要在天上享受的永生相比，實在微不足道。

所以約伯記對於死後的生命，只是稍微有一點暗示而已。約伯有一次說，他死後將會見到主的面，但這個主題並不常見，他其實不明白到時候要如何見主的面。

約伯記的結構

開頭的序言營造出一種對峙的情勢，撐起整卷書的架構。神和撒但打賭，賭注是約伯的身體，但約伯從頭到尾都不知道有這場打賭。所以讀者知道的這個祕密，引得我們不斷猜想，約伯面對這樣的困境會有何反應。

這樣的故事情節極爲大膽，因爲隱隱暗示著神的品格和作爲如何如何，尤其是祂和撒但竟有互動，祂必須爲撒但攻擊這個好人的行徑負責。假如這件事不是眞的，說神要爲這件事負責，可眞是天大的褻瀆。

現在來看看這卷書的架構：

序言（一～二章）（散文）

兩回合辯論：神與撒但

對話（三1～四十二6）（詩）

1. 人間的對話（三～三十七章）

(a) 以利法、比勒達、瑣法（三～三十一章）

(i) 第一回合（三～十四章）

(ii) 第二回合（十五～二十一章）

(iii) 第三回合（二十二～三十一章）

(b) 以利戶（三十二～三十七章）——獨白

2. 天上的對話（三十八1～四十二6）

(i) 第一回合（三十八～三十九章）

(ii) 第二回合（四十1～四十二6）

結語（四十二7～17）（散文）

最後一回合：神與約伯

約伯記是三明治的架構，兩邊的「麵包」是散文體，在開頭和結尾告訴我們故事和背景。中間的餡是詩體，是約伯的辯論，先和三個朋友辯論，三個朋友離開後，又來了一個年輕人。

結語則告訴我們，先前發生的事後來如何解決。快樂大結局，卻又有一點不一樣。

▮兩個故事

　　約伯記把兩個故事巧妙交織在一起，一個是天上的故事，一個是地上的故事。地上發生的事，其實是天上情況發展的結果，就像啟示錄記載，天上爭戰之後，緊接著地上也開始爭戰。

神的故事

　　約伯記一開始就講到天上的故事。神在天上和撒但見面。撒但原本是天使，負責向神報告罪行。牠是神指派的原告律師，經常在地上走來走去，向神報告人類的所作所為。到了約伯的時代，撒但已經變得憤世嫉俗，不相信這世上還有人會真心愛神，認為人愛神只是為了從神那裡得到好處。

　　於是神和撒但展開辯論，撒但力陳上述觀點。神問撒但，牠在地上遊走的時候遇過約伯嗎，約伯就不是因為蒙神賜福才愛神的，約伯愛祂就只因他愛祂。

　　撒但繼續用諷刺的語氣回答，說神若挪走祂賜給約伯的福分，約伯就會咒詛神，跟其他人沒兩樣。於是神就跟撒但打賭。

　　好戲的重點在於張力。讀者知道天上在打賭，但約伯不知道，假如他知道，這場測試就無效了。

　　從神和撒但的互動，我們學到了有關撒但的幾個重點。第一，撒但不能分身，一次只能出現在一個地方，不像神是無所不在。所以有的人因為小事不順就說撒但在攪擾他，實在是搞不清楚狀況。撒但通常還有更重要的事要

做，要去對付別人！有些人所謂的「撒但的攻擊」，比較正確的說法應該是「邪靈的攻擊」。撒但的爪牙在世界各地工作，但這不表示撒但每件事都親自動手。

大家對撒但有這樣的誤解，多多少少是因為相信古希臘的錯誤想法，把世界分成「自然」和「超自然」。我們認定撒但是超自然的，於是把牠和神並列，好像兩者的能力和權柄都一樣似的。其實我們應該按照聖經的做法，把世界分成「創造主」和「受造物」（包括撒但在內）。撒但不是無所不能、無所不知、無所不在的，牠只是個受造物。

第二，撒但需要神的允許，才能夠去攻擊約伯。撒但不能傷害屬神的人，除非得到神的允許。神在新約聖經中應許說，凡相信牠的人，絕不會受到超過他們能夠忍受的試探，因為那試探人的仍在神的權下。

人的故事

約伯記這卷書大多在敘述約伯和朋友之間的辯論，談到一個關鍵問題：「為什麼約伯要比別人受更多的苦？」

有兩個觀點：

a. 約伯的朋友很確定，約伯受苦是因為他犯罪。

b. 約伯很確定，自己並沒有犯罪，辯解自己是無辜的。

既然讀者都知道約伯是對的，約伯和朋友的這些對話就充滿了張力。

　　這卷書由兩個故事組成，提醒我們，沒有人能夠盡窺受苦原因的全貌。除了去找原因，每個人都還要面對一個更大的問題：事事不如意的時候，我還能繼續相信有一位良善的神嗎？約伯記回答了這個問題。

　　想弄清楚這個問題有多重要，就要問：「約伯最大的痛苦是什麼？」究竟是在──

- 肉體上？他全身從頭到腳長滿毒瘡，身體疲憊、疼痛。
- 社會上？約伯的外表變得很恐怖，當地的人也知道他剛慘遭不幸，這使他受到孤立。他坐在村莊邊緣的一堆灰燼上，大家都繞道而行，不想跟他說話，連青少年都嘲笑約伯。
- 心理上？約伯心裡非常痛苦，因為不明白這些惡運為什麼臨到他身上，尤其他根本就沒有做錯事。
- 靈性上？約伯最大的痛苦是靈裡的痛苦，因為他覺得和神失去了連結，他吶喊，他想找到神，想和神說話，甚至和神辯論！這是他最深沉的痛苦。遭遇苦難時，如果覺得神離我們很遙遠，不再關心我們，痛苦會加劇。（但是當約伯終於能和神說上話，情況卻出乎他意料之外。）

▌序文

序文向我們介紹故事人物：

神

神（猶太人稱祂爲雅威）挑戰撒但，整件事就是這樣開始的。

撒但

撒但是原告律師，專門控告人，希伯來原文叫牠「那個撒但」，意指「控告者」。「撒但」這個名字，在這裡還沒有成爲一個專有名詞。

約伯

聖經形容約伯是好人，「完全正直，敬畏神，遠離惡事」。「敬畏神」和「遠離惡事」是密不可分的兩件事，敬畏神的人會遠離惡事；不敬畏神的人也不怎麼擔心自己犯罪。神喜悅約伯的敬虔，就賜給他兒女、財富和健康。

約伯的妻子

講到約伯的妻子，眞的很難不講負面的話！聖經形容她是「愚頑的婦人」，意思就是說，她根本不體貼約伯的困境，還叫約伯咒詛神、然後去死。在約伯需要鼓勵和幫助的時候，她卻是第一個來折磨他的人。她告訴約伯，神都已經棄絕他了，他也應該要棄絕神。

約伯的朋友

約伯的三個朋友，年紀比他大。他們剛開始只是來坐在他旁邊，七天都沒有開口。

▋人間的對話

約伯最後終於打破沉默，開始咒詛自己出生的那天，說他真希望當初胎死腹中，直接去陰間。舊約聖經時代的人相信，人死後會去幽暗的陰間沉睡，約伯覺得這樣至少可以安息，不用一直受苦。約伯那段話充滿沮喪和自憐自艾，不過他並無自我了斷的念頭。

約伯這三個朋友，每個人都各發言了三次，為了方便分析起見，以下將各人的發言集合起來探討。

以利法

從以利法三次的發言，可以看出他是個年長的政治家，是個敬虔又神祕的人物。他的態度溫和，跟約伯其他幾個朋友不同。他相信約伯是因為犯罪才被懲罰，這種看法所根據的是賞善罰惡的傳統教導、歷史的證據，以及歲月累積的智慧。簡單說，約伯若沒犯罪，怎麼會受懲罰呢？

除此之外，以利法還提出自己的一個看法，這觀念讓他更加確定，約伯受到懲罰完全是因為犯了罪。他說，人性本惡，沒有人能在神面前說自己無罪，既然我們都是罪人，約伯就應該承認自己是因為犯罪才會受苦。約伯問

他，爲什麼自己受的苦比別人多？以利法說，神是要用受苦來幫助約伯變得更好。

以利法的忠告十分溫和，但約伯聽不進去，於是以利法的語氣就變強硬了，他指責約伯頑固，竟然堅稱自己無罪，又指責約伯不敬畏神，信仰偏差。以利法顯然很怨恨約伯不贊同他的看法，因而態度從同情變爲諷刺。他說，人人都敗壞到極點，所以就算受苦也沒有資格抱怨。他說，惡人不可能享有財富，若是有也不會快樂，只是表面上看起來快樂而已。

最後，他看約伯仍然沒有反應，就開始講到神的崇高，說神那麼偉大，哪可能在乎約伯，約伯不應該期待神會注意他，崇高偉大的神不可能插手管每個人生活中的芝麻小事。

比勒達

比勒達這個名字意指「神所心愛的」，但他口中的話和這名字並不相稱。在約伯的情況下，傳統上大多是最年長的先說話，比勒達顯然比以利法年輕一些，也許五十幾歲。

比勒達是這三個人當中的「神學家」，也是一個極端捍衛傳統的人，滿口仁義道德和陳腔濫調，對約伯沒有一點耐心和同情。他告訴約伯，約伯的子女之所以喪命，都是因爲犯罪，承受神的忿怒也是應該的。比勒達相信宇宙按道德律自動運作，因果關係不但適用於自然界，也適用於道德生活。

比勒達認爲，人只要犯罪就會受苦，所以約伯一定

是犯了滔天大罪。難怪他愈講,他和約伯的關係也變得愈緊張。

最後,他指責約伯的辯解是一派胡言,開始強調神的全能,還問約伯是不是忘了神是全能的。他說,神既然比我們大,我們不能跟祂爭辯,何不就接受呢?

比勒達的結論跟以利法的論點差不多:神是全能的,這就是答案。

瑣法

接下來向約伯說話的,是三個朋友中態度最武斷的,也是三人中最年輕的,儘管仍是個中年人。這人說話根本就不經大腦,竟然控告約伯說那些話是為了掩飾自己的罪。他說,就算約伯不是故意犯罪,也一定是不自覺就犯了罪。他侮辱約伯,叫約伯在寬路和窄路中間選一條走,不是走惡路,就是走義路。他承認自己不明白為什麼惡人也能享有財富,但他相信這個情況不會長久。因為約伯的財富都沒了,所以約伯一定是惡人。瑣法提醒約伯,神是無所不知的,祂知道約伯不知不覺中犯下什麼罪。

* * *

約伯這三個「朋友」的論點,有許多共同點。他們都認定世人活在一個因果關係的道德宇宙中,於是想要扭曲事實,支持自己的觀點。他們訴諸教條,一味想套用在約伯身上。從他們的辯論可以看出,聖經的教導實在不該這樣應用!我們需要對神有清楚的認識,但是套用在別人

身上時，一定要小心。比如有時候病人沒有得醫治，確實是因為這個病人沒有信心，但是我們需要很有智慧，才能判斷什麼時候是這樣，什麼時候不是。如果沒有智慧，可能會造成很大的傷害。

上述的探討讓我們看見，這三個朋友的論點，其實不見得都不好，有些話還符合神最後的回答。

約伯

約伯一共說了九次話：三次向以利法，三次向比勒達，三次向瑣法。約伯基本上想說的是，神必須為他受的這些苦負責。他說他不能悔改，因為不知道自己犯了什麼罪，他一直努力在神面前活出義來。

他這十段話一次比一次不同，可以看出他說話愈來愈大膽，對朋友說話是如此，對神說話也是如此。

他的心情起起伏伏，有時絕望無助，有時又充滿信心和盼望。病人就常會有這種心情起伏。約伯有時希望情況會好轉，有時又害怕情況會惡化。他求神別理他，卻又對神坦率直言。他想讓神坐上被告席，宣稱自己一定可以勝訴。他隱約提到人死後的生命，但我們很難判斷，他只是一時心情變好才這樣說，還是真的相信有來生。

約伯的言論有兩章十分精采，第一處在第二十八章，是一首講智慧的詩歌，這裡把智慧形容成一個叫人戀慕的女子，就像所羅門在箴言中對智慧的形容。約伯言談間對過去十分懷念，他那時多麼受到尊敬，說話多麼有分量。

另外一處在第三十一章，約伯提出了自己是清白的

抗議，細數自己的行為無可指摘。他同意，自己若是違反這些標準，受罰也是應該的，但他抗議說自己根本就沒有犯罪，沒有理由受罰。

約伯最後一次說的話，讓人接不下話，於是以利法、比勒達、瑣法就走了。這時，換一個名叫以利戶的年輕人發言，先前他一直在聽約伯的辯解。

以利戶

以利戶有年輕人的傲氣。他說他本來不想說話的，但他一開口似乎又停不下來了。他對約伯說他有新的想法，但他說的其實也是陳腔濫調。他反駁約伯的話，但他的做法跟前面三個朋友也沒兩樣，都想說服約伯相信自己犯了罪。

以利戶說，神用不同的方式來解決人的問題，有時用異象，有時用夜間的異夢，有時用疾病。神選擇用痛苦來管教約伯，要幫助約伯在死前改過自新。約伯對這種話根本就懶得回答，所以最後以利戶也走了。

前文已經指出，詮釋智慧書要小心，這四個「安慰者」說的話，有些顯然不對，因為他們講的事情，自己也不見得明白。不過，有幾方面他們說得沒錯，他們錯在應用智慧的方式，認定「人種什麼就收什麼」這句箴言一定也適用於約伯的情況。

除此之外，他們訴諸神的性格特質，也是很不恰當的做法。他們曲解了神的性格與約伯受苦的關連。以利法強調神超越一切，說神比我們大多了，而且遙不可及，不可能注意我們。比勒達強調神的能力，瑣法則強調神無所

不知。

這些朋友只說對了一半,約伯後來就會知道,但是整體說來,他們給約伯的答案並不完整。

▍神的回話

第一回合:創造主

約伯求神說話,求了三十六次,現在神終於開口了。神兩次都是從暴風中對約伯說話,而且語氣幽默。神提醒約伯,祂才是萬有的創造主。祂列舉自己偉大的創造,說祂怎樣維繫這個世界,問約伯可有能力辦到這些事。最後,神問約伯有沒有論斷的資格。祂告訴約伯,約伯不該認為神有義務向他解釋。約伯招架不住,覺得自己很渺小。

最後約伯回答:「我說了無知的話,我還能說什麼呢?如今我要閉口不言。我已經說了一次,不敢再回答,現在我不再說了。」

第二回合:受造物

第二回合,神不談自己的創造主身分,而是談祂所造的兩種動物。神這次的語氣仍然很幽默,祂問約伯,有沒有想過河馬和鱷魚這兩種動物,彷彿人生的大問題,可以在這兩種不尋常的動物身上找到答案。

神提醒約伯,他根本無法了解神,他連動物的事都不了解,更別說要了解精神世界。所以神這段話的重點

是：「你憑什麼想跟我辯論？」

約伯回答說，神萬事都能做，祂的旨意不能攔阻。約伯現在終於明白，他根本不該質問神，於是他厭惡自己，在塵土和爐灰中懊悔。

雖然和神對話之後，約伯深感羞愧，但他真正的問題解決了，因為他恢復與神親近的關係。這對段話為本書掀起一個精采又意外的高潮。

▋結語

約伯接受事實，相信他不該責怪神這樣對待他，接下來的經文從詩體變回散文體。神重新賜給約伯子女（七子三女），重新賜給他牛羊和駱駝，所以約伯比從前更有錢，更快樂。他確實是神的忠僕，神還他清白。

但是神嚴厲譴責約伯的三個朋友，說他們誣告約伯。由此可見，我們不該把這三個朋友的話當作真理來引用。

神這兩回合的談話，有一點很令人驚訝，就是祂仍然沒有解答約伯的疑問，也沒把祂跟撒但打賭的事告訴約伯。神容許約伯受苦，有祂充分的理由，因為知道天上發生了什麼事，對約伯並沒有好處。

▋結論

我們應該來看看，從約伯記可以得出什麼不同的結論。

猶太人的結論

猶太人讀約伯記，會得出以下幾個結論：

1. 今生受的苦和犯罪沒有直接的關係。
2. 神容許一切的苦難。
3. 我們也許永遠不曉得受苦的原因，有時候人受苦是因為受到懲罰，但即使不是為了懲罰，人受苦都是有原因的，即使那原因向我們隱藏。
4. 假如受苦純粹是因為犯罪，我們就會為了自私的理由，被迫作個敬虔的人。那麼，我們對神、對人的愛，就不是出於自願了。

基督徒的結論

基督徒可以從新約聖經的角度來看約伯記。

1. 約伯認識創造世界的神，但不認識恩典的神。耶穌的十字架讓我們對人類的苦難有不同的看法。約伯也預表基督，讓我們預先看見數世紀後、無辜受苦的基督。耶穌是義人，卻像罪人一樣受苦。藉著十字架，我們可以看見神能用各樣情況帶來益處。我們必須以十字架上的痛苦為背景，來看人類一切的苦難。
2. 神容許撒但把耶穌釘死在十字架上，看著祂的兒子問：「我的神啊，為什麼？」神沒有解釋原因，就像祂當年沒有向約伯解釋原因一樣。由此可

見，在釘十字架的痛苦壓力下，連神的兒子都忘了自己為什麼要受苦。

3. 基督徒知道人死後還有生命，人為什麼受苦的疑問，不見得要在今生得到解答。約伯記的希臘文譯本很有意思，加了這麼一句話：「約伯必與神所復活的人，一同復活。」

4. 復活的盼望提醒我們，約伯最後必能伸冤。基督徒相信耶穌必要再來審判活人死人，將來會有一場如同法庭的審判，審判官是耶穌，曾經活在世上的惡人義人，都將站在祂的寶座前，根據他們肉身所行過的一切，接受審判。所以約伯的盼望將來必會成真，將來有一天，公理必定在眾人面前得到伸張，神的公義將臨到全人類。

帝國的衰敗與殞落

Part IV

17. 先知書概論

　　這個單元的焦點放在被擄前的先知，也就是在兩次被擄之前事奉神百姓的先知。北國（以色列）的百姓在西元前七二二年，被擄到亞述，南國（猶大）的百姓在西元前五八七年，被擄到巴比倫。這些先知大多在警告百姓，如果不回轉向神、守住與神立的約，神會讓他們被擄到外邦去。說會發生這麼大的災難簡直不可思議，因為百姓無法想像神會容許自己的聖殿被毀，容許祂的百姓被擄走，離開祂所應許賜下的土地。

　　先知不只是向以色列民傳講信息，有些先知也向以色列國和猶大國的鄰國發話，有些先知從神領受的信息還是特別要向別國傳講的。

　　常有人弄混了聖經先知預言的本質和今天所謂預言的本質，所以在探討先知書之前，需要先稍微解釋一下。

　　從以色列成為一個國家開始，先知預言就一直是神百姓生活中的一部分。聖經說摩西是先知，而舊約聖經中

我們認為是歷史書的書卷，在希伯來文聖經中稱作先知
書。猶太人被擄前的先知，則展開了我們所知道的「先知
書」（就是整卷書都是同一位先知的信息；而早期先知的
信息記錄在歷史書中，一卷書不只記錄一位先知的話）。
不過，這些先知書在聖經中出現的順序並不代表成書的順
序。

這些先知都是很平凡的人，卻有不平凡的功能，能
為神傳話。他們透過話語和圖像，領受神的信息，這些信
息在他們心中變得沉重，成為重擔，不得不一吐為快。

圖像有兩種。先知清醒時領受的圖像是異象，睡覺
時領受的則是異夢。讀先知書時，務必要了解一點：先知
敘述異象時，通常用過去式，好像這些事已經發生過一
樣；換作我們，八成會用未來式的語氣說：「我已經看到
未來會發生什麼事」，但先知若不是用現在式的語氣說：
「我正看見這件事發生」，就是用過去式的語氣說：「我已
經看見這件事發生」，而兩種語氣都是在預言未來。預言
的內容都很詳細，比如說，那鴻看見毀滅巴比倫的軍隊穿
著紅色的軍服，但在那鴻的時代，以色列的敵軍沒有穿紅
色軍服的，而當時剛出現的波斯人，在後來毀滅巴比倫的
時候，穿的正是紅外套。

先知預言的恩賜有兩面。能為神發言的先知，必須
能夠聽見神說話。先知必須先領受信息，才能夠傳講。先
知預言會透過身心靈的不同管道臨到先知。

神也許會出聲說話，但聖經上不常記載神這樣做。
神出聲說話時，很多人都以為天在打雷。比如耶穌受洗
時，神對耶穌說：「你是我所喜悅的愛子。」

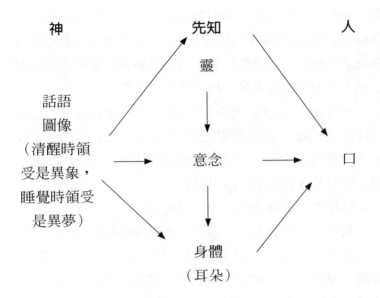

　　神也可以把話語放進人的意念，好讓先知知道自己聽見了神的聲音。久而久之，先知就學會分辨哪些是從神來的想法，哪些是自己的意念。

　　神也可向先知的靈說話，給他話語或感動，但他的悟性並不明白。比如，人用方言禱告時，神就向這人的靈說話，把話語放進他口中，但說的人並不明白自己在講什麼。

　　神當然也可跳過靈和意念，直接向身體說話，就像在民數記中透過巴蘭的驢子傳話，不過這種方式很少見。

　　不管用什麼方式領受，從神來的話語最後會從先知口中說出來，傳給百姓。

　　先知領受的信息主要有兩種：一種是在人做錯時挑

戰人悔改，一種是在人做對時給他安慰。如果我們覺得這些信息大多是負面的，那是因爲神通常需要在人犯錯時向他說話，所以先知給的信息，通常挑戰多於安慰。在以賽亞書中，前半部是挑戰，後半部則是安慰。

假先知給的信息通常只有第二種，因爲他一心想要討好百姓，而不是傳講神的話。所以先知耶利米的名字就成了烏鴉嘴的代名詞，因爲他那個時代的百姓已經偏離了神（但他其實也說過一些安慰的話）。

爲什麼我們應該研讀先知書呢？

我們又不是猶太人，爲什麼要研讀他們的歷史？

答案很簡單。我們應該研讀先知書，好叫我們更認識神，因爲神並未改變。先知向我們啓示了神——這位神啓示祂自己是那位自有永有、永遠的神。

先知的信息大致聚焦於三大重點，如下所列：

1. 神的作爲——大有能力

自然界：神蹟

歷史：行動

2. 神是一致的——可以預知

公義：懲罰

憐憫：赦免

3. 神有彈性——與人互動

人：悔改

神：改爲寬容

(1) 先知把焦點放在神的作為——神做過什麼，正在做什麼，將來要做什麼。我們在教會朗誦使徒信經時，會說：「我信上帝，全能的父，創造天地的主」。先知所呈現的，就是這樣的一位神——祂大有能力，掌管自然界和歷史。所以神能在自然界製造奇蹟，能在歷史掀起行動。我們必須牢記祂是這樣的一位神，因為在科學發達的現代，大多數人把自然界視為一個封閉系統，把歷史視為經濟力量推動的結果，很容易忘記是神在掌管自然界和歷史。常讀先知書可以幫助我們牢記，這是一位全能的神，祂在自然界和歷史中，可以叫各樣的事發生。

(2) 先知把焦點放在神的完全，讓我們看見神前後一致，永遠一樣。祂的性格是永不改變的，非常獨特，既有公義，又有憐憫。若只強調其中一面，對神的看法就會失衡。如果只想到神的公義，就會覺得神太嚴厲；如果只想到神的憐憫，就會覺得神的心腸太軟。覺得神太嚴厲，心中會有恐懼，沒有愛；覺得神的心腸太軟，心中會有愛，沒有恐懼。先知的信息非常平衡，神的公義表示祂必須降罰，而神的憐憫表示祂渴望赦罪，兩者之間的張力，惟有在十字架上才能解決，因為只有在十字架上，公義和憐憫才能同時出現。在同一個地點同一個時間，罪被懲罰，又被赦免——耶穌承擔了我們的刑罰，而我們的罪獲得赦免。神既有前後一致的特質，就表示我們可以預知神

會怎麼做：祂會儘量憐憫人，但是人若持續拒絕祂，祂就會施行公義。約拿和那鴻所傳講的就是這樣的信息。

(3) 先知強調神是有彈性的，我相信這一點最能幫助我們了解神的特質。神可以改變他的計畫，他的計畫並非永遠不變，但變與不變端看人怎麼回應神。耶利米書中有一段敘述，特別能看出這一點。耶利米去陶匠家，看見陶匠想用泥土做成一只美麗的花瓶，但泥土不肯配合陶匠手中的動作，於是陶匠把泥土重新揉成一團，做成一只厚重的粗鍋。神問耶利米：「你有沒有從陶匠和泥土那裡學到什麼功課？」我聽過的講道大多誤解了這段經文的含義，這些傳道人說，泥土最後會變成什麼形狀，是由陶匠決定——這是預定論：如果神決定你命運的歸宿，你就改變不了。其實，是泥土在決定要變成美麗的花瓶還是厚重的粗鍋，因為是泥土在決定要不要配合陶匠手中的動作。神說祂想憐憫以色列，把以色列做成美麗的花瓶，但以色列不肯配合，神就施行公義，把以色列做成粗鍋。

所以，先知所傳講的神，是一位活著的神，與人互動，要我們在生活中與祂親近。萬事並非都已決定，那是宿命論。神是有彈性的，祂會視祂百姓的情況來調整。我們若回應得當，祂會把我們做成美麗的花瓶；我們若回應不當，祂仍會把我們做成器皿，但這器皿會盛滿祂的公

義，向世人顯明神的公義。決定權在我們手上，我們想要作哪一種陶器呢？我們要向世人顯明神的憐憫還是神的公義呢？

對我來說，神的彈性是非常寶貴的眞理，可悲的是，大多數基督徒看不見神的這個特質。未來並非已經確定，也不是早就預定好，未來的結果是開放的，因爲神是與個人互動的神。神不能改變的，只有過去，但祂能夠改變未來，也願意改變未來。聖經甚至敢說，我們若悔改，神就會懊悔。我們無需爲這句話感到驚慌，「懊悔」這個字意指「改變主意」。所以當我們改變主意，神就會改變祂的主意！但神不會改變祂的特質，所以我們永遠信得過祂。因此，讀先知書對我們有益，可以讓我們更認識神。祂是大有能力的神，在自然界和歷史上，祂想做什麼都辦得到。祂是可以預知的神，因爲祂行事前後一致，所以我們知道祂會怎麼做。但祂也是一位與人互動的神，想和我們建立生氣勃勃的關係，如此一來，祂可以回應我們，我們也可以回應祂。這，就是我們所敬拜的神。

百姓被擄之前的這些先知，有的眾所皆知，有的沒沒無聞，但他們的信息全部加起來，則讓我們看見了先知事奉風格與焦點的多樣面貌。

18. 約拿書

▌引言

約拿書的這篇引言也會介紹那鴻書，因爲這兩位先知有許多共同點。約拿和那鴻都去了同一個地方，兩人的信息也很類似。

約拿出生於拿撒勒附近，在拿撒勒人眼中是個英雄，耶穌小時候一定聽過約拿，在所有的先知中，耶穌只拿約拿和自己相比。

那鴻來自迦百農（Capernaum），「迦百」（*Caper*）意指村子，所以「迦百農」（Caper-Nahum，譯註：意指「那鴻村」）這名字是從先知那鴻來的。這個村子是耶穌當年在加利利海一帶事奉的基地，所以耶穌和這兩位先知有密切的關連。

更重要的是，兩位先知都來自北方，這是以色列和各國接觸頻繁的地區，稱作「外邦人的加利利」（Galilee

of the nations），因為全世界的十字路口就在加利利。有一條從歐洲來的道路，沿著海岸往南，經過這個地區之後，繼續往東到阿拉伯。另一條從非洲來的道路，從埃及往北沿著這條海岸，經過這個地區之後，繼續往北到大馬色。所以從亞洲到非洲的人，或是從歐洲到阿拉伯的人，都會經過這個十字路口。在這個十字路口上有一座小山，叫米吉多（Megiddo），「米吉多山」（the Hill of Megiddo）一詞的希伯來原文是「哈米吉多頓」（Armageddon），就是末日最後決戰的戰場。拿撒勒就位在這座山上，俯瞰這個十字路口，耶穌小時候一定在這裡看過南來北往的人潮，那光景很像旅客在機場大廳川流不息。

加利利和各國接觸頻繁，但住在南邊猶大山地的人則跟外界隔絕，不在交通要道上，民族主義的色彩較濃。

所以在國境內有兩個地點對耶穌的事奉有影響力。耶穌在北邊這個國際化的地區很受歡迎，但在南邊的猶大地就不受歡迎。祂最後就是在南方被釘十字架的。

約拿和那鴻都是北方人，所以很熟悉各國的事情，這兩人都被神差去亞述。

這塊聖地承受來自東西兩方的勢力威脅，因為兩邊的勢力都想征服對方，所以不斷擠壓夾在中間的以色列。有人這樣說以色列：你若住在十字路口中央，一定會被輾過去。實際情況正是如此。約拿和那鴻的時代，首都設在尼尼微的亞述是一大外患。

約拿在西元前七七〇年去挑戰亞述，那鴻則是在西元前六二〇年前往，所以兩人相隔一百五十年。兩位先知會被差去亞述，完全是因為亞述人作惡多端。亞述帝國持

續了七百五十年之久，有一段期間甚至征服了埃及。亞述在西元前一三五四年建國時，只是個小國，後來逐漸擴張版圖，可是他們的征服手段十分殘暴。亞述是歷史上以殘暴出名的國家，他們發明一種極殘暴的做法，就是在地上豎起尖木椿，然後用尖木椿把敵人穿透到死。他們曾用這方式處決了成千上萬人，用恐懼來統治人民。

先知那鴻說，尼尼微城是座「流人血的城」，真是名符其實，只要亞述覬覦哪個國家，那個國家的人就會嚇破膽。

先知西番雅也提到亞述，但最後是那鴻來向亞述人宣布說：「你們完了！神要除掉你們。」果不其然，尼尼微城在西元前六一二年被毀，五年後，那鴻的警告言猶在耳，整個亞述帝國就消失了。

▋是事實還是虛構？

看約拿的故事，首先要回答一個引發激辯的問題──這個故事是事實還是虛構？很多人知道這卷書，是因為約拿和大魚的故事，而且大多數人對這卷書的想法都取決於他們相不相信這個故事是真的。

有人說大魚吞了約拿，就像《木偶奇遇記》，木偶皮諾丘也曾在鯨魚的腹中待過一陣子。他們堅稱這種虛幻故事不可當真，只是個含有道德教訓的比喻罷了，並且賦予這故事幾種不同的含義。

有些人說這個故事是在挑戰聽到的人去做更偉大的宣教工作──當初這故事就是在提醒以色列，他們對世人

有宣教的責任。約拿逃避自己的任務，這是以色列應該記取的教訓。

但聖經上出現比喻的時候，都會清楚指出這是比喻，然而約拿的故事被當作歷史來看。而且耶穌講比喻的時候，比喻裡面都沒有神蹟，可是約拿的故事卻有八個神蹟。

有些學者相信約拿書是一個寓言，每件事都對應到真實的生活，所以約拿代表以色列，就像約翰牛（John Bull）代表英國，山姆大叔（Uncle Same）代表美國一樣。他們說約拿被吞進鯨魚肚，是在比喻以色列被擄，被外邦吞吃。

這些說法都可以用以下幾點輕易反駁，證明約拿書不是虛構的故事。

1. 約拿書的風格和聖經中的歷史書一樣，這卷書的用字、風格、文法和列王紀雷同。

2. 約拿書中的地點和人物都是真實的，聖經其他書卷也提到過。列王紀下提到約拿這個人，由此可見他是耶羅波安二世時代的人。約拿的父親叫作亞米太，聖經的歷史書記載他是真有其人。

3. 更重要的是，耶穌也說約拿真有其人，祂相信約拿和大魚的事，曾這樣說自己：「在這裡有一人比約拿更大」，祂把自己死去的那段時間，比作約拿在魚腹中的那段時間。

4. 但最重要的是，比喻和寓言的理論都無法解釋第四章。這卷書的信息從一開始就有一個重要的問

題要回答：「約拿為什麼要逃避？」很多人根本不去問這個問題！為什麼大家那麼想把約拿當作一個虛構人物呢？為什麼不肯接受這個故事是真的呢？

反對這個故事是事實的人，第一個理由是，約拿所遭遇的事，實際上根本不可能發生。第二個理由是，從心理上來看也不可能，一個猶太傳道人怎麼可能讓一個外邦大城悔改信主？你能想像有個猶太人來到倫敦，在特拉法加廣場講道，帶領全倫敦的人信主嗎？全倫敦的人都悔改，這似乎不可能吧？

至於說實際上不可能發生，我們首先要問：「這種事有可能發生嗎？」再來要問：「神有辦法讓這種事發生嗎？」

人有可能被大魚或鯨魚吞進肚子嗎？

我在白金漢郡的夏方聖彼得牧會時，當地有個鐵匠，他的兒子在美國加州訓練水中哺乳動物。他把一隻鯨魚和一隻海豚，放在一個巨大的水槽裡，鯨魚跟海豚成了好朋友。後來那隻海豚死了，鯨魚不肯讓別人來碰牠好友的屍體，就把海豚含在嘴裡三天。鯨魚一次又一次把海豚帶出水面，想讓海豚再度呼吸活過來。鐵匠的兒子把那三天拍攝的影片放給我們看，那隻海豚的體積就跟人差不多。

死了還是活著？

我認為關鍵問題在於——約拿當時究竟死了還是活著？

我自己從未問過這個問題，直到我看了那段影片，看見鯨魚把海豚含在口中，想讓海豚再度呼吸。後來我再讀約拿書，很驚訝地發現，一切的證據都指出，鯨魚叼起的是約拿的屍體。

你若讀約拿書第二章，會發現約拿當時已經溺斃。經文說，船上的人把約拿扔進海中，他就沉到海底，躺在山根，頭被海草纏繞。人在水裡，只要一分半鐘就會溺死，沉到海底要花的時間遠超過一分半鐘！兒童主日學的圖片都畫錯了，都畫成鯨魚張口浮在水面上，然後此時船員剛好把約拿扔進海中。沒有一張圖片符合聖經的說法，約拿應該是躺在地中海海底，被海草纏繞。

除此之外，從約拿的禱告可以看出，他當時人在陰間，也就是死人住的地方。約拿描繪的是他沉沒水底，生命一寸寸消逝，溺死前還有一絲神智的最後一刻，說他在那一刻想念上主。

這些證據顯示，約拿當時的確死了，所以約拿並不是從魚腹中獲救，而是從死裡復活。鯨魚把他吐出來的時候，神重新連結他的身心靈。這樣，耶穌的話就更有道理了，祂說約拿怎樣在大魚肚腹中，祂也要這樣在地裡頭。

對不相信神的人來說，相信約拿被吞進魚腹才沒死還比較容易，相信他從死裡復活比較難！我相信約拿是舊約聖經中最好的復活例子。

神蹟

詮釋約拿書，會讓我們面對幾個更大的難題，關乎我們對神的信心。這卷書不只要我們相信約拿被大魚吞進肚裡，還總共提到八個神蹟。大家通常只知道約拿被吞進魚肚的神蹟，其實，還有一個更大的神蹟。

約拿書最後一章，神吩咐一隻蟲去做一件事。先前說的那名鐵匠的兒子在加州訓練鯨魚，這工作其實很容易，因為鯨魚的智商很高，但我從來沒看過有人訓練蟲！可是神能夠吩咐蟲去做事。每次有人問我：「你該不會相信約拿和鯨魚的故事是真的吧？」我會說：「這不算什麼，我還相信蟲的故事呢！」對方聽了通常一頭霧水，根本不知道我在說什麼。

來迅速瀏覽一下約拿書中的神蹟：

1. 神差來暴風，引起海浪翻騰，船隻有翻覆的危險。
2. 船員掣籤，想找出是誰惹怒了神明，結果發現是約拿。抽籤的結果顯然是隨機的，卻在神的掌控中。
3. 船員把約拿丟出船外後，神就止息了翻騰的海浪。
4. 神差大魚吞食約拿。
5. 神讓大魚把約拿吐到陸地上。
6. 神安排一棵蓖麻樹（藤蔓類，可提煉蓖麻油）在一夕之間長出來。
7. 神安排一條蟲子咬這蓖麻樹的根，以致蓖麻樹立刻枯槁。

8. 神最後差來一陣沙漠的焚風。

在上述八種情況中，神都掌控了大自然。

從我們對這些事件的反應，可以看出我們對神的觀點。英國人普遍相信三種觀點：

1. 無神論：神沒有創造世界，所以祂沒有掌控世界。
2. 自然神論：這是比無神論更普遍的觀點，相信神創造了世界，但現在無法掌控世界。我得說，英國教會中有很多人都相信自然神論，這表示他們不相信神蹟。他們雖然也上教會，也感謝神創造天地，但不會爲天氣禱告！
3. 一神論：這是聖經的觀點，相信神當初不但創造世界，現在仍然掌控世界。

當然，有些基督徒同時抱持兩種觀點，他們相信聖經中的神蹟，但不相信今天仍有神蹟。這種人理論上相信一神論，實際上相信自然神論。

帶領尼尼微人信主

再來看尼尼微這樣的大城市，從心理學來看，全城信主的機率實在很低的這個問題。以下幾個論點支持這件事是史實：

1. 尼尼微人有宗教信仰，甚至很迷信，他們其實相信有神。

2. 他們有罪，罪惡感會使人膽怯，所以約拿指責他們犯罪時，他們都知道自己有罪，也願意受罰。

3. 復興的火從基層的百姓開始點燃，然後往高層蔓延到皇宮。

4. 他們從約拿身上看見證據，如果約拿因為曾待在鯨魚肚中而皮膚變白，樣子一定很震懾人。聽到約拿說明自己的遭遇，他們一定印象深刻。

5. 最重要的是，當聖靈動工時，各樣的事都可能發生。

我相信尼尼微有可能全城悔改，耶穌也相信，祂說在審判日，尼尼微城的人要起來，因為他們聽到神的真理就悔改，而在場聽到耶穌說這話的人卻不悔改。

約拿為什麼要逃走？

還有一個很重要的問題要仔細探討。約拿為什麼要逃避他的任務？這是第四章的主題，但很少人教導這章、傳講這章，甚至讀這章，但這正是故事的重點。約拿為什麼這麼不情願？他想到了誰？

有人說他想的主要是自己。他不敢去尼尼微，怕亞述人視他為仇敵，殺了他。但這無法解釋約拿為什麼建議船員把他扔進海裡，這表示他不怕死啊。

第二，有人說約拿想的是外邦人無權認識以色列的神，這有點類似「反閃族主義」的顛倒——他是反外邦人。但這無法解釋他為什麼逃去他施的外邦人那裡。

還有人說約拿想到了亞述人——全世界最凶殘的人。

除此之外，也有人說約拿想到以色列，因為當時的亞述是弱小的以色列最大的威脅，他不想去以色列的敵人那裡。

但上述原因都沒有考慮到最後一章中約拿說的話。約拿告訴尼尼微人，神會在四十天內毀滅他們的城市，但他傳道的結果是全城的人都悔改，災禍沒有降臨。

一個佈道家若是看見全城都悔改，一定興奮極了，約拿卻很失望。他去坐在城外的一座山上，對神說：「我早知道會這樣！我了解祢，我知道祢會放過他們。我知道祢只是在威脅他們，不是當真要毀滅他們！」約拿難道不希望人得救嗎？難道他心胸狹窄到不希望人悔改嗎？

關鍵在於約拿曾對神這樣說自己的國家，他說：「我在本國的時候豈不是這樣說嗎？我知道祢是有恩典、有憐憫的神，不輕易發怒，有豐盛的慈愛，並且後悔不降所說的災，所以我急速逃往他施去。」（四2）

我們必須回去看列王紀下十四章23～25節，看約拿在以色列遇到什麼事。

約拿蒙召成為先知時，被差去見以色列王耶羅波安二世，這個惡王壞透了，專行神眼中看為惡的事。神吩咐約拿去見這個王時，約拿起先態度肯定，希望可以給這個惡王一點教訓，但神給約拿的信息，卻出乎約拿意料之外。神說：「你去跟那個王說，我要賜福給他，我要擴張他的疆土，讓他成為大國。」約拿向神抗議，說那是個壞王，神不該賜福給他。

約拿在心裡這樣對主說：「主啊，這絕對行不通，祢若賜福給壞人，他們只會變得更壞。」

果然沒錯，那個王變得更壞，神愈賜福給他，他就

變得愈壞。於是約拿下了一個結論，憐憫不能幫助惡人改過。約拿等於在對神說，他比神還清楚該怎麼做最好。

神的憐憫

所以過去的這件事，影響了約拿去尼尼微的態度。他說：「主啊，我們來看看會怎樣。我要看看這個城市，在祢放他們一馬以後，會不會改邪歸正，看他們到底是變好還是變壞。」

約拿其實是為神的特質和名聲感到不平，他不能忍受別人占神的便宜、利用神的憐憫。他相信這些人的悔改只是表面的，不會持久。他認為神如果對他們心腸太軟，他們就會認定神不會真的審判他們。他們會懷疑約拿的警告，甚至會嘲笑他的警告，最後也會忘記他的警告。

那棵蓖麻樹從約拿身邊長出來時，約拿很感恩，因為有樹蔭遮住太陽。但後來有一隻蟲來吃掉樹根，樹就枯死了，約拿又生起氣來，質問神為什麼要讓樹枯死。神告訴約拿，他有理由氣那棵樹，但他有理由氣尼尼微城嗎？在那座城裡有十二萬個孩童，還有很多牲畜，難道神不該憐憫他們嗎？

雖然約拿為神感到忿忿不平，不想看見亞述人逃過懲罰，但他不明白神的憐憫，不明白神想要儘可能延後懲罰。所以約拿才逃到海上，所以他的傳道雖然有成果，卻是空心的。我們有時也會忘記神多有耐心，忘記祂充滿憐憫，忘記祂想一再給人機會。

當然，神的耐心也有盡頭，這正是先知的信息，只是約拿弄錯了時機。在約拿的時代，神仍然對尼尼微有耐

心，想憐憫尼尼微，但祂不會永遠有耐心，等我們研讀那
鴻書的時候就會看見了。

∎引言

　　我們對約珥一無所知，只知道他的名字叫約珥，他父親叫毗土耳，兩個名字都包含希伯來文的 *el*（神）這個字。我們不妨假設他們來自敬虔的家族。不過事實如何，無法確知。

　　約珥是俄巴底亞之後十年的先知（參：第二十七章〈俄巴底亞書〉），俄巴底亞的預言幾乎都是針對別的國家，對以色列的的預言則是正面的。然而約珥延續俄巴底亞提出的一個觀念——「主的日子」，只是約珥說，到那日，審判不但會臨到萬民，也會臨到以色列。這讓以色列人十分震驚，他們一直認定自己在神面前是安全的。

　　同樣，今天很多基督徒自鳴得意，不管日子怎麼過，認定自己將來一定會安全抵達天上。其實基督徒犯罪，比非基督徒犯罪還嚴重。在羅馬書第二章，保羅提醒

讀信的人，他們若論斷別人什麼事，自己的行為卻跟別人一樣，將來絕對逃不過神的忿怒。神是不偏待人的。有些人自以為屬神，然後就任意犯罪，這根本不符合聖經的教導。神並沒有給我們一本空白支票，讓我們每次犯罪就可以亂開支票，逃過一劫。如果非基督徒犯姦淫得要下地獄，基督徒犯姦淫卻可以保送天國，那麼神根本不公平。

所以約珥必須先糾正以色列這個錯誤的觀念，因為以色列人自以為很安全。以利亞曾經大大挑戰以色列人這個想法，但約珥第一個對他們說：主的日子對你們不見得是好事。

在講解約珥書之前，最好先分析一下這卷書。這卷書有三章，這三章的信息剛好是三段預言，但聖經並沒有說明這三段預言是神分開給約珥的，還是同時給的。

▌約珥書大綱

蝗災（第一章）

全地荒涼（一1～12）
百姓悔改（一13～20）

主的日子（第二章）

災難重演（二1～11）
真心悔改（二12～17）
彌補損失（二18～27）
全然復興（二28～32）

(a) 聖靈澆灌——男與女（二28～29）
(b) 徵兆出現——日與月（二30～31）
(c) 救贖臨到——求告與呼召（二32）

斷定谷（第三章）

審判列國（三1～16a）
爲以色列伸冤（三16b～21）

▌蝗災（第一章）

全地荒涼（一1～12）

　　約珥發這預言的導火線是一場天災。蝗災臨到以色列，那景象一定很恐怖。蝗蟲的樣子很像大隻的蚱蜢，蝗群來襲的時候，數目可以高達六億隻，遮蔽四百平方哩的面積，每天吃掉八萬噸食物。所以只要蝗蟲一來，所有的農作物都會消失。蝗蟲每個月可以飛行兩百哩，一天飛二到十哩，連續六週。牠們的胃口很大，頭部長得像馬頭。

　　我惟見過一次蝗災，是在奈及利亞北邊的卡諾市（Kano），當時雖然是白天，天空卻突然變暗，我還以爲是日蝕，後來看見一大片烏雲逼近，把太陽遮住，天色很快整個變暗，有如半夜。我估計這些蝗蟲的時速有十二哩，一個半小時之後才全數通過。蝗蟲過後，觸目所及的樹木，樹葉和樹皮都被啃光，所有的植物都被吃個精光。我永遠忘不了那場恐怖的經歷。

　　蝗蟲在非洲十分常見，但數量龐大的成群蝗蟲在以

色列並不常見，所以當蝗蟲來襲，約珥告訴百姓，這是神的安排，是神給他們的第一個警告，他們若繼續作惡，會有更大的災禍臨到。

因為發生蝗災，百姓沒有足夠的穀物可以拿到聖殿裡去獻祭，公開的敬拜活動因而被迫中止。葡萄園沒了，果園沒了，橄欖園沒了，全國面臨旱災、野火，百姓挨餓，經濟蕭條。有人推測，約珥是在猶太人的住棚節傳講這個信息，而這本是他們慶祝農作物收成的季節。

聖經上早有前例，有助於了解神怎樣降災，審判百姓。出埃及記第十章，埃及的第八災（蝗災）就是神降下的；申命記第二十八章也說，百姓若是悖逆，神會降災。

時至今日，我們想問的是：怎麼知道某個災禍是從神來的？

我們應該看看這災禍是否具備以下三種特性：

1. 衝著神的百姓而來。
2. 事發之前有預言。
3. 規模驚人，或是現象極不尋常。

所以，如果要找一件近年發生的事作例子，我相信約克大教堂起火的事件就是神在動工。因為整件事很不尋常，所以我格外相信這是神的作為。擊中約克大教堂的閃電，來自一朵只有巴掌大的烏雲，那朵烏雲在藍天中繞著教堂盤旋了二十分鐘，雲很小，根本製造不出雨來，卻射出一道（無雷的）閃電，從上到下擊中教堂。當時教堂才剛整修過，安裝了最新的煙霧警報器和防火設備。正要前

往教堂的詩班成員目睹了閃電，卻沒聽到雷聲，因為根本就沒打雷。我從氣象局拿到那朵烏雲的圖像，有十六個氣象人員，都不是基督徒，卻都說那一定是神的作為，因為他們已經多年沒見到這麼不尋常的現象。

有人問我這是不是神的審判，我說我相信這是神的憐憫。約克大教堂之前才任命了一個不相信真理的主教，神卻等所有人都離開教堂後才動手，祂本來可以在眾人都在場時讓閃電擊中教堂。所以我相信，神所表現的主要是憐憫，而不是審判，但我也相信那是一個警告。

一件事若出於上帝，會有很多兆頭，其中一項就是事件現象非比尋常。不自然的現象往往顯明背後有超自然的力量。另外一個兆頭則是神子民的分辨能力。很多有先知恩賜的人都在約克大教堂起火這件事上看見神的作為。雖然事先沒有人預言，但是很多人早就在想，如果任命這樣的主教，不知道神會怎樣。

不過，不管災禍是不是直接出於神，都是在提醒人：神會審判。我們務必要明白這一點，免得隨便判斷每一件發生的事。路加福音第十三章，有人要耶穌談談西羅亞樓倒塌、壓死好幾個工人的慘劇。他們問耶穌，這些被壓死的人，犯的罪比別人深嗎？耶穌回答說不是，但祂又說，那些目睹災禍的人若不悔改認罪，也要滅亡。每一次的地震、颱風、洪水，都是在提醒我們生命多麼脆弱，而人需要與神和好。

百姓悔改（一13～20）

第一章的下半部，約珥叫以色列的眾長老呼籲全國

悔改。他警告他們，若不悔改，神可怕的審判會重演。不過約珥並未清楚說明以色列應該爲什麼事悔改，我們必須回去研究列王紀上下的歷史背景，看看以色列當時到底做錯什麼，以致受到這樣的警告。

約珥在哪個時期發預言，尚無法確定，但大概是西元前九世紀左右，可能和列王紀上下記載的一些事有關。有一條線索，就是約珥書提到了祭司，卻沒有提到王。在列王紀中，有一段時期由女王執政（西元前八四一～八三五年），以色列史上只有這段期間是女王在位。神應許大衛王，只要王遵守神的命令和典章，王的子嗣總不斷絕，總有子孫坐上以色列的王位。神容許他們有君王，但不是女王。

再者，這位亞他利雅女王爲人陰險狡詐。她本來是太后，但是王駕崩以後，她篡奪王位，殺光王的兒子，好讓自己登基。她的母親就是惡名昭彰的耶洗別，把北國搞得亂七八糟。但是王有個兒子逃過一劫，被大祭司救下，藏在聖殿中。假如亞他利雅當初殺光所有的王子，大衛可就絕子絕孫了。儘管亞他利雅女王的行徑卑劣，百姓還是接受她作女王，連大祭司都沒有反對，但至少他有勇氣藏匿那個小男孩，那個小男孩就是約阿施。約珥傳講完信息以後不久，百姓才有勇氣除掉亞他利雅女王，迎接當時只有七歲的約阿施登基。

所以，約珥的預言有可能是在這個背景下傳講的。全國都犯了罪，所以全國都要悔改。

▌主的日子（第二章）

災難重演（二1～11）

但是百姓沒有悔改，他們繼續犯罪。所以第二章一開頭，約珥就講到一幅景象，乍看像是蝗災重演，可是仔細研讀這段經文，會清楚看出，他其實是在形容成千上萬敵軍入侵的情景。敵軍摧毀一切，就像蝗蟲過境一樣，甚至比蝗災還可怕。從大軍所經之處完全不留活口的景象來看，約珥所描述的，很可能是巴比倫人。巴比倫軍隊每征服一個地方，都會實施無情的焦土政策，不但殺光所有的人和嬰孩，還毀滅那地一切的生物，連樹木和牛羊都不放過。巴比倫軍隊所經之地完全不留活口，那種情景和蝗災非常類似。啟示錄第九章也有類似的記載：末日時會再度發生蝗災，然後會有兩億個士兵從東方來。不管約珥是在描述軍隊，還是在描述蝗災，顯然神有辦法降下這兩種災，而祂仍有必要施行審判。

真心悔改（二12～17）

約珥再度勸戒百姓說，神要的是真心的悔改。他第一次呼籲百姓悔改之後，百姓大多只是出去喝個爛醉。大禍即將臨頭的時候，人的反應會分成兩種，第一種是準備好悔改，第二種是喝得大醉。

所以約珥再度呼籲他們要真心悔改。第二次的呼籲，有一句話很值得記住：「你們要撕裂心腸，而不是撕裂衣服。」看見人撕裂衣服，是頗為怵目驚心的景象，但

這樣做對神來說並不夠，要撕裂的是你的心，不是你的衣服。有意思的是，這裡約珥並未列舉百姓的罪行，我們只能假定，百姓都心知肚明，很清楚神所在乎的是什麼。

請記住，神說祂願意改變心意，不懲罰他們，他們和神的關係是動態的——神會回應他們。所以神告訴他們該怎麼禱告：他們必須懇求神的憐憫，求上主向應許之地上屬祂的百姓，彰顯祂的慈愛和信實。

彌補損失（二18～27）

有些人推測，這段預言和前段預言不是同時間發的。約珥在這裡勸百姓要高興，不要害怕。他向以色列應許說，只要百姓真心悔改，神會彌補蝗災那幾年的損失。這個原則也適用於今天，很多人後悔過去虛度的歲月，但神說祂會彌補那些年的損失。可是惟有真心悔改，神才會彌補那些年被蝗蟲吃掉的損失。

悔改的字根含義就是「改變心意」，所以我們可以說，只要他們悔改，神就會改變心意。神三次向他們保證，祂必不再這樣做，而且他們必要認識祂。

全然復興（二28～32）

約珥接下來講了一些了不起的應許。神說，百姓若真心悔改，祂必不再給他們這種懲罰，而且他們的損失會得到完全的彌補——祂所彌補的，不只是被蝗蟲吃掉的作物，還有靈裡的重建。

(A) 聖靈澆灌 —— 男與女（二28～29）

約珥書中的一大應許，就是神會將祂的靈澆灌在各樣的人身上，不分男女老少或階級。年輕人要見異象，老年人要做異夢，兒女也要說預言。神應許將發預言的靈澆灌在各樣的人身上。八百年之後，在五旬節那天，彼得引述了這個應許，解釋說約珥的預言應驗了，因爲聖靈降臨在一百二十個門徒身上。

(B) 徵兆出現 —— 日與月（二30～31）

這個應許的第二部分說，日頭要變爲黑暗，月亮要變爲血。有些人說，耶穌斷氣時，日頭變暗三小時，就是這個預言應驗了。但這個預言其實要在末日才會應驗，因爲在馬太福音二十四章29節，耶穌自己也提到，這些是祂第二次來時的徵兆。

有意思的是，到時候徵兆在空中，因爲地上發生重大事件時，天上會回應。很多人無知地對我說，當年三位智者跟著那顆星找到嬰孩耶穌，證明占星學沒問題。我說他們根本弄錯了，占星學相信，嬰兒出生那一刻，星星所在的位置會影響新生兒，但在伯利恆，是出生的嬰孩耶穌在影響星星的位置！所以耶穌斷氣時，才會日頭變暗，因爲地上發生重大事件，宇宙隨之改變，是不是很奇妙？我們不是由天上的星星掌控，天上的星星是神在掌控。

(C) 救贖臨到 —— 求告與呼召（二32）

約珥也向他們傳達這個應許：凡耶和華所召的、凡求告耶和華名的，就必得救。救贖不會自動臨到，全國不

會經過某個神祕的過程就得救了。得救是雙重的呼召，神藉著傳道人呼召人得救，而人也要呼求神的名。

我不喜歡叫別人跟著我做決志禱告，我都是叫他們自己呼求主，因爲聖經說：「凡求告主名的就必得救。」人應該自己求告神的名，這一點很重要。凡呼求主名的就必得救。彼得在五旬節那天，就是傳講這個道理，結果有三千人呼求主名，就在那天得救了。

所以，約珥傳達應許，說神必彌補全部的損失，不只是彌補失去的作物和酒，還要使百姓的心復原。

約珥說，這些事都會在主的日子發生。主的日子不見得是二十四小時的一天，聖經上的「日子」是有彈性的，希伯來文的「日子」（yom），也有紀元的含義。如果我說「馬車的日子已經結束了」，我是指某個歷史時代已經結束，當今是汽車盛行的日子，聖經裡的「日子」意思就像這樣。重點是，人有他的日子，撒但有牠的日子，但有一天神會有祂的日子，到那天，一切都是神說了算，祂將掌管世上的一切。

約珥在預言中五次提到主的日子，每次都是指審判的時刻。後來的先知像以賽亞、耶利米、以西結、阿摩司、西番雅、瑪拉基，也都講到「主的日子」一詞。主的日子也是新約聖經中很重要的一部分（見哥林多前書、帖撒羅尼迦前書、帖撒羅尼迦後書、彼得後書）。將來有一天，主的日子會臨到，那將是世界的末日。

所以審判的順序是：先審判屬神的人，再審判敵擋神的人。我們可以選擇：是現在受審判，還是日後受審判？

我們現在處於「末世」（last days）。聖靈在五旬節那天澆灌下來，約珥的預言應驗了，末世開始。從那天起，我們就一直活在末世，而下一個重大事件就是耶穌基督重回地上。

斷定谷（第三章）

審判列國（三1～16a）

在哪裡？約珥書最後一章，描述了斷定谷的景象。那地方就是耶路撒冷東邊的汲淪谷，直到今天仍叫作審判谷。谷中有很多猶太人的墳墓，因為大家都相信這是將來的復活之地，到時候，神會在這裡決定每個人永恆的歸宿。這地方也叫作斷定谷，但我聽過一些傳道人亂用這個名稱。約珥說斷定谷中有許許多多的人，就有傳道人斷章取義，用這個來鼓勵未信主的人應當下定決心相信神。其實是神要在這個谷中做決定，決定誰上天堂、誰下地獄，是神要在這裡做最後的決定，決定我們永恆的歸宿。

為什麼？神的決定，將取決於人怎樣看待屬神的人、怎樣看待神的目的和神在世上的作為。這裡特別指出，推羅、西頓、非利士這幾個國家將受到審判。最後則說，神必為屬祂的人伸冤，也必帶領他們回到故土。

會怎樣？這裡說，當在萬民中宣告要打仗，不過這話十分諷刺，因為誰打得過神呢？萬民奉命將犁頭打成刀劍，將鐮刀打成戈矛（這跟以賽亞書二章4節和彌迦書四章3節的話剛好相反）。西番雅在他的預言中，談到萬民要聚集起來。

為以色列伸冤（三16b～21）

最後一部分的焦點放在猶大會恢復原狀，會有人居住，土地肥沃。但相反地，埃及會變成一片荒涼，以東會變成悽涼的曠野，這是因為他們向猶大施暴。

這裡有一個大疑問，答案如何，今天的教會眾說紛云，意見分歧。俄巴底亞、約珥和其他許多先知，在他們的預言最後都說出神給以色列未來的應許。因為這些應許有很多尚未應驗，所以我們必須問到底何時會應驗。

今天的教會有四種不同的看法，我抱持的看法雖不是大多數教會的看法，但我相信這個看法最合乎聖經。

意見之所以分歧，主要在於到底要照字面解釋，還是要按靈意解釋這些預言？我們應該認定以色列最後會歸回神所應許之地嗎？還是應該把這塊土地視為屬靈賜福的象徵，如今已歸給教會，亦即「新以色列」？第二種看法叫作「取代神學」，大概是英國大多數傳道人的看法。

我不認同這個看法，是因為他們宣告舊有的祝福現在都給了教會，但是咒詛仍然留在以色列頭上！神告訴以色列：他們若是順服，就會蒙福；若不順服，就會受咒詛。

神的賜福有生命、健康、財富、豐收、尊敬和安全；神的咒詛有災難、旱災、死亡、危險、破壞、戰敗、放逐、窮困和羞辱。

取代神學認為，舊以色列因為不順服神，已經失去應許之地。但他們只把賜福套用在教會這新以色列身上，卻沒有提到教會不順服時會受到咒詛。

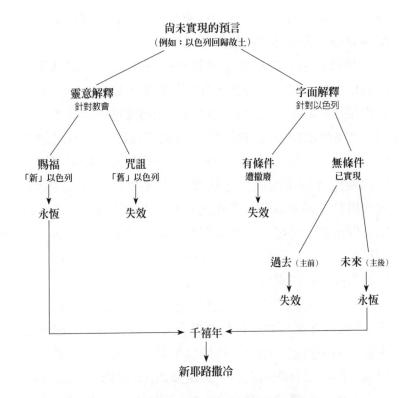

尚未實現的預言
（例如：以色列回歸故土）

靈意解釋
針對教會

字面解釋
針對以色列

賜福
「新」以色列

咒詛
「舊」以色列

有條件
遭撤廢

無條件
已實現

永恆

失效

失效

過去（主前）　未來（主後）

失效　　永恆

千禧年

新耶路撒冷

　　另外有些人相信這些應許是給以色列的，但這一派
也分成兩種看法。第一種說這些應許是有條件的，以色列
已經喪失資格，應許失效，所以以色列沒有未來了。他們
認為，我們可以向以色列人傳福音，就像我們向其他國家
的人傳福音一般。他們認為，以色列如今只是一個國家，
不再是神的百姓了。

　　但是這個說法不符合新約聖經。新約聖經有七十四
處談到「以色列」，而且沒有一次是指著教會說的。再
者，新約仍有經文講到大衛的王位、雅各的家，還有以色

列十二支派。可見以色列仍然擁有這些應許，雖然他們拒絕彌賽亞，將來必受到懲罰。

神給以色列的應許是無條件的，祂應許要把這地永遠賜給他們。神告訴他們，即使他們失去這地，祂也一定會再帶他們回來，因為祂已經起誓把這塊地賜給他們，所以，以色列的未來仍有盼望。我相信保羅也抱持這個看法，他在羅馬書第九至十一章說，以色列雖然拒絕了神，但神並沒有拒絕他們。等外邦人都信主了，「全以色列」就會得救。神不會和那些與祂立約的人斷絕關係，祂會緊緊抓住他們。再者，我相信耶穌會回來地上作王，猶太人和基督徒會被放在同一個羊群中，由一位牧羊人帶領，以色列的國度終將重建。

門徒問耶穌的最後一個問題，記錄在使徒行傳第一章：「以色列國復興是在什麼時候？是現在嗎？」耶穌沒說這是個傻問題，祂說，那個日子是天父定的，他們不能知道。門徒沒有問錯問題，只是搞錯了時間點，以色列國必會復興，但是時候還沒到。接著耶穌就吩咐他們，去傳福音給萬民。

所以請各位務必了解，這個問題有上述不同的看法，全都認為舊以色列已經失去資格——只有我接受的那種看法例外。我相信神的應許不可能失效。如果神可以對以色列失信，祂也可以對我們失信。

▎結論

約珥的預言教導我們很重要的功課，讓我們了解神

的特質，了解祂怎樣在祂的百姓身上動工，怎樣在我們周遭的人身上動工。約珥的預言已有部分應驗，但我們仍在等著看預言在末日完全應驗，到時候，神會結束現階段的歷史，帶領祂的百姓歸向祂自己，正如祂的應許。

▌引言

阿摩司和何西阿發預言的時間是西元前八世紀，以兩人命名的這兩卷先知書，很早就收錄在聖經中。雖然他們的焦點是北國（即以色列，而不是猶大），但是若能從當時世上其他國家的發展背景來了解他們傳講的信息，會很有幫助，尤其現代社會的種種層面，都可以追溯到這段時期。在分別探討這兩位先知的信息之前，先來看看以色列當時的情況。

▌當時的人在做什麼

根據史料，羅馬和迦太基在西元前八世紀建國，兩國之間一直有激烈的對抗，後來掀起布匿戰爭（Punic Wars），最後羅馬打了勝仗，奠定了羅馬帝國的基礎。羅

馬的法治逐漸建立起來，不久又大規模修築驛道，成了羅馬帝國統治時期的特色，並在七百年後協助了福音的傳播。

另外，奧林匹克比賽也是在這個世紀於希臘興起。現代人風靡運動比賽其來有自！更重要的是，希臘文化在地中海地區傳播，荷馬成了最知名的希臘作家。希臘人建立許多城邦，發展出一種新的政府形態，就是民主政治（但他們的做法不像今天所謂的民主政治那樣開放）。

同時，東方的中國和印度文明也漸漸崛起。以色列和猶大可說位於文明發展的中心，在他們的東方和西方各有文化在發展，也有許多行旅經過以色列這塊土地。

▋當時神在做什麼

神和祂百姓的關係，在此時進入一個困難的階段。神要祂的百姓成為模範，讓世人看見他們和神之間的關係，所以神才會把祂的百姓放在世界的十字路口上。在摩西時代，神在西奈山上和祂的百姓立約，約中陳明，只要他們順服神，神就會賜福給他們，勝於別人；但他們若是悖逆神，神就會咒詛他們，多過別人。所以他們身上既有特權，也有責任。但是到了西元前八世紀，神對於該怎麼處置這個已經遠離祂的民族，心中十分為難。

▋兩個王國

來看一下以色列民的近況，就可以了解神為何為

難。西元前八世紀，以色列已經分裂為二。他們原本是一個國家，有一個地上的王，這是他們盼了兩百年的事。但是立王要付上很大的代價，要繳稅來供養王的奢華生活，還要當兵保衛國土。

這個國家在分裂之前，有過三個王。第一個王是掃羅，是百姓選出來的，英俊瀟灑、身材高大，但有嚴重的品格缺失。

後來掃羅沒有遵照神的話去做，神就親自為祂的百姓挑選一個王——大衛。撒母耳記上形容大衛是「合神心意的人」。雖然大衛一開始做得很好，後來卻也陷入罪中。一時的淫念，讓他先後違背十誡中的五誡，他再也不一樣了。從他看見拔示巴出浴的那天下午開始，以色列的國勢開始走下坡。

第三個王是所羅門，是大衛的兒子。所羅門帶給以色列國極大的榮耀，他統治的期間是以色列帝國的巔峰，但這一切都建立在徵收重稅和強迫勞役之上。他留下一座壯觀的聖殿和一群分裂的百姓。北方支派忿忿不平，因為王國的資源都集中在南方的耶路撒冷。

所羅門一死，內戰就開始了，北方向南方叛變，最後王國分裂，北方十支派變成以色列國，南方二支派忠於耶路撒冷，保存大衛王的直系子孫，成了猶大國。

當然，這表示北方沒有聖殿，也沒有大衛王的直系子孫。他們在伯特利和撒瑪利亞建造自己的祭壇，擁立自己的王族，而不是神應許要賜福的大衛子孫。

根據列王紀上下所記載的以色列歷史，可以看出北國那些王的統治時間都很短，平均是三年，很多王遭到刺

殺篡位和政變，政局非常不穩定。但這並不令人感到意外，因爲這些王都不是神所揀選的大衛後代。

南國的情況好一點，每一位王的平均統治時間是三十三年（很有意思，耶穌受死時，也是三十三歲）。

▌社會情況

和平

想要了解阿摩司和何西阿的信息，就要了解北方當時的社會情況。那是和平富足的年代，亞述是當時的強國，但約拿去尼尼微城事奉後，暫時解除了亞述對以色列的威脅。那一代的亞述人真心悔改，以色列暫時不用怕亞述入侵。

富足

因爲這個緣故，以色列如今可以安享富足，尤其是在耶羅波安二世作王期間，他的統治讓國家政局穩定了一段時日。以色列地處歐洲和阿拉伯之間的貿易幹道上，這對經濟發展大有幫助，有些貿易商人和金融業者因此發了大財。

富人和窮人

雖然生活水準上升，社會卻分成了兩種人。很多人享受消費型社會帶來的奢華物質，當時最流行的是買第二棟房子，叫作避暑別墅，通常建在山上，夏天可以去避暑。社會上興起一種新的貴族階級，就是暴發戶。漸漸

地，住宅成了一個問題，因為富者更富，貧者更貧，富人紛紛買第二棟房子，但很多人連一棟房子都沒有。

道德上的影響

富裕在道德上造成的影響十分明顯，財務醜聞、賄賂、貪腐等等時有所聞，連司法都腐敗了。在法庭上得不到公平的審判，除非當事人事先賄賂法官。不多久，商人就變成一個禮拜七天都做生意，因為這樣可以賺更多錢。貪婪造成社會不公，富裕帶來放縱，於是性行為氾濫，酗酒的情況大增。雖然這是兩千七百年前的情況，卻和今天的西方文化非常相似。

宗教生活

對於宗教生活，大家漸漸熱衷起來，卻不是信奉以色列的宗教，而是對別國的宗教感興趣，尤其是改拜迦南人的神，還有改信從東、西方來的商人的宗教，以及迦南人膜拜大地之母的異教。在伯特利和撒瑪利亞的聖殿中，拜神的人與男女廟妓交媾，相信這樣做會說服神賜給他們豐收的作物。他們甚至在伯特利豎立金牛犢，公然觸犯神說不可雕刻偶像的律法。神的聖民本該作君尊的祭司和聖潔的國度，如今卻同流合污，變得和其他人一樣。

神大可跟他們斷絕關係，另外揀選一個民族，但祂不是這樣的神。祂已經和以色列結婚，而祂恨惡離婚；祂已經和以色列立約，決心要守約。然而，神對他們的行為不可能視若無睹。神在摩西時代賜下律法時就曾經這樣應許：假如他們悖逆神，神就不得不咒詛他們。阿摩司書和

何西阿書就是在講神怎樣管教祂的百姓。

▌神的管教

缺糧

因爲百姓膜拜象徵多產的異教神，神當然應該讓他們看見，淫亂的性行爲無助於作物的收成。他們接連好幾次都作物歉收。神在對他們說：「醒醒吧！你們要倚靠我，不是倚靠多產女神。」但即使經過這災和其他災難，神還是不得不一再慨歎：「但你們仍不歸向我。」即使缺糧，百姓還是繼續奉行異教儀式。

缺水

接下來，神讓百姓缺少乾淨的飲用水。在這塊依賴雨水的土地上，這當然是大災。

農作物和牲畜生病

黴菌和蝗蟲摧毀了作物，造成牲畜缺糧。這民族和神有立約的關係，遭災時理當轉向神，求問自己到底做錯了什麼，但以色列不肯這樣做。

瘟疫和襲擊

農作物和牲畜已經遭災了，神又降瘟疫在百姓身上，而且敵人入侵，搶走他們的牲畜。我們可以看到，神的管教一次比一次嚴厲，現在連人都直接受害，但他們仍然不肯回轉歸向神。

暴風雨引起火災

　　神還容許閃電擊中一些城市，燒毀大片土地上的房屋。但這些都起不了作用，只要錢財和度假房屋還在，那些人就不在乎。警告無效之後，神接著讓兩個更嚴重的災禍降臨，彷彿要使出最後的手段來引起百姓注意。

地震

　　這可不是什麼小地震，兩百五十年後的先知撒迦利亞提到了這場地震。地震彰顯神掌管大自然的能力，也提醒百姓，人命是何等脆弱。可是百姓仍然不肯回轉歸向神。

被擄

　　神最後的處置是讓亞述人入侵，把以色列國民擄到外邦，再也回不了家。這件事發生在西元前七二一年，在阿摩司之後三十年，在何西阿之後十年。悖逆神要付上這樣大的代價，似乎過分慘重，但是神已經一再警告以色列，不只藉著管教和降災，還使用兩位先知的事奉。兩位先知前來，向百姓強調神的作為，解釋神在做什麼，讓百姓知道神最後可能不得不使出什麼樣的手段。

　　阿摩司書三章7節說：「主耶和華行事之前，必定會先將祂的計畫，向祂的僕人眾先知顯示。」神真是充滿憐憫，在施懲罰之前，還先派先知去警告百姓繼續作惡的後果。新約聖經的啟示錄就是在警告我們，神將來要如何懲罰世人，但是世人仍不肯歸向神，神還能怎麼辦呢？

‖「最後機會」先知

　　所以，阿摩司和何西阿是神差來以色列的「最後機會」先知，要警告他們，如果再不回轉歸向神，神將不得不採取何等手段。這兩位先知截然不同。阿摩司嚴厲，何西阿溫柔；阿摩司強烈指責以色列的過錯，何西阿則是苦口婆心勸他們歸向神；阿摩司用理性來勸戒他們，何西阿用感性勸化他們；阿摩司強調神的公義，何西阿強調神的憐憫；阿摩司向他們傳達神的想法，何西阿則是向他們傳達神的感受。其實兩位先知的信息也有相同之處，但大體上有這些不同的特色。很特別的是，在何西阿書裡，神最後一次說話是溫柔、感性的懇勸，希望以色列能夠悔改，好讓神不必審判他們。

阿摩司	何西阿
南方的鄉下人	北方的都市人
警告	懇勸
嚴厲指責	溫柔勸戒
神的公義	神的憐憫
神的忿怒	神的慈愛
祂的純潔	神的同情
社會的罪	屬靈的罪
不公不義	偶像崇拜
全世界	全國
「尋求神」	「認識神」

阿摩司書

在西元前七五〇年，伯特利出現了一個男人，站在聖殿的台階上講道。從口音聽得出他是南方人，所以想當然耳，眾民的反應充滿敵意，一則因為他是南方人，二則因為他傳講的內容。

阿摩司其實是個貧窮的農夫，平常的工作就是放牧和種植無花果樹，這是最低等的工作，因為無花果是窮人的食物。所以他沒受過神學訓練，也不是全職傳道人，但在神的手中，靠著神的恩典，他是最合適的傳道人選。

阿摩司的家鄉在提哥亞，位於耶路撒冷南方十二哩處，是南國的中心地區，地處曠野邊緣。神對這個來自社會最底層的人說：「我要去你告訴北國的人，他們將遭遇什麼下場。」

阿摩司書第七章詳細描述了阿摩司的情況，以及他面對那些情況的反應。在這章中，我們看見兩個重點：

1. 他的禱告影響了神。
2. 他的講道激怒了人。

阿摩司的禱告影響了神

有一次，神給阿摩司看兩幅景象，首先是蝗蟲來襲，吃光田間所有的作物；接著是大火降下，燒毀整座城。這異象把阿摩司嚇壞了，他對神說：「全能的主啊，求祢不要這樣做！」他說雅各（即神的百姓）太弱小了，

怎禁得住這樣的攻擊。他懇求神別這樣做，神就改變主意，沒有這樣做。

這段對話有兩件事值得注意。第一，禱告可以影響神，因著阿摩司的懇求，神改變了祂原先的打算。摩西有過相同的經驗，當然耶穌也有，祂在十字架上向神懇求：「父啊，求祢赦免他們，因為他們所做的，他們不曉得。」從阿摩司和神的這段對話，我們顯然可以學到一個功課：我們的禱告不可能改變神的特質，卻可能改變神的計畫。祂不是一個不講人情的神，一旦決定了就沒有轉圜的餘地；祂是垂聽我們禱告的神，願意被我們說服。

第二件事是阿摩司不是用「以色列」，而是用「雅各」一詞來稱呼神的百姓。他所講的是那個心機很重的雅各，欺騙自己的父親，得到祝福，後來改名為以色列，以色列國就是從他得名。阿摩司彷彿是在刻意提醒神，讓神想起雅各過去的光景。光用一個名字就足以表達以色列已經回到雅各遇見神、和天使角力之前的老樣子。

阿摩司書第七章也提到阿摩司看見一個異象——神手拿準繩站在牆上。神是在告訴阿摩司，祂要用自己的標準來衡量以色列，而不是用他們的標準，然後祂必須審判他們。

▎阿摩司的講道激怒了人

可想而知，阿摩司的講道一定會激怒宗教領袖。先知一向不受祭司或傳道人歡迎，先知通常反對人安於現狀，因而讓人備感威脅。祭司亞瑪謝尤其擔心阿摩司帶來

的影響，於是起來抵擋他。但是阿摩司毫無所懼，繼續傳道，預言耶羅波安和他的妻子及家人的死亡下場。

神用兩種方式給阿摩司信息——醒著的時候看見異象，睡著的時候做異夢。舊約聖經中的先知常被稱作「先見」，因為他可以看見別人看不見的事，可以看見真相、看見未來。

聖經一再描述阿摩司見到的圖像，其中有個圖像十分生動，是他預言的高潮——阿摩司看見一籃熟水果，熟到快爛掉的地步。這個信息十分明顯：以色列已經快爛掉了。

阿摩司也看見神像一頭獅子。當時在以色列還有獅子，就住在約旦河旁的叢林中，常會到山上找羊吃，所以獅子對以色列百姓而言，是很熟悉的動物。

阿摩司說：「神這頭獅子吼叫，誰不懼怕呢？」他生動地描述以色列將來的遭遇，說以色列會像羊被獅子叼走，牧羊人只能從獅子的口中搶回一隻耳朵和兩條腿，以色列就像這樣，只會剩下一隻耳朵和兩條腿。這生動的描述吸引了眾人的注意和想像，神在他們心目中，一直是以色列的牧者，所以聽到阿摩司把神形容成獅子，一定十分震驚。

▍阿摩司書的主題

阿摩司書是幾篇講道的集合，沒有清楚的結構，所以很難分析整卷書。這卷書就好像在人心中放入定時炸彈，等時機一到就會引爆。

從這卷書中可以看出幾個主題：

八國聆判（一1～二16）

1. 大馬色
2. 迦薩
3. 推羅
4. 以東
5. 亞捫
6. 摩押
7. 猶大
8. 以色列

三篇講道（三～六章）

1.「你們仍不歸向我」
2.「尋求我就必存活」
3.「……有禍了」

五個象徵（七～八章）

1. 蝗災
2. 烈火吞滅深淵
3. 準繩
4. 一籃熟水果
5. 熟水果被摧毀

三個驚奇（第九章）

1. 重建大衛的帳幕
2. 百姓歸回
3. 土地豐饒

▌以詩來傳達信息

阿摩司書雖然沒有什麼結構，卻有刻意安排的文體。縱觀整本聖經，詩體和散文體截然有別，詩是用來描述神對某個情況的感受，散文則是用來描述神的想法。很多人都沒有看出聖經有多處記載神的情感。神心裡充滿情感，我們需要知道什麼事會讓神生氣、讓神難過、讓神反感、讓神快樂。人經常一心想著自己對神的感受，其實我們的未來如何，取決於神對我們的感受。

有些詩十分輕快，振奮人心，有些詩卻非常沉重，叫作哀歌。阿摩司書中的詩就是屬於哀歌。

▌重複

阿摩司也使用「重複」的形式。這種形式用講的，效果尤其好。阿摩司希望聽到的人能記住這個信息：雖然神降災，他們卻不回轉歸向祂。所以阿摩司一再重複這句話：「你們仍不歸向我。」

來看看第一章，看阿摩司如何巧妙組織這些話。他在這章重複說的話是：「三番四次地犯罪。」

以色列的鄰國毫無人性

阿摩司首先譴責以色列的鄰國，焦點放在大馬士革，說他們活該受神懲罰。大馬士革不屬於神的百姓，神懲罰他們，主要是因為他們殘暴沒有人性。接著，阿摩司譴責迦薩暴虐，譴責推羅背信忘義。阿摩司的聽眾到目前為止，顯然都認同這些話。

以色列的表親行為可恥

再來，阿摩司講到以色列的表親——以東、亞捫、摩押。他說神會懲罰以東的無情，懲罰亞捫的野蠻，懲罰摩押褻瀆聖物。他的聽眾聽到這裡，仍然認同他的話。

以色列的姊妹背信忘義

接下來，阿摩司講到關係更近的人。他譴責以色列的姊妹猶大，說神會懲罰猶大，因為猶大拒絕神的律法，聽信人的謊言。

以色列的子女麻木不仁

再來的話最令人震驚，就在聽眾點頭稱好的時候，阿摩司說，神也會懲罰他們，因為他們已經習慣犯罪，不再為犯罪感到羞恥，更糟的是根本沒有意識到自己在犯罪。這是阿摩司給以色列的主要信息：過去的救贖意味著未來的報應，因為神從地上萬族中揀選他們，所以祂對他們的懲罰必須更嚴厲。西奈山之約是有條件的——他們若順服神，就會蒙福；若是悖逆神，就會受咒詛。這些條件百姓都甘心樂意接受。以色列可以比別國承受更多的福

分，也可以比別國承受更多的咒詛。神的原則是──人領受得愈多，神對他的要求就愈多，更多的特權會帶來更大的責任。

這個原則甚至延續到新約聖經，基督徒已經聽見福音，已經知道神的誡命，所以神會更嚴厲地對待我們。

另外一篇使用重複形式的講道則不斷出現「禍」這個字，這是一連串的咒詛，對象是那些悖逆的人。阿摩司告訴他們，很多人都渴望主的日子快來，但他們誤解了那個日子的含義，以為到時候一切都會平安無事，於是安於目前頹廢的生活方式。但是他們必須明白，儀式無法取代公義，獻祭無法取代成聖。

「尋求我就必存活」則是另外一篇講道的主題，叫百姓在那塊土地上別再追求安逸，而要尋求神。他們必須追求公義，這樣主就會垂聽他們、赦免他們。

阿摩司的最後一篇信息

最後一篇信息聽起來特別強烈。阿摩司在異象中看見一籃熟水果，暗示以色列受審判的時機成熟了。神說祂絕不會忘記他們的行為，每件事祂都記下來。只有祂赦免的事，祂才忘記，其他的事，祂永遠不忘。阿摩司告訴百姓，北方十支派會分散到各國，永不再興起。但是講完這可怕的永刑以後，神說了一句話，好像陽光穿透雲層一樣，祂說：「但不是人人都如此，以色列中只有罪人會消失，將來會有一群餘剩之人。我必再度建立大衛的帳幕，帶領外邦人來取代你們作我的子民。」所以會有一群效忠神的餘民會存活，加入神擴大的子民當中，而神的子民會

包括外邦人。

八百年後，使徒行傳第十五章引述了阿摩司的這個預言，當時耶路撒冷的教會召開會議，考慮是否要接納外邦人進入教會。耶路撒冷教會的領袖提醒與會眾人，阿摩司的這段預言說神應許要重建大衛的帳幕，把外邦人帶進來。

▌何西阿書

阿摩司在伯特利傳道十年之後，出現另一位先知，也是神差到北方十支派的最後一位先知。前文已經指出，何西阿的預言和阿摩司的預言大不相同。何西阿的預言充滿感情而不是指責，他要吸引人，而不是警告人；他是溫柔的，不是嚴厲的；他的憐憫多過公義。這是北方十支派消失以前，神最後一次懇勸他們。

這裡有一個關鍵字，可以幫助我們了解何西阿的整個預言，這字就是希伯來文的 *chesed*（ch 的發音像 loch 這個字的 ch 發音，是喉音），在英文裡找不到同義字。這個字主要跟「約」有關，有「愛」的意思，但也有「忠誠」的意思。忠誠的愛，才是真正的愛。

chesed 這個字通常會譯作「慈愛」或「信實」，英文聖經有六十處把這個字譯成「信實」，有九到十處譯為「慈愛」。這個字意指堅定不移的愛和徹底的委身，亦即承諾要一直愛某個人，無論如何都不改變。

有個年代較久遠的英文字 troth（現代人仍會用 betrothed〔訂過婚的〕這個字），很接近這個希伯來字的

意思。現代人不用 troth 這個字是有道理的，因為這樣的忠誠今日已不復見，現代人的愛裡面沒有忠誠，大家都喜歡曇花一現的愛，激情過後再另結新歡。

▌盟約的愛

神和以色列的關係是一種盟約的愛，所以是 *chesed* 的愛，永遠在一起的愛。何西阿書就是在描述神和祂新婦以色列之間的盟約之愛。

神的責任

神和他們立約，承諾要看顧他們、保守他們、供應他們的需要。神拯救他們出埃及，在西奈山上給他們機會作祂的子民，他們接受了。神在尋找甘心樂意的順服，尋找一位願意照祂心意而活的新婦。

以色列的責任

以色列必須歡歡喜喜回應神的要求，因為知道這樣做是為他們好，所以樂意順服。從大衛的詩篇可以看出他喜愛神的律法，聖經中最長的一篇詩（一一九篇），都是在講神律法的好處。但是神的百姓——以色列百姓，並沒有順服神，於是何西阿宣告了他們的失敗。

神必須透過何西阿的信息問他們：「我們的婚姻怎麼了？」神向他們保證，祂必然給他們忠誠的愛，但祂顯然得不到回報。

為了讓何西阿了解神的感受，神給他一段很特別的

經歷。神常會透過一些經歷來預備先知，比如他叫耶利米不可結婚，因為耶利米必須告訴猶大，神如今也沒有妻子。耶利米從無妻的寂寞中，體會到神沒有以色列的感受。神也曾經告訴以西結，他的妻子將死，但他不可為她哀慟，好叫猶大知道，神也痛失祂的妻子。同樣地，何西阿順服神在婚姻上給他的不尋常指示，進而了解神的感受。

▌背景（一～三章）

第一至三章描述故事背景，是何西阿的自傳，因為內容匪夷所思，以至於很多聖經學者辯論這到底是事實還是虛構，也有學者辯論這幾章記載的事件順序是否顛倒。但我相信，大可用最簡單、最單純的方式來解釋。

頭三章描述了這段先知預言的故事情節。

第一章：子女

神叫何西阿去娶一個妓女，這種事不管是在當時還是現在，都叫人吃驚，尤其何西阿是神預備來傳講信息的人，竟然娶了妓女。何西阿和妻子生了三個孩子，至少有一個不是他的親骨肉。他的妻子後來回去重操舊業，何西阿找到她，帶她回家，經過一段管教期，不以夫妻之道相待，然後重新和她交往，重新去愛她，待她如妻。三個孩子的名字都包含神的信息，老大叫耶斯列，意指「神栽種」，是個非常悖逆的孩子，很不聽話，必須受管教。

老二是女兒，叫羅路哈瑪，意指「不蒙憐憫」。這孩

子很可憐，得不到母愛。

　　老三是兒子，叫羅阿米，意指「非我民」，這孩子不是何西阿的親骨肉，所以何西阿和他斷絕父子關係。這裡有三個信息：受管教、不蒙憐憫、斷絕關係。三個孩子的名字，指出神將如何處置祂的子民以色列，這些名字對何西阿的信息十分重要。不過，我還沒遇過有基督徒父母為孩子取這三個名字！

第二章：妻子

　　第二章講何西阿的妻子，有三件事。第一，她的行為受到自己的孩子責備，他們知道母親舉止不檢；第二，何西阿因她的行為而懲罰她；第三，她最後恢復了妻子的身分。這裡可以清楚看出三件事：責備、報應、恢復。

第三章：丈夫

　　「三」的模式也適用於何西阿自己，第三章講到何西阿的三件事。

　　第一，他忠於妻子，即便妻子對他不忠。

　　第二，他對待妻子的態度堅決，有段時間不把她當妻子看待，他帶她回家，但沒有和她同床。這代表神讓猶太人被擄的管教時期。

　　第三，妻子敬畏他，對他有一種健康的敬畏之心，跟他在一起時會戰戰兢兢。這表示她漸漸學會尊重丈夫、忠於丈夫。

▌何西阿的信息（四～十四章）

第四至十四章的信息是從何西阿這段婚姻衍生出來的。何西阿書和阿摩司書一樣，都由先知的講章組成，沒有按特定順序呈現，不過我們還是可以下幾個不同的標題，這樣做可以找出主題，有助於閱讀理解。我們需要明瞭的是，何西阿的每句話都跟下面這兩個標題有關：以色列的不忠、神的信實。神給以色列百姓盟約的愛，百姓卻沒有反應，兩者的對比是整卷何西阿書的主題。因此，神一方面對以色列不滿，一方面也憐憫他們，真是為難，到底要怎麼對待你所愛、卻對你不忠的人呢？

以色列的不忠

何西阿列出七種罪行，可稱之為「以色列七大罪狀」。從這些記錄可以看出，神對百姓的罪行瞭若指掌。

1. **不忠**。百姓對配偶不忠，也對神不忠。
2. **獨立**。神所揀選的政府在耶路撒冷，他們卻自行挑選君王，獨立建國。獨立的本質當然就是罪，他們等於不肯讓神掌管，想要立自己的王，公然抗拒神在南方揀選的王。
3. **詭計多端**。百姓對神不忠，也彼此欺騙，在背後中傷、暗算別人，很多人都受到傷害。
4. **拜偶像**。何西阿的預言特別談到撒瑪利亞的金牛犢。百姓公開接受迦南人的神，參與異教崇拜，尊崇迦南宗教的邱壇。

5. **淫亂**。公牛象徵多產，因此淫亂就成了司空見慣的事。摩西五經中和性行為有關的律法，百姓全都拋諸腦後，偏好鄰國的放蕩行為。前文已經指出，這樣的淫行甚至被視為「宗教儀式」，儘管這完全牴觸了神的神聖律法。

6. **無知**。從百姓對何西阿信息的反應，可以清楚看出以色列人大多不知道自己漠視了神的聖律。他們不但不認識神，還不想去認識神。

7. **忘恩負義**。神強調以色列百姓忘恩負義的行徑，給了何西阿一連串的圖像，要叫百姓永難忘懷。

　　第七章中，何西阿用幾個不同的圖像來形容以色列的品行，沒有一樣是正面的。他說，百姓就像燒熱的烤爐，準備要烤麵團，又把他們比作烘烤時沒有翻面的蛋糕，一面烤焦了，但另一面是生的──這種蛋糕根本不能吃。這是在形容以色列妥協，做事只有五分鐘熱度，毫無用處。

　　何西阿又使用一個圖像，說百姓像鴿子被網困住，不斷拍翅。以色列對誰都沒信心，更別說是信靠神，一下子想靠埃及，一下子又想靠亞述，但從來不想靠神，因此神必須抓住以色列，好好管教她。

需要為這情況負責的人

何西阿列完七大罪狀後,又列出四種人,他相信這四種人必須為當前的局勢負責。

1. **祭司**。他們本該很了解神,也該提醒百姓記住神的律法,這樣,百姓若是犯罪,就可以獻祭贖罪。然而祭司漠視自己的責任,本該以身作則,如今卻同流合污。

2. **先知**。北國以色列有很多先知,卻都是假先知,叫百姓別擔心自己的行為,說神不會照祂的應許懲罰百姓。當然這種話正是百姓想聽的,但是神需要人去傳講百姓不想聽的話,即使要為此付上代價,依然要傳講。

3. **君王**。北國以色列的王雖不是神揀選的,仍然要對百姓負責。從某些方面來看,君王就像傳道人一樣,必須確保百姓順服神的律法。然而,北國很少有君王在意百姓的反應。許多百姓有樣學樣,看見一國元首敗德背道,就認定自己照樣行也無妨。

4. **獲利者**。很多人從房市賺了大錢,而每一筆買賣中,輸家都是窮人。神的律法明白禁止收取利息和剝削窮人。何西阿特別指出,那些獲利者是社會腐敗的元兇。

審判

何西阿告訴百姓，他們會遭遇三種苦難。

1. **不孕**。何西阿說，有些婦女會流產，有些婦女甚至會不孕，還有些婦女生下孩子後，孩子就會夭折。
2. **流血**。接下來，神預言會有敵人來攻擊，殺掉他們許多人，而神不會保護他們。
3. **放逐**。敵人最後會得勝，並且把他們趕出這塊土地。

神的信實

這些懲罰是何西阿預言嚴厲的一面。儘管何西阿比阿摩司溫柔，但他也有嚴厲的信息。不過這不是他主要的重點，他的信息主題是——雖然百姓普遍悖逆，但是神仍然信實。

提摩太後書有一段話，講到我們和耶穌的關係：我們若不認祂，祂也必不認我們；我們縱然失信，祂仍是可信的。這句話可能就來自何西阿書。

好消息是——神憐憫以色列百姓，這是何西阿書的重點。

我們可以用GOD這三個字母，來幫助我們記住（但不是照G-O-D的順序）。

因為神太愛百姓了，所以不可能「放過他們」（let them Off），不可能「棄絕他們」（let them Go），也不可能

「對他們失信」（let them Down）。

神不可能放過他們（五10～六6）

這段經文描述神痛恨百姓的悔改聲明，祂說：「我必撕裂以法蓮和猶大，如同獅子撕裂獵物。我必帶走他們，沒有人能搭救。我要丟棄他們，回到我的地方，直到他們承認自己的罪，再度尋求我的面。」神說，百姓一遇到苦難，就嚷嚷著要回轉歸向會幫助他們的耶和華，但他們的內心並沒有真正改變。所以神不得不說：「我要怎麼對待你們呢？因為你們的愛如同早晨的雲霧，又如速散的甘露，我差我的先知來警告你們大禍即將臨頭，我用我口中的話殺戮你們，用死亡來威脅你們。我不要你們獻的祭物，我要你們的愛；我不要你們的祭物，我要你們認識我。」

神不可能棄絕他們（十一1～11）

神懇勸他們，提醒他們，別忘了以色列年幼的時候，神視其如子，帶他出埃及。但神愈呼喚他，他反而愈悖逆，還向巴力獻祭，向偶像燒香。雖然神從他嬰孩時期就訓練他，教導他行走，用膀臂抱著他，以色列仍用輕蔑的態度對待神。

但神向他們呼喊說：「以法蓮啊，我怎能捨棄你？我怎能讓你走？我的心在我裡面吶喊！我多麼渴望去幫助你！不會的，我不會因為太生氣，就給你過重的懲罰，因為我是神，不是人，我是活在你們中間的聖者，我來的目的並不是要毀滅。」

這裡我們看見神強烈表達他的感受，無論如何，祂知道，祂不可能棄他們不顧。

神不可能對他們失信（十四1～9）

這段經文是神苦口婆心懇勸百姓，要回轉歸向祂，讓神來除去他們拜偶像的行徑。以色列並非不小心犯了罪，他們一直在違抗神，執意追求罪惡。但神告訴他們，只要他們悔改，祂就會赦免他們，絕不會失信。

這段經文最後說：「誰是智慧人，可以明白這些事；誰是通達人，可以知道這一切。因為，耶和華的道是正直的；義人必在其中行走，罪人卻在其上跌倒。」這是聖經上措詞非常強烈的勸告，勸那些不想認識神慈愛的人，然後這卷書就結束了。神給以色列最後一個選擇——是要走主的道路，還是繼續偏行己路？

▌阿摩司和何西阿的預言今天仍適用嗎？

首先我們必須承認，阿摩司和何西阿都沒有成功帶領以色列回到神面前。以色列民不聽從他們的信息，神不得不照自己先前的應許去審判百姓。西元前七二一年，亞述人打敗以色列，將他們擄到外邦，再也不得返鄉。

接下來我們必須注意，今天的情勢跟阿摩司和何西阿當年發預言時的情勢，有一點大不相同。當時的以色列是神權政治，教會和政權合一，但這到了新約時代就不適用了，因為這時教會和政權顯然是分開的。新約時代的情況，可以用耶穌的一句話來總結：「凱撒的物當歸給凱

撒，神的物當歸給神。」所以，今天的基督徒活在兩個國度中。按我的護照，我是英國公民，但我也是神國度的公民。所以把舊約預言套用在現代，必須小心。

有一個情況很複雜，是四世紀時的君士坦丁大帝造成的。當時歐洲一直希望政教合一，君士坦丁企圖建立基督教國家，讓神的國與人的國合而為一。這個傳統在歐洲很多國家保留下來。所以生在英國，就等於生在教會，英國有數百年之久的基督教背景。可是在神眼中，教會和政權是分開的。我們可以應用舊約聖經的預言，但切記兩種情勢不能直接相比。

所以，我們不能直接套用阿摩司和何西阿的信息，不能說因為神期待以色列怎樣順服祂，所以我們的國家也必須照樣順服神。不過，神給外邦人的預言倒可以用在我們身上。神對外邦人的指控，是照著他們的良心，而不是照著神的律法。同樣，一個不信神的國家，受審判的根據是有沒有照著良知去做對的事。

因此，以色列之外的國家所犯下的一些罪，包括慘無人道、踐踏人權，司法不公使富者更富、貧者更貧，阿摩司與何西阿都予以譴責。對這些罪行的譴責，今天依然適用。

然而，這不表示兩位先知給以色列的其他預言和我們就沒有關係了。這些預言確實帶給今天的教會一個強烈的信息，因為教會的行為往往和以色列百姓的行為如出一轍。新約聖經有多處經文重申何西阿和阿摩司的信息。我們也必須回轉歸向神，否則會受到神的審判。因此，當我們讀這些預言時，必須先套用在神的百姓身上，然後才有

立場告訴社會，關於他們的行事爲人和生活方式，神是怎
麼說的。

▌引言

　　以賽亞書讀起來十分精采。第一，在舊約聖經中，記載以賽亞預言的這些文件是旁證最完整的。一九四七年發現的死海古卷中，有一份以賽亞書的手抄本，年代可溯至西元前一百年，比當時既存的最早手抄本（在西元九〇〇年發現）還要早一千年之久。那時，英文的《標準修訂版》聖經本來已經完成，卻緊急叫停，必須先檢視完這些文件才能定稿，但後來發現幾乎不必更改什麼。

　　以賽亞書讀起來很精采的另一個原因，跟我們用的聖經的編排方式有關。聖經中每一章的標題並非由神啓示（我眞希望有一本不分章節的聖經，因爲這樣我們就可以根據思想的脈絡來認識聖經，而不是像現在這樣，按照人工編排的章節來認識聖經。基督教教會過去至少有一千一百年之久，使用的是不分章節的聖經）。

　　但是，不管是誰將以賽亞書分章的，他們的分法倒是很有意思，不曉得是不是刻意的。他們把以賽亞書分成六十六章，聖經剛好也有六十六卷書。而且，他們把以賽亞書分成兩部分，前半部有三十九章，後半部有二十七章，巧的是，舊約聖經有三十九卷書，新約聖經有二十七卷書。

　　除此之外，以賽亞書前三十九章的信息，剛好是舊約聖經的總結，而後面二十七章，剛好是新約聖經的總結！以賽亞書的後半部（第四十章）一開始，講到曠野有人喊著說：「要為主預備道路」，後來施洗約翰就用了這句話。再來講到主的僕人受聖靈恩膏，為祂的百姓受死，然後從死裡復活，被高舉。然後宣告：「你們要為我作見證，直到地極。」最後講到神說：「我要使一切都變成新的，我要造新天新地。」

　　換句話說，如果有人把整本聖經的信息擠進一卷書中，就會變成以賽亞書，這卷書像是聖經的濃縮版。更奇妙的是，第四十至六十六章竟然清清楚楚分成三部分，每部分都有九章。第四十至四十八章的主題，是安慰神的百姓；第四十九至五十七章的主題，是主的僕人受死又復活；第五十八至六十六章的主題，是未來的榮耀。

　　而且，各有九章的這三部分，每一部分又可以分成三個單元，每個單元三章。中間的那部分，也就是第二部分（四十九～五十七章），可以清楚分成三大段——第四十九至五十一章、第五十二至五十四章、第五十五至五十七章。從中間這段（五十二～五十四章）挑出中間那章（即第五十三章）最中間的經文，正是以賽亞書的關鍵經

文：「祂爲我們的過犯受害，爲我們的罪孽壓傷。因祂受的刑罰，我們得平安；因祂受的鞭傷，我們得醫治」（五十三5）。這個分法並非出自神的啓示，但還是很不可思議，連第二部分最中間那節經文，都爲新約聖經的中心主題做了總結。

以賽亞書有幾段經文大家都耳熟能詳。我記得有個人讀完莎士比亞的一部劇本後，說他不喜歡莎士比亞，因爲太常引述別人了。他以爲莎士比亞有很多內容是從別處抄來的，殊不知那些名句本來就是莎士比亞寫的！以賽亞書也是一樣，從小就上教會的人，很熟悉以賽亞書中的許多經文。

比如：

你們的罪雖像硃紅，必變成雪白。（一18）

羊毛染色以後，就不可能再變白，但神說我們的罪雖像硃紅，必要變成雪白。

他們要將刀打成犁頭，把槍打成鐮刀。（二4）

紐約聯合國總部的一塊花崗石上就刻著這節經文，可惜他們沒有刻上整節經文，因爲這節經文的開頭說：「祂必在列國中施行審判……」。如果神不來審判列國，這經文的下半句是沒有人做得到的。

眾所熟知的經文還有：

必有童女懷孕生子，給祂起名叫以馬內利。（七14）

因有一嬰孩為我們而生；有一子賜給我們。政權必擔在他的肩頭上；他名稱為「奇妙策士、全能的神、永在的父、和平的君」。（九6）

耶和華的靈必住在他身上，就是使他有智慧和聰明的靈，謀略和能力的靈，知識和敬畏耶和華的靈。（十一2）

堅心倚賴祢的，祢必保守他十分平安，因為他倚靠祢。（二十六3）

但那等候耶和華的必重新得力。他們必如鷹展翅上騰；他們奔跑卻不困倦，行走卻不疲乏。（四十31）

那報佳音，傳平安，報好信，傳救恩的，對錫安說：你的神作王了！這人的腳登山何等佳美！（五十二7）

耶和華的膀臂並非縮短，不能拯救，耳朵並非發沉，不能聽見。（五十九1）

願祢裂天而降。（六十四1）

　　另外一段有名的經文，是以賽亞書第六章，敘述以賽亞蒙召的經過。當時，他在異象中看見神在聖殿裡；可惜這一章接下來的幾節經文，描述以賽亞艱難的任務，就比較少人知道了。第三十五章描述沙漠裡有玫瑰開花。第四十章有句常聽到的話：「你們的神說，你們要安慰，安慰我的百姓。」第五十三章5節，前面已經提過：「因祂受的刑罰，我們得平安；因祂受的鞭傷，我們得醫治。」第五十五章1節，大多數基督徒都知道：「你們一切乾渴的，都當就近水來，不用銀錢也來買酒和奶。」第六十一章有段經文，是基督第一次在拿撒勒講道時引用的：「主耶和華的靈在我身上；因為耶和華用膏膏我，叫我傳好信息給謙卑的人。」

　　雖說大家對以賽亞書的某些經文十分熟悉，但對整卷書的了解顯然不多，真的很可惜，因為耶穌和保羅引用最多的舊約經文，就是出自以賽亞書。新約聖經也有多處引用以賽亞書，尤其是以賽亞書的後半部。

　　很少有基督徒知道有些詞句直接取自以賽亞書後半部，像是「使聖靈擔憂」、「神要擦去他們一切的眼淚」、「有人聲在曠野喊著說」、「你要為我作見證直到地極」、「萬膝必向我跪拜，萬口必向我承認」。

　　所以，如果真的想要了解聖經，就要了解以賽亞書，這卷書會幫助你認識舊約聖經和新約聖經。

▌以賽亞這個人

　　以賽亞跟聖經中大多數作者一樣，隱藏自己，以神

為中心，所以他很少談到自己。我們對他的認識，一部分來自他的著作以賽亞書，一部分來自猶太史書，尤其是史學家約瑟夫，對以賽亞的背景有很多記載，所以我們可以拼湊出一個樣子來。以賽亞的父母一定很敬虔，因為他的希伯來原名是 *Yesa-Yahu*，意指「神拯救」，這名字的字根，很類似耶穌和約書亞這兩個名字的字根。這名字取得貼切，因為他被稱作舊約聖經中傳福音的人。他帶來福音的好消息，尤其是以賽亞書後半部的信息。「新」這個字，在舊約聖經中十分少見，但是以賽亞書的後半部，卻經常出現「新」字。以賽亞後來成了史上最偉大的先知，猶太人將他跟摩西和以利亞相提並論。

從人的角度來看，以賽亞的出身良好，在王宮出生長大。他是約阿施王的孫子，跟烏西雅王是表兄弟，所以烏西雅王駕崩對他打擊很大。以賽亞富貴顯要，受過高等教育，這帶給他一些助力，但是也讓他當起先知來格外困難。不過，他在聖殿中遇見主，清楚蒙召，曉得未來該走什麼路。

他可以隨意在宮中活動，向王進諫，所以他有很多預言都跟政治議題有關，尤其是他講到跟跟亞述或埃及這些強權結盟，並無法帶給猶大真正的保障。

至於他的家庭生活，他的妻子是個女先知，但我們不知道她發過哪些預言。以賽亞發預言之前，很可能先跟妻子談過。

以賽亞至少有兩個兒子，其中一個名叫瑪黑珥・沙拉勒・哈施・罷斯，意指「擄掠速臨、搶奪快到」，大多數的父母不會想給孩子取這種名字！但這個名字是預言，

指說將來有一天，耶路撒冷會遭敵人掠奪，寶物會被搶劫一空。另外一個男孩取名施亞雅述，意指「一群餘民將歸回」。所以這兩個兒子的名字，剛好總結了以賽亞書的兩大信息。壞消息（主要記載在前半部）是耶路撒冷會遭到掠奪，洗劫一空；好消息是會有一群餘民歸回。以色列雖然失去一切，但是仍然有未來。

有人猜測，以賽亞還有第三個兒子，名叫以馬內利。當時確實有一個男嬰出生，而且是預言的主角，但我認爲那是另外一個人的孩子，不是以賽亞的孩子。「以馬內利」意指神與我們同在，名叫以馬內利的這個孩子，是王的預兆。其實這是個雙重預兆，多年以後，在耶穌身上應驗了。

▍以賽亞蒙召

以賽亞蒙召，是他有一天進入聖殿，看見異象，神的聖潔令他震懾。聖經沒說他當時幾歲，但可能是接近二十或二十出頭。從此，以賽亞對神有一個獨特的稱呼——「以色列的聖者」。這個稱呼在以賽亞書中出現將近五十次，而且前後兩部分都出現過。以賽亞一見到神的聖潔，立刻感覺到自己不潔淨，不配進入聖殿，想要出去。有意思的是，他覺得自己的嘴唇不潔。他接下來的經歷很特別，有一位天使飛到他面前，手中拿著燒紅的炭去燙他的嘴唇。有些人認爲這只是異象中的想像，但這眞有其事。從那時起，以賽亞常告訴別人，他嘴唇上的疤痕是被神燙傷而留下的。

　　以賽亞蒙召的經歷，竟意外提到了三位一體的神。神問他：「我可以差遣誰呢？誰肯為我們去呢？」這裡的「我們」就表示是三位一體的神要差遣他去。接下來的消息令人震驚，神說以賽亞雖然奉差遣去傳道，百姓卻不會聽他說，神會讓百姓聽不進去，不肯聽也沒反應。所以，從以賽亞一開始事奉，神就對他說：「別以為你會成為成功的傳道人，你愈傳道，他們的心愈剛硬！我要用你的講道，讓百姓變成耳聾和瞎眼，免得他們得救、得醫治。」

　　這話十分驚人，卻也指出一個真理，在聖經別處都可以看到，那就是——神的話不只開啟人心，也可以關閉人心，把人推得更遠。人聽到神的話以後，心裡對神的話若不是更剛硬，就是更柔軟，不可能保持中立。

　　以賽亞所傳的道會讓百姓的心剛硬，讓他們耳聾和眼瞎，新約聖經對以賽亞書的引用，以這節經文出現最多次。耶穌事奉時也引用過這節經文，祂說：「他們聽了卻聽不明白，看了卻看不見，免得他們相信就得赦免」（可四12）。換句話說，耶穌用比喻說話，是為了隱藏真理，叫那些不是真有興趣的人心裡剛硬。保羅也引用過這節經文，當時他向猶太人傳道，他們卻不聽。

　　所以，神的話也會叫人內心剛硬，這是以賽亞書的一個關鍵主題。難怪以賽亞問神：「我到底還要講多久？百姓內心剛硬沒有反應，到底還要多久？」神回答說：「直到地土極其荒涼。」以賽亞的任務，比其他的先知都要艱難，不過，他如果沒有經歷這些困難，我們也就不會有這麼棒的一卷書了。以賽亞並不知道多年以後，這卷書會啟發那麼多人，但他生前的事奉是失敗的，沒有人肯

聽，整整四十年，人心愈來愈剛硬。

▋猶大的地理位置

　　了解猶大周圍的鄰國，有助於了解以賽亞書。猶大近鄰有一些小國，遠處則有一些大國。我們在以賽亞書會看到，神先使用小國來管教祂的百姓，如果百姓還是不聽，神就用大國來管教他們。小國包括北邊的敘利亞人，西南邊的亞捫人、摩押人、以東人，西邊有神從克里特島帶過來的非利士人，南邊的沙漠裡有阿拉伯人。較大的鄰國則是東方的亞述，再來是巴比倫，不過巴比倫的勢力在以賽亞死後才到達巔峰。以賽亞曾預言，巴比倫有一天將勢如中天。西方的大國則是埃及。

　　在以賽亞的時代，國際出現了好幾個結盟關係，最令人驚訝的，就是以色列十支派（也就是北國）竟然跟敘利亞結盟。這是神百姓歷史上的危急關頭。此時，以賽亞要猶大王別擔心，說猶大必勝，哪怕他們只有兩個支派。以賽亞說：「必有童女懷孕生子，給他起名叫以馬內利。」這是兆頭，預告神將帶來勝利。

　　以馬內利意指「神與我們同在」，但「神與我們同在」這句話，可以讀出四種不同的意思來，就看是強調哪部分。其實應該強調的是「我們」──神與「我們」同在，而不是與「他們」同在！換句話說，神站在我們這邊。當那名男嬰出生，取名叫以馬內利，猶大的王就知道，十支派就算和敘利亞結盟也贏不了。

　　還有一次，非利士人和阿拉伯人結盟，這對小小的

猶大國是嚴重的威脅，但神還是站在猶大這邊。

在以賽亞的時代，亞述是東方的強國，首都在尼尼微，位在底格里斯河畔。西南方的強國是埃及。但還有一個勢力日增的國家叫巴比倫（在今天的伊拉克地區），未來勢力會更加強大。

以賽亞的事奉歷經四個王，他在烏西雅王駕崩的那一年開始事奉，接下來是約坦作王，然後是亞哈斯、希西家作王，最後是瑪拿西作王。

▍猶大王

想知道以賽亞需要傳講什麼信息，就要看當時的猶大王做得好不好。列王紀告訴我們怎麼判斷某個王在神眼中是好是壞。好王打仗會贏，壞王打仗會輸。神和好王同在，所以沒有人能夠打敗好王。

烏西雅王（西元前七九二～七四〇年）就是個很好的例子，他一開始是好王，在位長達五十二年，但最後幾年變成壞王，行神眼中看為惡的事，結果死於痲瘋病。這是他從好王變成壞王的懲罰。

以賽亞事奉初期，猶大首先遭遇的攻擊，是非利士人聯合阿拉伯人來攻，但是猶大戰勝，因為王遵行神的道路。但後來王開始悖逆神，就被亞述人打敗了。

約坦王（西元前七五〇～七四〇年）是好王，在位十九年（其中十年是攝政王）。他在位期間，來攻的敵人都被他打敗。亞捫人來攻打過，以色列和敘利亞也聯手進攻過，但都被他打敗。

　　亞哈斯王（西元前七三五～七一五年）是壞王，敗給以東人、非利士人、亞述人。

　　希西家王（西元前七一五～六八六年）是好王，在位二十九年，打敗非利士人。希西家在位期間，亞述出動十八萬五千大軍來圍攻耶路撒冷，但神差天使來徹底剿滅他們。多年來大家都認爲這是個神話，但幾年前有個英國考古學家，在耶路撒冷城牆底下挖出骸骨，據信是亞述軍隊的殘骸。

　　耶路撒冷遭到圍困，所以城裡才會興起一項工程，直到今天仍在。圍城期間，希西家擔心水源問題，於是下令挖掘一條水道，把城外的泉水引進來。今天去耶路撒冷，仍然可以走那條水道。

　　但希西家也有犯錯的時候，他晚年生了重病，呼求神讓他多活十五年，但他沒有善用這段時間，反而犯下大錯。有一次，希西家生病，有使者捎來巴比倫王子的慰問信，當時巴比倫仍是小國，但日益興盛。希西家很高興在那麼遙遠的地方竟然有人關心他，就帶使者四處參觀宮殿，希望使者回去稟告巴比倫王，宣揚希西家是多好的一個王。但以賽亞聽說這件事後嚇壞了，他告訴希西家，將來有一天，希西家向巴比倫使者展示的一切，都會被巴比倫王奪走。以賽亞書中間穿插了這段戲劇性的故事，而以賽亞的話最後果然成眞。

　　瑪拿西王（西元前六九五～六四二年）是猶大國最壞的王，他拜魔鬼，甚至把親生兒子獻祭給摩洛神，這是撒但教的主要膜拜對象。大多數壞王的在位時間很短，只有瑪拿西王在位長達五十三年，是猶大國在位最久的王。

　　瑪拿西痛恨以賽亞，禁止以賽亞說話，因為這個緣故，以賽亞的預言才會用文字記錄下來。可是瑪拿西終於受不了以賽亞，決心殺掉他。以賽亞死得很慘，根據猶太史料，瑪拿西叫人拿來一段中空的樹幹，把以賽亞綁起來，塞進樹幹，然後叫人拿鋸子連樹帶人鋸成兩半。希伯來書第十一章提到一位信心英雄被鋸鋸死，講的就是以賽亞。

　　下方圖表列出以賽亞時期的猶大王：

猶大王	統治時間	品格	戰勝	戰敗
烏西雅	五十二年	先好後壞	阿拉伯人 非利士人	亞述人
約坦	十九年	好	亞捫人 結盟的以色列人 和敘利亞人	
亞哈斯	二十年	壞		以東人 非利士人 亞述人
希西家	二十九年	好	非利士人 亞述人	
瑪拿西	五十三年	壞		亞述人

▌以賽亞書

讀以賽亞書，首先會發現這卷書的前後兩部分截然不同。以賽亞書和別的先知書一樣，也由不同時期傳講的信息組成，但不是按照時間順序，有時是依主題排序，有時完全沒有順序。因此以賽亞書算是兩種順序都有，但整體說來，第一部的預言絕大多數都是同一類型，而第二部的預言大多屬於另一種類型。

頭三十九章和後二十七章很不一樣，以至於有學者認為，以賽亞書第二部是別人寫的，稱其為「第二以賽亞」（Deutero Isaiah）。前後兩部之間的差異，詳列在下方圖表。

第一部	第二部
壞消息比較多	好消息比較多
人的行為	神的作為
罪惡和懲罰	拯救和救贖
公義	憐憫
指責	安慰
以色列的神	宇宙的創造主
以色列國	全世界
神＝火	神＝父
神的手	神的膀臂
舉起來擊打	伸出來拯救
咒詛（災禍）	祝福

「奇異的事」	好消息
猶太人	外邦人
亞述	巴比倫
被擄前	被擄後
現在	未來

因爲後半部的焦點主要放在被擄後的時期，所以有些人便懷疑，這些事件記錄得如此詳細，一定是別人寫的。他們說，以賽亞不可能預料到巴比倫將被一個叫塞魯士的人打敗，因爲以賽亞死後過了一百年這件事才發生。

因此，學者認爲，「第一以賽亞」寫下第一至三十九章，再來「第二以賽亞」寫了第四十至六十六章，然後還有「第三以賽亞」，顯然最後十章是他所寫。如此一來，我們就有了三個以賽亞！有些聖經學校竟把這當作福音眞理來教。之所以會有這種看法，是因爲以賽亞書各部分在文體、內容、遣詞用字上都有差異，所以就認定是不同的作者寫的。

▌本書的合一性

有學者堅稱，不管以賽亞有三個還是只有一個，都不重要，但他們忘了一件事，以賽亞是在很多年間傳講很多信息，而且信息的目的各有不同，有的是要指責，有的是要安慰，很自然會使用不同的文體和用詞，所以沒有必要把這卷書看成是兩部或三部。

除此之外，還有一些因素讓我們相信，整卷書是同

一個作者寫的。

第一，前後兩部有許多共同點。比如以賽亞喜歡描述神爲「以色列的聖者」，這個詞總共出現五十次，第一部出現二十五次，第二部出現二十五次。雖然有些主題只在第一部談到，第二部沒提起，但所有重要的主題，兩部都有談到。

第二，有許多人認爲以賽亞書後半部是整本聖經最偉大的預言經文，既然如此，作者怎會籍籍無名、爲人所忘？如果聖經上其他先知的名字，包括小先知，都有人知道，那麼以賽亞書後半部的作者名字實在不可能失傳。

第三，耶穌和保羅都曾經引用以賽亞書後半部，並說這是先知以賽亞說的。我覺得光這個證據就夠了，如果以賽亞書的作者爲何並不確定的話，我不相信耶穌和保羅會這樣講。

最後，最關鍵的論點是神到底知不知道未來。如果神知道未來，祂當然可以輕易將未來的事告訴以賽亞。一旦同意這一點，很多難題就迎刃而解了。

▊以賽亞書前半部（一～三十九章）

以賽亞書集合四十幾年間不同的預言，所以沒有什麼順序，但還是有個大概的架構，可以幫助我們了解這卷書。在詳細探討幾個主題之前，先速覽以賽亞書前半部的架構。

第一至十章在責備猶大，尤其是耶路撒冷。此時猶大十分富裕，但正如阿摩司責備北國以色列不當揮霍，以

賽亞也同樣指責猶大。他批評耶路撒冷城內的婦女花很多錢買珠寶衣服，卻漠視窮人和弱勢族群的需要。

再來是第十三至二十三章，這裡有一段講到列國要受審判。神使用那些國家來管教祂的百姓，但是他們的行為逾越了神所容許的尺度，惡待以色列，行為殘暴，超過了神要他們做的。

第二十四至三十四章有好消息也有壞消息。北方十支派和猶大要受審判，但這一段也兩次描述即將來臨的榮耀。所以百姓既受到責備，又有機會一窺更好的未來。

第三十六至三十九章講希西家王生病的故事，前面已經談過。這是歷史的轉折點，我們看見巴比倫即將取代亞述，成為以色列最大的威脅，而這是希西家的愚昧造成的。他竟然歡迎巴比倫的使者，還向他們炫富。

猶大（一～十二章，二十四～三十五章）

壞消息
悖逆

以賽亞傳講預言時，正當和平富庶時期，就連所羅門的鼎盛時期，國家都沒這麼富庶。但伴隨富庶而來的還有驕傲和放縱，各人偏行己意，窮人受到欺壓，社會普遍不公。

全國百姓的宗教生活此時已淪為徒具外表的儀式。大家行禮如儀，內心卻對神冷淡，漸漸不再忠於神，開始包容異教的偶像，膜拜迦南神巴力和亞舍拉，迷信這樣做就能使作物豐收，生活興旺。

管教

因此，類似士師記的模式漸漸出現──神允許外邦人來攻擊猶大，藉此教訓他們應該信靠神。前文已經說過，來攻擊的國家包括敘利亞和以色列，阿拉伯和非利士、以東、亞捫、摩押，還有以賽亞事奉初期的強國亞述（最後被巴比倫打敗）。但猶大百姓不但沒有信靠神，反而和當時似乎能保護他們的國家結盟，完全沒想到要向神求助。

災禍

神在摩西時代就應許過，百姓若不遵守祂的命令，不聽祂的警告，就會失去神賜給他們的土地。以賽亞發出警告，百姓卻一直不聽，於是西元前五八七年，南國猶大終於步上北國以色列的後塵，被擄到外邦，只是這次是落在巴比倫人手中。

沮喪

以賽亞預言，百姓寄居巴比倫的生活不會很好過，但他說，有很多人會在被擄時期回轉歸向神。以色列從此再也沒有跟隨外邦神，全國摒棄了混雜宗教和偶像崇拜。

好消息

餘民

以賽亞書前半部的好消息是，被擄之後會有一群餘民歸回，並且會有一王，為萬民帶來和平。在這群餘民當中，會出一個像大衛那樣的王，他將是永在的父、策士、和平君王，政權要擔在他肩上。

歸回

我們可以清楚看到，儘管猶大悖逆，神卻絕不違背祂的約，所以神從頭到尾的應許都是將來有一天，他們會回到先前失去的那塊土地。七十年後，他們果真歸回，正如耶利米的預言。

作王

以賽亞預言，會有一位空前絕後的君王來統治，並且對這位君王有諸多描述：他的降生、他在「外邦人的加利利」事奉、他的族譜、他是耶西的後裔、他接受膏抹做神的工作。若有人懷疑基督自稱為王的聲明，只需回顧以賽亞的預言多麼準確，便可確定。

歡喜快樂

在壞消息當中，還是有為神的良善感到歡喜快樂的時候，散見於各章，見：二1～5，十二，十四1～3，二十六，二十七，三十19～33，三十二15～20，三十四16～35。在所有的先知書中，以賽亞書是充滿喜樂的一卷書。

列國（十三～二十三章）

以賽亞提到幾個和猶大打交道的國家：亞述、巴比倫、非利士、摩押、敘利亞（大馬士革）、古實、埃及、以東、阿拉伯、推羅。以下三點應該注意：

1. 神使用列國來管教祂的百姓。
2. 列國超過神的尺度，慘無人道，行事不公，還嘲

笑以色列的神。

3. 神用火來懲罰列國，最後滅了他們。

　　儘管神這樣懲罰列國，以賽亞卻預言，將來全地都要分享猶大的福分（見第二十三～二十五章）。

▌以賽亞書後半部（四十～六十六章）

對神的描述

　　以賽亞書後半部，從頭到尾都對神有驚人的描述。

祂是惟一的眞神

　　神說：「除我以外沒有別的神。」那些所謂的神並不存在，上帝是惟一的神，其他的神都是人發明的。神還說：「沒有別的神像我。」以賽亞嘲笑其他的神，說他們有耳朵卻聽不見，有眼睛卻看不見，有腳卻不能走。

　　這句話當然會得罪今天的人，因爲現代人說要接納所有的宗教。但是除了以色列的神，沒有別的神。

祂是全能的創造主

　　萬民都像水桶中的一滴水，又像天平上的一粒灰塵。眾星都由神命名。神叫人爲動物命名，卻沒有叫人爲星星命名，而我們有智慧的話，就不會去看自己的星座。民調顯示，有六成的男人和七成的女人天天看星座運勢。人應仰望全能的創造主，求主賜給他們智慧面對未來。

祂是以色列的聖者

這個稱呼在以賽亞書後半部出現二十五次。阿摩司的焦點是神的公義，何西阿的焦點是神的信實，以賽亞的焦點是神的聖潔。以賽亞顯然沒忘記他第一次在異象中見到神榮耀的情景，他對神的這個描述也成了這卷書的中心思想。

祂是百姓的救贖主

聖經形容神是「有買贖權的至親」（kinsman redeemer）。就像有買贖權的至親會出手幫助一個家庭，神有能力也願意幫助，因為他和他的百姓立了約。

祂是萬民的救主

對神的這個稱呼，先是出現在以賽亞書，後來出現在新約聖經，用來稱呼耶穌。以賽亞強調神關切他的百姓，願意萬民將來都聚集在新天新地裡。

祂是歷史的主

以賽亞說，萬民不過像水桶中的一滴水。神展開歷史、掌控歷史，最後也會終結歷史。神預告未來，並且掌控未來（見四十一1～6、21～29，四十二8～9、10～17，四十四6～8、24～27，四十六9～11，四十八3）。

全是為了神的榮耀

以賽亞書從頭到尾的焦點，都是為了彰顯神的榮耀。「榮耀」一詞是這卷書的關鍵詞。神要他的榮耀彰

顯，叫世人都看見。

神的僕人

以賽亞書後半部有一系列詩歌格外重要，也是大家最熟悉的。之所以稱作詩歌，是因爲這幾章經文充滿詩的韻味，詩中提到一個「神的僕人」（二十次）。直到今天，猶太人仍然不知道這是在講誰。

「僕人」的意思似乎有變，有九處看似指全體以色列民（比如四十九3），但其他地方又顯然是在講某個人。除此之外，舊約聖經別處的經文也用「僕人」一語稱呼這幾個人：烏西雅、約西亞、耶利米、以西結、約伯、摩西、所羅巴伯，這些人都曾經被稱作僕人。

不過，上主的這個僕人，有四個特質：

1. 他的品格沒有瑕疵。這個僕人很完美，沒有過錯。其他人都不具備這一點。
2. 他非常不快樂，常感憂傷，深知痛苦的滋味。
3. 他沒有罪，卻像犯人一樣遭到處決。他是爲別人的罪受死，不是爲自己的罪。他遭人誣告，死後埋在財主的墓穴中。
4. 他爲別人的罪受死之後，從死裡復活，被升到極崇高的地位。

以賽亞書前面談到即將來臨的君王，但以賽亞和其他所有先知都沒有提到這位君王和神的這個僕人有關連。基督徒很清楚兩者的關連，猶太人卻不明白。他們無法將

以賽亞書後半部講到的那個僕人，和前半部應許要來的那位君王聯想在一起，他們就是覺得不相干。

第一個把兩者連起來的猶太人，就是耶穌，而且是在祂受洗的時候，當時神說：「這是我的愛子，是我所喜悅的。」「這是我的愛子」從前是指著那位王說的，「是我所喜悅的」從前則是指著那個僕人說的，神在此刻並列兩者。耶穌知道自己就是讓這兩個身分合而為一的那一位。

不只耶穌指出這兩者的關連，彼得也常在講道中指出這個關連。在使徒行傳中，彼得講道時提到這位君王和這個僕人是同一人。初代有許多祭司成為基督徒，就是因為他們熟悉以賽亞書，能看出這位君王和這個僕人之間的關連。

腓利也指出這王和這僕人是同一人，使徒行傳記載他遇到一個衣索匹亞的太監，發現那太監正在讀以賽亞書第五十三章。

保羅特別指出這王和這僕人是同一人。在腓立比書中，保羅談到這王的地位與神同等，卻取了奴僕的形像。猶太人無法想像堂堂君王會這樣受苦，像一般犯人那樣遭到處決。十字架讓猶太人反感——會被釘上十字架的王，不是他們想要的那種王。耶穌看起來就不像是政權會擔在祂肩上的那種王，猶太人期待一個得勝的王來統治，而不是來受死。

神的靈

有些人可能沒想到，在以賽亞書中，聖靈的角色十分突出。「使聖靈憂傷」這句話，就是出自以賽亞書六十

三章10～11節。我們讀到，聖靈為這個僕人的事奉來膏抹他（六十一1～3）。而「我要將我的靈澆灌你的後裔」（四十四3）這句話，當然就是指五旬節那天發生的事。前文也已指出，在以賽亞書第六章，神用「我們」來指稱自己：「我可以差遣誰呢？誰肯為我們去呢？」

所以，心眼明亮的人就會明白，舊約聖經提到了三位一體的神——有創造宇宙的全能神，有祂受苦的僕人，有祂的靈，三位一體的神全部出現在以賽亞書的後半部。

先知預言

想了解先知書，有一個原則務必要先明白，尤其因為先知書占了聖經的三分之一，從以賽亞書到瑪拉基書就有十七卷。對於像以賽亞書這樣特別複雜的先知書，此原則格外重要。

這個原則就是——所有的先知，既是向自己的世代傳講，也是向未來的世代傳講。

1. **向自己的世代傳講**。先知們就好像用顯微鏡檢視當時的世代，用神的眼光看清自己的時代，並且從這個角度來傳講。但是這些話的應用，並不侷限於當時的世代，其中不變的道德原則，也向所有的世代和所有的文化發聲。因為神的特質永不改變，祂的道德標準也永遠一樣。

2. **向未來的世代傳講**。先知們也用望遠鏡看未來，傳講將來有一天要發生的事。但複雜的是，先知無法判斷他所看見的事件彼此有多大的時間距

離，這就好像從遠方看兩座山峰，無法判斷兩山真正的距離。所以舊約聖經的許多先知（以及我們這些讀聖經的人），可能以為看見一座有雙峰的山，其實卻是分開的兩座山。所以，先知在描述未來的事件時，也許兩件事看起來像是接連發生，實際上卻相隔幾千年。

今天的基督徒就是活在兩座山峰之間，一座是過去，一座是未來，因為我們現在知道的一些事，當時的先知並不知道。他們一直在期待君王降臨，但我們知道這位君王會來兩次。不但如此，有時預言並不是照著傳講的順序應驗，比如我們知道，以賽亞書後半部提到的受苦僕人已經應驗了，然而前半部說的君王還沒應驗。基督已經以僕人的身分前來，上了十字架，但祂尚未以君王的身分前來，統管萬有。

所以，難怪熟悉以賽亞書的猶太人，仍在等待彌賽亞第一次的降臨。他們以為彌賽亞只會來一次，而且是以君王的身分前來，所以對耶穌很失望，也不認耶穌是他們的彌賽亞。耶穌在棕枝主日騎驢進耶路撒冷時，好像終於以王的身分來了，正如群眾的期待。群眾非常興奮，以為耶穌就要把羅馬人趕走了，但耶穌騎的是驢駒，象徵祂不是來打仗。

啟示錄告訴我們，耶穌第二次來的時候，是要來爭戰，因為到時候祂會是個騎白馬的戰士。但在棕枝主日這天，祂的任務是和好，不是要應驗以賽亞說祂要作王的預言。耶穌騎驢進入城門以後，眾人大吃一驚，因為祂向左

轉而不是向右轉，右邊是羅馬軍隊駐紮的堡壘，左邊是聖殿，耶穌進去，用鞭子把猶太人趕出聖殿。耶穌的優先順序，不同於猶太人的優先順序。

所以不難想像，為什麼幾天之後，同一批群眾竟然高喊著：「釘死他！」而選擇釋放流氓巴拉巴。他們以為耶穌是來作王的，卻沒想到耶穌竟然只是去潔淨聖殿，太叫人失望了！所以當彼拉多在耶穌頭上放了塊牌子，上面寫著「這是猶太人的王」，眾人都不敢相信。全國只有一個人相信，就是那個盜賊，他說：「主啊，祢得國的時候求祢記念我。」瀕死的盜賊，在這個受苦、垂死的人身上，看見那位即將來臨的王。

最終的未來

全世界

前文已經指出，以賽亞書（尤其是後半部）的信息，是全地都要蒙受神的賜福，不只是猶太人要蒙福而已。以賽亞提到「遠方的島」會認識神，指的可能就是英國，因為腓尼基人把英國稱作「遠方的島」，從康瓦耳的礦坑運錫礦出去。

以色列國

雖然展望全世界，但不表示猶大會被遺忘。耶路撒冷、錫安和主的山，也會是神動工的地方。我們知道，將來有一天，耶穌會騎馬降臨，統管全世界，這世上的國家會成為我們的神和基督的國。所以今天的教會是在幫助眾人預備好迎接王的降臨和統管，我們是在列國之中為這位

王預備臣民，讓祂可以再來。當福音傳遍各國的時候，末日就會來到，因爲神要祂的國中有每個族群的代表。

以賽亞書後半部，似乎不斷輪流講耶路撒冷的未來和萬民的未來。但以賽亞書第二章說，神的殿要在山上建立，萬民都要聚集在神的殿，這是「聯合國」的未來，但總部是在耶路撒冷。正如受苦的僕人已經來了，掌權的君王也一定會來。

▍爲什麼要讀以賽亞書？

1. 這是神的話。讀聖經可以給我們得救的智慧，以賽亞書的關鍵詞是「拯救」和「救贖」（以賽亞這名字的含義就是「神拯救」）。

2. 這卷書爲我們詳細介紹整本聖經。在聖靈的啓示下，以賽亞書囊括了新舊約聖經所有的主題。如果覺得聖經太厚讀不完，可以先從以賽亞書讀起，這卷書介紹了聖經中所有的主題。

3. 這卷書能夠幫助我們了解先知預言，而且它屬於三卷大先知書，在我們現在使用的聖經中，排在先知書的最前面。書中大多數的預言既抗議當時的景況，也預測未來的情況。有些預言顯然已經在新約聖經中基督降臨的時候應驗了。

4. 以賽亞書幫助我們了解先知新舊約聖經之間的關連，看見新舊約如何互相詮釋。了解以賽亞書，可以幫助我們更明白新約聖經。

5. 以賽亞書幫助我們了解耶穌。耶穌說：「你們要查

考這經，因爲這經爲我作見證。」祂指的就是舊約聖經。以賽亞書是舊約聖經中最能幫助讀者認識主耶穌的一卷書。只要讀以賽亞書第五十三章，就來到十字架前，「因祂受的鞭傷，我們得醫治」。

6. 對神有更寬廣的認識。「你們和我當稱耶和華爲大」，意思是要擴大對神的認識。以賽亞書後半部，最能夠幫助我們對神有更寬廣的認識，祂是以色列的聖者，是創造全地的主。

因此，雖然以賽亞書是最長的一卷先知書，要花時間和工夫研讀才能明白，但種種原因告訴我們，這是基督徒必讀的一卷先知書。

以賽亞書就像聖經的濃縮版，有助於我們了解舊約聖經，也有助於我們了解新約聖經，更重要的是，可以擴大我們對神的認識。

▌引言

我們現在用的聖經，把何西阿書到瑪拉基書的這幾卷書稱作「小先知書」，但這實在是誤稱，會讓人以為小先知不如大先知。其實會稱作小先知書，是為了有別於另外三卷較長的先知書──以賽亞書、耶利米書、以西結書。彌迦的預言被稱作小先知書，真是最大的誤稱，因為他的信息叫人難忘，直到今天仍在全世界迴響。

彌迦和以賽亞是同時代的人，彌迦書有一段經文和以賽亞書中的一段經文雷同，講到把刀打成犁頭、把槍打成鐮刀，又講到基督再來時，和平的政權會臨到。這兩段經文一模一樣，到底誰抄誰，抑或聖靈給兩人一模一樣的信息，我們不知道，但兩人講的是同一個情況，所以顯然神要百姓再聽到相同的信息。

彌迦書有一段經文，常在聖誕節聚會中朗讀：「伯利

恆、以法他啊，你在猶大諸城中為小，將來必有一位從你那裡出來，在以色列中為我作掌權的。」（五2）這是耶穌降生之前七百年發的預言。

彌迦書還有一節常被引用的經文：「世人哪，耶和華已指示你何為善。祂向你所要的是什麼呢？只要你行公義，好憐憫，存謙卑的心，與你的神同行。」（六8）這卷書最後還有一句話，成為好幾首聖詩的歌詞：「神啊，有何神像你，赦免罪孽？」（七18）

這幾句經文令人難忘，但常常被斷章取義，借作託辭。我們一定要從整卷書的背景，從當時的時間和地點來解讀經文的含義，因為神說話總是針對某個時間和地點，所以聖經才會記載很多歷史和地理。這一點和其他宗教的經書大不相同。你若讀可蘭經或印度教經書，會發現大多是記載想法和話語，但聖經記載了許多歷史地理，這是因為神是在某些時間地點揭開祂全部的啟示，這是彌迦書很重要的一點。

▎地點

應許之地是一條狹長的土地，一邊是地中海，一邊是阿拉伯沙漠。這是一條走廊，從歐、亞、非來的人都必須經過這裡。他們通常走在海岸路上，那條路叫「沿海之路」。世界的十字路口，就坐落在米吉多（希伯來文叫哈米吉多頓）的山上，全世界的人都得經過這裡。那裡有個小村莊，叫拿撒勒，位在山上，俯瞰這個十字路口。因此，以色列北邊的加利利才會被叫作「外邦人的加利

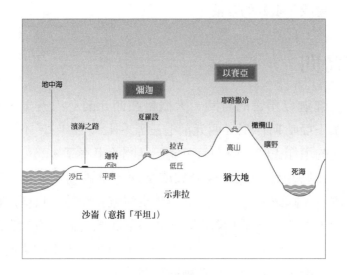

利」，因為世界各地的人都會經過那裡。而以色列南方主要住著猶太人，高居山間，少有外國人造訪。

如果你把應許之地的南部縱剖成兩半，一邊是地中海，一邊是死海，死海的地勢比地中海低很多。

彌迦來自示非拉，這是個內陸的山區，離海岸二十哩，位在數百公尺高的山上，介於非利士人和猶太人之間，所以往上可以望見敗壞的耶路撒冷城，往下可以眺望迦薩走廊。

有一點很重要，就是以賽亞和彌迦是同時代的人物，兩人在同一時期傳道，但以賽亞出生在王宮，是國王的表親，可以自由向當權提出諫言。彌迦不同，他住在貧窮的示非拉地區。因此，以賽亞來自富裕的上流社會，彌迦則是簡樸的鄉下人，關心那些遭到剝削的平凡人。因為背景的關係，以賽亞比較不會注意這方面的事。所以兩人

的信息成了很好的互補。

▌時間

　　彌迦發預言的時間，大概是在西元前七三五年，當時壞王亞哈斯作王（西元前七三五～七一五年）。不過，先前約坦作王時，彌迦有可能已經開始事奉了。

　　當時以色列民已經分裂成兩國。所羅門王死後，發生內戰，國家一分為二。北方十支派宣布脫離，自稱以色列國，南方二支派叫猶大國。以賽亞和彌迦向南方二支派傳道；有一位名叫何西阿的先知，則向北方十支派傳道。不久之後，北方十支派就被擄到亞述。

　　何西阿和以賽亞都是城市人，出身良好，所以彌迦不同於北方的何西阿，也不同於南方的以賽亞。

▌原因

　　約坦王（西元前七五〇～七三一年）和亞哈斯王都帶領國家走入歧途。約坦算是「好」王，但他沒有除去國內的邱壇，這些邱壇給百姓機會去拜迦南的神祇。約坦王實在應該遵守神的律法，並且要求百姓遵守神的律法才是。亞哈斯王是個「壞」王，沒有阻止百姓行惡事，使得罪惡從北方十支派散播到南方二支派，從城市散播到鄉下。聖經中的城市，常被視為危險之地，因為罪人集中，罪就容易散播，所以城市的犯罪情形，通常比鄉下嚴重。

　　以猶大國來說，敗壞從耶路撒冷開始，然後散播到

示非拉的鄉鎮。彌迦可以看出這些壞事的影響力，十分痛心。他看見審判官、先知、祭司都收賄，這些人本該遵守神的律法，卻拿錢只講眾人想聽的話。弱勢者遭到剝削；貪婪、欺騙、暴力、殘忍的現象司空見慣，犯罪率不斷升高；地主把孤兒寡婦趕出去露宿街頭，形同搶窮人的錢；做生意的偷斤減兩，商譽敗壞。罪惡滲透到社會各個階層，而且有錢有勢的人還欺負窮人，社會權力和政治權力用於牟取個人利益。那景象實在悲哀，尊重和信任破壞殆盡，作為國家支柱的家庭關係也徹底瓦解。彌迦渴望見到社會有公義，如今看見這般不公不義的事發生在神的百姓身上，實在震驚，這群百姓本應作萬民的光。

就在彌迦關切這些情況的時候，他在異象中看見神觸摸猶大國和鄰國。他的異象如同漣漪擴散，起初看見猶大支派，然後異象的範圍擴大到全國，甚至到北方十支派，雖然此時北方已和南方脫離關係。彌迦心中的負擔也隨之擴大，原本只對自己的同胞有負擔，最後卻對全世界都有負擔。

他看見神從天而降，處置猶大，審判他們，連他們在南方僅有的一小塊地都要拿走。這實在是令人痛苦的景象，彌迦內心大受打擊。

有兩個因素讓彌迦如此痛苦，一是聖靈，一是他自己的靈。每位先知都和聖靈同工，受聖靈的引導去傳道，但他自己的靈通常也會感受到痛苦。彌迦說他大聲哀號，赤腳露體而行，又呼號如野狗，哀鳴如鴕鳥，他的內心非常痛苦，心知大勢已去。

他特別關切三個問題：偶像崇拜、淫亂、不公不

義。最讓他痛苦的是不公不義的情形，看見神的百姓彼此這樣對待，他實在無法再忍受下去。偶像崇拜是百姓侮辱神，去拜別神；淫亂是百姓放縱自己；但不公不義是百姓彼此傷害，這是彌迦心中最大的負擔。身為百姓，他非常同情那些因為付不起房租，就被趕出去露宿街頭的孤兒寡婦。他在預言中對社會的不公義發出強烈的吶喊。

我一向覺得看整卷書的架構很有幫助，尤其彌迦書有清楚的架構。這卷書明顯分成三個單元，我訂了三個標題，點出各單元的主題。

第一至三章在講罪惡與懲罰──神要懲罰他們的罪行；第四至五章講平安與保障；第六至七章的主題是公義和憐憫。

▋罪惡與懲罰（一～三章）

這三章中，彌迦叫百姓要知道自己的罪行。那些罪行從城市散播到鄉村，也散播到他家鄉示非拉的鄉鎮。他的信息巧妙地引起百姓的注意，利用每個村的村名，來宣告百姓要受的審判，讓他們永遠忘不掉他的信息。

地方

假如彌迦是在倫敦傳道，他會這樣講：哈克尼區（Hackney，編註：hack有「劈砍」之意）將被砍碎；漢默史密斯區（Hammersmith，編註：hammer可指「鐵槌」）將被槌平；巴特錫（Battersea，編註：batter有「打擊」之意）將受重擊；肖爾迪奇（Shoreditch，編註：

shore有「海岸」之意，ditch可指「水溝」）將被丟進海邊的大溝；克羅奇恩（Crouch End，編註：crouch有「蹲伏」之意，end可指「終局；結局」）終將害怕地伏下；伊令區（Ealing，編註：與healing〔醫治〕押韻）將不再得醫治；哈羅區（Harrow，編註：harrow有「折磨」之意）將受壓迫；丘奇恩（Church End，編註：church可指「教會」）將見到教會的末日；巴金區（Barking，編註：bark有「狗吠」之意）將被野狗啃食；薛弗埠（Shepherd's Bush，編註：shepherd可指「牧羊人」，bush有「灌木叢」之意）將成爲羊吃草之地；派克漢（Peckham，編註：peck有「啄食」之意）的死屍將被兀鷹吞吃。

這樣寫看起來有點奇怪，但彌迦就是這樣講當地的情況。他把示非拉所有的村名稍作改變，再用這些名字來宣告他審判的信息。這是很高明的講道，要讓百姓知道，神不會放過他們的罪行，遲早會施行審判。

百姓

神顯然要那些有影響力的領導人物，爲這樣的情況負責。彌迦指出這是君王、祭司、假先知的錯，是他們容許百姓的屬靈光景快速走下坡，但彌迦也特別擔心那些剝削弱勢族群的不肖商人，這些人使得富者愈富，貧者愈貧。

▌▌平安與保障（四～五章）

第四至五章令人意外，因為講的大多是好消息。彌迦在第三章最後講到耶路撒冷變成荒場，說大城市是罪惡的始作俑者，最後將變成荒場。但第四至五章所講的情況卻截然不同，他說，目前的敗壞情況並不是結局。

國度

有個國度會降臨，到時候，各國的軍隊都要解散，一切紛爭將由錫安的王來解決。聯合國的總部不該設在紐約，應該設在耶路撒冷才對，因為將來有一天，所有的紛爭都要在耶路撒冷解決。「主在錫安作王」時，祂會解決世上一切紛爭，神的國度會在地上建立。我們用主禱文禱告時，向神這樣祈求：「願祢的國降臨……在地上，如同在天上」。當然君王必須先來，國度才會降臨，因為沒有君王就不算是國度。彌迦又說，這位王會出自伯利恆這個小村莊。伯利恆（Bethlehem）這地名中的「伯」（Beth）意指「房屋」，「利恆」（lehem）意指「糧」，所以伯利恆的意思是「糧倉」。這個小村莊專門供應玉米給耶路撒冷，也供應獻祭的羔羊。

萬王之王

彌迦看得很遠，不只看到耶穌第一次來，也看到祂第二次來。這段經文就是在描述耶穌第二次來，在地上作萬國的王，遣詞用字和以賽亞書二章1～4節相同，讓人不禁想問，這段話到底是誰先寫的？是其中一個抄了另外

一個，還是兩人都抄自同一個人，或者兩人從神那裡領受了相同的信息？眞正的答案仍未有定論。

　　所以彌迦書的第二個單元全是好消息，萬王之王會降生在大衛之城伯利恆，祂要來掌管全世界，並且帶來和平與富足。

▌公義和憐憫（六～七章）

　　彌迦書的最後一個單元，像是法庭中的場景，神是原告律師，彌迦是被告的辯護律師，犯罪的猶大百姓如今站在被告席上，神正在聲言祂說的是事實。

　　神用第一人稱說話，彌迦也是，兩方辯論誰才是被告。神解釋說祂眞正想要的不是百姓獻的祭（幾千隻羔羊的血），而是公義。祂說祂只要他們「行公義，好憐憫，謙卑與神同行」。

　　公義是把人應得的給他，憐憫是把人不配得的給他。有個人對替他畫肖像的畫家說：「希望你畫得像一點。」畫家說：「你需要的，不是畫得像，而是畫得好看。」

　　公義和憐憫並非相反，這兩者是並行的，差別在於公義的路走不遠，必須換成憐憫才能走得更遠。神是這兩方面的專家，祂行事都是公正的，沒有人能說神不公平。

　　但神得到的，只是許多羔羊的血，猶大百姓遵守了宗教儀式，行禮如儀，但神要的不只是這些。最重要的是神怎麼看你，有個方法可以測知神怎麼看你，就是看看別人眼中的你。如果你眞的和神有親密的關係，你就會行公

義，好憐憫，因為神正是對你行公義，好憐憫。

彌迦在法庭上很痛苦，但他很快就高興起來，因為他發現這位法官在公義之外還有憐憫。所以我們在彌迦書的最後，看到美好的平衡，神和我們立的是憐憫的約。

孩子不聽話的時候，父母必須做個決定，是行公義，給他們應得的對待，還是行憐憫，放過他們呢？公義和憐憫很難兼顧，除非發生一種情況，就是一個無罪的人，願意代替有罪的人接受懲罰，這樣罪就能夠同時受到懲罰和赦免。因此，十字架是必要的，就像《寶架清影》這首聖詩的歌詞說：

> 安全又快樂的避難所
> 堅固又甜美的避難所
> 值得信靠
> 天上的慈愛和公義在此交會（直譯）
> —— Elizabeth C. Clephane (1830–1869)

在十架上，我們看見神完全的公義（罪接受了死的懲罰），也看見神完全的憐憫（有罪的可以獲釋），這是因為無罪的人已經代替受罰。如果神不用十字架就赦免我們，那祂就只有憐憫，沒有公義；如果神不肯赦罪，執意懲罪，那祂就只有公義，沒有憐憫。所以，了解舊約聖經的背景很重要，我們看到以色列人都明白一件事：要獻上無辜的生命為祭，罪才能獲赦。沒有流血就不能赦罪，因為不流血，神就不能兼顧公義和憐憫。

彌迦也指出，我們需要「謙卑與神同行」，這第三個

要求和前兩個要求一樣重要。人有可能行公義、好憐憫，卻很驕傲，但是你之所以能夠行公義、好憐憫，完全是因為神先對你行公義和憐憫，你就會謙卑與主同行。

在新約聖經中，馬太談到一個預言——伯利恆會出一位君王。這個預言因為羅馬皇帝在羅馬皇宮中的一個決定而應驗了，皇帝的決定，把遠在幾千哩外的約瑟和馬利亞帶回伯利恆繳稅。這時機恰到好處。

但新約聖經也告訴我們，這位君王來的時候，祂會接管全世界的政權，將和平帶給全世界。這個預言尚未應驗，但耶穌再來時，這個預言一定會應驗。

我們必須知道，有很多預言講到彌賽亞來臨時會發生什麼事，但這些事在耶穌第一次來的時候並沒有應驗，猶太人無法接受這一點，因為他們相信彌賽亞必會帶來世界和平，但是耶穌並沒有做到，所以祂不可能是彌賽亞。其實有個祕密，是舊約聖經中的先知所不知道的，直到新約聖經才顯明出來，那就是彌賽亞會來兩次——第一次是來為我們的罪受死，第二次是來掌管全世界。

▌神學主題

結束彌迦書之前，來談一下本書出現的幾個神學主題。

神的兩面特質

本書描繪了神的兩面特質：祂是公義的，必須懲罰罪，但祂也是憐憫的，所以祂會赦免罪。神恨惡罪，卻愛

罪人,這個主題貫穿整卷書,每個單元都從定罪開始,最後以安慰結束。所以必須先行公義,再施憐憫;罪必須先受懲罰,然後才能蒙赦免。

彌迦提醒我們,應該把工作交託給神,我們必須反映神,而不是取代神。但我們今天必須做的,仍然是「行公義,好憐憫,謙卑與神同行」,這個要求永遠不會改變。

基督會從哪裡來

本書的預言清楚告訴我們,這位君王會來到伯利恆。這個小地方沒沒無聞,卻供應糧食給耶路撒冷的市場,供應羔羊給聖殿的獻祭儀式。預言應驗了,因為奧古斯都要求猶太人報名上冊而應驗了。

基督為什麼來

本書的預言也指出耶穌會來第二次,到時候,祂會來掌管全世界。所以耶穌第一次來的時候沒有應驗的預言,會在祂第二次來的時候應驗。

社會行動

本書的預言也指出基督徒的社會責任。教會應該像先知那樣傳講話語,警戒人不要行不義的剝削,並且要為窮人和弱勢族群仗義執言。這樣做是在預備我們自己,好在基督再來時,與祂一同作王。

遭社會排斥

基督徒看見周遭的人(甚至是親密的人)不喜歡自

己的立場時，不應該感到意外。彌迦說：「人的仇敵就是自己家裡的人。」耶穌告訴門徒，有些人會恨祂，所以也會恨祂的門徒。今天的基督徒必須準備好，跟從耶穌的腳步而行，然後坦然面對後果。

▌引言

先知那鴻有一位先知同僚比他更廣爲人知，就是約拿。兩人的背景十分相似，所以我們看約拿書的時候，會注意到兩人之間有許多共同點。這兩位先知都來自北方十支派，都被差到當時強國亞述的首都尼微微。但是那鴻傳講的毀滅信息，是在約拿時代之後一百五十年，當時的處境已經截然不同。

較近的歷史如下：約拿去了尼尼微之後，亞述帝國開始擴張版圖，在亞哈作以色列王時攻打北方十支派，但是失敗了。後來亞述巴尼帕三世（Ashurbanipal III）作亞述王的時候，再度回來攻打，擄走拿弗他利支派。在撒縵以色（Shalmaneser）作亞述王的時候，亞述又回來擄走其他支派，從此以色列只剩下南方小小的猶大國，對神的百姓來說，這是一段悲慘的時期。

　　希西家作王的時候，亞述王西拿基立來圍困耶路撒冷，卻被擊潰，因為有個天使殺了十八萬五千名亞述敵軍。不過亞述並未放棄，仍繼續擴張版圖，征服了北埃及的底比斯，成為一個強大的帝國。

　　在約拿之後，有兩位先知傳講信息給亞述，第一位是西番雅，他在給猶大的信息中，預言神必毀滅亞述，使之成為荒地。曾經傲人的大城將成為群羊吃草之地，各類牲畜野獸必在那裡棲息，曾經偉大的宮殿將成廢墟，淪為禽鳥築巢之地。

　　但西番雅傳講這段毀滅的信息時，並未指出何時會發生，最後是那鴻去向亞述宣告他們大勢已去。那鴻的預言記錄了給亞述的最後警告。那鴻和約拿有一大差別，就是神這次沒有放過尼尼微。有意思的是，兩位先知都形容神不輕易發怒，只是到了那鴻的時代，尼尼微的大限已到。神的怒氣一旦爆發，就不可能止息；神的怒氣在醞釀的時候，還有轉圜的餘地，可是一旦爆發，就什麼都擋不住了。將來當然會有一天，全世界都要面對神的忿怒。我們在啟示錄讀到，到了那一天，大家會寧願被地震的裂口吞吃，也不要見到神忿怒的臉。

　　尼尼微王再度禁食禱告，想學約拿時代的做法，可是神不接受，已經來不及改變了。那鴻書的最後一節，語氣嚴厲：「你的損傷無法醫治，你的傷痕極其重大。」

　　奇怪的是，那鴻卻認為這是好消息。這對亞述來說當然不是好消息，但是對以色列和那鴻來說是好消息。那鴻生在被亞述人統治的以色列地，他告訴亞述人，大家聽到亞述將滅亡的消息，都會拍手叫好，「因為有誰沒受過

你的暴虐呢？」這個預言講得很生動。

　　跟約拿書中的預言一樣，那鴻書也有一個大問號，困擾著歷世歷代的基督徒。約拿書問的是：「神是否掌控大自然？」那鴻書問的是：「神是否掌控歷史？」聖經說，歷史的地圖是神畫的。使徒保羅在雅典的亞略巴古向希臘人傳講時，說各國的年限和疆土都是由神預定，是神容許一國興起成為帝國，也是神容許一國滅亡。我相信，是神終結了大英帝國，因為一九四七年的時候，英國跟猶太人撇清關係，不願再幫助他們，結果短短五年間，大英帝國就一去不返了。

　　神不但掌控整個大自然，也掌控整個歷史。興起君王的是神，讓君王下台的也是神，神掌管歷史，所以歷史是可以預測的。先知的一大任務就是預測歷史，在尚未發生之前寫下歷史。那鴻預言尼尼微即將滅亡，聽起來實在不可思議，因為當時的尼尼微勢力如日中天。

▍那鴻書的大綱

　　以下是那鴻書的大綱。整卷書只有三章，很容易分段，焦點是尼尼微的滅亡。

宣告──是誰？──神介入（第一章）
　　神的仇敵要遭禍
　　神的朋友要獲救

描述——怎麼做？——進攻（第二章）

　　掠奪的日子

　　獅子的日子

解釋——爲什麼？——殘酷無情（第三章）

　　武力征服

　　金錢腐敗

▍宣告（第一章）

　　首先，宣告神會懲罰祂的仇敵。神介入，表示祂的仇敵要遭殃，祂的朋友要獲救，神的介入都有這兩個特點。當神介入歷史並且採取行動，就表示那些違抗神、凡事靠自己的人要遭殃了。神有一種嫉恨的特質，這不是嫉妒，神不必嫉妒別人擁有什麼，因爲萬有都是祂的，但祂會嫉恨。嫉妒是想要別人的東西，嫉恨是想要本該屬於你的東西。你會嫉妒別人有個好太太，但別人若搶走你的太太，你會嫉恨。所以神對祂的名字、祂的名聲、祂的百姓和祂的世界，有一種嫉恨的心情，祂說：「那是我的名字、名聲、世界，我不容許人在我的世界胡來。」

　　因爲神會嫉恨，所以祂會施行報應。神的這兩個特質不太受歡迎，但我們需要明白這兩個特質，才能眞正認識神是誰。那鴻的焦點幾乎都放在神的嫉恨，以及神會報應那些違抗神、凡事靠自己的人。

　　第一章是一首離合詩，每一節經文的開頭，都是按照希伯來字母的順序，讓以色列人很容易記住。這對他們

是好消息，應該牢記在心。

在第一章，那鴻輪流向尼尼微和以色列說話——給尼尼微壞消息，給以色列好消息。這一章稱得上是上乘的文學作品，那鴻在聖靈的啟示下，用人容易記住的方式寫出來。

▌描述（第二章）

如果第一章是在宣告尼尼微必要傾倒，第二章就是在描述他們接下來的遭遇，而且描述得非常仔細，怵目驚心，簡直就像那鴻在看電視報導。

令人驚訝的是，那些來毀滅尼尼微的人，正如那鴻的預言，身穿紅色軍裝，但這種軍裝在那鴻的時代是前所未見的事。那鴻看見他們進入河閘，城中血流成河：

> 聽呀！皮鞭咻咻，車輪隆隆，馬匹奔騰，戰車疾行，騎士衝鋒，刀光閃爍，矛劍生輝，死人無數，屍橫遍野，人相繼被屍首絆倒。
> 這全因尼尼微把自己賣給神的仇敵。

很生動的描述，我們可以想像先知向眾人傳講這個信息的光景。那鴻說尼尼微就像一隻沒有牙齒的獅子，這個形容很貼切，因為獅子是尼尼微的城徽，但如今他們不再是威脅，反而自己心驚膽顫。這首詩描述得很傳神。

▌解釋（第三章）

第三章，那鴻從描述景像變成解釋原因——亞述受到審判，完全是因為這個帝國毫無人性。我們看見神的公義，祂不是因為亞述人違背十誡而審判他們，因為他們並不知道十誡。神差先知來向外邦人宣告降禍的消息時，指控的是他們違背人性的罪行，他們憑著本能和良知就知道這樣做是不對的。

所以，神是根據人所知道的來審判他們，這是聖經一以貫之的原則。不知道十誡的人，不會因為違背十誡而受到審判。同樣，沒聽過基督的人，也不會因為沒聽過基督而受到審判。但是每個人藉著外在的受造物和內在的良知，多少都會知道神，所以聯合國《世界人權宣言》並不是基督徒寫的，但裡面談的是人人都知道的公義是非。

所以神在審判亞述人的惡行，他們駕著戰車蹂躪別的國家，屠殺全國百姓，用武力強占地土。亞述人也貪財腐敗，賄賂的行為司空見慣。那鴻說他們明知這兩件事不對，卻執意去做，所以神才要消滅他們的城市。

真是不可思議，我們的世界對這兩種罪行都不陌生，都知道不對，卻仍執意去做。

▌尼尼微的下場

今天的尼尼微是一片沙漠，曾經偉大的宮殿蕩然無存，這地方如今住著貓頭鷹和刺蝟等野獸，正如西番雅的預言。尼尼微城早已消失數世紀，但一八二〇年的時候，

有個叫雷亞德（Layard）的英國人在底格里斯河西岸發現
這座城的遺跡。

▌那鴻怎麼了

　　我們知道那鴻後來留在尼尼微，沒有返鄉，他的墳
墓在今天的底格里斯河西岸找到，阿拉伯人尊那鴻爲神的
先知。

　　加利利的迦百農（Capernaum），是以那鴻的名字命
名（*caper* 是村，*naum* 是那鴻），這個村莊和其他幾個村
莊都曾遭到耶穌咒詛。迦百農跟尼尼微一樣，也不肯聽神
的話，所以下場和曾經偉大的尼尼微城一樣，如今也是廢
墟一片。

24. 西番雅書

▊傳信息的人（一1）

先知書的焦點在於信息，而不在於傳信息的人，西番雅書尤其如此。我們對西番雅所知甚少，整卷書只有第一章1節介紹他，講到他的名字和族譜。西番雅這個名字的希伯來文是 *Sephenjah*，意指「神隱藏」，無法確定究竟是指神隱藏了祂自己，還是指西番雅被神隱藏。他的族譜倒給了我們一條線索，因為眾先知之中，只有西番雅的身世可以溯及四代祖先之遠。猶大最後一個「好」王希西家（見以賽亞書第三十六～三十九章）是西番雅的曾祖父，所以西番雅有王室血統。瑪拿西作王時，下令將王室後代獻給摩洛神為祭，所以我推測，西番雅被母親藏了起來，逃過殺身之禍。因此，他的名字反映出神存留他的性命，讓他作百姓的先知。

從他的族譜也可一窺他生活和傳道的時代。自希西

家以來，猶大國漸漸遠離神；瑪拿西除了拜摩洛神、獻孩童爲祭之外，還在邱壇上重建那些象徵生殖器的雕像和亞舍拉像，鼓勵百姓回頭膜拜充滿性意味的多產之神。百姓在欣嫩谷把孩童獻給摩洛神爲祭，這個山谷位於耶路撒冷南方，耶利米曾咒詛此地，耶穌也用此地來形容地獄的景象。瑪拿西作王初期，先知以賽亞想阻止國家的道德繼續敗壞，於是警告瑪拿西王，他的惡行必帶來悲慘的後果。但瑪拿西王不肯聽，還禁止以賽亞傳道，以賽亞便把預言寫下來，以文字流傳。終於，瑪拿西王下令處死以賽亞。

不但如此，瑪拿西王也迷上占星術和靈媒，進一步違抗神的律法。屬靈的混亂導致道德的混亂，因爲偶像崇拜必然導致不道德的行爲。歷代志下，神說瑪拿西比最早的迦南人還要邪惡，這句話令人震驚，因爲迦南人的生活非常腐敗，神早就指示祂的百姓要趕出迦南人。所以我們可以想像神此刻的感受，祂除掉作惡多端的迦南人，把地方空出來給祂的聖民，而祂的百姓如今竟比當初取代的人還要邪惡。

瑪拿西作王五十五年後駕崩，由亞們繼位。這個王很懦弱，完全沒有改邪歸正，猶大國繼續走下坡。亞們只作王兩年就遭人刺殺。整個猶大國道德敗壞。

接下來，一個名叫約西亞的男孩，八歲登基作王，不過頭幾年由大祭司希勒家攝政。約西亞的祖先有好王也有壞王，小小年紀的約西亞王會效法誰呢？是效法曾祖父希西家，還是祖父瑪拿西？神差先知西番雅前來，以免這個國家像他們北方的兄弟之國一樣，因爲罪惡而被擄到外邦。

▋信息（一2～3）

　　先知的聲音已經沉默了七十年。自希西家逝世、以賽亞遇害以後，神一直沒有向百姓說話。所以西番雅是在一個空白的時代，傳講一個強烈的信息。

　　西番雅書號稱所有先知書的概要，因為這卷書中有很多重點也出現在其他先知書中。整個信息的重點是「主的日子」，全書提到二十三次。這裡的「日子」並非指某一天，而是指一個時期，比如說「坐馬車的日子已經過了」這句話中的「日子」。主的日子就是神審判的時期，是神扭轉一切、伸張公義的時期，到時候，祂要賞善罰惡，彰顯公義。

　　英國也有類似的行事曆。歷史上，一年四季各有一個查帳日：春季是三月二十五日，夏季是六月二十四日，秋季是九月二十九日，冬季則是十二月二十五日。從前，每逢這四個日子都要查帳、審核、結算，做假帳的要受罰。主的日子就像這樣。

　　西番雅用一個特別的詞來形容神的感受，他說神「惱怒」，但這與自私人性所表現出來的那種惱怒有所不同。主的日子來到時，神的忍耐會達到極限，祂的忿怒會滿溢出來。

　　聖經提到兩種忿怒，一種是埋在內心、沒有發洩出來的忿怒，怒火中燒，但不形於色。另一種忿怒是突然爆發出來，人人都會知道。西番雅書所講的忿怒，是壓在內心的忿怒。先知說，神的怒氣正在醞釀，將來神忿怒的日子必會來到，到時候，祂不會再把怒氣埋在心裡。

　　雖然我們很容易忽略醞釀中的怒氣，但神的怒氣仍然有跡可尋。不斷走下坡的社會（比較羅馬書第一章）處處都是徵兆，人人都可以看出神的怒氣正在醞釀。然而將來有一天，神的怒氣必會爆發出來。我們若希望那天晚一點到，就要悔改，改邪歸正。這正是西番雅書的一大重點。

‖西番雅書的大綱

外來的宗教（一4～二3）
　　罪有應得（一4～6）
　　宣布（一7～9）
　　描述（一10～17）
　　扭轉（二1～3）

鄰國將受審判（二4～15）
　　西邊──非利士地（二4～7）
　　東邊──摩押、亞捫（二8～11）
　　南邊──埃及、古實（二12）
　　北邊──亞述（二13～15）

未來的救贖（三1～20）
　　咒詛──神的公義（三1～8）
　　　（a）以色列人冥頑不靈（三1～7）
　　　　（i）悖逆（三1～4）
　　　　（ii）抗拒（三5～7）

(b)　列國要被消滅殆盡（三8）

祝福——神的憐憫（三9～20）
　　(a)　萬民要敬虔（三9）
　　(b)　以色列要歡喜快樂（三10～20）
　　　　(i)　喜樂歡呼（三10～17）
　　　　(ii)　歸回（三18～20）

　　這三大段很清楚，可惜章節劃分不當，就像聖經其他許多書卷一樣。

▌外來的宗教（一4～二3）

　　第一大段，先知關心的是外來宗教竟成了猶大國民生活的一部分。他宣布審判的信息，針對即將來臨的「主的日子」講了四段話。

罪有應得（一4～6）

　　很多人遠離神，不再敬拜以色列的神，轉去拜別神。祭司本來應該確保百姓守住神的約，卻帶領大家走入歧途。迷信變成風氣，很多人去拜瑪拿西所拜的摩洛神。

宣布（一7～9）

　　西番雅告訴百姓，神的審判臨到後，他們會有什麼下場。我們讀先知書時，可能會覺得一直在讀相同的信息。可是神需要重申他的旨意，尤其是他上次發話已經是

七十年前的事了。西番雅要警告百姓，審判的日子已經很近了。

描述（一10～17）

神對百姓的審判會非常可怕。百姓對自己的行為不以為意，也不在意神對他們有什麼看法。西番雅警告他們，審判來臨的時候，人人都會知道。

扭轉（二1～3）

西番雅接下來告訴他們，即使已經到了這個地步，只要他們悔改，仍然可以扭轉審判。每位先知都傳講這個信息。百姓若是謙卑下來，神會垂聽他們，赦免他們，憐憫他們。誠然，人需要溫柔謙卑，這是先知信息的一大要求（見以賽亞書二十九章19節和彌迦書六章8節）。

▌鄰國將受審判（二4～15）

西番雅談到所有威脅猶大國的國家。西邊是非利士，今天的「巴勒斯坦人」即聲稱自己是非利士人的後代；東邊是摩押和亞捫；南邊是埃及和古實（今作「衣索匹亞」）；東北邊是亞述，是當時的世界強國，也是底格里斯河和幼發拉底河地區最強大的國家。很少有國家不受亞述欺負的，亞述已經擄走北方十支派。而此時的巴比倫，國力仍然弱小。

西番雅領受的信息是，這些國家將受神的審判。神是全世界的審判官，而這些國家將為自己對待以色列的態

度受審。不過，列國和猶大的互動是雙向的，神不但要因為列國對待猶大的態度而審判列國，也要用列國來管教猶大。阿摩司書說，以色列民進攻迦南的時候，神把非利士人從克里特島帶來，讓他們住在迦南地的西部。是神在主導諸國的遷移，是祂在劃定眾民的疆界。

所以，非利士人從此成了以色列身上的一根刺，不斷騷擾他們，直到大衛王的時代（大約七百年後）依然如此。英文用 Philistine（非利士人）這個字來形容對別國文化有敵意的人。在申命記中，神這樣向以色列人解釋：「我帶他們來試驗你們，你們若遵守我的命令，他們就束手無策，騷擾不了你們；但你們若悖逆我，我就要用他們來管教你們，你們不走正路的時候就會被他們打敗。」

這個行動顯明神心中的關切，祂是祂百姓的父，好父親會在子女做錯事的時候加以管教。其實希伯來書第十二章說：「主若是不管教你們，就表示你們不是神的真兒子。」這個原則，就連讀聖經的人也不見得明白。你若成為神的兒女，你犯罪時神就會管教你；但是神管教你，是為了讓你死後不必受懲罰。所以基督徒可以預期今生的日子不會好過。每次有人說他們信了耶穌以後就不再有煩惱，我都不相信。我曾經對這樣的話信以為真，結果只讓我覺得沮喪，因為我的體驗不一樣──我信耶穌以後，麻煩就來了！我領受聖靈的洗以後，麻煩更多；過去五年我遇到的麻煩，比信主後的頭四十年還多！但是我很高興，因為這符合耶穌的應許，祂說：「你們在世上會有苦難，但你們可以放心，我已經勝了世界！」

▌未來的救贖（三1～20）

最後這一大段中，咒詛和祝福之間有一種奇特的張力。西番雅好像在說：「你們要選擇自己想要的。你們真的想要神的公義嗎？祂充滿憐憫，想要憐憫你，但我們若不配合，祂就不能憐憫我們，因為神的憐憫只賜給那些向祂祈求憐憫的人。」

我聽過很多人禱告祈求各式各樣的東西，但最令我激動的，是聽見有人祈求憐憫，因為這樣的人真正明白神國度的一個重要法則。一般人只有自覺景況悽慘，才會向神祈求憐憫；如果自認景況不錯，就會向神求健康、力量、引導等等，不會祈求憐憫。

咒詛──神的公義（三1～8）

(A) 以色列人冥頑不靈（三1～7）

(i) 悖逆（三1～4）

第三章的前半部，西番雅向百姓指出，神公義的日子必會臨到。西番雅說，百姓冥頑不靈，故意悖逆神，而且不聽神的勸告。

(ii) 抗拒（三5～7）

西番雅也指控百姓，包括治理者、官長、祭司和先知在內，全都抗拒神。真是一個冥頑不靈的民族。我有一次讀到西番雅書說：「每早晨顯明祂的公義」，就自己寫了段歌詞，套用《祢信實何廣大》的旋律來唱：

祢公義何廣大，聖天父真神，

祢的審判永遠不會錯誤。

祢的命令長存，永世不改變。

昔在今在永在，我主我神。

祢公義何廣大，祢公義何廣大，

清晨復清晨，祢公義彰顯。

世上一切善惡，祢都已賞罰。

祢公義何廣大，求主垂憐。

我們喜歡唱一些讓自己覺得舒服的詩歌，歌頌神正面的特質，像是信實。但我們也必須接受神的另一面，也應該為神的另一面感恩。保羅在羅馬書中說，我們應該思想神的恩慈和嚴厲，祂以嚴厲對待不信的人，以恩慈對待持續在祂恩慈中相信的人。

西番雅告訴百姓，他們若持續悖逆神、抗拒神，國家就會遭禍。神的怒氣會爆發出來，主的日子將要臨到。

(B) 列國要被消滅殆盡（三8）

神的怒氣會向猶大爆發，也會向全世界爆發。西番雅說，神的怒氣同樣會滿溢出來流向列國，將他們除滅淨盡。列國全都要站在神的面前，惡人將為神忌邪的忿怒所吞噬。

祝福──神的憐憫（三9～20）

這卷書最後說了一些有盼望的話，就像許多先知書一樣。比如，阿摩司傳講神公義的信息，他是北方十支派

滅亡前倒數第二位先知；向北方十支派傳講信息的最後一
位先知是何西阿，但他傳講的是神的憐憫和慈愛，彷彿神
給我們的最後一句話是：「你們不要我的憐憫嗎？」西番
雅書也用相同的方式結束。神不想要懲罰我們，他並不樂
意見到惡人死亡，祂希望彰顯憐憫。所以，西番雅最後一
段話，給了我們未來的盼望。

(A) 萬民要敬虔（三9）

這是神給列國的憐憫信息：祂會從各國吸引愛祂的
人出來。聖經說，各個族群、各個語言、各個國家都會有
愛神的人。神不要有任何一個族群在祂的國裡缺席，所以
才會吩咐我們去向各個族群傳福音，使他們作主的門徒。

(B) 以色列要歡喜快樂（三10～20）

不過，西番雅接著講到以色列有可能蒙福，以此作
為結束。在最後這一小段，神九次說：「我必……」。猶大
可以違約，但神必不違約。

(i) 喜樂歡呼（三10～17）

在那日，沒有人會驕傲自大，沒有人會行惡說謊，
也沒有人能讓以色列害怕。西番雅談到一個美好的未來，
到時候，神必用愛使百姓安靜下來，神甚至要為祂的百姓
歡唱，「祂必因他們的緣故喜樂歌唱」。

(ii) 歸回（三18～20）

神會把分散各地的人聚集起來，將一群敬畏祂名的

餘民帶回家。這群人之前雖然遭到鄙視，到時候卻要在世人面前被高舉。「那些在全地受羞辱的，神必使他們得稱讚，有名聲。」所以西番雅書最後指出很大的盼望，神的百姓現在就有機會受審判，與神和好。

▌結論

關於西番雅書，還有一個問題：西番雅的預言到底有沒有成效？約西亞有沒有聽進他的話？

約西亞在西元前六四○年登基作王，年僅八歲，一共作王三十一年。剛開始，他深受大祭司希勒家的影響，這位大祭司不太喜歡改變現狀，但後來約西亞開始受到西番雅的影響。約西亞十六歲的時候，下令摧毀耶路撒冷的異教祭壇；二十歲的時候，下令摧毀全國各地的異教祭壇；二十八歲的時候，他注意到神的聖殿殘破，下令整修聖殿，整修過程中，有人在滿布灰塵的舊櫃子裡找到一卷摩西的律法書，眾人這才醒悟到已經好多年沒有研讀、朗誦律法書了。約西亞讀了律法書之後大為震驚，終於明白神為什麼要警告他們。因此，約西亞二十八歲的時候，下令重新朗誦律法書，在全國各地執行。

到目前為止，這些跡象都很好，可惜約西亞沒有想到，他不能靠立法使百姓變好。今天很多人以為，只要政府通過好的法令，人民就會活出基督徒的樣子。但公義不能從上而下強制執行，必須發自內心，因為神是在人的心中動工。

約西亞後來橫死，因為他犯了一個錯誤，決定趁埃

及軍隊經過聖地去攻打亞述的時候，出兵攻打埃及。他雖然喬裝上陣，卻仍然死在沙場上。

西番雅是有一些影響力，但無法扭轉國家的命運，人民根本不聽勸。不過他的努力沒有白費。有一個和約西亞同年的年輕人，蒙召扛起先知傳道的重擔。神差遣耶利米去告訴百姓，改革不管用，他們需要回轉歸向神。

▍西番雅書的應用

對今日的基督徒而言，西番雅書的主要應用跟審判有關。

1. 世人死後要面對審判日。猶大受審判，預表世人將來的遭遇。耶穌論到自己第二次來的事，曾兩次引用西番雅的預言（見太十三41和番一3；太二十四29和番一15）。所以耶穌再來的時候，大多數人都要面對神的忿怒。

2. 神的百姓會比其他人先面對審判日。彼得前書四章17節說：「因為時候到了，審判要從神的家起首。若是先從我們起首，那不信從神福音的人將有何等的結局呢？」

西番雅書大大提醒基督徒，應該預期自己必會受到神的管教，但是不要灰心，今生受到管教表示神關心我們，並且要確保我們不會和世人一起受審判。

▌西番雅書和啓示錄

這章就快結束了，還有一點必須指出來：西番雅書的架構和啓示錄十分相似。

西番雅書和啓示錄一開始都講到神的百姓受審判，一個是以色列受審，一個是教會受審，再來講到列國受審判（見番二；啓四～十五），然後講到審判日（番三1～8；啓二十）。

但兩卷書最後都講到神的賜福，神賜給祂的百姓一個永遠居住之地（番三9～20；啓二十一～二十二）。在西番雅書，這地指舊耶路撒冷，在啓示錄，則指新耶路撒冷。在西番雅書，神以王的身分來到，但在啓示錄，耶穌以王的身分再來。

啓示錄共有四百多處提到舊約聖經，但關連最大的是西番雅書，所以看似不起眼的一卷舊約小先知書，竟是幫助我們了解未來的重要書卷。

25. 哈巴谷書

▌引言

　　哈巴谷書和其他先知書很不一樣。第一，大多數的預言是神透過先知向百姓說話，但哈巴谷書是先知直接向神說話，整段對話都看不到百姓的參與。這種情況在別的先知書中也出現過，尤其是約拿書和耶利米書，但沒有一卷先知書的開場白像哈巴谷書這樣引人注意。

　　第二，在第二章，神叫哈巴谷先知在牆上用大字寫出祂的信息。

　　第三，第三章的預言配上了音樂，這是相當罕見的做法。以色列早期有幾位領袖，發現音樂對預言很有啟發作用，像是摩西、底波拉、撒母耳、掃羅、以利亞、大衛。不過，後來的以斯拉也善用音樂。

　　我們對哈巴谷這人所知甚少，只知道他在西番雅之後二十年傳講信息，大約是西元前六百年左右。他的名字

意指「抱住」，是個比較口語化的格鬥語彙。我們可以叫他「緊抓不放的人」──這可不是什麼神氣的稱謂！

雖然他的名字不太好聽，卻正確描述了他跟神的關係，這可以從這卷書中看出。哈巴谷是個抓住神的人，他敢跟神辯論，執意要神給他答案，即使神給的答案是他不喜歡的也無妨。雖然我們不太清楚這位先知的背景，但是根據書中他和神的對話，可以稍微明白他的心思意念，也可以深入理解他傳講事奉的焦點有三：禱告（第一章）、傳道（第二章）、讚美（第三章）。

哈巴谷書和今天的我們息息相關，因為這卷書談到一些很基本的問題，是每個會思考的基督徒都想問的：如果神良善又全能，為什麼無辜的人要受苦，有罪的人卻不用受苦？神為什麼不解決世上的混亂？對於這些問題，很多人或是心中苦思不解，或是找人辯個究竟，但是，要解開這麼重大的疑惑，最好的做法還是跟神問清楚，緊緊抓住神，直到祂給答案為止。哈巴谷就是這樣做的，他是很好的榜樣，他的大膽和誠實在這卷書中表露無遺。所以這卷書既有挑戰性，又讓人感到喜悅。

哈巴谷書有許多「常用」經文，這一點和西番雅書很不一樣。比如「祢眼目清潔，不看邪僻」（一 13）就常被引用，不過，後面會再談到，解讀經文必須很小心。還有幾節常被引用的經文如下：

認識耶和華榮耀的知識要充滿遍地，好像水充滿洋海一般。（二 14）

惟耶和華在祂的聖殿中；全地的人都當在祂面前肅敬靜默。（二20）

在發怒的時候以憐憫為念。（三2）

雖然無花果樹不發旺，葡萄樹不結果，橄欖樹也不效力，田地不出糧食，圈中絕了羊，棚內也沒有牛；然而，我要因耶和華歡欣，因救我的神喜樂。（三17～18）

　　哈巴谷書最有名的一句經文，為基督教奉為圭臬，就是「惟義人因信得生」（二4）。馬丁路德在改教期間，讓這節經文響徹歐洲北部，但是後面會再談到，他們並沒有真正明白這句經文的意思。

▋哈巴谷書的大綱

先知（一1）

抱怨的禱告（一2～二20）
　　抱怨：神做得太少
　　問：為何惡人不必受苦？
　　答：惡人會遭報（巴比倫人會來）

　　抱怨：神做得太多
　　問：為何使用壞人來懲罰壞人？

爲何義人受苦？

答：義人會存活！

　　惡人會受苦！

讚美歌（三1～19）

他敬畏神過去的作爲（三1～16）

他相信神未來的保守（三17～19）

哈巴谷書清楚分成兩部分，第一章、第二章是前半部，第三章是後半部。前半部和後半部可謂截然不同，由下表可以看出。

第一～二章	第三章
與神爭辯	安息在主裡
難過	開心
大吼大叫	向神歌唱
禱告	讚美
不耐煩	耐心等候
祈求公義	祈求憐憫
心情低落	心情振奮
神不動工（過去）	神在動工（過去和未來）

從上表可以看出，從第一部分到第二部分，中間發生了很大的變化，讓我們忍不住要問：哈巴谷到底遇到什麼事，讓他有這麼大的改變？我們需要仔細來看這卷書，才會知道什麼事改變了他。

▌抱怨的禱告（一2～二20）

抱怨：神做得太少（一2～11）

　　哈巴谷把心中的想法，一五一十告訴神。剛開始他抱怨神做得太少，後來又抱怨神做得太多——神不管怎麼做都不如他的意！

　　他覺得他必須在禱告中向神提問。代求式的禱告是向神祈求一些事情，提問式的禱告則是向神發問。提問式的禱告很重要，對我自己很有幫助。我就是單單向神問一個問題，接下來如果有什麼想法浮現，尤其是意想不到的念頭，我就接受這是從神而來的感動。十次有九次都證明果真如此。

　　比如我的女兒過世後，我們很驚訝地發現，她生前為主做了很多工作，但她從來不提。原來她經常接觸中國、非洲、海地等地的宣教士。她以前在教會帶領敬拜，大家都很愛她，她過世時全教會都為她哀悼。我禱告的時候對主說：「主啊，我以我的女兒為榮，但是你怎麼看我女兒呢？」結果我心中立刻出現一句話：「她是我的成功範例」。所以我後來在追思禮拜上，就講這個題目：「你是神的成功範例，還是失敗範例？」如果你未曾聽過神說話，可以試試看問神說：「主啊，我生命中有什麼事，是你不喜悅的？」如果你真心希望神對你說話，就問祂這個問題吧。

　　哈巴谷當時的社會背景，有助於我們了解他提出的問題。神在西番雅之後，有二十年沉默不語，國家繼續走下坡，與西番雅傳講的信息背道而馳。約西亞王的改革沒

有收到預期的成效,他自己也在西元前六○八年就不幸早崩,死在米吉多的戰場上。哈巴谷在約西亞的繼任者約雅敬作王時發預言。約雅敬是個非常世俗、自私自利的王,大興土木,擴建王宮,在他的統治下,窮人變得更窮,處處都有賄賂、腐敗、不法、壓迫,耶路撒冷的治安糟到晚上獨自上街都不安全。擄走北方十支派的亞述,如今國勢漸漸衰微,此時,世上沒有其他的強國興起。

為何惡人不必受苦?

耶路撒冷每下愈況,卻看不出有什麼轉機,哈巴谷心中十分關切。他小心翼翼地向神陳情。哈巴谷知道,神的本性必會反映在神的態度和行動上,所以神不會消滅祂的百姓;但哈巴谷也知道,神必須懲罰罪惡、審判罪惡。於是哈巴谷向神抱怨,說神的聖城充斥賄賂和腐敗,祂卻袖手旁觀。哈巴谷想要神扭轉情況,改變社會,恢復法律和秩序。

神做得太多(一12～二20)

對於哈巴谷的忿怒,神以寬宏大量回應,但祂的回答卻讓哈巴谷意外又驚慌。神的五個回應是:

1. 你的眼光要寬廣一點,好好看清楚。
2. 你會大吃一驚。
3. 我已經安排好一件事,會在你有生之年發生。
4. 我沒告訴你我要做什麼,是因為你不會相信。
5. 我已經開始做一件事,但你沒看出來。

簡而言之，神告訴哈巴谷，他已經注意到耶路撒冷城中的罪惡，也已經採取行動，要興起巴比倫人來懲罰猶大的百姓。當時的巴比倫只是底格里斯河岸的一個小城，沒多少人聽過，在這之前，聖經也很少提到這城。但是有兩名使者從巴比倫來拜見希西家王，希西家王帶他們參觀王宮，以賽亞知道此舉十分危險，預言將來有一天，希西家王在王宮和聖殿中炫耀給這兩位使者看的寶物，必會全部被巴比倫奪走。

當時的巴比倫，勢力弱小，很難想像這個預言會應驗。但是到了哈巴谷的時代，這個預言就快實現了，哈巴谷非常震驚。這就好比神說祂要帶德國的納粹來懲罰英國一樣。但縱觀歷史，可以看出神通常用這種方式處置列國，祂會興起一個國家去對付另一個國家。所以我們對這樣的行動毋須感到意外。

他們比我們還壞

但是哈巴谷感到意外，而且驚慌，這時，他抱怨神做得「太多」了，因為他知道巴比倫的名聲比亞述人還糟糕。亞述人打敗了以色列國（十支派），把他們擄到外邦，再也不得返回故土。但是巴比倫人更壞，他們發明焦土政策，每征服一個國家，就摧毀那片土地上一切的生命。哈巴谷知道，如果巴比倫人來到耶路撒冷，必然寸草不留。哈巴谷書最後有一段經文很有名：「雖然無花果樹不發旺，葡萄樹不結果，圈中絕了羊，棚內也沒有牛……。」巴比倫大軍所經之地就會變成這樣。

他們分不清善惡

哈巴谷也提醒神說，耶路撒冷城中還有一些義人，若此事發生，這些義人就要和惡人一起死了。雖然他沒說自己也是義人，但有這個意思。他很氣憤神怎麼可以使用比猶大百姓還壞的人來施行懲罰，辯論說這樣做是不道德的，於是他說出一句常被引用的經文：「祢眼目清潔，不看邪僻。」（一13）哈巴谷想對神說，這樣做會損害神的特質，可是他這番話並不對。神是潔淨、神聖的，但這不表示神的眼睛不能看罪惡，因為神每天都目睹罪行發生，每一樁強暴、每一樁搶劫，每一樁暴行，祂都看得一清二楚。哈巴谷對於神會看什麼、不看什麼，有他自己的看法，但是他的看法錯了。

哈巴谷結束和神的辯論後，就上了耶路撒冷的守望台，站在城牆上。他說要坐在那裡，看看神是不是真的會那樣做，彷彿在說：「主啊，祢是在虛張聲勢吧，我看祢敢不敢帶他們來！」

地點不對

神回答哈巴谷說，他坐在守望台上也沒用，他應該到街上去，把神告訴他的事寫在牆上，讓路過的人讀一讀——這是聖經上第一次出現廣告看板！哈巴谷應該要去警告百姓，而不是遠遠坐在那裡，等著看神說話是否算數。當神向我們啟示祂要做的事，都是要我們去叫人準備好，而不是坐在那裡等著看神會不會真的動手。

時間不對

神也告訴哈巴谷，他若待在守望台上，會有很長一段時間看不見什麼事發生，而他對神正在做的事可能會下錯結論。神說：「這默示有一定的日期。」所以哈巴谷需要有長遠的眼光，並且要警告百姓會發生什麼事

義人會存活

在這段對話中，神告訴哈巴谷，「惟義人因信得生」（二4下半句），這句話成了哈巴谷書中最有名的經文，因為馬丁路德在改教時期用了這句話。但前文提過，改教運動雖然做了很多好事，卻讓這節經文遭到誤解。

如果細看上下文，哈巴谷說，巴比倫人不但會殺壞人也會殺義人。神在這節經文說，祂會保護義人，只要這些人持續向神忠心，就必定存活。巴比倫人來的時候，會有很多人失去對神的信心，認為神辜負他們的期望。但神說，那些持續相信神的人，可以逃過即將來臨的審判。

所以，這才是這節經文真正的含義。「信心」一詞在希伯來文和希臘文都有「忠心」的意思。是「忠心」使人得救，人必須持續相信，持守信心。

這個詮釋符合「信心」一詞在舊約聖經的幾次名詞用法。比如，這詞也用來講婚姻裡面的忠心，婚姻裡面的「信心」就是指對配偶忠心，至死方休。信心一詞，也曾經用來形容摩西，他持續舉手禱告，直到以色列民打敗亞瑪力人為止，他忠心為以色列民禱告。

新約聖經的原則也是一樣，光相信耶穌一次並不是信心，真正的信心是不管發生什麼事，都持續相信耶穌，

所以福音書才會說：「忍耐到底的就必得救。」

新約聖經其他地方也是這樣使用這節經文，有三處引用哈巴谷書二章4節，都把「義人必因信得生」詮釋為持續相信的人。

羅馬書一章16～17節，保羅說：「我不以福音為恥，這福音本是神的大能，要救一切持續相信祂的人：先是猶太人，後是希臘人。因為神的義正在這福音上顯明出來；這義是本於信，以致於信。如經上所記：『義人必因信得生。』」換句話說，這義起於信，止於信，救贖來自持續相信。

加拉太書三章11節，保羅拿信心和守律法的自義比較。他說，沒有人能靠律法稱義，為什麼呢？他引用哈巴谷書二章4節來解釋，因為「義人必因信得生」，因信得生不是一次的行為，而是一生持續相信的態度，只有持續信靠基督，才能得救。

希伯來書作者也用這節經文來支持「需要持續相信」的論點。希伯來書十章39節引用哈巴谷書二章4節，之後又說：「我們卻不是退後入沉淪的那等人，乃是有信心（亦即「持續相信」）以致靈魂得救的人。」

所以這些經文顯然都在強調，針對改教時期以來對這節經文的誤用，要作出重要的糾正。切不可將這節經文解釋成人只要相信過那麼一次、只要曾經向耶穌決志，就會終生得救。這是誤用了這節經文。義人必因「持續相信」主而得生命。有些基督徒自以為是，講一些不合聖經的話，說什麼「一次得救，永遠得救」，好像只要一時相信了耶穌，就一定能逃過神的忿怒。然而，惟有持續相信

神的人，才能渡過最壞的情況。

惡人會受苦

不過，神使用巴比倫人來審判之後，也不會讓作惡的巴比倫人逃過制裁。哈巴谷書第二章的後半部，講到一連串的災禍要臨到巴比倫人。「禍」這個字在聖經上意指咒詛，基督徒絕對不要亂用這個字，除非很清楚自己在做什麼。當耶穌說「有禍了」，就會發生可怕的事。耶穌談「禍」和談「福」的次數差不多。比如在耶穌時代，加利利湖沿岸住了二十五萬人，分佈在四個主要的城鎮，耶穌曾對其中三座城說：「迦百農有禍了」、「伯賽大有禍了」、「哥拉汛有禍了」，獨獨沒說「提比哩亞有禍了」。今天去加利利的人，都得住在提比哩亞，因為只有這座城鎮還在，耶穌說過有禍的其他幾座城，如今都不在了。

哈巴谷列出五個原因，說明巴比倫人為什麼會惹神動怒：

1. **不公不義**。他們對所征服的國家強取豪奪，對人民毫不尊重。
2. **霸權統治**。他們高壓統治所征服的國家，不關心公義，也不同情人民的困苦。
3. **沒有人性**。神譴責他們殺人不眨眼，強迫奴工建造巴比倫城，對待敵人冷酷無情，甚至抓起嬰兒的腳，把嬰兒的頭往石頭上砸。
4. **毫無節制**。巴比倫人飲酒沒有節制，常在酒醉之下做出可怕的事來，濫殺動物，濫砍樹木。以色

列人出兵的時候，除非有戰事上的需要，否則神連一棵樹都不許他們砍倒。

5. **拜偶像**。他們膜拜用木頭、石頭、金屬造的、沒有生命的偶像，漠視猶大的真神。當然，這個階段的巴比倫，國勢尚未到達巔峰，雖然如此，神仍叫哈巴谷向他們宣告末日。

所以，神斥責巴比倫人，是因為他們違背良心行事。巴比倫人並未和神立約，所以他們不是為了沒有遵守神的律法而受審判。巴比倫人受審判，是因為做了心中明知不對的事。神對巴比倫人的審判，提醒了神的百姓，祂也關切他們在這幾方面的行為。

對哈巴谷的一番辯詞，神的回答是，義人必存活，惡人必受苦。神不是沒看見這些現象，祂並非無能，也非不公義。祂是永生的神，不像那些人手所造、沒有生命的偶像。

神解答了哈巴谷的疑問之後，又對他說：「全地都當肅敬靜默。」意思就是：「你已經得到回答了，現在閉嘴吧！」

▌讚美歌（三1～19）

哈巴谷安靜下來之後，這才明白過來。他不再跟神爭辯，開始思考神這番話，然後心情整個為之一變。他明白神高瞻遠矚，看得比他遠。雖然他目前看不見神在動工，但只要時機成熟，神就會行動。

　　哈巴谷書最後一章，由哈巴谷親自配上曲子，反映出他心境的變化。他在這章的末了還吩咐要用絃樂彈奏。所以第三章呈現截然不同的觀點，正因為完全不同，以至於有學者說第三章是後來加上去的。

他敬畏神過去的作為（三1～16）

　　哈巴谷在第三章中，三次改變他的焦點。剛開始他用第三人稱的「他」，然後改成第二人稱的「你」，最後則是用第一人稱的「我」，彷彿愈講就感受愈強烈。

他（三2～7）

　　哈巴谷先把焦點放在神當年施行大能，帶領以色列人出埃及、在曠野漂流，以及占領迦南地的故事。他懇求神再度施行大能，他想親眼目睹他聽說過的這一切事。他這次沒有請求神改變計畫，沒有質疑神的行動，只求神在忿怒中仍記得要憐憫他們。

　　所以，第一章的焦點是以色列的暴行，第二章的焦點是巴比倫人的暴行，第三章則呼求神的忿怒。

你（三8～15）

　　在這幾節經文中，哈巴谷看見一個異象。他還在問問題，但這次他問對了。他回想神創造萬有，是那樣尊貴、大有能力，他知道神有能力做祂想做的事，如今哈巴谷知足地「安靜等候災難之日臨到」。

他相信神未來的保守（三17～19）

我（三16～19）

　　第二人稱的「你」變成第一人稱的「我」，由此可見，哈巴谷聽到巴比倫人入侵的消息時作何反應。即使從表面上看不出神的話會應驗，他仍「憑信心而行」。他談到內在的壓力，談到他因為看見未來的異象就喜樂起來。但他也面對外在的壓力，十分沮喪。他不想看見即將臨到以色列民的災禍，但他卻能夠「在主裡喜樂」。在第一章，他和神爭辯，是因為他只看見目前的景況，但現在他回顧過去，看見神每次都介入，而他仰望未來，也看見神必會再度介入，於是他準備好要等候神。現代人往往把焦點放在目前的景況，沒有時間回顧過去和仰望未來。但是，我們若再也受不了不公不義的事，回顧過去和仰望未來，有助於我們冷靜下來。

　　我把哈巴谷書第三章改成歌詞，配上貝多芬的《快樂頌》旋律來唱，用這段話來結束這一章，應該很合適。

> 主啊，祢的名聲，從起初就傳遍各地，
> 祢大能的作為，甚至讓我聽了就懼怕。
> 主啊，求祢再度施行大能的作為，
> 　　證明祢今天仍然一樣，
> 但求祢在忿怒中，憐憫尊崇祢名的人。
>
> 看哪，聖潔的神降臨，榮光佈滿天空，
> 從祂手中發出大能，全地充滿讚美的聲音。

但犯罪的國家要顫抖，害怕遭遇災禍和瘟疫。
當全能的神出現，連古時的山都要崩裂。

主啊，祢是向江河發怒嗎？
　　祢是向海洋發怒嗎？
祢騎上戰馬，坐上戰車，
　　是為了不喜悅江河嗎？
山嶺翻騰，洪水氾濫河谷，
　　日月都因害怕而停住，
祢的箭射出發光，祢的槍閃出光耀。

祢忿怒通行大地，責打列國如同打糧，
只為了拯救祢的百姓，拯救祢的受膏者。
祢打破惡人首領的頭，剝光他的衣裳，
　　打裂他的頭。
讓那些像旋風一樣的戰士，最後隨風飄散。

聽到最後的結局，知道整個情況之後，
我心中激動萬分，我的嘴唇顫抖，心臟狂跳，
我的雙腳不停地顫抖，
　　但我仍要耐心等候神的作為。
只要敵人前來犯境，將來必要遭到報應。

雖然無花果樹不發旺，葡萄樹不結果，
雖然橄欖樹不結果子，田地不出糧食，
雖然圈中絕了羊，棚內也沒有牛，

我仍然要因耶和華歡欣，因為神是我全所有。

我要喜樂面對未來，我的力量恢復，
全能奇妙的主，求祢答覆我忿怒的疑問。
我的心和我的腳，如鹿在高處跳躍，
請用絲弦的樂器，彈奏聖樂，唱出這些話。

▌引言

　　耶利米是舊約聖經中一個重要人物，也是很有名的一位先知，但大家並不是很喜歡讀他這卷書，原因有三：太長、太難、太令人沮喪。

太長

　　這卷書篇幅很長，共有五十二章之多，僅次於以賽亞書的六十六章。傳說耶利米到過南愛爾蘭，吻了布拉尼之石，所以變得能言善道！從這卷書可以看出，耶利米傳道四十年，發了許多預言，也可以看出他的助手忠心耿耿地把這些預言記錄下來。但對許多讀者來說，書卷篇幅太長，很難讀得起勁。

太難

這卷書的內容沒有按時間順序或主題順序組織，所以讀起來難有頭緒，好像只是把全部的資料隨意放在一起，可說是一堆資料的蒐集而已。加上耶利米的看法變來變去，更是雪上加霜。吹毛求疵的人特別喜歡挑出耶利米書中的矛盾。比如耶利米早期徹底反對巴比倫，後來卻建議百姓臣服巴比倫，所以有些人說耶利米是政治叛徒。其實耶利米傳道四十年之久，他的信息隨處境而變，也照著神的指示調整方向。

太令人沮喪

一般人不喜歡耶利米書，最常見的原因是讀起來令人沮喪，好像都在報告猶大的壞消息，然後說他因為看見猶大的遭遇，又看見自己的事奉沒有果效，內心是多麼的痛苦。「耶利米」（Jeremiah）這個名字，在英文裡衍生出「潑冷水；掃興」的意思；在文學上，Jeremiad意指哀傷的詩、哀歌。所以「耶利米」這幾個字給人負面的印象。但耶利米書不全是壞消息，耶利米的預言也有好消息，只是藏在這麼多壞消息當中，很容易被忽略。

雖然讀起來困難重重，但這是一卷好書，聖經中有那麼多人物，最讓我感同身受的就是耶利米。有一次我講解這整卷書，結果兩度中斷講道，因為太激動了，好像覺得情感過於豐富難以分享。就是在那個系列的講道中，我領受到預言，神要我離開當時的教會，出去巡迴講道，所以這卷書對我個人意義重大。

這卷書很精采，因為傳達出許多人性，讓讀者可以了解耶利米，體會他的處境。耶利米比其他先知更常表露情感和內心掙扎。但這卷書也表達出許多神聖的關注，因為裡面對神的描述甚多。你若認真研讀耶利米書，可以幫助你更了解神。

▌時代背景

耶利米在西元前七世紀開始傳道，當時南方二支派的末日已近，他們最後在西元前五八六年被擄（有些百姓更早就被擄到外地）。耶利米一生經歷七個猶大王：瑪拿西、亞們、約西亞、約哈斯、約雅敬、約雅斤、西底家。耶利米四十年的傳道事奉，是在最後五個王統治期間。

耶利米在禍患時期向神的百姓傳道，北方十支派早已被亞述人擄走，耶路撒冷只剩下兩個支派。此時以賽亞和彌迦已經不在了，他們的信息百姓都沒有聽進去。耶利米是最後一個向百姓傳道的先知，警告百姓，大禍將臨，再不悔改就來不及了。

耶利米在瑪拿西作王時出生，這個壞王因為以賽亞預言他要遭禍，就把以賽亞放在中空的樹幹中鋸死，更可怕的是，他還把自己親生的嬰孩獻給魔鬼為祭，讓耶路撒冷的街道上流滿無辜人的血。瑪拿西作王期間，有兩個重要的男孩出生，一個是將來會作王的約西亞，另外一個就是先知耶利米。瑪拿西之後，又來一個惡王亞們，他短暫作王幾年，八歲的約西亞就登基為王。就是在約西亞作王期間，聖殿中一個蒙塵的老舊櫃子裡，發現了申命記的經

卷。約西亞翻閱之後大驚，原來神的咒詛已經臨到這地和
百姓，於是他想要改革，可惜沒有成功。

饒富興味的是，耶利米雖然和約西亞同時代，卻對
當時的改革未發一語。耶利米書沒有提到約西亞，列王紀
也沒有提到耶利米。耶利米彷彿知道，王下令推行的那些
改革並不能改變人心。雖然表面上看起來還不錯，其實景
況毫無改變。後來約西亞沒想清楚就去攻打埃及，結果在
米吉多被殺，就是問題仍然存在的明證。

約西亞死後，繼位的都是懦弱的壞王，耶利米的信
息大多是在這四個王統治的期間傳講，所以才會這麼負
面。有時他會絕望地說：「太晚了！」有時又忍不住希望
百姓會悔改，神仍會扭轉情況。

這兩種心境不斷拔河，可以從神給耶利米的一個例
子看出來。耶利米書第十八章記載神吩咐耶利米去陶匠
家，觀察陶匠怎樣用手中的泥土製作器皿。很多人以為這
個信息的重點是神可以對我們為所欲為，就連有些詩歌也
這樣唱：「你是陶匠，我是泥土」，但這不是耶利米從神那
裡領受到的功課。他看見陶匠想做一只美麗的花瓶，可是
手中的泥土不聽話，於是陶匠只好把泥土又揉成一團，重
新丟回轉輪上，做成一只粗重的鍋子。神問耶利米是否明
白這個功課：要做成什麼器皿，到底是由誰決定呢？答案
是泥土，因為是那團泥土不肯照著陶匠原來的意思去做。
所以耶利米的信息是，神想把泥土做成美麗的器皿，但泥
土如果不肯配合，神就會把它做成醜陋的器皿。所以從耶
利米的時代背景來看，神要說的是，就算已經到了這個地
步，只要祂的百姓願意悔改，祂仍然可以把他們做成美麗

的器皿。所以在聖經中，神和百姓的關係是動態的，神不是把百姓當玩偶來操縱，一切都由祂決定。神要我們回應，只要我們肯配合，祂就會按照祂的心意塑造我們。

但陶匠的比喻還有更進一步的教訓：醜陋的陶器一旦燒烤後變硬，就不能再改變形狀，接著耶利米必須摔破這只燒硬了的器皿，再把碎片扔進欣嫩谷的垃圾堆裡。神的意思是說，我們的心若是一直剛硬，最後會硬到無法改變成美麗器皿的地步，這時神就會打碎我們。神寧願在我們身上塑造出美麗的生命，只要我們回應祂，祂就會這樣做。

耶利米在此指出，百姓不見得要面臨毀滅的命運，還有一線希望。不過，耶利米書最後記載，猶大最後一位王——西底家被巴比倫人擄走。巴比倫人當著他的面，殺光他的兒子，然後挖出他的眼睛，把他帶走。這看似神百姓的悲慘末日，但這並不是最後的結局。

▌先知身分

耶利米的名字很不尋常，在希伯來文中，這名字有兩種含義，一是「建造」，一是「拆毀」，有點像raise和raze這兩個英文字，發音一樣，但含義相反，一個意指升高，一個意指毀滅。耶利米的名字完美描述了他的事奉，他四十年來所傳講的信息，基本上就是神會拆毀悖逆祂的人，但是會建造順服祂的人。

耶利米出生在亞拿突（今名作Anatah），距耶路撒冷東北三哩處，俯瞰死海。他還在母腹中，神就指定他作先

知，就像施洗約翰一樣，還在母腹中就被分別爲聖。長大後，他個性膽怯敏感又害羞。他生在祭司家族，但這個家族受到神的審判，以利因爲犯罪，後代遭神咒詛，活不到老年。所以神必須早點呼召耶利米出來傳道，才能使用他四十年！耶利米熱愛大自然，常用自然界來解釋神的信息，尤其是用鳥類。

耶利米大約十七歲的時候開始傳道。一開始他很緊張，神向他保證，會讓他的額頭像銅牆一般，這樣就不會懼怕別人的敵視或批評。曾在公共場合說話的人，都能體會這是什麼意思。

耶利米的傳道生涯十分艱難。他必須離開家鄉，搬到三哩外的耶路撒冷，因爲連親人也想要殺他。他傳道四十年，跟哈巴谷、西番雅、以西結、但以理是同一時期的人。他勸百姓向巴比倫人投降，結果大家都恨他，誰都不喜歡求和政策。巴比倫人給耶利米兩個選擇，一是跟同胞一起去巴比倫，一是留在猶大，其實他根本沒有選擇的餘地，因爲他討厭巴比倫人，而他的同胞討厭他。

耶利米最後淪落到埃及，有幾個猶太人挾持他，把他帶到尼羅河的伊里芬丁島，當時約櫃已被擄走（現在可能就在衣索匹亞）。耶利米就在此地孤單死去，這是很悲哀的故事。

▌傳道方式

傳講

耶利米雖然以口傳道，但大多用詩的形式傳講。很

多版本的聖經會把詩體印成短句，有別於散文體，散文體
看起來比較像報紙上的專欄。當神用散文表達，是把祂的
意念傳達給讀者的意念，但是當神用詩來表達，則是把祂
的感受傳達到讀者的內心。詩當然是一種內心的語言，耶
利米的預言大多是詩。可惜有太多人以爲讀聖經只是在了
解神的想法，沒有注意到聖經是一本充滿感情的書。我認
爲英文譯本《當代聖經》最能夠傳達出希伯文原文的感
情，把神的感受譯得最準確，但是對於神的想法，這個版
本就不見得譯得最精準了。

表演

　　耶利米有時會用表演的方式來傳達信息，爲的是引
人評論。有一次，他把一件又髒又舊的內衣埋起來，別人
問他爲什麼這樣做，他說這內衣適足以形容百姓內心的景
況。前文也已指出，他從觀察陶匠工作學到重要的功課。
還有一次，耶利米把牛背上的軛套到自己身上，表示百姓
需要臣服於巴比倫人。後來，耶路撒冷城裡人人都在變賣
家產，因爲知道巴比倫人來了之後，所有的東西就都不值
錢了，神卻叫耶利米去買下那些東西。耶利米就向一個急
著脫售田產的親戚買了一塊田地。他知道將來有一天，百
姓會從巴比倫歸回，於是用實際的行動來傳達信息。
　　耶利米的表演還包括藏石頭、把書卷丟進伯拉河
（即幼發拉底河），以及像婦女一樣，頭上頂著瓦罐在城裡
走來走去。這些行爲都很驚世駭俗，但是能讓信息廣傳。

寫作

耶利米的預言被巴錄保存下來,巴錄是神國度中一個默默耕耘的小人物,他的角色就像耶利米的秘書。有一次,耶利米的預言激怒了約雅敬王,王就拿一把刀,把記錄預言的書卷砍斷、燒掉。耶利米事奉了二十三年之後,被禁止公開傳道,是巴錄把耶利米的話記錄下來,民眾才能繼續聽到耶利米的信息。巴錄自己沒有做過什麼大事,但是因著他的紀錄,別人可以聽見神的話。其實默默事奉的人,神給他們的獎賞會多過於那些公開事奉的人。如果沒有這些人,神的話恐怕會失傳。

▌信息

我們已經看到,耶利米書並沒有按照時間或主題的順序來寫,所以讀起來有點困難,但還是有一個大致的模式,有助於我們了解這卷書。

前言——耶利米個人蒙召經過（一1～19）

犯罪的國家（二～四十五章）

西元前六二七至六〇五年:災禍近在眼前（二～二十章）（主要為詩體）

巴比倫摧毀亞述（西元前六一二年）

巴比倫打敗埃及（西元前六〇五年）

西元前六〇五～五八五年:國家必得重建（二十一～四十五章）（主要為散文體）

　　巴比倫擄走猶大

鄰國（四十六～五十一章）

結語——以色列的國難（五十二章）

　　第一章是前言，講述耶利米年少蒙召的經過，也講到他的個性非常羞怯，不敢在公共場合說話。

　　第二至四十五章的主題是「犯罪的國家」，談到耶利米預言猶大很快就會受到懲罰。這一部分涵蓋了西元前六二七到六○五年，主要以詩體呈現，這表示耶利米在傳達神對百姓的感受，尤其是遺憾與忿怒。神的感受很矛盾，祂愛百姓，卻不能任由百姓我行我素。就是在這幾章中，耶利米預言巴比倫會摧毀亞述、打敗埃及。猶大歷來幾位國王都誤以為和埃及簽訂了和約，就會受到保護。

　　第二十一至四十五章講到一個好消息，耶利米看得更遠，不再只看見被擄的絕望，他看到最終的重建與恢復。他知道大勢已去，無可挽回，於是向百姓傳講一幅長久之後的景象：他們終將得到重建和恢復。這一大段多以散文體呈現，因為主要是在傳達神的想法而非感受。從長遠來看，巴比倫擄走猶大、摧毀耶路撒冷之後，有些人會歸回，重建耶路撒冷，所以情況並非完全絕望。

　　第四十六至五十一章講神對猶大鄰國的審判。以色列會得到重建，而那些為以色列帶來禍害的國家則會受到審判。神在歷史上向來如此施行公義。

　　第五十二章有點像結語，談到大禍要臨到全國，重

創耶利米的同胞。這章描述耶利米被帶到埃及，耶路撒冷人去城空、慘遭破壞，結局悲慘。

和其他先知相同的信息

耶利米有很多信息都跟其他先知的信息雷同。其實你若一口氣連讀好幾卷先知書，很容易覺得無聊，因爲講的都是相同的信息：拜偶像、淫亂、不公義。眾先知同樣都看見國家走下坡的景況。耶路撒冷充滿暴行，孩童不能在街上玩耍，老人不敢單獨出門。

耶利米的信息有四大重點，在其他先知書中也可看到。有一次耶利米差點被處死，幸好有人提醒，彌迦以前也傳講過同樣的話，這才救了耶利米一命。

1. 離經叛道的百姓

百姓徹底敗壞，拜偶像和淫亂是兩大罪行，神的百姓竟然採納鄰國一些可怕的習俗，包括在欣嫩谷獻孩童爲祭，又把偶像引進神的聖殿，公然違背十誡中的第二誡。眾民道德敗壞，婚姻破裂。

神要耶利米告訴他們，誰必須爲這個景況負責。

先知

耶利米的事奉受到周遭一些人破壞。這些人自稱是先知，但他們傳給百姓的信息卻跟耶利米的信息相反。在第二十三章，耶利米攻擊那些假先知，控告他們從未遵行神的旨意，從未聽見神說話，只是抄襲彼此的信息甚或自己杜撰信息，專講百姓想聽的話，尤其說什麼「平安了，

平安了」，其實根本沒有平安。這些人說不必擔心，因爲耶路撒冷是神的城，神自然會看顧聖殿。但耶利米反駁這些把聖殿當靠山的人，說他們早就把聖殿變成了賊窩，並且警告他們，別以爲自己是神的百姓就有保障、就不會受到審判。

新約聖經也有類似的教訓，耶穌有關於地獄的警告，大多是針對重生得救的基督徒講的！可是我遇過許多基督徒根本就不怕地獄，因爲他們認定凡自稱基督徒的人都不可能下地獄。

可是耶穌教導我們，必須持守信心，才能逃過將來要臨到的忿怒。使徒保羅也提醒重生得救的基督徒：將來人人都要來到基督的審判台前，我們雖因信稱義，卻仍要因行爲受審判。

祭司

耶利米指責祭司要爲國家的罪負責，因爲那些祭司支持我們今天所謂的「跨宗教節慶」，打著包容的旗號，辦一些異教的宗教儀式，就像今天在英國，有些崇拜聚會也納入非基督教的宗教團體，抱持錯誤的信仰，以爲條條道路都通向同一位神。

君王

君王受到譴責，因爲沒有遵守神的律法。耶利米預言，約雅敬王死的時候，不會有人哀悼，而且還會像驢一樣被埋掉，結果正如耶利米的預言。猶大最後一個王西底家，個性懦弱，搖擺不定，只是政客的傀儡。

耶利米用了很多性事的比喻，來形容變節的百姓，其中有些比喻十分露骨。他看見百姓背叛神，膜拜別的神明，就形容他們像妻子對丈夫不忠，跟了別的男人。第一個使用這比喻的是何西阿。耶利米叫百姓想一想，面對這樣一個不忠的妻子，神會有什麼感受？百姓在其他人際關係上也一樣不忠。耶利米說，耶路撒冷城中沒有一個誠實人。

最可怕的是，耶利米告訴百姓，他們的臉皮已經厚到不會臉紅的地步，毫無羞恥心，完全不會因為變節而良心不安。神已經和北方十支派離婚，難道他們也要神和南方二支派離婚嗎？

2. 災禍近在眼前

耶利米信息的第二大重點，其他先知也有提到，就是即將來到的災禍。在摩西時代，神給以色列兩個應許，一個是：「只要你們順服，我就賜福給你們」，另一個是：「你們若是悖逆，我就咒詛你們」。在西奈山上立約時，神又重申了這兩個應許。所以當神降罰，其實是守住了自己的應許。大多數人想到神的信實，只會想到神不斷賜福給我們，卻沒有想到，神的信實也同樣表現在懲罰和赦免上。

耶利米具體指出將來會發生的事。他在異象中看見一個燒開的鍋，從北而傾，於是告訴百姓，危險將來自北方——不是來自擄走十支派的亞述，而是來自巴比倫，巴比倫大軍會從北方入侵。耶利米警告百姓，危險很快就會來到。他在異象中看見一根杏樹枝突然開花，這是春天的

預兆，而且杏樹的花開得特別快。他說巴比倫人會突然入侵，就像杏樹枝突然開花一樣。

3. 最後必得重建

但在悲慘的命運背後，出現一線希望的曙光。耶利米書對神百姓的未來也有令人振奮的預言。耶利米預言，國家必得重建，並且與神重新立約。摩西的舊約不管用了，因為這些律法寫在人的外面而不是人的裡面，寫在石版上而不是寫在心版上。所以耶利米書第三十一章有一段全舊約聖經最美的預言，說神將與以色列家和猶大家另立新約，到時候，祂要把祂的律法寫在人心中。他們不再需要別人來教導他們認識神，因為他們全都認識神，神也會赦免他們，不再記念他們的罪。

很多人在教會朗讀這段經文時，就停在這裡了，但我要繼續往下讀。神還說：

> 那使太陽白日發光，使星月有定例，黑夜發亮，又攪動大海，使海中波浪匉訇的，萬軍之耶和華是祂的名。祂如此說：『這些定例若能在我面前廢掉，以色列的後裔也就在我面前斷絕，永遠不再成國。』這是耶和華說的。（三十一 35～36）

所以主說，除非天上的定律和地上的根基都廢掉，否則祂永遠不會因為以色列的後裔行惡事就棄絕他們。神保證祂一定會守約，以色列會永遠存在，而且以色列今天仍然存在。「以色列」這名字今天可以回到地圖上，就證

明了神守住祂的應許。

此時，耶利米保證，他的同胞最後必得重建。他寫道，神會再度帶領他們回家，他們必要喜樂、歡唱、手舞足蹈，並說這事會在七十年後成就。（這個數字後來鼓舞了但以理，但以理在被擄到異邦後，讀到這個預言，發現七十年的時間快到了。這個數字看似隨機，其實是仔細計算過的，那地需要七十年休養生息，因為以色列人在之前的五百年間，沒有遵守每七年休耕一年的命令，見歷代志下三十六章21節。）

耶利米也向同胞保證，猶大將來必有一位新王，要稱作「好牧人」、「公義的苗」、「拯救的王」、「大衛樹上的苗」、「生命的泉源」。他保證，這人一定會來，來為他們得回王位，而外邦人也會分享猶大蒙受的福分。

4. 受懲罰的敵人

神雖然會容許巴比倫人擄走猶大百姓，但祂也保證要懲罰巴比倫人的殘酷行徑，先知哈巴谷也傳講過這信息。巴比倫後來為波斯人所征服，應驗了這個預言（猶太人也將因波斯古列王的頒令，得以歸回祖國）。其他會受到懲罰的敵人還有：埃及、非利士、摩押、亞們、以東、大馬士革（敘利亞）、基達、夏瑣、以攔。耶利米書最後有一段話，預言這些國家的下場。這些國家不是攻擊過以色列，就是對以色列不友善。神會伸冤，不是以色列自己伸冤。只有埃及和巴比倫得到一些正面的評論。

和其他先知相異的信息

前文指出耶利米和其他先知相同的信息，現在來看他講的三件事，是其他先知沒講過的。

1. 屬靈方面

耶利米被稱作「屬靈的先知」，因爲他說，如果不是出於眞心，那麼有宗教儀式反而更糟。耶利米譴責的是虛僞的敬拜，有些人卻誤以爲耶利米說向神獻祭的體制只是在浪費時間。其實他是說，外在的儀式不那麼重要，因爲神要看的是你的心。敬拜神的人是不是眞的屬靈？肉體也許行了割禮，但心也行了割禮嗎？祭司誤導百姓，讓百姓誤以爲宗教儀式可以取代敬虔的生命，所以耶利米需要特別強調信仰生活中的屬靈層面。

耶利米也在預備百姓面臨將來失去聖殿的那天，到時候就不能再獻祭了。猶太人在巴比倫的聚會，成了後來的「會堂」。「會堂」一詞的希臘文，意思就是「聚在一起」。神的百姓聚在一起，是爲了做三件事：向神讚美、向神禱告、研讀聖經。這很像新約聖經中的教會生活，祭司變成多餘的，因爲基督已經一次且永遠地獻上自己爲祭。教會沒有聖殿、祭壇、香爐、祭司和獻祭儀式，新約聖經的教會只是聚在一起領聖餐、禱告、讚美、讀經研經。所以初代教會其實就是基督徒的會堂。基督教教會從一開始，就面臨一個試探：想要回到聖殿中的儀式，想要有祭司、香爐和祭司袍，但這是走回舊約聖經裡的模式，並非神的心意。

　　耶利米帶領百姓脫離對儀式的依賴，這樣他們被擄到巴比倫後，雖然沒有聖殿，仍然可以聚會。只有耶利米這位先知預先看見他們必須找到另一種信仰形式，不再靠聖殿和聖殿內的各樣設施。

2. 個人方面

　　耶利米所發預言的第二個特點，是他預言神在新約中會親自面對每一個人。神在西奈山上是和團體立約，不是和個人立約，是針對全體，而非針對個人。在新約聖經中，新的約有個令人驚訝的特點，就是強調每一個個體。耶利米說：「當那些日子，人不再說：『父親吃了酸葡萄，兒子的牙酸倒了。』但各人必因自己的罪死亡，凡吃酸葡萄的，自己的牙必酸倒。」（耶三十一29～30）

　　在新約聖經中，新的約是神和各人分別立下的，所以人不可能靠著繼承父業而在神國占有一席之地，神會分別處置每一個人，因為人人需要為自己做決定。所以在新約中，人是因為自己信靠基督才能受洗。

　　所以，新約聖經說審判日那天，每個人要單獨受審判，為自己的罪負責，不需要為別人的罪負責。這是很大的改變，神從審判整個民族，改成審判個人，耶利米是第一個指出這點的先知，後來以西結再度指出這點，整部新約聖經都以此理解作為基礎。

　　耶利米的人生在很多方面都呈現出這個原則。他被人趕出聖殿，遭當地的會堂排斥，他必須獨自倚靠神才活得下去。

3. 政治方面

耶利米在政治上對以色列君王的建言，也比其他先知多得多。猶大的國力不斷衰敗，於是一再和強國結盟，但是耶利米警告君王不要向埃及求助，因為巴比倫連埃及也會打敗。在政治上，耶利米的建議是猶大向巴比倫投降，配合巴比倫的要求，談出最好的投降條件。他甚至把巴比倫王尼布甲尼撒形容為神的僕人，這簡直就像在一九三九年的時候，教會有人叫英國政府和希特勒談判，說希特勒是神差來的一樣。聽起來就像是賣國賊說的話，不先努力保衛耶路撒冷，反倒直接建議向暴君投降。

但猶大君王不聽勸，耶利米被稱作叛徒。他建議猶大向巴比倫人投降，自己在肩上負軛，在耶路撒冷城裡走來走去，好讓百姓知道該怎麼做才對。後來巴比倫王來到耶路撒冷時，還想表揚耶利米一番（見三十九章），我們可以想像其他猶太人對這件事的感受。但是對長久以來遭到迫害和誤解的耶利米來說，這只不過是最後一個片段。

▌迫害

耶利米從事奉之初，就一直遭到迫害。最早想殺他的，是他在亞拿突家鄉的親人。因為十幾歲的耶利米已經把全耶路撒冷城的人得罪光了，於家族名聲有損，所以親人想要殺他。這時神卻對他說：「這只不過是要訓練你面對更壞的情況。」這算什麼安慰啊！

從此，耶利米被貼上賣國賊的標籤，遭受其他先知排斥，因為那些都是假先知。祭司也排斥他，因為他批評

祭司的工作，批評聖殿和獻祭。君王視他為政治叛徒，百姓恨他，想盡各種辦法要置他於死地。

耶利米不但遭受死亡的威脅，還有好幾次死裡逃生。有一次，祭司巴示戶珥毒打他，把他關進陰暗的黑牢。還有好幾次，他被戴上手銬腳鐐，脖子套上鐵圈。後來，他整個人被丟進蓄水池（這種水池像深井，形狀如酒瓶，頸部狹窄，以防止水氣蒸發）。水池裡沒水時，底部通常會淤積四、五呎高的爛泥巴，所以耶利米脖子以下都陷在爛泥巴裡，在漆黑中，只能從上面的小洞口看見日光，當然他只能站著，否則就會被泥巴淹沒。後來是一個外地人可憐他，垂下一根繩子把他拉上來，救了他一命。

耶利米常常到處躲藏，因為總有人要攻擊他，耶路撒冷沒有人想聽他的忠告。最後有幾個逃到埃及的猶太人，強行帶走耶利米。耶利米後來死在埃及，聖經沒有記載他的死亡。有一派傳統的看法是，他是被石頭打死的（見太二十一35）。不管發生什麼事，顯然他默默死去，根本沒有想到將來會聞名世界，沒有想到兩千五百年後的今天，我們會在這裡談論他。

▌痛苦

耶利米被稱作「淚眼先知」。從耶利米哀歌可以看出，他對同胞、對喪失的故土、對被毀的耶路撒冷，心中充滿痛苦。其實，光從耶利米書就可以看出他內心的痛苦，因為他不怕讓人知道他在那樣的情況下如何向神禱告。

肉體的痛苦

前文已經說過，那些藐視耶利米信息的人怎樣在肉體上虐待耶利米。耶利米不怕赤裸裸表達感受，但別人對他的批評和傷害，尤其是親人視他爲叛徒，讓他的內心非常受傷。他忠心傳講神的信息，卻遭人唾棄，他在事奉的路上非常孤單。

內心的痛苦

肉體受苦已經夠慘了，他還覺得是神讓他陷入這種困境。最苦的是，他覺得神讓他別無選擇。神呼召他作先知，他困在這個事奉裡，沒有別條路可走。他發預言時也說出心中的怨恨、精神和情感上的折磨，因爲他遭人排斥，寂寞孤單。

其中一個不幸的處境是，他無法透過婚姻來解決寂寞孤單的心情，神不准他結婚。這麼一來，耶利米就不會在巴比倫人來的時候，看見自己的子女挨餓。他的人生因此成了有力的信息，就像神命令何西阿娶妓女爲妻，命令以西結不要爲亡妻哀哭，這些先知以親身的體驗來向百姓傳講信息。

這卷書清楚記載了耶利米的痛苦，這也幫助了那些正經歷創痛的人。

耶利米有一次對神說：「耶和華啊，我曉得，人的道路不由自己，行路的人也不能定自己的腳步。」他還有一段吶喊常被引用：「我若說：我不再提耶和華，也不再奉祂的名講論，我便心裡覺得似乎有燒著的火閉塞在我骨中，我就含忍不住，不能自禁。」可憐的耶利米等於在

說：「我不要再講道了，可是我偏偏閉不了口，祂的話好像在我骨中焚燒，我非說出來不可。」

耶利米別無選擇，只能繼續傳道，因為他的心為主焚燒。即使他決定再也不要傳道了，卻又馬上出去傳道。其實不是神強迫他這麼做，神從來不強迫人，但我們可以了解耶利米那種受困的感受。

耶利米知道百姓不會聽，有好幾次他下了結論，說自己在執行一個沒有希望的任務。神甚至不准他為百姓禱告（七16）。

儘管如此，在耶利米書中，耶利米的禱告占有重要的地位，其中有幾段非常感人（比如一6，四10，十23～25，十一20，十二1～4，十五15～18，十七14～18，十八19～23，二十7～18）。耶利米這九段禱告，是聖經中非常誠實坦白的禱告，他把心中的感受一五一十的告訴神，成為我們禱告時可以學習的好榜樣。

▌耶利米哀歌

耶利米哀歌是耶利米寫的，很適合跟耶利米書一起看。這是聖經上很令人感傷的一卷書，很多人會拿這卷書和約伯記比較，但是在約伯記中，約伯難過是因為自己遭災，而在耶利米哀歌，耶利米哭泣是因國家遭遇災難。讀耶利米哀歌時，幾乎可以看見耶利米的眼淚掉在書頁上，墨水被淚水暈開，他真的是掏心掏肺，肝腸寸斷。

舊約聖經的希臘文譯本把這卷書取名為「淚水」；希伯來原文聖經的卷名叫作「怎麼會」（How），因為這是書

卷開頭第一個字；英文聖經的卷名「耶利米哀歌」，是來自拉丁文的淚水一詞。

這卷書是耶利米看見耶路撒冷變成荒場的時候寫的。聖殿被毀、城破人亡之前，他也體會到同胞心中的那種痛苦。耶路撒冷圍城期間，城內慘不忍睹，母親不得不吃掉自己的嬰孩，甚至吃產婦分娩後脫落的胎盤，情況非常悽慘，悲哀到極點，耶利米忍不住哭了。那情景一定很像原子彈轟炸後的廣島，或是近年來飽受戰爭蹂躪的科索沃。

這卷書是由一連串的哀歌組成，這一點也不令人意外。我們知道耶利米是個詩人，因為他的預言大多以詩的形式呈現；我們也知道他擅長音樂，寫了一些詩歌，因為從耶利米書就看得出來。這突顯出預言和音樂的密切關係，預言的靈會啟發詩意還有音樂，反之亦然。舊約聖經中有幾位先知，在發預言之前會先請人彈奏音樂，撒迦利亞、以西結，還有大衛都是最好的例子。

耶利米寫的哀歌不只有這些，他還為年少的約西亞王寫過一首哀歌（歷代志中提及），約西亞王誤以為自己能打敗埃及人，結果在米吉多被殺。就像掃羅和約拿單為了對抗非利士人而喪生戰場後，大衛為他們唱哀歌，耶利米也寫了一首哀歌給全國人民唱，哀悼約西亞王的崩逝，哀悼他作王的應許提早結束。

耶利米哀歌的架構

　　儘管耶路撒冷城被毀，百姓被擄，令耶利米激動萬分，肝腸寸斷，但他仍依照嚴謹的準則來寫這些哀歌。聖經的分章總算有一次斷在正確的地方了，耶利米哀歌的每一章就是一首詩，共有五章，這五首詩的編排仔細又巧妙。

　　耶利米採用離合詩的形式，以字母作爲架構來譜歌或寫詩，因爲希伯來文有二十二個字母，所以每一段有二十二節。

　　五首詩歌中，有四首是離合詩的模式。第三首略微不同，共有六十六節，但也是用離合詩的方式。

　　第一首詩有二十二節，每個字母帶出一節經文，每一節經文有三行。第二首詩同樣是以希伯來文的第一個字母開頭。再來第三首詩，每個字母再一次帶出三節經文。第四首詩又回到二十二節，而每一節經文有兩行。只有最後一首詩，沒有按照字母的順序寫，但仍然有二十二節。

爲什麼要用這種形式寫呢？

1. 比較容易記住。耶利米希望留在以色列的百姓和被擄的百姓在聽到他的哀歌後，都能牢記在心，寫成離合詩，有助於記憶。

2. 這個方法有助於表達耶利米心中所有的悲傷，離合詩有象徵意義，因爲囊括了從第一個到最後一個的字母，從起初到末了，象徵哀情盡訴。

3. 但我覺得第三個原因最爲明顯。我做過一個小小

的實驗，拿出一張紙，在上面寫下英文的二十六
個字母，看看能不能夠幫助我歸納出耶利米哀歌
的重點，結果真的有幫助。以下的文字雖不是精
采佳作，卻能夠歸納出整卷耶利米哀歌的精神：

Awful is the sight of the ruined city

Blood flows down the streets

Catastrophe has come to my people

Dreadful is their fate

Every house has been destroyed

Families are broken forever

God promised he would do this

Holy is his name

I am worn out with weeping

Just broken in spirit

Knowing not why

Let me die like the others

My life has no meaning

Never again will I laugh

Or dance for joy

Please comfort me, Lord

Quieten my spirit

Remind me of your future plans

Save your people from despair

Tell them you still love them

Understand their feelings

Vent your anger on their destroyers
We will again
eXalt your name
Yield to your will
Zealous for your reputation

毀壞的城慘不忍睹，
整條街道血流成河。
災禍臨到我的同胞，
他們命運何等淒慘。
殿堂房舍盡都毀壞，
所有家庭破碎離散。
信實的神施行審判，
祂的名稱為聖潔。
我哭得肝腸寸斷，
靈裡哀傷破碎，
不明白為何如此。
讓我和大家一起死吧，
我的生命毫無意義。
我再也無心嬉笑，
再也無心歡然起舞。
主啊！求祢安慰我，
使我的靈安靜，
叫我思想祢未來的計畫。
求祢拯救祢的百姓脫離絕望，
告訴他們，祢仍然愛他們。

　　祢了解他們的感受，
　　祢向他們的仇敵發怒。
　　我們必定要再度
　　高舉祢的聖名，
　　遵行祢的旨意，
　　熱心維護祢的名聲。

　　所以，字母是有用的工具，有助於表達情感。

為什麼要寫哀歌？

　　雖然寫成哀歌是明智的做法，但他為什麼選擇寫哀歌，原因不是馬上可以看出來，尤其他寫的另一卷書篇幅那麼長。

　　我相信，他譜寫哀歌，是希望別人跟他一起哭、一起唱這些哀歌。也許他想把這些哀歌寄給被擄的同胞，讓他們也能抒發內心的感受。這道理很明白，因為人遭遇不幸的時候，必須能夠表達感受。如果內心感到悲傷，要能夠表達出來才行。叫喪親的人勇敢別哭，是很殘酷的。猶太人和天主教徒最懂得表達感受，因為他們有守靈的傳統，積極鼓勵人為死去的親人哀哭。聖經從頭到尾都鼓勵人哭，西方文化敬佩那些不哭的人，這種想法源自古希臘思想，而非希伯來思想。今天在以色列，想當總理的人，必須要能夠為陣亡的以色列將士流淚，否則當不了總理，因為希伯來人認為真正的男人會流淚，流淚並不代表軟弱。

她、祂、我、他們、我們

接下來我們必須注意到，這幾首詩中的代名詞，每章都不一樣。

第一首詩用的是女性的代名詞「她」，指耶路撒冷城，並且稱城中的百姓為耶路撒冷的女兒。在舊約聖經中，城市和城裡的百姓，常被視為女性，英文也遵循這個傳統。

第二首詩的代名詞，全部用「祂」，講的是造成這場災禍的那位，也就是神。

第三首詩最長，也和個人最有關係，因為是在講耶利米自己，這章的焦點放在「我」。

第四首詩用的代名詞是「他們」，相較之下，這首詩幾乎和個人無關，只是客觀地描述「那些人」，描述「他們」。

第五首詩的代名詞回到「我們」，耶利米再度把自己和同胞視為一體，這時他不再用「祂」來稱呼神，而是直接說「祢」。

我們若仔細研讀聖經，就會注意到，這些小小的代名詞有助於我們明白經文的含義。五個非常不同的主題，需要五個非常不同的標題，反映出耶利米選擇的視角和解讀方式。

五首詩

1. 災禍──「她」

第一首詩講被毀的城市和城中的百姓。

這首詩不只講全城遭到圍困和摧毀，也不只講聖殿被毀，真正讓耶利米痛心的是，這是神的城市啊！他知道真正的原因在於罪，而這又讓他更心痛了。耶利米所描述的情景，顯然是他親眼所見。他眼睜睜看見巴比倫擄走猶太人後，到處是被毀的建築和廢棄的街道。我們可以想像耶利米沉痛指責少數幾個留下來的人：「你們這些經過的人，難道無動於衷嗎？看到這麼可怕的景象，心裡難道沒有感覺嗎？」耶利米生動描述了這座荒涼的空城，可見他看到那景象的時候，心中多麼痛苦。

2. 禍因——「祂」

第二首詩的焦點是，假如猶太人聽從耶利米的建議，向巴比倫投降，這場災禍就不會臨到。耶利米很痛苦，因為知道自己本來有可能幫助大家逃過這場大禍的。耶利米知道，是神允許百姓被擄，因為神早就警告過他們，他們若是悖逆，就會受到這種處置，但耶利米還是感到很挫折，因為百姓錯失了機會。這種心情在第二首詩中尤其明顯，詩中五次提到神的忿怒。耶利米知道，將來有一天，神的忿怒會爆發。聖經中描述兩種忿怒，一種是慢慢醞釀的忿怒，一種是迅速爆發的忿怒，將一切焚毀淨盡。人有這兩種忿怒，都會帶來麻煩。神也有這兩種忿怒，但是神的忿怒沒有自私的本質，不像人的忿怒。

關於神的怒氣，聖經所強調的重點是，我們若不仔細觀察神，若沒有看出神的怒氣正在醞釀，大概就要等到神的怒氣爆發了才會察覺。羅馬書第一章告訴我們，神已經怒火中燒，也告訴我們神怒火中燒的徵兆。比如，人把

正常的關係換成不正常的關係，另一個徵兆是反社會的行為，還有家庭的破裂。可悲的是，這樣的事在西方世界竟已司空見慣。

3. 拯救——「我」

第三首詩描述個人的感受。耶利米頓悟到，神大可在怒氣中滅絕所有的人，但祂只讓百姓被擄到巴比倫，仍然存活。這群百姓沒有全部滅亡，這個民族仍在。耶利米相信，以色列之所以沒有斷絕，是因為神的憐憫，他說：「祢的憐憫每早晨都是新的。」

抱持這種態度是好的，不管我們遇到什麼問題，總是可以仰望神的憐憫。這世界的生活態度和神百姓的生活態度，在根本上就大大不同。這世界的生活是以功績／功德（merit）為基礎，看自己應得多少，也就是你付出多少，就得到多少。但天國的生活，是以憐憫（mercy）為基礎。這個世界要求功績，而基督徒知道自己是沒有功德的。

4. 後果——「他們」

接下來，耶利米回顧不悔改的後果，甚至回顧伊甸園，看神對亞當和夏娃施行合乎公義的懲罰。耶利米要眾人知道，這一切的悲哀有一個目的：人需要知道，神必須懲罰罪，但祂也會施行拯救。

5. 呼求——「我們」

最後一首詩是一個禱告，祈求神的憐憫。耶利米知

道神是他們惟一的盼望，於是他將絕望化爲禱告，求神重建這個國家，讓百姓歸回自己的土地。

有一個主題在五首詩中都出現，就是「罪」這個字。舊約聖經幾乎每一頁都提到「罪」，有時只是出現「罪」這個字，有時陳述罪行。相較之下，新約聖經幾乎每一頁都在講救贖。

耶利米坦白指出，百姓犯罪，理當受罰，但他同時向神祈求，求神憐憫百姓。所以我們稱這卷書爲哀歌集，因爲總共有五首不同的哀歌。

直到今天，所有的猶太會堂，每年都要在亞筆月（七月）的第九天吟唱整卷耶利米哀歌，因爲那是巴比倫人當年摧毀聖殿的日子。

猶太人直到今天都還過逾越節，記念當年出埃及，也在亞筆月第九日記念聖殿被毀。每年七月，只要到猶太會堂，就會聽見他們唱哀歌。令人驚訝的是，亞筆月九日不只是猶太人失去第一座聖殿的日子——西元七〇年，就在同一天，提多將軍也來到耶路撒冷，摧毀了第二座聖殿。

他們在那一天，爲失去第一座聖殿和第二座聖殿唱哀歌。當然，耶穌早就預言第二座聖殿要被毀。就像耶利米來警告百姓他們會失去第一座聖殿一樣，耶穌也來警告眾人他們會失去第二座聖殿。因爲這個緣故，耶穌和耶利米常被拿來相提並論。

耶穌有一次問門徒：「人說我是誰？」門徒回答，有人說耶穌是耶利米再世。也許我們無法立刻看出耶利米先知和耶穌的相似之處，但耶利米的一生確實很像耶穌的一

生。正如耶利米大可說：「人的仇敵就是自己家裡的人」，
耶穌也遭到家鄉人的排斥。祂在家鄉拿撒勒，差點被人群
推下山崖。耶穌有五次差點遇害。此外，耶穌做過的一些
事和耶利米做的事有異曲同工之妙。耶穌潔淨聖殿，用鞭
子鞭打猶太人，因為他們把聖殿變成充滿貪婪的銀錢兌換
中心，當時耶穌就引述耶利米的話說：「你們竟敢將我父
的殿變成賊窩！」

在眾人心中，耶穌跟耶利米很像。耶利米曾說：「我
覺得自己像是即將被宰殺的羊」。而耶穌則提醒眾人說，
他們的祖先曾用石頭打先知，唾棄神差來他們中間的先
知。

和耶穌的關連

耶路撒冷北邊有一個洞穴，按猶太傳統，稱作「耶
利米的山洞」，因為猶太人相信，耶利米當年在寂寞傷痛
的時候，會去那裡禱告。這洞穴就在各各他山上，也就是
耶穌當年被釘十字架的地方。

耶穌往加略山的路上，曾說過一句話：「這些事既行
在有汁水的樹上，那枯乾的樹將來怎麼樣呢？」祂是在告
訴耶路撒冷人，別為祂哭泣，要為他們自己哭，因為時候
將到，到時候情況會更惡劣。祂指的就是西元七〇年聖殿
被毀，只不過是四十年後的事。這四十年是一段考驗的時
期，神給猶太人四十年去回應祂受死又復活的兒子。可惜
猶太人一直硬著心腸沒有回應，所以四十年後，聖殿再度
被毀。

命運

　　新約聖經中的基督徒，面臨兩種可能的命運。第一種可能的命運是——哀哭切齒。耶穌每次用這些字眼，都是對門徒講話的時候，但很多人以為這些話是講給未信主的人聽的。基督徒第二種可能的命運是——神要擦去我們所有的眼淚。簡而言之，我們面對的這兩種命運，都和眼淚有關，一個是永遠哭泣，一個是由神擦去眼淚。

　　不只基督徒要面對這兩種命運，世人也要面對這兩種命運。引用耶利米書和耶利米哀歌最多的一卷書，就是啟示錄，這卷書把焦點放在末後的日子。新約聖經引用耶利米書的經文，有一半都在啟示錄，而且是用來指巴比倫城。啟示錄中的巴比倫，是終極的世界金融中心，這個城市終將被毀。巴比倫被摧毀的時候，世人會為之哭泣，但是啟示錄說，到時候基督徒要高唱哈利路亞。韓德爾的彌賽亞歌劇，有一段哈利路亞頌歌，很少有人知道這裡的哈利路亞是在慶祝全球股市崩盤！到時候，全球的銀行都會破產，人類所建立的體制會全部瓦解。

　　啟示錄第十八章的結尾，一再引用耶利米書。耶利米哀歌說到耶路撒冷成為荒場。但是，未來神會從天上降下一座新城在地上——新耶路撒冷，這城有如為新郎妝扮的新娘一般美麗。到時候，我們會永遠住在新地上，永遠住在新耶路撒冷。

▌引言

以色列被擄之前的眾先知當中，俄巴底亞是第一個，俄巴底亞書也是舊約聖經中最短的一卷書，全書只有二十一節。俄巴底亞在西元前八四五年傳講預言，在他之後的三百年間，出現一位又一位的先知，警告神的百姓不要繼續行惡事。（編按：對於俄巴底亞書的年代，學者有各種不同的看法。除了作者所持的較早年代看法外，目前多數學者傾向其日期應定在主前第六世紀，即猶太被擄之後。）

我們知道，約珥在俄巴底亞之後不久出現，因為約珥引述俄巴底亞的話，提醒百姓勿忘神已經告訴過他們的事情。約珥特別講到俄巴底亞提出的一個詞 —— 主的日子，這個詞在舊約聖經其他先知書和新約聖經都出現過。主的日子臨到時，神會扭轉一切錯誤，這在第十九章〈約

珥書〉的結尾已經仔細談過。

我把俄巴底亞書放在這一部的最後一章來講，是因為這卷書的焦點是快要被擄之前發生的事，當時猶大就要被擄到巴比倫。

有些先知會傳講兩種信息——給神的百姓以色列的信息，以及給以色列鄰國的信息。俄巴底亞向以東傳講信息。以東是以色列的鄰國，住在死海東南邊。俄巴底亞發過的預言，只有這段流傳至今，也許他也只發過這段預言。

我們對俄巴底亞所知不多，只知道他的名字意指「敬拜耶和華的人」或「事奉耶和華的僕人」。俄巴底亞的信息大多在預言未來，是他在異象中領受的，而且他領受的是圖像，不是話語。當時，以東這個國家位於今天所稱的外約旦，亦即約旦河谷東邊的地區。這裡也是神應許賜給以色列的土地，但以色列人從未占領這地區。在大衛王時代，以東成了衛星國，很像今天的波蘭和拉脫維亞是俄國的衛星國一樣。當大衛的王國開始走下坡，以東立刻趁機尋求獨立，向以色列叛變。以東有兩座城市——波斯拉（Bosrah）和西拉（即今天的佩特拉〔Petra〕），位在中東的一條要道上，從歐洲到阿拉伯要路經此地。

佩特拉是個很特別的地方，有一棟從紅色砂岩鑿出的建築物，狀似一座教堂，加上從岩石中鑿出的數百間神廟，全都圍繞著一塊巨大的圓形空地，位於群山中間。佩特拉上方有一座山，高度大約兩千呎，叫西珥山。俄巴底亞的預言全跟這座山有關。

這些神廟都是令人驚嘆的建築傑作。從西珥山頂可

看見死海和紅海，以東人就住山間洞穴，西珥山成了堅固
的堡壘。但以東人是不敬虔的民族，考古學家在這裡挖出
祭壇遺址，發現他們把活人當作祭物，獻給他們的神明。

　　俄巴底亞說，以東人非常驕傲，深信沒有人能打敗
他們，連神都不能。結果神摧毀了他們，這就是俄巴底亞
的主要信息。

　　這卷書的重點是，以色列的神也是列國的神，這是
聖經一以貫之的主題，但在當時人聽起來，一定很刺耳，
因為當時每個國家都有自己的神。今天也是如此，很多人
認為人人都有權利拜自己想拜的神，不必擔心別人的看
法。

　　但基督徒相信世上只有一個神，這個神也會審判信
奉其他宗教的人。將來，每個國家都必須面對以色列的
神，必須向祂交帳。

　　這也是新約聖經的信息。保羅在雅典的亞略‧巴古
對眾人說，神早就預定好各國的年限和疆界。地圖是神畫
的。比如說，我就相信是神終結了大英帝國。我小時候在
學校看到的地圖，大多是紅色的，世界各地都有英國的土
地。這麼大的帝國怎麼會垮掉呢？答案是，英國人對神的
百姓以色列見死不救，所以神說：「英國若不能照顧以色
列，就不能照顧其他人。」短短五年間，整個大英帝國就
垮了。我相信從這個例子可以清楚看出一切都在神的掌握
中。

　　讀先知書，還可以看出一個原則：神根據各國對待
祂百姓的態度來審判各國。我相信這個原則今天仍然適用
於教會，神根據人對待教會的態度來審判各人。我們怎樣

對待屬神的人，就等於怎樣對待神。耶穌也提到相同的原則，祂說，在最後審判的時候，神會對萬民說：「這些事你們既做在我這弟兄中一個最小的身上，就是做在我身上了。」（太二十五40）祂所說的「弟兄」，就是指「屬神的人」。同樣，大數的掃羅在往大馬士革的路上，明白了主耶穌怎樣看待屬祂的人。耶穌問他：「掃羅，掃羅，你為什麼逼迫我？」其實掃羅一直在逼迫的是基督徒，當他聽到逼迫基督徒等於是逼迫祂，他嚇壞了。在基督眼中，逼迫基督徒就等於逼迫基督。所以神的百姓是神眼中的瞳仁，就像瞳仁是身體中最敏感的部位，神的百姓受逼迫時，神會特別敏感。

今天，神的百姓散布世界各地，每個國家都要決定該如何對待神的百姓，到了審判日，這將是審判的要素。眾先知陸續向各國發預言時，傳講的就是這個原則，所以這些預言大多是傳給以色列的鄰國的，因為他們沒有好好對待以色列。

所以，儘管俄巴底亞書看似很短又不好懂，但這卷書其實講到了審判的一些要素，而這些要素會影響到世上每一個國家。

▌俄巴底亞書的大綱

這卷書可以分成兩部分。第一部分（1～14節），俄巴底亞講到有一個國家會受審判，就是以東。第二部分（15～21節），先知看見萬國都受到審判。

一國將受審判（1～14節）
> 列國將毀滅以東（1～9節）
> 以東藐視以色列（10～14節）

萬國將受審判（15～21節）
> 雅威要懲罰列國（15～16節）
> 以色列必得以東的產業（17～21節）

▌一國將受審判（1～14節）

列國將毀滅以東（1～9節）

「以東」這名字意指紅色。這城市到處是紅色砂岩，但並不是因為這樣才取名「紅色」（以東人是紅髮的以掃的後裔）。以東位在亞拉巴（Arabah）裂谷的東邊，境內的兩座大城佩特拉和波斯拉，都是人類建築能力的典範。

俄巴底亞告訴以東人，列國會毀滅他們，而且列國不像盜賊那樣只拿走喜歡的東西，而是全部拿去，包括土地。他告訴以東人，神非常恨惡人的驕傲。驕傲的人簡直就是邀請神來把他貶到最低賤的地位，因為驕傲的人不但自視甚高，還看不起所有的人。想要高抬自己，就得先把別人壓下去，甚至得把神壓下去。

以東藐視以色列（10～14節）

以東地處西珥山山頂，這也象徵他們對鄰國的態度，尤其是對以色列的態度。以東人是以掃的後裔，以掃把他的長子名分賣給雅各，結果大半輩子都和這個雙胞胎

弟弟交惡。以掃的後裔定居在裂谷東邊，雅各的後裔則定居在裂谷西邊。申命記中，神禁止以色列用錯誤的態度對待以東人，因爲以掃是雅各的哥哥。所以俄巴底亞才對以東人說，他們不應該那樣對待兄弟之國以色列。但以東人對以色列的態度惡劣。我們在民數記和申命記中讀到，以東人拒絕借道，不讓摩西和以色列人安全經過以東的土地。

大衛王的時代，以色列國勢開始走下坡，此時就可以看出以東人對以色列人極爲反感。那時，只要有人來攻擊耶路撒冷或以色列，不管是非利士人、阿拉伯人，還是後來的巴比倫人，以東人都起來跟著攻擊。巴比倫人是很野蠻的民族，以東人卻跟著攪和，從旁煽風點火。阿拉伯人來攻擊耶路撒冷的時候，以東人也參上一腳。多年來的仇恨、嫉妒、怨憎，一發不可收拾。非利士人來攻擊耶路撒冷的時候，以東人也加入他們。以東人把握一切機會，支持敵人攻擊以色列，這可能是因爲他們自己不夠強大。

神對以東人的行爲說了三次：「你不該……」（譯註：12～14節，中文聖經和合本則用了八次「你不當」），神說他們必因悖逆而受懲。

我們忍不住要問，以東人到底有沒有聽到俄巴底亞的話？如果聽到了，有沒有聽進去呢？

第一部分的預言講以東，但講到一半的時候，從第三人稱改成第二人稱，俄巴底亞似乎勇敢地走了一趟佩特拉，當面向以東人傳講信息。不過沒有紀錄顯示以東人把這些話聽進去。事實剛好相反，西元前五八七年，巴比倫人來攻擊耶路撒冷時，以東人就在旁邊煽風點火（詩一三

七 7）。

　　再者，還有其他先知譴責以東。以賽亞書第二十一章、耶利米書第四十九章、以西結書第二十五章，都在譴責以東。以賽亞的用詞類似俄巴底亞，強調神定意要審判。因此，既然以東人不聽俄巴底亞和其他先知的信息，神的審判就來臨了。

　　根據史料，西元前六世紀，阿拉伯人攻擊以東，以東人不得不棄城逃亡，離開裂谷，遷到南地沙漠，過著遊牧生活。到了西元前四五〇年，原屬以東的土地上，一個以東人都沒有；到了西元前三一二年，佩特拉落入拿巴提人（Nabateans）人手中。以東人來到南地後，把那裡改名為「以土買」，猶太大祭司許爾幹（Hyrcanus）強迫他們信奉猶太教，從此猶太教成了以東人的正式宗教，但他們一直保留著鮮明的民族特質。

　　新約聖經中，以東人再度出現。大希律（出現在馬太福音敘述耶穌降生的經文中）就出身以土買。西元前三十七年，他向凱撒皇帝交涉，希望買下猶太人的王位，於是以東人作了以色列的王！以東人向來精於建築，大希律受此傳統啟發，下令建造許多雄偉建築，因此聲名大噪。所以希律蓋了許許多多宮殿，包括馬撒大的那座宮殿，固若金湯，可以媲美佩特拉的雄偉神廟。

　　當年那些智者來問希律，猶太人的王生在哪裡，希律大怒。他不要猶太人來坐他的王位，因為以東已經征服了以色列！所以他才下令屠盡伯利恆兩歲以下的男嬰。

　　大希律的兒子殺了施洗約翰；耶穌受審的時候，根本不想對這個希律說什麼話。大希律的孫子也叫希律，他

下令殺死雅各，自己最後被蟲咬死（見使徒行傳第十二章）。大希律的曾孫叫亞基帕，在西元一〇〇年過世，沒有留下子嗣。

以東人從此就絕跡，今天世上已經沒有以東人，應驗了俄巴底亞的預言。神不急著審判人，俄巴底亞發預言之後六百多年，以東人才絕跡。關於神的審判，由此可以明白兩件事。

時候未到

> 神的磨儘管磨得慢，
> 卻磨得非常非常細。
> 祂耐心忍受等候，
> 祂密密磨盡一切。
> ——德國詩人Friedrich von Logau（1604—55）

神做事都是慢慢來，祂不會立刻動怒，但是祂說到做到。也許要等上一千年，但祂一定會做到。以東今天在哪裡？絕跡了。以色列今天在哪裡？回歸故土了。

神會審判傷害祂百姓的人

神曾對亞伯拉罕說：「爲你祝福的，我必賜福與他；那咒詛你的，我必咒詛他。」（創十二3）今天世上有兩種屬神的人：以色列和教會。攻擊這兩種人，就是在傷害神。

▌萬國將受審判（15～21節）

　　以東就是那種不敬虔的國家，一直敵擋神的百姓。

雅威要懲罰列國（15～16節）

　　神懲罰列國的原因很清楚：「你怎樣行，他也必照樣向你行。」列國罪有應得，該受懲罰。經文也提到非利士人活該承受神的忿怒。

　　俄巴底亞看見，將來有一天，萬國都要受到審判。以色列的神會叫萬國向祂交帳，尤其要為他們對待神百姓的態度負責。

以色列必得以東的產業（17～21節）

　　將來有一天，以色列必擁有以東的土地。神應許給以色列的土地包含以東地，這是很明確的，所以將來有一天，以色列必擁有那地。俄巴底亞在異象中看見這件事，看見以東的後裔徹底消失，但他們的土地會回歸到那塊地真正的主人手上。他看見以色列的疆土往北拓展到以法蓮和撒瑪利亞，往南拓展到南地，往東延伸至以東山地，往西遠達地中海沿岸。

▌這一切跟我們有什麼關係？

　　首先，我們必須注意，每個人心中都有一個雅各和一個以掃。希伯來書的作者告訴基督徒，不要像以掃，他為了一鍋湯，賣掉長子的名分，事後才流下懊悔的眼淚，

可惜已經無法挽回。

我們要像雅各，雅各和神角力，直到神使他瘸腿爲止，但他得到了祝福，他的後裔成爲神的百姓。以掃爲當下而活，只想立刻滿足肉體的欲望，結果失去了未來的盼望。這世界的以掃，只爲這世界而活，不在乎未來，只關心能不能現在就滿足自己的欲望。俄巴底亞書鼓勵我們作雅各，他是被神破碎過的人，後來成了大族的族長，而他的名字以色列，兩千年後重現在地圖上。

其次，我們從這卷書學到的是，神一旦發話，絕對說到做到。祂要做的事，不見得下個禮拜二前就實現，我們也許得等上一千年，但是，神說到就一定做到，所以我們可以信靠祂的話。小小的俄巴底亞雖然被稱作小先知，寫的書卷又短，但他說的話，句句都會實現。

奮鬥求生存

Part V

▌引言

　　以西結書是舊約聖經中，最受到忽略的一卷書，也是最不受青睞的一卷書。這卷書前半部的信息（一～二十四章），非常黑暗消沉，讀起來令人沮喪，所以很多人讀不下去，就換一卷書讀！這卷書很長，有些話一再重複，長達二十年的講道都擠進一卷書裡。大多數的內容跟我們的情況不相干，是截然不同的世界，截然不同的時代，我們很不熟悉。書中有些遣詞用字，對現代人來說稍嫌粗野，甚至讓人覺得不舒服，這下又多了一個不喜歡這卷書的理由。很少有人說以西結書是他們最喜歡的一卷書。

　　除此之外，以西結書透露神某一面的特質，很少有人喜歡神這一面的特質。先知以西結講到神嚴厲的審判。平常在廣播或電視上的講道，都把焦點放在神的良善，很少講到神的審判，而神的良善才是大家想聽的。

所以乍看之下，這卷書似乎讓人提不起勁去讀！但是，像以西結書這樣的一卷書，會挑戰我們去問兩個問題：「你為什麼要讀聖經？」「你怎麼讀聖經？」這兩個問題是相關的，因為你為什麼讀聖經，會決定你怎麼讀聖經，動機會決定方法。

▌怎麼讀以西結書？

讀以西結書這樣的一卷書，有三種方式：

把焦點放在某節經文（為自己而讀）

有一種讀經方式，是把焦點放在某節經文，想為自己找到一句適用的話，我實在很想把這種讀經方式叫作「星座命盤讀經法」，就是一面讀一面找，想看看哪句話可以套用在自己身上。但是神的本意並不是要我們這樣讀聖經，如果用這種方式讀以西結書，得讀很久才會找到一句跟自己相關的話！這種靈修讀經法好像挺實用的，聊勝於無，卻不是正確的讀經方式，這是以自我為中心的讀經方式。

把焦點放在某段經文（為別人而讀）

第二種讀經方式，是把焦點放在某段經文上。有些基督徒讀聖經，主要是為別人讀的，特別是傳道人和聖經教師，常常在想該講什麼經文。以西結書有四段經文，傳道人特別喜歡講。

最受歡迎的是第三十七章，有一首黑人靈歌把這句

話唱紅了：「枯骨，枯骨，枯骨啊……要聽神的話」。這種跟死亡和生命有關的主題太好談了，讓人難以抗拒，枯骨連結起來，長出皮肉，很有戲劇化的效果。

另外一段受歡迎的經文，在以西結書第三十四章，常用在按立傳道人的就任儀式上。這段經文講到好牧人和壞牧人，好牧人會去尋找迷失的羊，壞牧人只顧自己有沒有吃飽。這段經文很容易拿來作根據，宣講傳道人的責任。

另外，第四十七章也很受歡迎，但很容易斷章取義，當成比喻來講。這一章說，有個人看見一條河從聖殿流出來，他走進河裡，水深到腳踝，再往前走，水淹到膝蓋，再往前走，水淹到腰部，最後水深到可以游泳。很多傳道人把這段經文中的水比作聖靈，然後問大家：「你浸在聖靈裡有多深？你是在聖靈裡游泳，還是只在踩水呢？」但是，從上下文提到的地理位置來看（隱基底的漁夫在亞拉巴谷的海邊），這段預言應該就只是字面上的意思。死海因為有淡水注入而變得生機盎然，這是自然界的奇蹟，可是傳道人卻覺得把這些事「靈意化」會比較容易解釋，於是應用在人性上，尤其是那些不相信自然界會發生超自然事件的傳道人，特別喜歡這樣解釋。教會講台上用寓意解經法傳講舊約聖經，由來已久，這種解經法源自古希臘人輕視實體事物的思想，是西元三世紀時，亞歷山太城的革利免（Clement）和俄利根（Origen）的教導。

最後，以西結書第十八章的焦點是，每個人都要為自己的罪負責。以色列有句俗話說：「父親吃酸葡萄，孩子倒了牙」，這是因為神說祂會懲罰罪到三、四代。但是

以西結介紹了一個很重要的原則，就是在審判日那天，每個人只需要為自己的罪負責。傳道人很喜歡講的一個主題，就是每個人都要向神交帳。可惜，這幾章受到歡迎，當然就表示大多數的傳道人只講這幾章，而不去碰以西結書的其他經文。

把焦點放在整卷書（為神而讀）

這是讀以西結書最好的方式，不是只看片段的經文，而是要了解整卷書。惟有這樣讀，才能真正了解神要透過這卷書向我們說什麼。讀聖經最主要的目的是要認識神，讀經教我們知道神是什麼樣的神，知道祂會怎樣回應我們，知道祂對我們有什麼感受，知道祂會怎樣對待我們。神在以西結書中向我們啟示祂自己，如果避開這卷書不讀，就會錯過很重要的啟示與教導。

第一次想把聖經逐卷讀完一遍的基督徒，我會建議他們讀《當代聖經》。前文提過，我以前在吉爾福（Guildford）牧會的時候，有一次我們教會一口氣把聖經從頭到尾讀一遍，用的就是這個版本。《當代聖經》把聖經裡的情感譯得最準確，但因為是意譯本，所以對聖經中的想法和用字，並不是譯得最準確的。

當然，聖經是神的話，也是人的話，所以從聖經可以看見神的啟示和人所關心的事。人所關心的事，聖經記載了許多，神選擇透過各式各樣的人，在不同的時代和不同的情況下，傳達祂的話語。這些話並非「象牙塔」中的猜測，這些話能夠影響世界，影響人對這世界的認知。

我們必須了解聖經所描述的真實生活情況，才能了

解神的話怎樣臨到歷史上的那些眞實人物身上。傳道人如果把聖言從人的背景脈絡中抽離出來，結果就是講道和教導都枯燥無聊。

▌以西結書的背景

所以，我們一定要先了解歷史背景，才能探討以西結書中幾個重要的主題。以西結的時代，以色列十支派早已被擄去亞述一百年，他們漠視先知阿摩司和何西阿的警告，結果被擄到外邦。

以西結擔心南方的兩個支派，他們的情況更糟，無視北方十支派的前車之鑑，所作所爲不敬畏神，又漠視先知的警告，以賽亞和彌迦就警告過他們審判將臨，他們不聽。後來先知耶利米出現，他們也一樣不聽他的話。先知哈巴谷也曾警告他們，大禍即將臨頭，他們會落入巴比倫人手中，他們還是不聽。終於，最可怕的悲劇發生了，他們被擄到巴比倫。

其實，不久之前，難過猶大做過幾件好事，卻不足以扭轉全國的命運，屬靈的景況依然荒涼。約西亞王在聖殿的春季大掃除期間發現律法書，他看了之後非常震驚，百姓的行爲竟然偏離神的律法這麼遠，甚至在欣嫩谷把嬰兒燒死獻給異教的摩洛神（耶穌教導人的時候，就曾用欣嫩谷這個地方來形容地獄的景象）。約西亞試著全國實行改革，除掉各地的邱壇，解決社會上的道德敗壞，卻徒勞無功，百姓的心已經遠離神了。

接下來，是一連串的「壞王」在位。約哈斯被百姓

推舉為王後，只作王三個月。他無力對抗埃及，被埃及法
老帶走，銬上鎖鍊，拘禁在利比拉（Riblah）。再來作王
的是約雅敬，他雖然是好王約西亞的兒子，卻不關心國家
的屬靈景況。其實，約雅敬也只是埃及人選來取代約哈斯
的傀儡君王。

所以，這個階段的猶大完全受強國擺布，西南邊有
埃及，東北邊有巴比倫。神其實可以牽制這兩大強國，祂
過去就這樣做過，但祂也曾應許說，祂的百姓若是遠離
祂，就不能再受到祂的保護。

於是，巴比倫的尼布甲尼撒王率軍入侵，掌控南國
三年以後又離開。接下來猶大遭到各國攻擊，亞蘭人、摩
押人、亞捫人先後來犯。結果，到了以西結的時代，猶大
只剩下耶路撒冷城，完全受別國掌控。

最後一擊來了，巴比倫人再度回來圍攻耶路撒冷兩
年半，終於攻下全城，財寶劫掠一空，正如以賽亞的預
言。

社會菁英都被擄走，這是征服者慣用的伎倆，讓被
征服的百姓無力再起。第一次的擄掠，帶走了七千名官
兵，大約一千名工匠和一萬名技工，只留下赤貧的人（先
知但以理就是在這時被擄）。看來，神的目的，就是要猶
大變得一無所有。

猶大最後一個王是西底家，巴比倫容許他在耶路撒
冷作王，擁有一小支軍隊。但是巴比倫後來再度圍困耶路
撒冷，尼布甲尼撒的軍隊抓住西底家，當著他的面，殺光
他的兒子，西底家眼睜睜看著王室血脈斷絕。然後巴比倫
人挖出西底家的眼睛，所以他見到的最後一幕是兒子全被

殺光。接著，尼布甲尼撒下令摧毀耶路撒冷，這段可悲的
故事記載在列王紀下第二十二至二十五章。

▍以西結的講道

就是在這樣的時代，以西結蒙召出來講道，雖然他
人在巴比倫，距離耶路撒冷有幾百哩之遙。

神從一開始就告訴以西結，要讓他的額頭像火石一
樣硬，沒有什麼能夠打擊他的信心。當百姓的心愈來愈剛
硬，不肯聽先知的話，以西結更需要專心一意完成神交給
他的任務。

以西結的信息有一部分是「天啟的語言」（apocalyptic
language，「天啟／啟示」意指「揭開」，就是揭開先前隱
藏的事，尤其是未來的事，必須用比喻、甚至象徵性很強
的詞彙才能形容）。這種預言的形式，圖像多過話語，充
滿象徵性和戲劇性。以西結和但以理的預言，是舊約聖經
中這種預言最佳的例子；在新約聖經中，只有啟示錄有這
種預言。

以西結和所有的先知一樣，都能看見超自然的景
象。他能夠洞察真相，預見未來，監看一切，能夠從神的
角度來俯瞰世界，看見神怎樣一步步顯明祂的目的。

空間

以西結遠在幾百哩之外的巴比倫，卻能看見耶路撒
冷的景況。現代學者認為，以西結一定回去過耶路撒冷，
看過當時的情況。但是以西結的確透過聖靈看見了家鄉發

生的事。有一次他在巴比倫講道，在異象中看見一個人暴
斃，幾個禮拜後，消息傳來，那個人真的在耶路撒冷死
了，而且正是死在他在異象中看見此人暴斃的那一刻。

時間

以西結也能看見未來的事。聖經中有許多關於未來
的預言，大約百分之二十七的經文是在預言未來。以西結
書中的預言，在整卷書中所占比例高過其他書卷。在舊約
聖經各卷書中，以西結書和但以理書中有關未來的預言，
比例最高。以西結書中大約有四分之三的預言，已經按字
面應驗，從統計來看，這個機率是七千五百萬分之一。聖
經預言了七百三十五個事件，有些事件只被預言一兩次，
有一件事卻被預言了三百多次。在這七百三十五個預言的
事件中，已經應驗的事件有五百九十三個（百分之八十
一）。聖經的預言到目前為止，是百分之百準確，剩下百
分之十九的預言尚未應驗，但我們可以確定一定會應驗。

三段時期

以西結分別在三個不同的時期發預言，每段時期談
的主題都不同。第一段時期（四～二十四章）的預言最叫
人沮喪，這時他年約三十到三十三歲之間。他必須宣布一
個可怕的消息——耶路撒冷會被徹底毀滅。可想而知，沒
人引述以西結書這部分的經文（其實很少人能夠引述以西
結書的經文）。發第一段預言的時期，是在耶路撒冷第一
次遭圍困之前，之後耶路撒冷被巴比倫掌控，但尚未遭摧
毀。

　　以西結第二次發預言，是在他被擄十一或十二年後，當時他三十六或三十七歲。這段期間發的預言，記載在第二十五至三十二章。以西結這次講的不是耶路撒冷，而是耶路撒冷的鄰國。這些國家在耶路撒冷被巴比倫統治時趁虛而入，看見以色列傾覆，幸災樂禍。其實就連今天也是一樣，如今，以色列的鄰國也都很想看見以色列滅亡。

　　下一件重要大事發生在西元前五八七年，當時耶路撒冷被徹底摧毀，以西結也在同時喪妻，但神命令他不准哭，因為她一斷氣，耶路撒冷也會被毀。以西結不哭，象徵著以色列對耶路撒冷遭毀滅的感受──完全麻木。神叫以西結在日記上寫下妻子過世的日期，等家鄉傳來消息時，再對照日期，結果當然是同一天。

　　以西結喪妻三年後，離他上次發預言已經十三年過去了，他又開始發預言，這時他五十歲。在他沉默的那段時期，神曾經對他說，他的舌頭會貼住上膛，無法說話，直到神開他的口為止。

　　以西結這次發預言的時間是一年，但現在，他的信息焦點完全放在歸回。比如他說，將來有一天，枯骨要連結起來，復活變成一支大軍。他的信息正面又樂觀，期待美好的未來（三十三～三十九章）。

　　第四十至四十八章講耶路撒冷聖殿的重建，可惜以西結直到死前，都沒能再見到聖殿或耶路撒冷。他葬在巴比倫的一個墳墓，就在今天伊拉克境內一個叫吉費（Kifi）的地方。

重覆出現的話

以西結的預言中，有一句話不斷出現：「你們就知道我是耶和華。」這句話不斷出現在這卷書的第二、三、四部分（見下方的大綱），但每部分有些微的差異。

第二部分（四～二十四章）重複出現的話是：「你們就知道我是耶和華」，但第三部分談的是神要讓猶大的鄰國得到報應，所以重複出現的話是：「他們就知道我是耶和華」。第四部分，以西結開始講好消息了，他預言猶大將來要從巴比倫歸回故土，所以重複出現的話是：「列國就知道我是耶和華」。換句話說，神要把猶太人帶回故土，全世界都會知道神就是主，因為從人的角度來看，以色列復國是絕對不可能的事。

這三句重複卻稍有差異的話告訴我們三件事：第一，以色列民並不了解神，所以神才會說：「然後你們就知道……」；第二，猶大的鄰國不知道以色列的神確實存在，所以神才會說：「然後他們就知道……」；第三，當時全世界也不確定神是否真的存在，所以神才會說：「然後列國就知道……」。

▌以西結書的大綱

A. 祭司以西結蒙召作先知（一～三章）
B. 耶路撒冷必遭報應（四～二十四章）── 第一個時期耶路撒冷遭圍困
C. 猶大鄰國必遭報應（二十五～三十二章）── 第二個

時期

耶路撒冷城傾覆

D.巴比倫餘民被擄歸回（三十三～三十九章）｜
E.耶路撒冷的聖殿重建（四十～四十八章）｜　第三個時期

▌祭司以西結蒙召作先知（一～三章）

　　西元前六二二年，以西結出生於祭司撒督的家族，約西亞王遇害時，他應該已到了行成年禮的年紀。他二十五歲的時候被擄到異邦，是猶大第二批被擄的人。而第一批被擄的人當中有但以理和猶大上流社會的人。他們被擄到異邦後，可以有自成一個聚居地，享有不少自由。以西結和家人住在一個叫特拉維夫的地方（今天以色列最大的城市就叫這個名字），旁邊是連通底格里斯河和幼發拉底河的一條運河。

　　以西結這個名字的意思是「神賜下力量」，但這卷書最常稱他為「人子」（八十三次）；耶穌也自稱是人子，其他先知都沒有被神稱作人子。

　　以西結三十歲才蒙召作先知。我注意到一件很有意思的事。他這時應該已經開始擔任祭司才對，不過他當時遠離家鄉，知道自己在巴比倫不可能擔任祭司，因為那裡沒有聖殿。以西結蒙召作先知，起因於主給他一個驚人的異象，所以他從三十到三十三歲這段時期，都被稱作「人子」，行了許多神蹟，也傳道。以西結顯然是基督的先驅，基督當然兼具了先知、祭司、君王三種身分，祂在三

十歲開始事奉，因為那是猶太男人可以開始擔任祭司的年紀。

以西結雖然沒法在聖殿主持宗教儀式，仍然可以參與敬拜的事奉。當時沒有聖殿，猶太會堂成了敬拜、禱告和朗讀聖經的地方（「會堂」一詞意指聚會的地方，字面上的意思是「聚集」）。初代基督徒就採用會堂的模式，在新舊約重疊的初期，教會的焦點不再是聖殿。

以西結蒙召的經過很不尋常（見第一章），首先他看見一個奇怪的異象——因為太奇怪了，以至於現代有些學者猜測，以西結大概是疾病發作，或是吃了藥，魂遊象外產生幻覺。只有超現實的藝術家才能夠畫出以西結看見的景象！其實現代人最喜歡的一種解釋是，以西結看見了幽浮。

以西結在異象中，首先看見了四個活物，是動物、人、天使的組合體。這些活物有天使的翅膀，一部分像人，一部分像動物。這四個活物顯然象徵著神在宇宙間創造的一切生物，不管是動物、人，還是天使。這也是神創造的三個層次，提醒我們，人類並不是最高階的受造物。

在這四活物的上方，以西結看見創造主坐在寶座上，莊嚴，神祕，充滿榮耀，神所到之處都充滿榮耀。「主的榮耀」一詞，正是貫穿這卷書的關鍵詞，「榮耀」意指神榮光四射，無比明亮。

這個寶座顯然可以往任何方向行進，象徵神無所不在，能到任何地方，是隨時可以移動的神。這一點很重要，因為在之前所有的異象中，神的寶座都是靜止不動的，固定在耶路撒冷。知道神的寶座可以隨時移動，對以

西結來說，是很大的安慰，這表示神可以去巴比倫。把這眞理傳達給被擄的百姓是很重要的，因爲百姓可能以爲神只住在一個地方，也就是距離他們幾百哩之外的耶路撒冷。

除此之外，輪緣上的「眼睛」告訴我們，什麼都逃不過神的眼睛。這個圖像意義重大，難怪以西結受這異象震懾，驚嚇得仆倒在地。

有意思的是，他是臉朝下仆倒，在聖經上，每次有人受神的同在震懾，就會往前仆倒。使徒保羅信主的時候，還有約翰在拔摩島的時候，都是臉朝下仆倒在地。

接著神給以西結一個書卷，上面寫著他必須去傳講的預言，然後神叫他把書卷吃下去。書卷上寫的都是哀嘆、哀慟、災禍、咒詛的字句，但以西結吃了卻覺得甘甜。

▌耶路撒冷必遭報應（四～二十四章）

一位又一位的先知預告了兩樣災禍：一、耶路撒冷必遭巴比倫摧毀；二、猶大百姓必被擄到巴比倫。以賽亞、耶利米、哈巴谷都說過相同的話。

耶路撒冷被巴比倫人攻下後，上流社會的人全被擄走，但耶路撒冷城仍在。所以猶大有些人說，審判不像耶利米所預言的那麼糟嘛，神說過祂會摧毀耶路撒冷城，但這城如今還在，仍有猶太人住在城裡。他們承認現在受到別國統治，可是他們仍然擁有耶路撒冷啊！因此，他們推論，以西結誇大了罪的嚴重性。假如以西結把災禍的嚴重

性說錯了，也許別的事他也說錯了。就這樣，神的話被稀釋淡化了，就像當年撒但在伊甸園中也用一樣的手法，質疑是夏娃誤解了神的禁令。

但是猶大百姓必須明白神的用意，被擄不只是懲罰而已，也是爲了改變百姓。所以，必須有人說服百姓相信，神說話一定算話。以西結必須指出，耶路撒冷被徹底摧毀的時候，百姓就會知道耶和華是神。他們的罪確實像先知講的那麼嚴重，所以審判也會像先知所預言的那麼嚴重。

耶路撒冷必傾倒

以西結不但需要用口傳講這個信息，還得讓他們用眼睛看見。他必須用六種不同的方式，告訴百姓，耶路撒冷完了。

1. 神叫以西結拿泥土做成耶路撒冷城的模型，並且做出撞城錘等等，作勢攻打這城。以西結在這過程中一言不發，大家看著他這樣做，一定會忍不住問：「這個先知到底在做什麼？」
2. 彷彿這樣做還不夠奇怪似的，神又吩咐以西結向左側臥三百九十天，再向右側臥四十天。這兩個數字分別象徵以色列家和猶大家悖逆神的年數（三百九十年和四十年）。神說，爲了確定以西結確實做到，以西結必須用繩子綁住自己！
3. 以西結還必須節食，象徵耶路撒冷遭圍困時缺糧的困境。以西結每天只能吃兩百公克的麵餅，只

能喝六百毫升的水，他必須節食很長一段時間。
而且他要烤餅，還只能等自己的糞便乾了以後才
有燃料用。（其實他向神抗議這件事，神就允許他
改用牛糞，這是神有彈性的一個好例子！）這樣
做是在告訴大家，耶路撒冷遭圍困期間，景況會
很悽慘。

4. 神叫以西結用一把利劍剃頭、剃鬍子，然後把剃
   下來的毛髮分成三堆。當耶路撒冷被攻下，他必
   須用火燒掉第一堆。第二堆要在耶路撒冷模型城
   裡用刀砍碎，描繪百姓慘遭屠戮的景象。第三堆
   要撒向空中，隨風飄散，象徵耶路撒冷人接下來
   的命運。

5. 以西結要演的第五齣戲碼，是把他的衣服全放進
   一個袋子，在牆上挖一個洞，然後趁晚上偷偷爬
   出去。這是在預言耶路撒冷城被攻下後會發生的
   事。果然如此，西底家王就是在牆上挖洞，逃出
   耶路撒冷。

6. 第六齣戲可能是最難的，就是以西結妻子過世的
   時候，神不准他哭，因為耶路撒冷城倒下的時
   候，百姓會極其震驚，根本不敢相信，甚至哭不
   出來。

以西結書有一個驚人的異象，描述主的榮光充滿聖
殿，後來這榮光升到橄欖山上，然後消失。當年百姓拒絕
耶穌，耶穌就上了橄欖山，消失了。

耶路撒冷如何傾覆

以西結說，耶路撒冷會落入尼布甲尼撒手中，尼布甲尼撒被形容為「主手中的劍」。尼布甲尼撒站在岔路口拈鬮的景象，令人不寒而慄。哪座城會先被摧毀呢？是耶路撒冷，還是亞捫人的拉巴城？那座城將會遭到無情的摧殘，那座城的居民會被割下耳鼻？以西結書說，刀劍、饑荒、野獸、瘟疫這四種可怕的審判，會臨到百姓身上。而我們在以西結書中讀到，這一次，神的榮光會離開聖殿。

為什麼耶路撒冷會傾覆？

百姓有三大罪狀——拜偶像、淫亂、不知感恩。

拜偶像

百姓在聖殿中膜拜亞舍拉女神，在殘留的聖殿牆上刻畫獸像，婦女開始在聖殿大門口膜拜搭模斯神（Tammuz）。以西結甚至看到聖殿裡面有二十五個男人在膜拜日頭，真是非常可怕的時代。簡言之，神百姓的惡行，甚至比鄰國百姓還要嚴重。

淫亂

以西結稱耶路撒冷為「流人血的城」，因為他們無情地剝削孤兒寡婦和外地人，也因為他們在城裡到處殺人。亞述帝國的首都，邪惡的尼尼微城，也被先知那鴻稱作流人血的城。在耶路撒冷城內，到處有人說謊，淫行泛濫，子女藐視父母——全都違背十誡。耶路撒冷已經敗壞到極點。

不知感恩

神批評百姓不知感恩，用了五個比喻來傳達祂的重點：

1. 野生的葡萄樹。猶大被形容為無用的葡萄樹，葡萄樹的枝條只能當柴燒。約翰福音第十五章也用了類似的比喻。
2. 女孩。以西結書第十六章講了一個故事，說有個被丟棄的女嬰，長大後成了王后，後來卻變成妓女。
3. 一對姊妹。她們的名字叫阿荷拉和阿荷利巴，分別代表撒瑪利亞（北方十支派）和耶路撒冷（南方二支派）。兩人都是妓女，這是在形容南北兩王國都已經遠離神。這裡的用詞非常極端，目的是要給百姓當頭棒喝，醒悟自己變成了什麼德性。
4. 母獅和兩隻幼獅。兩隻幼獅被抓走，這是形容約哈斯王被帶到埃及，而約雅敬王被帶到巴比倫。
5. 兩隻鷹。一隻代表法老王，一隻代表尼布甲尼撒。

用比喻可以向想知道的人傳達真理，就像另外一位「人子」，也用比喻來向真正想聽道的人傳道。以西結用這些比喻來告訴百姓，他們真正的景況比他們所醒悟到的還糟。

首先，他說每個人都要為「自己的」景況負責，怪罪祖先無濟於事。在審判日那天，人人都必須獨自站在神

面前，向神交代。第二，他說每個人都要爲他們「目前的」景況負責，重點不是一個人從前怎樣，而是這人現在怎樣。義人可以變成惡人，惡人可以變成義人，重要的是死的時候已身在恩典之中。

不過，以西結也怪罪三種人，認爲是他們讓全國的景況變得如此惡劣，這三種人就是先知、祭司、君王。以西結說這三種人必須爲耶路撒冷的景況負責，耶路撒冷的景況糟到這個地步，就算挪亞、約伯、但以理（以色列史上的三大英雄）仍住在耶路撒冷，神也不能救耶路撒冷。以西結這話讓百姓大爲震驚。

▌猶大鄰國遭報應（二十五～三十二章）

這卷書中間的部分，是以西結三十六或三十七歲時傳講的預言。這裡的背景很重要。耶路撒冷淪陷的時候，猶大所有的鄰國都興高采烈。（英文 Hip! Hip! Hooray! 這句歡呼語，就是來自 Hip! Hip! 這句開心的喊叫，而 HIP 是由拉丁文的 Jerusalem is fallen!〔耶路撒冷倒了〕的頭三個字母所組成，所以追本溯源是一個反猶太人的歡呼語。）很多人幸災樂禍，在巴比倫人入侵時趁虛而入，以東人、亞捫人都對剩下的猶太人做了很可惡的事，難怪這時期有些詩篇的經文表達出苦毒怨恨。

比如詩篇第一三七篇，開頭很悲傷，想著在異邦唱詩歌頌神的艱難，但到了最後一句，卻發出充滿怨憎的吶喊：「拿你的嬰孩摔在磐石上的，那人便爲有福」。當時以東人抓住嬰兒的腳踝，把嬰兒的頭砸在耶路撒冷的城牆

上。這篇詩是發自內心的吶喊：「你們這樣對待我們，將來也會遭到同樣的報應。」

因此，以西結書中間這部分，並不是隨口叫囂斥責外邦人而已，而是在描述神如何報應這些鄰國，因為他們在耶路撒冷被毀時趁虛而入。

有些預言講得非常詳細，我們來看其中一段。以西結預言推羅會毀滅。推羅是地中海東岸的一個漁港。以西結預言，將來有一天，推羅會被夷為平地，整座城被扔進海中，而推羅原來所在的位置，會成為漁夫曬網的地方。這個預言很奇怪，因為歷史上從來沒有一座城被扔進海裡，以前沒有，以後也沒有。

但這段預言應驗了，推羅確實被扔進海中。當年亞歷山大大帝率領大軍前進埃及，推羅人坐上漁船，前往離岸半哩的島上，他們知道亞歷山大有陸軍卻沒有海軍。但是亞歷山大號稱「大帝」可不是徒然的，他看見全城的人都逃到島上，自以為安全，就下令把城裡所有的磚塊、石頭、木材，全都拆來築成一條堤道，直通到島上。堤道築好之後，亞歷山大的軍隊就跨海登島打敗了推羅人。推羅城真真確確地被扔進了海裡。

如果你看今天的地圖，會看見現代的推羅是在島上，亞歷山大當初所築的堤道已經淤塞。如果你去原先在內陸的推羅舊址，就會看見到處是光禿禿的石頭，上面曬著漁網，正如以西結的預言。

以西結書第二十五章的預言，是關於猶大東邊的亞捫、摩押、以東，以及西邊的非利士。第二十六至二十八章的焦點放在北邊的推羅和西頓，第二十九至三十二章預

言南邊的埃及。

這卷書中間的部分很容易明白，不過有一個人被特別挑出來，當作驕傲自滿的例子，這人就是推羅王。很多人在經文所描述的推羅王身上，看見撒但的驕傲，因為推羅王竟然自稱：「我是神。」埃及法老也說過同樣的話，甚至誇張地說：「尼羅河是我造的。」他的確是挖了幾條灌溉渠道，但尼羅河並不是他造的。神絕不容許人驕傲自大。自視地位等同於神，是最大的罪。亞當和夏娃當年在伊甸園，就是想要跟神一樣，他們雖然已經具有神的形像、神的特質，卻還想要像神一樣，也擁有能力和權柄。

值得注意的是，這部分一次都沒提到巴比倫。也許寫出反對巴比倫的文字會被視為叛國；也許神的百姓如今在巴比倫，所以評論巴比倫並不恰當。然而可以確定的是，神的百姓從此再也沒有拜過外邦的神。神的審判達到了目的。

▌巴比倫餘民被擄歸回（三十三～三十九章）

耶路撒冷在西元前五八七年被毀之後，以西結的信息完全改變，從悲觀變成樂觀。第三十三至三十九章，是這卷書最為人知的部分。以西結預言，被擄的百姓終將歸回。

第三十三章談到日夜站在城牆上的守望者。守望者是專門在危險來到時警告全城的人。守望者若沒看到敵人前來，就要付上生命的代價，處以死刑。神告訴以西結，

祂已經指派以西結作守望者，神說：「你若不警告我的百姓，就要付上流血的代價。但你若警告他們，你就沒有責任了。他們若不聽警告，就要自己付上流血的代價。」

以西結書有一段最廣爲人知的經文，是神在感嘆，說祂一直在找一個人來堵住祂和百姓之間的破口，卻遍尋不著。然而以西結就是這樣的一個人。只是以西結不在耶路撒冷，遠在巴比倫，但他仍是一名守望者。當他看見危險臨到，就有責任警告眾人。他若不警告他們，自己就要付上代價。所以他可說是別無選擇，不得不堅守這代價高昂的事奉，因爲他若不警告大家，自己就要負責。

第三十四章講到以色列的「好牧人」和「壞牧人」。壞牧人就是先知、祭司、君王，他們應該看顧以色列民，卻沒有盡到責任。這一章結尾，神應許要作他們的好牧人。耶穌說自己是好牧人，不同於那些不照顧羊群的壞牧人時，一定是想到了這章經文。

有意思的是，聖經從來不把羊群的景況歸咎給羊，這個原則也適用於教會。牧者要爲羊群的景況負責，不是由羊負責。

第三十五章特別提到以東，多多少少是因爲以色列和以東自古就是宿敵，源自以掃和雅各之間的衝突。

第三十七章很有名，因爲有一首黑人靈歌提到這些枯骨。但是很少人繼續看下面兩根木杖的比喻，這一段也一樣重要。神吩咐以西結拿兩根木杖，並排，用一隻手握住。神吩咐他在一根木杖上寫「以法蓮」（這名字常用來指北方十支派），在另外一根木杖上寫「猶大」（這用來指南方兩支派）。接著叫以西結用一隻手握住這兩根木杖，

讓這兩根木杖變成一根。有些人認為這是一個異象，但我認為這是神蹟，就像摩西的杖在埃及行了神蹟一樣。神說：「我要使這兩個王國再度成為一個民族，我要作他們的牧人。」耶穌也呼應了這句話，說：「我還有其他不在這個圈內的羊群，我也要把他們帶來。」

第三十八章有一個奇怪的預言，與未來有關，講到歌革和瑪各，不過這兩個名字到底是什麼意思，我們還不清楚。但是這兩個名字在啓示錄的最後再度出現，顯然這個預言還沒有應驗。我們只知道北方發生大戰，但不知道地點在哪裡，也不知道是誰跟誰作戰。以西結用望遠鏡看見遙遠的未來。他來不及看見這個預言應驗，我們也還沒看見。但是將來有一天，這個預言會應驗，就在歷史結束前的最後一戰中。

這幾章有兩個字不斷出現——「我必」，一共出現七十七次。這個詞代表誓約，比如「我必帶你們回家」、「我必作你們的神」、「我必給你們好牧人」。作丈夫的神，向不貞的妻子說：「我們仍是夫妻，我仍會守住我的誓約——我必，我必，我必。」

神當初和以色列立約時，就告訴他們，即使他們違約，祂也絕不違約。我們在申命記讀到，有一天神必須把他們趕出那地，但祂必會帶領他們回來。當神趕他們出去，又領他們回來時，列國就會知道祂是主，因為神會在眾目睽睽之下帶他們回來，讓大家知道他們回來了。鄰國也許不會高興，但他們必須承認，神已帶領祂的百姓回來，他們仍是神的百姓。羅馬書第九至十一章說，他們雖然棄絕神，神並未棄絕他們。

▍耶路撒冷的聖殿在以色列重建（四十～四十八章）

對以色列百姓和以西結來說，最嚴重的損失就是失去聖殿，他們總以為，不管失去什麼，神絕不會讓自己在地上的居所被毀。這九章的經文，焦點放在聖殿，是整卷書最難懂的地方。

根據經文，這是以西結被擄第二十五年發的預言，當時他五十歲。原則上，聖經的預言如果標示了日期，就表示必須配合當時的歷史背景來看，才能明白。

以西結必須帶給百姓值得期待的盼望，否則他向被擄之民傳講的信息不可結束。百姓雖然受到管教，卻沒有遭到毀滅。神絕對不會允許祂的百姓以色列民消失。耶穌說，天地都要廢去，但猶太人這個「種族」不會廢去（太二十四35，新國際本的邊註）。猶太人仍然存在，這就證明以色列的神是真的。神把祂的永生賜給每一個祂觸摸過的人，誰也不能毀滅屬神的人。

以西結書第四十至四十二章，詳細描述了聖殿的重建計畫，有如建築藍圖。這座重建的聖殿面積很大，拿英國這些宏偉的教堂來說，足足十三座都容納得下！但是，這座聖殿跟所羅門的聖殿很不一樣，比較大，沒有至聖所，沒有約櫃，沒有陳設餅桌。

第四十三章，以西結在異象中看見主的榮耀回到聖殿，聖殿再度發光，就像六百年前所羅門為獻殿禱告完以後那樣。榮耀充滿聖殿，以至於大家必須用幔子遮擋，否則眼睛會瞎掉。以西結先前看見榮耀離開聖殿，如今看見

榮耀重返聖殿。

聖殿中有祭壇，可以獻祭，但第四十四章說，殿裡沒有大祭司。這有重大的含義，因爲猶太人被擄歸回的時候，還有大祭司，一直到耶穌的時代都還有。在這一章中，大祭司的地位由一個「祭司王」（prince of priests）取代。有意思的是，異象中僅見的幾位祭司，都是撒督的子孫，也就是以西結的家族。

這一章對聖殿的描述特別引人注意，因爲這座聖殿一直沒有建造起來。被擄的猶大百姓歸回之後，蓋了一座聖殿，但是很小很簡陋，以至於哈該必須告訴他們，不要因爲聖殿小就輕看它。除此之外，他們歸回時也沒有王，有個叫約書亞的是大祭司，所羅巴伯則是省長。

到了耶穌的時代，希律王是以東人（以掃的後裔），大規模重建聖殿，要讓猶太人刮目相看。他融合了所羅門的一些想法，但這座聖殿和以西結在異象中看見的聖殿出入甚大。希律建造的聖殿很大，耶穌出來事奉時，聖殿還在蓋。用來建造聖殿的石頭，有些長達四十呎，寬達三呎，高達三呎，重達一百噸。那景象多麼壯觀，可是耶穌說，將來有一天，每一塊石頭都要倒下來，不會有兩塊石頭疊在一起。西元七〇年，羅馬人摧毀這座聖殿時，聖殿還沒完工，所以耶穌的預言完全成眞。

那麼，以西結在異象中看見的聖殿，到底會不會蓋起來呢？

不是按字面的意思

有些人說，這段經文的意思並不是眞的要蓋聖殿，

只是個預言性的異象，目的是要給猶太人盼望。這個異象有很多細節，看起來像真的，其實只是個比喻，應該從屬靈意義的角度來讀。可是，這種說法無法解釋神為什麼吩咐以西結把這些事詳細告訴百姓！

還有人說，這段經文描述的是天上的聖殿，並列舉某些經文作為證據（比如：出二十五40；來八2、5，九11以下、24；啓九11）。

按字面的意思

過去

還有一種可能，那就是神要他們蓋這座聖殿，但百姓不理會以西結給的建造計畫，而是照他們的想法，去蓋他們能夠負擔的聖殿。這可以解釋為什麼神的榮耀沒有返回，王沒有來，河沒有流動。支持這種想法的人指出一個事實，以西結書不斷重複的「你們就會知道」這句話，在第四十三章沒有出現。

未來

另外一個可能是，這座聖殿在未來才會建造。很多基督徒相信，這座聖殿會是新耶路撒冷的一部分。十二道城門上面會有十二支派的名字，新耶路撒冷會被稱作「主在那裡」（The Lord is There）。

還有人猜測說，耶穌再來之前，猶太人會重建聖殿，而且會在千禧年的時候重建。這個猜測有一個問題——其他先知都提到獻祭、祭壇和祭司，但這個異象中的聖殿，卻沒有這些（見賽五十六6～8，六十六21；耶三

十三 15～18；亞十四 16）。

有些基督徒指出，新約聖經清楚提到神不住在聖殿中（徒七 48，十七 24）。耶穌自稱是「這聖殿」（約二 19、21），基督徒也被形容為聖殿（林前三 16，六 19；林後六 16；啓三 12）。所以（論據還有很多），這座聖殿重建與否根本不要緊。

聖殿會不會重建，這件事很難確定，我們只能等著瞧了！好消息是，神的計畫是祂將以耶穌基督的身分親自來住在地上。如今所有的基督徒都是神的聖殿，祂就住在我們裡面。所以儘管我們不確定以西結異象中的聖殿到底指什麼，但我們還是可以因為神住在我們裡面而歡喜。

最後幾章

第四十五章講到，全地要分配給各支派，但不是像約書亞記所記載的分法，而是從東到西，以水平方向一條一條地分配。我們也看見獻祭、神聖的節日和聖日都恢復了，只是沒有五旬節。

第四十七章有一個異象──中東有一條新的河。應許之地的河大多從猶大山地流入地中海，但有一條河很不一樣，叫約旦河。約旦河流經地表最長的一道裂谷，從敘利亞一直到非洲。這道裂谷的最低點，即地表上的最低點，就在耶利哥。

以西結在異象中看見，這條新河的源頭就在耶路撒冷的聖殿下方，從那裡發源的河水一定會流入死海。耶路撒冷的四周都是山，但在耶路撒冷城的西南方有一個隘口，一直通到死海。以西結在異象中，看見有一條河流下

汲淪谷，並且有更多的小河匯入，所以河水愈來愈深，有個人一步步走進那條河，很快就發現水深超過了他的身高，必須游泳才行。

以西結在異象中，看見那條新河在隱基底注入死海，隱基底在約旦河西岸中段，當年大衛就躲在這裡的洞穴中，逃避掃羅的追殺。以西結看見這條新河為死海注入生氣，又看見加利利的漁夫來到死海捕魚。這裡不再是死海了，而是清新流動的汪洋。整個異象就是一個夢，要帶給人盼望，因為未來會更好。

以西結書最後一章，談到城門會重新豎立起來，這地要享受和平與富足，一切都非常美好。所以，原本看起來陰鬱的一卷書，卻在極大的盼望中結束。

▌為什麼基督徒應該讀以西結書？

首先，以西結書告訴我們，神會審判自己的百姓——審判從神的家開始。神是聖潔的，所以祂必須施行審判。審判有兩方面，一是懲罰惡者，二是為義者伸冤。神是完美的審判官，因為祂無所不知、無所不能、無所不在。神的名字和猶太人的國家連在一起，所以祂必須懲罰他們的罪，但因為祂是有憐憫的神，祂也會拯救他們脫離敵人的手。有太多基督徒以為，一旦信了耶穌，就不用受審判，這是錯誤的想法。人人將來都必須站在基督的審判台前，神會審判祂自己的百姓，而且會用更高的標準審判。

第二，我們需要記住，神會為我們伸冤，別人若對我們不好，我們不必自己報仇，可以放心把伸冤的事交給

神。所以，若有人對你不好，你可以難過，但不要生氣，因為神會替你報仇。

第三，神必定會重建、恢復祂的百姓，就像以色列絕對不會從歷史上消失，教會也永遠不會消失。我們屬於有永生的那群人，以色列會永遠存在，教會也會永遠存在，將來有一天，會有一個羊群，歸一個牧人掌管。祂是重建恢復百姓的那位神。

第四，我們必須注意，啓示錄再次提到以西結書的許多事。基督徒不了解啓示錄，一大原因就是不夠了解舊約聖經，尤其是以西結書。啓示錄引述舊約聖經三百次，也提到以西結書中的許多象徵，如果不懂以西結書，就會讀不懂啓示錄。

最重要的是，以西結書幫助我們認識神，認識祂無所不能、無所不在的特質。讀以西結書，會感受到神無比聖潔。祂把祂的名字和一個國家相連，祂的名字就握在他們手中。我們可以呼求這個神的名，可以信靠祂的名聲，因為我們知道祂的聖名和我們相連。我們可以給神好名聲，也可以給神壞名聲，但神最終必定會為自己伸張正義。

這卷書提醒我們，神的名聲會受到祂百姓的影響，所以祂必會重建恢復祂的百姓，因為祂必須維護自己的聖名。祂絕對不會讓地上的列國以為，既然祂的百姓完了，那麼這位神也完了。雖然有很多人會滅亡，但神的百姓會繼續存留，因為他們是屬神的人。

29. 但以理書

▌引言

但以理書大概是大家最熟悉、卻又最不熟悉的一卷書。人人都知道但以理在獅子坑裡的故事；很多人也知道沙得拉、米煞、亞伯尼歌被扔進火窯的故事；有些人還知道伯沙撒王的盛宴，這多少是因為從這故事衍生出「牆上的字」（the writing on the wall）這句成語，意指「即將臨到的審判」。

但以理書中最為人熟知的幾章最容易懂，但有幾章卻是聖經上最難解的經文，因為用語奇特，而且經文中的象徵和比喻也晦澀難懂。

至於但以理書要如何詮釋，也有不同的看法。很多事可以從人的角度來解釋。比如但以理身體健康，因為他不吃紅肉，只吃蔬菜和水果，對那些具備營養常識的人來說，這一點都不希奇。但有些事，顯然有超自然的解釋，

對神蹟奇事心存懷疑的人，就覺得難以接受。比如三個人被扔進溫度比平常熱七倍的火窯，不但沒燒死，連頭髮都沒燒焦！這就不能從自然的角度來解釋了。

但以理書中有些部分是現代西方文化可以了解的，比如離鄉背井的經歷，這我們能懂。但這卷書中也講到很多我們不熟悉的事，看重夢和天使的事，似乎很奇怪，即使這些主題愈來愈常見，很多人還是覺得不可信。

▌出自人還是出自神？

所以，讀但以理書，會讓人質疑聖經的本質，聖經到底是什麼？是人的書還是神的書？聖經一方面是人寫的，寫人的事，所以很多人把聖經看成一般書籍，就像在讀歷史、文學、宗教等類的書。但這樣做會錯過最明顯的一個事實，因為聖經（尤其是但以理書）記載的事件，若不是超自然力量的介入，絕不可能發生，而且種種預言和應驗，更指出背後有一位神在主宰。

因此，聖經一定是神所啟示的一本書，而且確實是在講神的事。只有神能行奇蹟，能暫停自然律的運作，能干預自然律，能改變自然界的因果關係。但以理書中，神多次行神蹟奇事，而且也只有神知道未來。

看這卷書的內容，就會看見超自然的這一面。但以理書涵蓋了但以理生平當中七十五年的歲月，卻橫跨了四百九十年的歷史。令人驚訝的是，但以理書中對未來的預言極為準確，而且，書中還有些預言仍在等候應驗。聖經總共預言了七百三十五個事件（聖經有百分之二十七的經

文是在預言未來），其中有五百九十三個事件（百分之八十一）已經應驗。但以理書中有一百六十六個預言，很多都是以象徵意義來表達。

過去的人認為，預言和神蹟可以證明聖經是神的啓示，今天的人卻認為聖經中的神蹟和預言是阻礙，想通通拿掉，好增加聖經的「可信度」。現代人把神蹟和預言看作虛構，而不是事實，視為古代文學中的神話和傳說，而非史實。比如但以理在獅子坑的故事，就有人解釋說，那些獅子一定是剛吃飽，所以不碰但以理，再不然就是因為但以理一身硬骨，沒幾兩肉，難以下嚥！

這樣看聖經的人會說，這些故事不是史實，但不表示當中缺乏屬靈和道德的價值，就像伊索寓言，雖然沒有史實根據，卻可以向讀者傳達含義。所以現代許多自由派學者的聖經註釋書，都說但以理書中的神蹟是寓言，並且認定那些關乎未來的預言，是在預言應驗之後才加上去的。

我們看到但以理書第十一章，很不可思議地描述了一連串事件，這些事件在但以理之後好幾個世紀才發生。這一章有二十七個預言，每一個都是在數世紀後才應驗。這一章若不是事件發生後才寫的，就是神事先啓示給人記錄下來。

我不明白的是，很多人從人的角度來看待神蹟和預言，卻仍然想要保留聖經。他們相信聖經有道德和屬靈的價值，值得保留。換句話說，他們想要遵守十誡或登山寶訓，但不想理會神蹟和預言。但是這樣一來，聖經就所剩無幾了，不再是一本救贖的書，而變成一套道德規範，講

的是人該怎麼做，而不是神能為我們做什麼。

　　但是，從人對聖經抱持的這種態度，其實可以看出他們對神的感受。他們不想要聖經中超自然的那一面，是因為如果相信了這一面，他們就得改變自己的生活方式了。在超自然的層面中，神顯得無比真實，所以相信真有其事的人，就必須和神建立關係。

　　比如說，耶穌的復活鐵證如山，足以說服所有法庭的陪審團相信這件事真的發生過。目擊者的證詞加上其他旁證，在在無可辯駁，比凱撒大帝在西元前五十五年入侵英國的證據還要強得多。但問題是，如果耶穌真的從死裡復活，每個人就知道自己必須改變生活方式。如果耶穌真的復活了，耶穌所說有關祂自己的話，就一定是真的，那麼祂所說有關我們的話，也一定是真的。

　　你可以不理會凱撒，卻不能不理會耶穌。相信有凱撒並不需要付代價，但相信有耶穌，就必須改變你的生活方式。所以那些懷疑聖經的人，通常不太願意接受聖經中超自然的一面，因為若是接受了這一面，必然有實質的後果產生。

▌這卷書充滿對比

　　但以理書可以分成兩部分，前半部（一～六章）大多是神蹟，後半部（七～十二章）大多是預言，所以不相信聖經中超自然事件的人，完全不曉得怎麼看待這卷書！第一至六章很容易懂，是主日學喜歡教的內容，但第七至十二章就很難懂，連大人都很少讀。

一～六章	七～十二章
大多是神蹟	大多是預言
第三人稱「他」	第一人稱「我」
寫但以理的事	由但以理書寫
但以理活著的年代	但以理死後
現在	未來

這卷書的前後兩部分也使用不同的語言，但不像上方圖表那麼截然分明。前半部第一章是用希伯來文書寫，接下來五章是用亞蘭文書寫，亞蘭文是當時的官方語言。後半部第一章是用亞蘭文書寫，其他五章是用希伯來文書寫。所以看起來，每章都是針對特定的讀者寫的，用亞蘭文寫的那幾章，是寫給外邦人看的，用希伯來文寫的那幾章，是特別寫給猶太人看的。

▌歷史背景

這卷書的寫作背景是在巴比倫，當時的巴比倫王是尼布甲尼撒，是個驕傲殘酷的暴君，喜歡折磨被他征服的人。他根本是上古世界的希特勒，先征服了亞述，然後想打敗主要敵人埃及。因為猶大剛好擋在中間，所以他必須剷除猶大，才能滿足他擴大版圖的野心。

有一點很重要，務須明白。以色列民是分三個階段被擄去巴比倫的，也分三個階段歸回，但是歸回的人數比被擄的人數少多了。其實，猶太人大多留在巴比倫（今天的伊拉克），直到一九四〇年代才歸回。當年跟著星星來

到伯利恆的「智者」，應該就是當初留在巴比倫的那群猶太人的後代，而不是像很多傳道人所講的，說他們是外邦人。他們應該本來就知道巴蘭曾經預言說有一顆星會出於猶大，要作神百姓的王。

三批被擄的人

第一批人在西元前六〇六年被擄。巴比倫擄走猶太社會的菁英分子，也就是王室家族和朝廷官員，還劫走聖殿中的器皿。這是為了確保被征服的猶太人無力反抗巴比倫的統治，只留下約雅敬作傀儡王。第一批被擄的人當中，有四個年輕人──但以理、哈拿尼雅、米沙利、亞撒利雅（四人後來被取了巴比倫名，叫伯提沙撒、沙得拉、米煞、亞伯尼歌）。這幾個俊秀聰明的年輕人來自猶太王室，被選來接受訓練，好去服侍巴比倫王。他們是但以理書前半部的英雄人物。我們知道，但以理終生不曾歸回故土。

第二批人在西元前五九七年被擄。這次擄走上流階層的人，包括政客和工匠。以西結就在這批人當中，而約雅斤被留下來統治猶太人。

最後一批人在西元前五八六年被擄，此時耶路撒冷城和聖殿已毀，巴比倫人帶走西底家王，但留下了先知耶利米。

三批歸回的人

第一批人歸回是在西元前五三六年，當時波斯人打敗巴比倫人，波斯王古列允許被擄的人（包括猶太人）歸

回故土。第一批有五萬多名猶太人回鄉，由所羅巴伯帶領。第二批人歸回是在西元前四五八年，由以斯拉帶領，同時展開聖殿的重建工作。最後一批人歸回是在西元前四四四年左右，當時重建了耶路撒冷城牆，神的城得以鞏固，不再輕易受周遭的仇敵侵略。

但以理的故事和以斯帖的故事相互關連。以斯帖住在書珊，亦即瑪代波斯帝國的首都，而但以理在巴比倫和瑪代波斯這兩個帝國都扮演重要的角色。但以理受到前後兩位征服者的賞識，除了作神有力的代言人之外，還官運亨通，飛黃騰達。

▌前半部（一～六章）

第一章

第一章把焦點放在但以理被擄到異邦，時間是西元前六〇五或六〇六年，敘述但以理被巴比倫宮廷選中，還給他取了一個巴比倫名字，是一個巴比倫神祇的名字，叫伯提沙撒。但以理的三個朋友也被取了巴比倫名字。他們並沒有抗議被改名，但他們在膳食方面一直忠於自己的神。王宮裡的人想把他們養胖，因為肥胖代表富足，而宮裡準備讓他們擔任高官。可是但以理跟三個朋友不願意違反神在飲食方面的律法，就請求在巴比倫大學負責訓練他們的人，可不可以讓他們吃十天的猶太膳食，然後再和其他吃巴比倫膳食的學生比較看看。

於是，但以理從膳食這件小事上，開始堅守原則，以至於後來有決心面對獅子。這給我們上了含義深遠的一

課：如果你能夠在小事上堅守原則，就比較能在大事上堅守原則。在小事上做小決定，可以慢慢塑造一個人的品格，有助於未來面對大考驗的時候，信心不致動搖。

但以理和他的朋友堅持膳食原則，結果不但更健康，課業表現還強過其他學生，於是他們獲准繼續吃他們的猶太膳食。

所以，但以理書一開頭的這個事件，讓我們看見這幾個年輕人具備良好的品格，爲日後事奉神的一生打下良好根基。儘管但以理和他的朋友做的事，是很多人所謂的「世俗」工作，但他們其實是在「全職事奉」神。的確，不管做什麼工作，只要是爲神而做，就是神聖的工作，所有的基督徒都應該「全職事奉」。

第二章

第二章一開始就講到一件奧祕難解的事——夢見一頭野獸。這是頭六章中惟一難懂的地方。這種象徵性的寫作即所謂「天啓文學」（apocalyptic），聖經其他書卷也用到這種手法，比如啓示錄。

西元前六〇六年，尼布甲尼撒王做了一個夢，於是把他的智囊團找來，命令他們解夢，解不出來就要砍他們的頭。但是他連夢的內容都忘了，所以還要他們描述那個夢！這實在太難了，超出尼布甲尼撒王那些智囊的能力。然而，但以理不僅能夠解夢，還能夠說出夢的內容。

原來，王夢見一個巨大的人像，從頭到腳用不同的材質鑄造，最上面是黃金打造的頭，接下來是銀和鐵的身子，最下面是半鐵半泥的腳，英文中熟悉的「弱點」（feet of clay，字面意義為「土腳」）一詞，當然就是從這裡來的。這個夢是這樣解的：金子鑄的頭，是指尼布甲尼撒王，其他的身體部位則是指繼巴比倫之後興起的幾個帝國。古列王統治的瑪代波斯帝國會取代巴比倫，但國勢不如巴比倫。再來是亞歷山大大帝的希臘帝國，他會殲滅瑪代人和波斯人。接著希臘會由羅馬取代，羅馬就是鐵腳的部分，用鐵腳來象徵羅馬十分貼切，因為羅馬用軍隊建立法治。再來是半鐵半泥的腳，弱與強的組合，既脆弱又不穩定。最後會有一塊「石頭」來結束一切。

這個夢是神首次警告尼布甲尼撒，意思是說：「帝國是我在掌控，是我叫帝國興衰起落。在你之後，我會興起

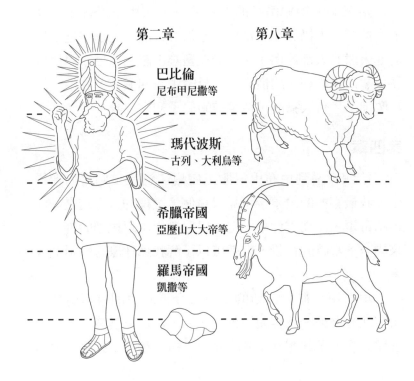

| 第二章 | 第八章 |

巴比倫
尼布甲尼撒等

瑪代波斯
古列、大利烏等

希臘帝國
亞歷山大大帝等

羅馬帝國
凱撒等

其他帝國。」

第三章

第三章很有名，講火窯的故事。尼布甲尼撒可能因為做了這個夢，就下令豎起一座巨大的人像，高九十呎，寬九呎，矗立在美索不達米亞平坦的地貌上，非常引人注目。尼布甲尼撒下令，每當樂隊奏樂，人人都要俯伏膜拜這座像。這有點像是全國性的宗教，用這種方式，可以很快就統一整個帝國的信仰。但是沙得拉、米煞、亞伯尼歌拒絕向這尊像跪拜（有意思的是，聖經沒有提到但以理當時在做什麼）。

這三個人拒絕跪拜的消息傳到尼布甲尼撒耳中，就下令把這三人扔進比平常還熱七倍的火窯，連那些把他們扔進火窯的人都燒傷了。我們在聖經上讀到，尼布甲尼撒從火窯口窺探裡面的情形，看見窯中有四個人，其中一個好像神子。有人猜測，這是神的兒子初次現身。

第四章

第四章講到尼布甲尼撒王發瘋。這是整個舊約聖經中，我最喜歡的故事，可見我是個怎麼樣的人！這是一件神蹟奇事，因為這件事，尼布甲尼撒信了以色列的神。我來講一下當時的背景，你就可以了解我為什麼喜歡這個故事。

尼布甲尼撒從波斯的山區（今天的伊朗首都德黑蘭所在地）娶來一位美麗的公主。公主嫁進王宮後，不久就思鄉成疾，尤其想念家鄉的高山、樹木和野生動物。尼布

甲尼撒知道原因後，答應要想辦法解決問題。他用磚頭造了一座高山，在上面種滿各式各樣的樹木和植物，非常壯觀，後來還成了世界七大奇景中的一景，很多觀光客專程去參觀巴比倫的「空中花園」。然後，尼布甲尼撒又在花園上方蓋了一座私人動物園，豢養各種野生動物。這一切都只是爲了取悅他的妃子，因爲他的妃子不習慣巴比倫平坦的平原景觀。

有一天，尼布甲尼撒站在他華麗的皇宮頂上，突然爲自己的成就感到驕傲萬分，就口出狂言說：「這大巴比倫不是我用大能大力建爲京都，要顯我威嚴的榮耀嗎？」然後他睡著了，做了一個夢，夢中有一棵大樹通天，田野的走獸臥在樹蔭下，天空的飛鳥宿在樹枝上，接著樹被砍下，用鐵圈箍住，後來又重新開始生長。

尼布甲尼撒又去找但以理解夢，但以理說，尼布甲尼撒就是那棵樹，將被趕出，離開世人七年，直到他承認是至高者在人的國中掌權、祂要將國賜給誰就賜給誰爲止。一年後，神告訴尼布甲尼撒，先前的預言要應驗了。果然，尼布甲尼撒發瘋，瘋了七年，他的屬下不得不把他關在他蓋的動物園中。他吃草吃了七年，頭髮長得像鷹毛，指甲長得如鳥爪，就像隱居的富豪霍華・休斯晚年的樣子。

七年後，尼布甲尼撒抬頭望天說：「主啊，祢是神。」於是，神恢復了他的王權，讓他比過去更有權力。這個故事很精采，可惜結局好壞參半，因爲尼布甲尼撒犯了一個大錯：強迫眾人敬拜以色列的神。敬拜應該出於自願才對。不過，不管怎麼說，他信主了。

第五章

第五章講巴比倫的結局。這時，伯沙撒繼尼布甲尼撒作王，他在一場盛宴中犯下大錯，因而喪命。伯沙撒王用從耶路撒冷聖殿裡奪來的聖器飲酒作樂，但神看得一清二楚。宴席吃到一半，伯沙撒王看見牆上有指頭在寫字，內容是「彌尼，彌尼，提客勒，烏法珥新」。當他看見單獨一根指頭在牆上寫這幾個字，整個人嚇壞了。但以理再度被請出來解釋。他說，這句話的意思是「你的統治到此結束，你不配作王，你的王國要被瓜分」。就在當天晚上，波斯人進攻巴比倫，巴比倫亡國，伯沙撒王遇害。

第六章

第六章講了一個家喻戶曉的故事，就是但以理在獅子坑的故事。比較不為人知的是，這時已經換了一個王、換了一個帝國。此時但以理大約九十歲，作王的是瑪代的大利烏，反猶太風氣再度盛行。帝國的百姓被迫膜拜皇帝，整整一個月不能夠拜別的神。嫉妒但以理的大臣設圈套害他，結果詭計得逞。但以理按照往常的習慣，打開樓上的窗戶，朝著耶路撒冷的方向禱告。那些想找碴的人，抓到了這個把柄，硬要大利烏王懲罰違抗命令的但以理。大利烏王把但以理扔進獅子坑作為懲罰，但天使封住獅子的口，但以理因而獲救。但以理再度證明自己是個正直人，神也證明祂有能力保守自己的僕人。

▌後半部（七～十二章）：但以理留下的 傳統

　　但以理書後半部的氣氛與前半部完全不同。前半部用第三人稱，後半部用第一人稱，從現在起，但以理自己執筆寫這卷書。所用語言也從亞蘭文改成以希伯來文為主，所以這部分主要是寫給神的百姓讀的。可別叫非基督徒去讀但以理書第七至十二章。

　　但以理在這幾章發出一些很特別的預言，內容非常詳細，而且按照時間先後順序排列，與歷史事件吻合，根本等於預先把歷史寫下來。所以每個讀者都忍不住要問：神是不是真的知道未來？

　　聖經說得很清楚，神不但知道未來，還塑造未來，但這不表示所有的事都是事先預定好、計畫好的。聖經中，神的掌權和人的責任之間有非常微妙的平衡，所以我們絕不可說每件事都是預定好的，好像我們是機器人似的。但這確實表示神能夠左右事件。如果我同棋王對弈，棋王一定會贏，但是我可以自由決定怎麼下每一步棋。所以，不管我怎麼下，棋王都能應付，他仍然會贏。神的自由意志大過我們的自由意志，所以我們的自由受限於神的自由。神的主權有彈性，我們一定要謹記這點，才不會以為一切早已預定，自己做什麼都無所謂。

　　但以理書第七至十二章中關於未來的異象，有幾點需要解釋。

　　從反面來看，這些事件並不是連續發生，不是一件接著一件、按照時間先後順序發生，而且這些事件不是同

但以理在異象中看見未來

1. 不連續

7 _____ 12

2. 不按順序

7　　　　8　　　　9　　　　10　　　　11　　　　12

3. 起點和終點不同

起始　　（同一年）　　結束

4. 期限不同

5. 有互相重疊的地方

6. 涵蓋兩段時期

西元前　西元後
間隔

預言「望遠鏡」

已看見

未看見

前視　　　　　　　　　　透視

時開始或結束，也就是說，起點和終點不相同。

　　從正面來看，這些異象的時間長短不同，有些很短，有些涵蓋很長的時間。這些異象互相重疊，有些是同時發生。最重要的是，這些異象涵蓋兩段時期，一個指向彌賽亞第一次來，一個指向彌賽亞第二次來。這就好比但以理是從預言的望遠鏡看出去，看見兩座歷史的「山峰」，低的在前，高的在後，但他不知道兩山之間相隔多遠。

　　所以，但以理可以看見基督第一次降臨前的情況，但之後的事就看不見了，接著又看見基督第二次降臨前的情況。但以理跟大多數的舊約先知一樣，並不知道兩座山峰之間相隔多久。他只看見有一件事要來臨，就稱之為國，卻不知道這個國將會分兩個時期臨到，因為這個王會來兩次。

　　因此，這幾章預言了王第一次降臨之前的事件，以及王第二次降臨之前的事件。令人驚訝的是，這兩段時期的事件，幾乎一模一樣。第一段時期，有個人叫安提阿古四世；第二段時期，有個人叫敵基督。有關這兩個人的描述非常相似。換句話說，我們研讀基督第一次降臨之前的事件，可以幫助我們了解基督第二次降臨之前的事件。

已經應驗的預言

　　仔細看第二章尼布甲尼撒做的夢，就會注意到，人類建立的一連串帝國愈來愈弱——頭部是黃金，往下是銀，再往下是鐵，最後是泥土的腳。人類建立的帝國興衰更迭，最後神的國將會降臨。所以先是巴比倫帝國，再來

是瑪代波斯帝國、希臘帝國、羅馬帝國，而那位既是神又是王的耶穌，就在最後的羅馬帝國時期降臨。但以理以為神的國會徹底取代人的國，殊不知神的國其實會在世上和人的國並存一段時期。他把第二座山峰，看成是第一座山的一部分，不知道中間相隔至少兩千年，也就是我們如今活著的時代。我們就住在神的國裡，但這世上仍有人的國，像是俄國、中國、美國等等。

所以，有一塊大石從山而出，這石塊沒有被人的手觸摸過，大石砸中人像的腳，整座人像就倒了。這塊大石就是神的國，進入人的國之後，粉碎了人類所有的國，取而代之，在原地建立神的國。但以理看見這個異象，以為這件事一次就完成，但是我們知道這事要分兩階段完成，世上的國跟神的國將並存一段時間。

另外還有一個已經應驗的預言。第八章講到一隻公綿羊和一隻獨角公山羊。這兩隻動物對應第二章那個巨大人像的兩部分——瑪代波斯帝國和希臘帝國。公綿羊代表波斯帝國，版圖從印度往南直到埃及，包括整個土耳其在內，第八章講到波斯帝國的預言，全都應驗。

公山羊代表繼瑪代波斯帝國而起的希臘帝國。亞歷山大大帝有個綽號叫「公山羊」，因為他總是不斷向前衝。他死的時候才三十一歲，卻已經征服整個文明世界，被尊為歷史上偉大的征服者。但他是個自我放縱的人，罪惡的生活方式導致他的滅亡。他死了以後，希臘帝國由四個將軍瓜分，呂西馬古（Lysimachus）分到土耳其，加山得（Cassander）分到希臘，多利買（Ptolemy）分到埃及，西流古（Seleucus）分到敘利亞。以色列夾在西流古

和多利買之間，面對重重困難。

第九章有一段預言，講到神還要多久才會來作王，聖經學者稱這段經文為「但以理的七十個七」（Daniel's seventy weeks）。很多人寫書推測這是什麼意思，人人都有自己的看法。但以理得知，以色列已經被定了「七十個七」。我們務必要知道，這裡的「七」不是指一週，而是指七年，所以不是七十週，而是七十個七年，也就是四百九十年。因此，從皇帝下詔要猶太人從巴比倫歸回耶路撒冷起，直到王降臨為止，是四百八十三年（也就是六十九個七年）。

我們不清楚但以理指的是哪道詔令，也不清楚這是按照巴比倫曆法（依陽曆，一年有三百六十五又四分之一天），還是按照猶太曆法（依陰曆，一年有三百六十天）來計算。其實一共有四道詔令，古列王下詔，開啟了歸回之路，那是西元前五三六年。接著大利烏王也下詔，允許更多猶太人歸回。亞達薛西王頒下兩道詔令，允許尼希米歸回和重建聖城。但是不管從哪一道詔令算起，或是算到耶穌降生，或是算到耶穌受洗，都是四百八十三年！不管怎麼算，不到五百年後，耶穌就來了，我覺得這夠準確了。但以理能夠提早五百年預言基督要來，實在不可思議。

第九章還有一些細節需要探討。雖然但以理預言了基督要來的時間，卻被告知還要等很久，要等到六十九個七年結束後，王才會降臨。但有一點極為重要：他沒有把第七十個七算在這段時期內。我相信，在第七十個七的時候，他的眼光越過基督第一次來，看見基督第二次來。所

以第六十九個七和第七十個七之間，相隔很長的時間，因此這裡的「七」是指向未發生的那七年，到時候，敵基督會出現。根據經文，屆時會簽訂一個條約，威脅到和以色列訂的條約。這段期間，迫害特別嚴重，獻祭會停止，聖殿會遭到褻瀆，就像當年安提阿古四世褻瀆聖殿一樣。這也暗示，聖殿一定已經重建了。

第十章有進一步的啓示，令但以理大感驚愕。從這裡可以看出，地上一切的爭戰，都和天上天使與魔鬼之間的爭戰息息相關。這個事實十分驚人，不過很多基督徒過分誇大這件事的重要性。這一章告訴我們，地上每個強權的背後都有魔鬼的勢力，想要掌權的人、想要征服其他國家的人，背後都有魔鬼的影響。這一章提到「波斯魔君」和「希臘魔君」，神差天使長米迦勒去對付他們。

有意思的是，但以理並未捲入那場爭戰，完全是天使在爭戰。很多基督徒光憑但以理書第十章，就建構出一套策略，他們相信，向一個城市傳福音之前，必須先找出那地的邪靈，捆綁邪靈，然後才可以開始傳福音。但是，耶穌並沒有吩咐我們：「去各國找出邪靈，捆綁邪靈」，祂吩咐我們：「去各國使萬民作門徒。」我們應該把屬靈爭戰留給天使，直到邪靈自己顯現爲止。我注意到，耶穌和使徒從未主動去找邪靈，但是邪靈來攻擊他們的時候，他們就會對付邪靈。我們不應該去找邪靈來捆綁，而應該努力爲神的國訓練門徒。保羅有一次忍耐了三天，才把邪靈從一個女孩身上趕出去，因爲她打擾到他們的聚會。

第十一章是整本聖經中對未來最不可思議的預言，三十五節經文就預言了一百三十五個重大事件，涵蓋三百

六十六年（見本章最後的圖表）。自由派學者不相信這一章，說但以理不可能寫下這一章，一定是四百年之後才寫的。但神知道歷史的起點和終點，是祂讓但以理寫出這些事。

第十一章還提到安提阿古四世，這人是君王耶穌降臨之前，對猶太人迫害最嚴重的。他在希臘帝國北邊的西流古當上攝政王，原本是一個少年王儲的監護人，但是他殺掉王儲，篡奪王位。這人是可怕的暴君，下定決心要剷除猶太人的宗教。他玷污聖殿，在聖殿的祭壇上獻豬為祭，帶許多妓女進入聖殿，甚至在聖殿內豎立宙斯神像。他屠殺了四萬名猶太人，又把四萬名猶太人賣作奴隸，這些惡行讓猶太人忿怒難當，結果引發馬加比起義事件。安提阿古四世相當於末日的敵基督，兩者一模一樣，安提阿古四世是敵基督的預表。若想了解敵基督，就去讀讀這個人的惡行吧。

把第十一章和第十二章分成兩章，其實沒有多大用處，因為第十二章延續第十一章的主題，繼續談敵基督，談基督第二次降臨會發生的事件，包括好人與壞人都要復活。

尚未應驗的預言

我們可以看出，但以理書有許多預言已經應驗，但仍有許多預言等待應驗。

王已經降臨一次，但祂尚未征服世上各國，因此我們在等候祂再度降臨。

第七章有一些不尋常的圖像。有些人想把第七章和

第二章放在一起看，說第七章的四隻怪獸就是第二章的巨大人像所代表的四個帝國，因此認爲這個異象所描繪的事件大多發生過了。我覺得不太可能是這樣，有五個原因：

1. 細節與歷史不符。希臘並不是從四個頭開始，羅馬也沒有四個角，很難看出相似之處。

2. 第八章中，波斯是公綿羊，希臘是公山羊，都是羊，這裡卻對他們有不同的描述，似乎無此必要。

3. 但以理被告知，未來會有四隻獸「興起」，所以第一隻獸不可能是巴比倫，因爲巴比倫已經滅亡。

4. 這四隻獸不可能是巴比倫人、波斯人、希臘人、羅馬人，因爲經文說，第四隻獸出現的時候，前三隻獸還在。羅馬帝國興起時，其他三個帝國已無帝國之實，只剩國家仍在。

5. 第七章，獸帶著很大的能力上來，但巨大人像所描繪的帝國，一個比一個弱，比如，羅馬的國勢就不及巴比倫。

那麼，這些獸到底代表什麼呢？第一隻獸是有翅膀的獅子，第二隻是熊，第三隻是有翅膀和四個頭的豹，第四隻，我只能形容是獅鷲獸或龍，最後是一個國度。這國度顯然是神的國度，要在地上建立，而建立者是「一位像人子的，駕著天雲而來」，要和至高者的聖徒一起作王。這裡看到的顯然是耶穌第二次降臨。我的猜測是，有翅膀的獅子是美國和英國，熊是俄國，豹是阿拉伯世界，這些國家到末了仍會存在，但最後會被神的國取代。不過我不

敢斷言一定是這樣。

所以，第七章中，世上最後的強權會臣服於敵基督，當神的國度終於來到，人子會乘著榮耀的雲降臨，對付敵基督，並且掌管世上各國，好叫他們成為神和基督的國。

另外很明顯的是，第十二章所描述的事件，有些尚未發生。但以理談到義人和惡人復活，義者必發光如星，直到永遠。這是聖經第一次談到惡人「復活」，新約聖經進一步談論這個主題（見約五29；徒二十四15），這是整個歷史最後的高潮。

▌神為什麼要向但以理顯明未來的這些事？

但以理見到的異象，其中含義他大多不明白，所以神顯明這些事給他看，顯然不是為了他，而是為了後代子孫。接下來會有四百年之久沒有先知，因此但以理書的目的之一，是要幫助神的百姓度過這段空檔。神預言這四百年間會發生一些事，這可以稍稍幫助百姓承受神的沉默。聖經其他書卷也有一些經文說明預先警告是重要的，比如：「主耶和華若不將奧祕指示祂的僕人眾先知，就一無所行」（摩三7）；「……總不要驚慌……看哪，我預先告訴你們了」（太二十四6、25）；「如今事情還沒有成就，我要先告訴你們，叫你們到事情成就的時候可以信我是基督」（約十三19）。

但以理書的這些預言，主要目的在於鼓勵神的百

地上的王興起

天上的國降臨

敵基督

天上的王

豹

人子

熊

至高者的聖徒

獅子

姓。這幾章一再鼓勵神的百姓，既然知道未來會怎樣，就該做這幾件事：要站立得穩，要爲主做大事，要幫助人明白，要忍受苦難，要被煉淨，要抵擋邪惡，要找到安息。

有些人純粹出於好奇才想知道未來，想知道內幕，了解內情。但是，神向我們顯明未來的主要目的，是要我們善用這些資訊，好好預備自己，站立得穩，照神的旨意去行，並且能夠忍受苦難，心知最終必得榮耀。

神顯明未來的另外一個原因，是要警告不信主的人，特別是那些想掌握權勢、建立帝國的人。人子最終會取代一切帝國。我們屬於未來要掌管全世界的那一位王。人子將駕著榮耀的雲降臨，在地上建立屬天的國度，我們將和祂一同作王。所以我們務必要預備自己，成爲良善負責任的管理者，將來與耶穌一同治理世界。

▌但以理書十一章2～35節所預言的歷史事件

2節　波斯

古列之後的三位君王是：

- 岡比西斯（Cambyses，西元前529–522年），他征服了埃及。
- 斯麥地斯（Pseudo-Smerdis，西元前522–521年），他冒充王遇害的兄弟而取得王位，後來遇刺身亡。
- 大利烏一世·海斯達比（Darius I Hystapes，西元前521–486年），以斯拉記第五至六章提到他。

第四個王是薛西斯一世（Xerxes I，西元前486–465年），就是以斯帖記第一章中的亞哈隨魯王。他在位時，波斯帝國的財富和權勢到達巔峰。西元前四八〇年，他入侵希臘，但在薩拉米斯（Salamis）慘敗。

3～4節　希臘

3節　亞歷山大大帝（西元前356–323年）為希臘報仇，打敗波斯，在十二年間建立了龐大的希臘化帝國，歐洲統治了亞洲。他是但以理書第八章所講的公羊，三十二歲死在巴比倫。

4節　亞歷山大大帝與巴欣娜（Barsine）生的兒子遇害，他與羅珊娜（Roxana）生的遺腹子也遇害，所以他的帝國由四個將軍瓜分統治：

- 呂西馬古（Lysimachus，統治色雷斯、畢斯尼亞、小亞細亞）
- 加山得（Cassander，統治馬其頓和希臘）
- 多利買（Ptolemy，統治埃及）
- 西流古（Seleucus，統治從敘利亞到巴比倫的地區）

最後兩位將軍成了但以理書第十一章中的「南方」和「北方」（神的百姓以色列此時已回到巴勒斯坦，這兩位將軍統治的地區分別在以色列的南方和北方）。

5～35節　埃及和敘利亞

這段經文涵蓋一百六十二年的時間，以色列被夾在兩個關係密切的王朝之間，像是「夾在門和門軸之間」（馬丁路德之語）。在但以理的時代，「敘利亞」這個名字尚未

出現，所以這地區就稱作「北方」。

5節　多利買一世・梭得（Ptolemy I Soter，Soter意指「救主」，西元前323-246年）統治埃及，他的近親西流古一世・尼卡特（Seleucus I Nicator，西元前312-281年）統治敘利亞。西元前三〇六年，兩人都取用「王」的稱號。西流古的勢力較大，統治從小亞細亞到印度的地區，成了埃及的一大對手和威脅。

6節　埃及的多利買二世・非拉鐵夫斯（Ptolemy II Philadelphus，Philadelphus意指「兄弟之愛」，西元前285-246年，別號「恩人」）慫恿安提阿古二世・西奧（Antiochus II Theos，Theo意指「神」）休掉妻子勞迪絲（L a o d i c e），改娶多利買二世的女兒貝麗妮絲（Berenice）。這次的聯姻沒有成功，婚姻失敗，聯合兩大王族的圖謀也成空。多利買死後，安提阿古就娶回前妻勞迪絲，但勞迪絲卻殺了安提阿古、貝麗里絲和兩人所生的兒子。

7～9節

這段時期兩國不斷在打仗。

7節　貝麗妮絲的兄弟多利買二世・尤爾吉底（Ptolemy II Euergetes，Euergetes意指「恩人」，西元前246-221年）攻擊西流古・卡利尼古（Seleucus Callinicus，西元前247-221年），殺了勞迪絲報仇雪恨。他征服北方王朝，遠至波斯和瑪代。

8節　多利買二世返國，帶著兩百八十年前被奪走的埃及偶像回來，從此百姓都稱他為「恩人」。

9節　西流古二世反擊，在暴風雨中失去海軍艦隊，慘敗，墜馬而亡。

10～20節

10節　北方兩兄弟，西流古三世（西元前226–223年）在小亞細亞打仗時，軍隊叛變，遇刺身亡，他的兄弟安提阿古三世（Antiochus III "the Great"，人稱「大安提阿古」，西元前223–187年）在十八歲時掌權，一輩子都在打仗，要爲父親受到的羞辱報仇。他橫掃各地，遠至埃及的防線迦薩。

11節　多利買五世・非羅巴特（Ptolemy V Philopater，Philopater意指「愛父親」，西元前221–203年）率領七萬名步兵、五千名騎兵和七十三頭大象，於西元前二一七年在拉非亞迎戰安提阿古。安提阿古徹底戰敗，一萬人戰死沙場，四千人成爲戰俘，他自己也差點被俘。

12節　多利買五世因爲懶惰又放縱，無能乘勝追擊。安提阿古整軍再發，出征到西方的印度和裡海，得到許多財富和勢力。

13節　多利買和王后神祕死亡之後，安提阿古再度進攻埃及，在潘尼亞斯（Panias）打敗斯科帕斯（Scopas）將軍率領的埃及軍隊。此地靠近約旦河，即後來的該撒利亞・腓立比。斯科帕斯逃到西頓。

14節　此時，其他人（比如馬其頓的腓力）和安提阿古結盟，有些猶太人也和他結盟，以爲打敗埃及就能使預言應驗，期待以色列之後就可以獨立建國。很多人死在

戰場上。

15 節 西頓圍城，而後淪陷，有三名埃及將領想率軍突破重圍，可惜沒有成功。

16 節 安提阿古犯下大錯，占領以色列作為軍事基地，為了支持軍需而掏空整個國家。

17 節 羅馬的勢力日漸壯大，安提阿古備感威脅，想和埃及聯手，便把美麗的女兒克麗奧佩脫拉（Cleopatra），嫁給七歲的多利買五世・伊波法尼（Ptolemy V Epiphanes，Epiphanes意指「榮耀」，西元前204–181年），希望女兒能讓埃及落入他的掌控，不料女兒壞了他的大計，竟站在丈夫那一邊來對抗父親。

18 節 安提阿古嘲諷勢力日漸壯大的羅馬說：「亞洲才不在乎他們（羅馬人），我也不會聽他們指揮。」他拒絕接見羅馬來使，決定自己去征服希臘，結果西元前一九一年在撒摩皮雷（Thermopylae）、西元前一八九年在米安得河（Maeander River）畔的麥尼西亞（Magnesia），都被羅馬將領路西史奇彪（Lucius Scipio Asiaticus）打敗。

19 節 安提阿古跟羅馬簽下不平等條約之後，傷心返國，後來在掠奪伊林姆（Elym）的一座神廟時被殺。因為他，亞洲的大門向羅馬敞開。

20 節 西流古五世・非羅巴特（Seleucus IV Philater，Philater意指「愛父親」，西元前187–175年）只想要和平與安寧，但是為了向羅馬進貢，他必須課重稅。他的財務大臣希流多魯斯（Heliodorus）來到耶路撒冷的聖殿奪取財物時，遭到一個超自然的幻影阻止，返國之後便毒殺了國王。

21～30節

安提阿古四世（Antiochus Epiphanes，Epiphanes意指「榮耀」，西元前175-164年）即但以理書第七章中的「小角」，他是舊約聖經時代最可怕的暴君。敘利亞國勢日衰，很快就臣服於羅馬。他受挫之後，開始激烈迫害以色列，為了消滅以色列的信仰，他玷污聖殿，強迫推行希臘文化。

21節　安提阿古四世作惡多端，他和妓女公開行淫，貪婪無度，詭計多端。他的稱號伊波法尼（Epiphanes）意指「榮耀」，但別人背後都叫他Epimanes，意指「瘋子」。敘利亞的第一王儲德米特里（Demetrius）在羅馬當人質，安提阿古趁機在敘利亞奪權，自稱是第二順位王儲（西流古四世的男嬰安提阿古）的監護人，後來卻殺了這男嬰。他因為承諾要減稅和修改嚴苛法令而受到擁戴，但這些承諾都沒有兌現。

22節　剛開始，他的軍事行動都非常成功，他向羅馬進貢，藉此維持和平，卻又拖著貢品不付，向羅馬人行賄。他在西元前一七○年入侵埃及，在迦薩和尼羅河三角洲打敗多利買五世‧伊波法尼。返回南方的路上，他造訪耶路撒冷，殺了大祭司阿尼亞（Onias）。

23節　敘利亞雖非大國，安提阿古四世此時卻能掌控埃及，利用埃及王的兩個外甥作他的人質，就是多利買六世‧非羅米特（Ptolemy Vi Philometer，西元前181-145年）和多利買尤爾吉底（Ptolemy Euergetes）。

24節　此時，他逐步掠奪他手上最富足的地區（比

如加利利）。這些財富不是用在他自己身上（不同於先前的統治者），而是用作賄賂，籠絡人心，並且大肆鋪張（在街上撒錢，辦大型活動等等）。他也打算攻下埃及的幾座城市，比如亞歷山太城。

25節　他再度出動馬車、騎兵、大象，遠征埃及。他賄賂埃及的朝廷命官，讓他們密謀反叛國王。

26節　這導致埃及戰敗。

27節　安提阿古和多利買非羅米特坐下來談判，在簽訂和約時，雙方互相較勁，結果沒有簽成。

28節　安提阿古返回北方途中，轉向以色列，因為貪戀聖殿中的財寶，就屠殺了四萬名猶太人，又將四萬名猶太人賣作奴隸。大祭司耶孫逃到亞捫。

29節　安提阿古又一次遠征埃及，抓到了埃及王的外甥非羅米特，但被迫撤出亞歷山太城。

30節　安提阿古最後一次遠征埃及，埃及派使節到羅馬求救，羅馬從塞浦路斯差來船艦。羅馬將軍該猶‧波比流‧利拿（Gaius Popilius Laenas）要求安提阿古撤出埃及，安提阿古憤然離開，知道他的希望已經破滅。

31～35節

現在安提阿古四世把受挫的怒氣，發洩在神的百姓身上。

31節　猶太人成了代罪羔羊，安提阿古展開殘酷的迫害（記錄在馬加比一書和二書），還利用以色列境內支持他的人。他禁止猶太人敬拜和獻祭，在聖殿內豎立宙斯像，西元前一六八年十二月二十五日，他在祭壇上獻了一

頭豬（太二十四15，提到「那行毀壞可憎的」）。

　　32節　這引起馬他提亞祭司家族的馬加比（人稱「鐵槌」）起義。在猶大馬加比的帶領下，有許多英勇的行動（希伯來書第十一章提到）。在西元前一六五年十二月二十五日，以色列自由了，他們重新獻殿。

　　33～35節　這場迫害帶來意想不到的作用，那就是屬靈的復興，因為這件事區分出真信徒和假信徒，掃除了假信徒。

▌引言

    以斯帖記這卷書很不尋常，原因有二：第一，聖經中只有兩卷書以女人的名字命名，就是以斯帖記和路得記；第二，聖經中只有兩卷書沒有直接提到神，就是以斯帖記和雅歌。因為這個緣故，很多人對以斯帖記感到不解。以斯帖記的故事很有意思，浪漫又精采，但是為什麼這卷書會收進聖經呢？我們為什麼要讀以斯帖記？到底可以從這卷書學到什麼？

    以斯帖記、以西結書、但以理書，都寫成於猶太人被擄的時期，是聖經中少數幾卷完全在應許之地以外寫的書卷（不過以斯帖記的書寫年代比其他兩卷書晚很多）。從這幾卷書，我們可以知道猶太人在外邦社會中如何行事為人。

▮▮歷史背景

　　巴比倫被瑪代人和波斯人聯手打敗。新帝國裡，先是瑪代人大利烏作王，再來是波斯人薛西斯一世作王（又名亞哈隨魯王）。但以理高升為宰相，他有個巴比倫名字，叫伯提沙撒。而哈大沙被選為皇后，改名以斯帖（這是個異教徒的名字，是巴比倫女神伊什塔爾的簡稱）。所以，但以理和以斯帖都被提升到高位，能夠幫助自己的同胞。

　　神並沒有強迫猶太人回到應許之地，如果猶太人全部歸回，就不會有這卷書了。許多猶大人選擇歸回，但有更多猶太人選擇留下。

　　以斯帖記這卷書，大概是舊約聖經裡面有最多史料佐證的一卷書。比如希羅多德（Herodotus）編寫的《歷史》（Histories），就證實以斯帖記是很晚才寫成的一卷書（希羅多德是希臘的歷史學家，生於西元前四八〇年）。聖經以外還有很多史料可以證實以斯帖記的記載。一九三〇年，考古學家發掘出波斯帕里斯（Persepolis）的遺址，這裡曾是波斯帝國的首都，他們挖出一塊石版，上面寫著「末都改」（Marducha）這個名字。以斯帖記中的宰相名叫「末底改」，很可能就是同一個人。

▮▮浪漫的故事

　　這是個非常浪漫的故事，以斯帖年輕貌美，是一國之后，但只有一個男人知道她的祕密——而且是會惹來殺

身之禍的祕密！這是女性雜誌上常見的題材。

我大概講一下故事情節：波斯的亞哈隨魯王統治的疆土，東起印度，西至埃及，但他遇到難題，便舉辦了一場長達一百八十天的會議，要決定如何對付希臘人的威脅。會議結束後，他在王宮花園舉辦七天的盛宴。酒足飯飽之餘，王差人去請王后瓦實提來，因為王后年輕貌美，所以王想叫王后來跳舞助興，娛樂他手下的將領。可是瓦實提王后拒絕前來，故事就從這裡展開。瓦實提王后的拒絕，讓王陷入很難堪的處境，因為他如果不懲罰妻子，可想而知那些將領的妻子也會有樣學樣；如果王連自己的家室都管不了，那些將領也會有麻煩，所以王必須有所行動。他命令王后，從此不准再出現在他面前！

但是他發現臥室變得冷清，愈來愈寂寞。於是有人建議舉辦選美比賽，讓最美的女人作王后。

這可是件大事。以斯帖在參賽之前，花了整整十二個月的時間，保養全身上下。最後她拔得頭籌，成了亞哈隨魯王的新王后。

以斯帖出身便雅憫支派，這很特別，因為這個支派有一段艱辛的過去。末底改是她的表親，她從小沒有父母，末底改就收養這個孤女為養女。應末底改的要求，她沒有向王透露自己和末底改的關係，這是因為猶太人在那個國家遭到敵視，處境危險。以斯帖雖然才剛加入後宮，卻成了王最寵愛的妻子。

另外我們也看到，當時宮中還有一個人，地位剛獲得高升，此人名叫哈曼，是這個故事裡的壞人。哈曼是亞甲的後代，先知撒母耳曾經吩咐以色列的第一個王掃羅殺

掉亞甲，掃羅卻沒有殺他，於是撒母耳自己動手，在祭壇前砍死亞甲。這件事使亞甲的後代和猶太人從此為敵，因著這個歷史淵源，哈曼特別仇視猶太人，而這股仇恨使得這個故事的情節更加緊張。整個情況很有意思，一名沒有透露身分的猶太女子是波斯帝國的王后，而哈曼是宮中重臣，但他痛恨所有的猶太人。

接下來，導火線出現了。哈曼向王進言，說應該剷除國內的猶太人，因為他們行為獨特，有自己的法令、服飾、宗教，跟社會格格不入，非除掉不可。哈曼還賄賂王，說王若滅絕猶太人，他要捐一大筆錢給國庫。他們抽籤決定要在哪一天暗殺所有的猶太人。有意思的是，他們抽到當月的十三日，要在那天滅絕猶太人。很多人從此迷信認為十三這個數字不吉利。

猶太人聽到這個消息以後，就禁食哭泣哀號、披麻蒙灰。末底改傳話給以斯帖，要她去求王手下留情。他暗示以斯帖，是神讓她在這個節骨眼上來到這個國家，成了王后，經過一連串不可思議的事件，如今高居有能力幫助同胞的位子。

於是，以斯帖心裡十分掙扎，她應該透露自己的猶太人身分嗎？這樣她的性命也會有危險。但她最後決定，死就死吧。

她該怎麼向王求這件事呢？王后必須蒙王召見，才能去見王，但是以斯帖知道她非見王不可。於是她大膽走到王面前，說她想要設宴，邀請哈曼為座上賓，王同意了，於是王和哈曼都赴了宴。

也就是在這個時候，哈曼對末底改非常憤怒，便立

了一座二十三公尺高的絞架，打算絞死末底改，但他沒讓任何人知道這是要用來絞死誰的。

　　宴席前夕，王睡不著，起來看書，讀自己以前的日記，看到幾年前有兩名大臣想暗殺他，是末底改救了他一命。王想起自己從未獎賞末底改，隔天早上一起來，便安排要獎賞末底改。這件事真是太巧了，顯然是神的作為。

　　席間，王對哈曼說：「我想要獎賞一個討我喜悅的人，你認為我應該怎麼獎賞他？」哈曼以為王一定是在講他，就回答說：「可以讓他在城裡騎馬遊行，作宰相。」王同意這個建議，但他要獎賞的是末底改。情況突然有了一百八十度的轉變。

　　在宴席上，以斯帖鼓起勇氣，為同胞向王求情。當王聽說這陰謀背後的主使人竟然是哈曼，就下令把哈曼吊死在他自己造的絞架上。猶太人逃過一劫。王還另外下詔，推翻哈曼之前假傳的聖旨，給猶太人權利保護自己，允許他們聚集起來，消滅持武器攻擊他們的人。這道新詔令叫人吃驚，因為全國上下早就準備好，要屠殺帝國內所有的猶太人。

　　哈曼預定要消滅猶太人的那天到了，猶太人準備好了，就打倒他們的仇敵，處決了哈曼的家人。哈曼當初的惡謀假如成真，猶太人就滅族了，因為波斯帝國疆土廣大，遍及從印度到埃及的土地。假如原先的法令執行下去，耶穌就不可能降生。以斯帖確實拯救了猶太人。難怪猶太人每年都要慶祝普珥節，紀念這件事。

　　人人都喜歡這樣的故事。故事講得很精采，也有很好的文學架構。擅長講故事的人，都會先營造緊張的情

節，然後出現轉機，最後是皆大歡喜的結局，壞人得到報應。以斯帖記的故事，就是這方面的傑作。

▍以斯帖記的大綱

危險（一～五章）
　　一章：序言
　　二～三章：王的第一道諭令
　　四～五章：哈曼痛恨末底改
王失眠（六章）
拯救（六～九章）
　　六～七章：末底改高升，地位高過哈曼
　　八～九章：王的第二道諭令
結語（十章）

　　這卷書的架構非常對稱，王的第一道諭旨是命令大家拜他，第二道諭旨是禁止殺害猶太人。前面講哈曼痛恨末底改，後面講末底改升到比哈曼還要高的地位。而整件事的扭轉過來的關鍵在於有一個人失眠──事實往往比虛構還要離奇！

▍這卷書為什麼會收錄在聖經中？

　　這卷書為什麼會收錄在聖經呢？絕對不只是因為故事精采吧。難道只是要讓我們看見，從事公職的人應該具備勇氣嗎？

每年慶祝的普珥節，是個一般的節日，並沒有宗教儀式，跟信仰無關。關於以斯帖記和馬加比二書（2 Maccabees），馬丁路德曾經這樣說：「我真希望這兩卷書不存在，因為講太多猶太人的事，也講太多異教徒不道德的行徑。」

那麼，以斯帖記這卷書，對基督徒有什麼價值呢？我們是不是要把以斯帖當作榜樣，學習她的順服、謙卑、忠心？我們要怎麼看這卷書中不太愉快的部分──比如用報復的方式屠殺波斯人？

請注意，這卷書記載了當時那種反對猶太人的精神。首先，猶太人與眾不同，他們遵守自己的律法，按照自己的習俗行事，行割禮，守安息日，飲食也特別不同。第二，猶太人是獨立的，他們不肯受別人控制，是極權政治的一大威脅。

撒但千方百計想要毀滅猶太人，因為救恩出於猶太人。在埃及，男嬰遭到屠殺，是撒但在背後主導，摩西因為被放進蘆葦做的籃子裡，才逃過一劫。

撒但想要消滅猶太人，不讓彌賽亞降生。伯利恆兩百名嬰兒遭到殺害，是魔鬼在背後主導，但耶穌逃到了埃及。

所以反對猶太人的心態背後，有魔鬼的勢力在主導。埃及法老想消滅猶太人，哈曼想消滅猶太人，希律想消滅猶太人，希特勒想消滅猶太人。這個戲碼不斷在歷史上重演，因為救恩出於猶太人。我們應該對猶太人心存感謝，因為我們對神的認識完全來自猶太人，而救主耶穌從過去到現在也是猶太人。

　　四十位不同的作者，歷時一千四百多年，用三種語言寫出聖經這本書。其中只有一個作者是外邦人——路加醫生，但他的寫作材料都是從猶太人那裡得來的。沒有猶太人，就不會有這本聖經。難怪世人最恨猶太人。

　　但是在這齣大戲中，還有一個看不見的演員。這一切的背後，一定是神在主導。當巧合太多的時候，我們所見到的，顯然是神的作為。

　　我在這個故事中看見神的作為，祂保存猶太人的性命，好讓祂的兒子從猶太人而生。猶太人乍聞哈曼要消滅他們的陰謀時，禁食禱告，我在他們的禱告中看見神的作為。末底改堅信神會保護猶太人，我在他的信心中看見神的作為。末底改甚至對以斯帖說，就算以斯帖不預備自己成為神動工的管道，神也會透過別人去做。末底改並未直接指出神的名字，但他的意思很明顯。這是極大的信心，相信神會扭轉一切。我在各個巧合的事件中看見神的作為，比如末底改幾年前救過王一命，比如亞哈隨魯王竟然在日記上寫下這件事，比如亞哈隨魯王那晚失眠起來讀日記，竟然剛好就讀到末底改救過他的這件往事。以斯帖記裡面沒有提到神的名，但是處處可以看見神的指紋。有一位學者曾說，以斯帖記是「神的護理傳奇」（the romance of providence），說得完全正確。

　　但是，以斯帖記為什麼沒有提到神呢？我的答案會讓你大吃一驚。其實有提到，而且提到五次，只是很少人注意到。神的名字在這卷書中，是以離合詩的形式出現，把祂的名字或稱號的字母拆開，放在每一行的開頭，有時按照順序，有時候顛倒順序。我想辦法譯成英文，好讓大

家了解，不過請記住，這原本是希伯來文。

喜歡玩文字遊戲的猶太人，很愛用離合詩（就是利用每個字或每個句子開頭的字母，組成一個隱藏的信息，比如FAITH意指Forsaking All I Trust Him）。詩篇中有些就是離合詩，尤其是最長的第一一九篇。談到理想妻子的箴言第三十一章，也是一首離合詩。耶利米哀歌的五章中，有四章是離合詩，每一行都用下一個字母作為開頭。寫這種詩很需要技巧，也可以用來傳達機密的信息。

以斯帖記有五段離合詩，頭四段有相同的模式（見一20，五4，五13，七7）。

以斯帖記中的離合詩

一20	五4	五13	七7	七5
Due	Let	Yet	For	WherE
Respect	Our	I	He	DwelletH
Our	Royal	Am	Saw	The
Ladies	Dinner	SaD	That	EnemY
Shall	This	FoR	There	That
Give	Day	NO	Was	Dareth
To Their	Be	AvaiL	EviL	Presume
Husbands	Graced	Is	TO	In
				His
				Heart
Both	By	All	FeaR	To
To	King	This	DetermineD	Do
Great	And	To	Against	This
And	Haman	Me	Him	Thing?
Small			By	
			The	
			King	
HVHJ 顛倒順序 外邦人說 講到王后 推翻神的 旨意	JHVH 按照順序 猶太人說 王后說的 神掌管	HVHJ 顛倒順序 外邦人說 哈曼說的 推翻神的 旨意	JHVH 按照順序 猶太人說 講到哈曼 神掌管	EHYH=「我是」（出三15）

　　頭兩段，用了連續四個詞的頭一個字母，後兩段，用了連續四個詞的最後一個字母。第一段的字母順序顛倒，第二段的字母按照順序，第三段的字母順序顛倒，第四段的字母又按照順序。

　　有一點請各位務必明白，這些離合詩本來出現在希伯來原文聖經中，所以是用希伯來文寫的。改寫成英文後的這四個字母本來其實是 J-H-V-H，是神名諱的四個字母，英文唸作耶和華（Jehovah），希伯來文唸作雅威（Yahweh）。

　　為了幫助大家了解這詩的用法，我們用英文的 LORD 這個字，來代替 Jehovah 和 Yahweh 這兩個名字。為了說明這種用法，我需要稍微修改一下英譯。

　　首先來看第一段，第一章 20 節：「所有的婦人，無論丈夫貴賤，都必尊敬他。」（Due respect our ladies shall give to their husbands, both great and small.）在英文翻譯中，頭四個詞的第一個字母分別是 D-R-O-L，是把 LORD 這個字顛倒過來。在下一段，第五章 4 節中，字母則是按照順序：「請王赴我所預備的筵席」（Let our royal dinner），頭四個詞的第一個字母分別是 L-O-R-D。

　　為什麼有時候按照順序，有時候顛倒順序？顛倒順序的話是外邦人說的，按照順序的話則是猶太人說的。猶太人的意思彷彿是說，外邦人總是叫錯主名，或是不想讓外邦人口中說出主的聖名。

　　以斯帖記還有一段離合詩，使用的字母不太一樣，英文拼出來是 I AM，但順序也是顛倒。作者小心地把這些機關安排在經文裡，好叫外邦人看不出來。

爲什麼用這個方法呢？有好幾種解釋，但我認爲最可能的原因很簡單，就是當時的人如果提到猶太人的神，可能會惹禍上身（亞哈隨魯王死於西元前四六五年），因爲這樣的紀錄有造反的意味，所以等到事件過去一段時間後，才把故事寫出來。

以斯帖的故事，剛開始都是靠口耳相傳，漸漸就變成民間故事。後來發現有必要寫下來，因爲每年都慶祝這個蒙拯救的日子，眾人需要知道節日背後的眞相。不過，當時反對猶太人的風氣很盛，如果被抓到文字中寫到猶太人的神，可能會惹禍上身。因此，以斯帖記沒有直接提到神，而是以離合詩的方式來寫，猶太人常用這種方法來解決問題。

基督徒可以從但以理書和以斯帖記學到什麼？

但以理和以斯帖是同時代的人，同樣被擄，同樣遠離家鄉，卻都在異族中由神升到高位，蒙神使用；他們沒有在原則上妥協，因此大大推展了神的國度。這些故事鼓勵我們，只要忠於信仰，我們也可以盡力在世上取得良好的地位。神能使用居高位的人，爲祂的國度貢獻，所以我們可以讓神把我們擺在能夠推展神國的地位。

神使用個人

一個人可以帶來很大的影響力，神使用男人，也使用女人，而我們都是被擄離鄉的人。基督徒不屬於這世

界，我們跟這世界格格不入，因爲我們是天上的國民，正在一步步脫離這個世界，準備回到天上的家。

但是，神可以使用這世上的國民，就是那些持守原則、明白自己身分的人。神可以使用那些願意高升、但不願意被同化的人。猶太人爲了逃避迫害，常常得面對被同化的試探，基督徒也面對同樣的試探。

二十世紀初，德國的猶太人已經被德國的文化和語言同化，以致一八九七年，西奧多‧赫佐（Theodore Hertzl）召開第一次復國會議，討論以色列的復國問題，當時德國的猶太人根本不想參與。赫佐想在慕尼黑舉行會議，但德國的猶太人說：「別在慕尼黑舉行，我們現在是德國人，不是猶太人了，別害我們難堪。」後來，會議在瑞士的巴塞爾舉行。

基督徒也會受到這種試探，爲了不要與衆不同、不要被視爲異類，就與周遭的人同化。但是神要使用願意與衆不同的人。我們以前在主日學常唱一首歌，歌詞說：「勇於成爲但以理，勇於獨行」。但以理和以斯帖這兩個人，都寧可死，也不願意妥協自己對神的信心。

神保護祂的子民

神在獅子坑中保護但以理，在火窯中保護沙得拉、米煞、亞伯尼歌，祂也透過以斯帖保護書珊的猶太人。你若想滅掉神的百姓，就得先滅掉神！神會保護祂的百姓，我們也許會爲神而死，但仍會受到保護。所以，我們可以信心滿滿地說，以色列會永遠存在，教會會永遠存在。

神掌管世界

　　但以理書和以斯帖記這兩卷書，都提到一個詞——「國度」。基督教的福音，就是國度的福音。但以理書和以斯帖記這兩卷書，都把神國擺在第一位。

　　從這兩卷書，我們知道，今天人類所建立的國家都掌握在神手中，是神興起統治者，也是神讓他下台。尼布甲尼撒終於明白，是至高者在掌管人類的國，按他的旨意將統治權賜給人。所以，是神在重劃國家的疆界，是神決定誰有權力、誰沒有權力。每次選舉都是由神決定結果，祂有時投下公義票，有時投下憐憫票。當祂投下公義票，是把我們應得的政府給我們；當祂投下憐憫票，是把我們需要的政府給我們。我這輩子已經看過六個首相在違背對以色列的承諾之後不久，神就讓他們下台，從張伯倫到卡拉漢都是這樣。美國總統老布希做出對以色列不利的事，從以色列撤出金援，不久之後就失了權。神是以色列的神，祂也掌管人類在這世上建立的國家，因為祂的允許，這些人才能成為統治者。一切都歸祂掌管。

　　「國度」一詞還有另外一個用法。現在有人的國度，但是將來會有神的國度，到時候，神要掌管世上的政府。這世上的國，將來都會被神的國取代，所以我們要知道，但以理和以斯帖的工作還沒有完成，他們曾經效忠異教徒的帝王，將來從死裡復活之後，他們會在神所展開的國度中執政。當耶穌再回來地上的時候，但以理和以斯帖會跟祂一起來。

　　因此，我們不該只把聖經當作歷史來讀，聖經是引

言，介紹我們認識將來會見到的那些人，我們會有永恆的
時間來認識這些偉大的聖徒，也要和至高者的聖徒一同作
王，和坐在寶座上的人子一同作王。所有對神忠心的人，
神將再度在地上使用他們，讓他們在基督的國度中，與祂
一同治理萬民。

▌引言

研讀神的百姓——以色列的歷史時，會發現神對他們犯罪的懲罰是一步步加強的。每一次的懲罰都比前一次嚴重一些。剛開始，神派非利士人等鄰國來攻擊以色列人，所以第一個懲罰是財產的損失。但他們不聽，所以下一個懲罰更嚴重了：旱災、饑荒還有缺糧。可惜他們還是不聽，神就差來疾病，讓他們失去健康。但是最大的懲罰是失去應許之地，並且被擄到別的國家去。他們當初被神帶出埃及，進入應許之地，但神也曾應許說，他們若繼續犯罪，必被趕出應許之地。

兩次被擄

以色列人被擄兩次，第一次是北方十支派被擄，當時叫以色列國。西元前七二一年，亞述人來征服他們，把

他們擄到亞述。第二次被擄的是南方二支派，當時叫猶大國，以兩支派中較大的那個支派命名。這次被擄發生在西元前五八六年，巴比倫征服他們，把他們擄去。以斯拉記和尼希米記所講的，就是第二次被擄的事。

分三批被擄

巴比倫人征服猶大時，並沒有像哈巴谷所預期的那樣毀掉一切，他們的作風溫和多了。巴比倫人把猶太人分成三批、在三個不同時期擄走，都是在尼布甲尼撒作巴比倫王的時候。

第一批人在西元前六〇六年離開，包括皇室成員，巴比倫人以為只要掌權者離開，就會比較好掌控猶大國。但以理就在這批被擄的頂層菁英裡面，十幾歲的時候，就跟皇室成員一同被擄到巴比倫，在被擄的人當中，成為一個重要人物。

可是留下來的人仍然設法掙脫巴比倫的掌控，所以西元前五九七年的時候，巴比倫人來擄走第二批猶太人，這次擄走所有的工匠和商人。巴比倫人希望擄走做生意的人之後，百姓的生活會陷入困境，這樣就可以掌控他們了。在這批被擄的工匠當中，有個叫以西結的祭司，他跟但以理一樣，在被擄的人當中，也是個重要人物。

然而，留下來的百姓還是不服從巴比倫，所以西元前五八七年的時候，巴比倫終於差來軍隊，將聖殿夷為平地，摧毀一切，耶路撒冷成了廢墟，猶大地成了荒場，猶大支派和便雅憫支派被擄到巴比倫。

猶大被擄七十年，而先知耶利米的預言正是他們會

被擄七十年。耶利米的話鼓舞了但以理，但以理便求告神實現祂的應許。

分三批歸回

被擄結束了，正如神的應許，不過猶太人分三批歸回，正呼應他們當初分三批被擄。第一批有五萬人，在西元前五三七年歸回，當時的波斯王是古列，猶太人的領袖是所羅巴伯。所羅巴伯是大衛王的直系子孫，所以神的應許有部分實現了，因為祂應許大衛的直系子孫不會斷絕。馬太福音第一章所記錄的耶穌族譜，就有所羅巴伯的名字，所以耶穌說自己是彌賽亞，這是有根據的。

九十幾年後，在西元前四五八年，第二批猶太人歸回，當時的波斯王是亞達薛西。這次歸回的人數只有一千八百人，由祭司以斯拉帶領。這是首次有利未人歸回，為要重建以色列百姓的敬拜架構。要說服利未人回來可不容易，以斯拉一再苦勤，才找到一千八百人，願意跟他一同千里迢迢，回來重建信仰生活。

接下來，大約過了十四年，西元前四四四年，尼希米帶了幾個工匠回來。他關心的是重建遭巴比倫摧毀的耶路撒冷城牆。沒有城牆，城市就很容易遭到攻擊。

所以在三批的歸回中，猶太人重建社會生活，重建信仰生活，也重建民生生活。我們要知道，這有點像第二次出埃及，但是跟摩西時代第一次出埃及很不一樣，這次，一切似乎是一點一滴慢慢重建。願意花四個月時間、長途跋涉九百哩歸回的人，顯然少之又少。他們在巴比倫的日子，遠比摩西時代他們的祖先在埃及的日子好多了。

他們在巴比倫不是奴隸，可以做生意。猶太人一旦做起生意，要放下這一切是很難的。我聽過一個故事，說有個猶太人在紐約市買了一間小店面，兩邊都是大賣場，他的小店被夾在中間。於是他一直在想，要取什麼店名才好，絞盡腦汁之後，決定把這間小店叫作「入口」！

這兩卷書是同一個作者？

以斯拉記和尼希米記分別以第二次歸回和第三次歸回命名，但這兩卷書其實涵蓋了前後三次的歸回，以斯拉記講頭兩次的歸回，尼希米記講第三次的歸回。這些百姓不再被稱作希伯來人或以色列人，如今都叫作猶太人，這是取自「猶大」一詞，意指「讚美」。這可說有點象徵意味，因為他們歸回，就是打算作讚美神的人。

這兩卷書給人的第一個印象是非常相似，架構一模一樣，而且寫作風格也很像歷代志上下的作者。在希伯來聖經中，以斯拉記和尼希米記是訂在一起的一卷書，後來則被稱作「以斯拉記上下」，和歷代志上下訂在一起。有人認為這幾卷書全是以斯拉寫的，我覺得有道理。以斯拉是個很仔細的人，有能力記錄歷史，看樣子，以斯拉記、尼希米記、歷代志上下應該都是他寫的。

這兩卷書的架構

以斯拉記和尼希米記各都寫成四部分，第二和第四部分的主題相同，重點放在重建國家和百姓悔改。

以斯拉記	尼希米記
第一批歸回（一～二章）	第三批歸回（一～二章）
a, b	a, b
重建（三～六章）	重建（三～七章）
a, b, c	a, b, c
第二批歸回（七～八章）	更新（八～十章）
a, b, c	a, b, c
認罪悔改（九～十章）	改革（十一～十三章）
a, b	a, b

　　第一批歸回由所羅巴伯帶領，焦點雖放在聖殿的重建，但重建工作斷斷續續，後來還得靠先知哈該和撒迦利亞的激勵，重建工作才順利進行。第二批歸回的焦點是百姓的悔改。第三批歸回則促使城牆重建，百姓重新立約，再度悔改。每次百姓似乎都忘了前車之鑑，又犯下當年讓他們失去土地的罪。

　　兩卷書的架構更令人驚訝，每一卷書的第一部分都有兩個單元，第二部分有三個單元，第四部分有兩個單元（上列圖表以a、b、c來表示）。這個架構很特別，經過仔細安排，出色而勻稱，顯然是同一個人寫的，可能就是以斯拉。

　　另外這兩卷書還有一個特別相像之處，就是第九章都記載以斯拉和尼希米爲全國認罪的禱告。在這兩卷書中，這兩章特別重要。

▋以斯拉記大綱

第一批歸回（一～二章）

古列王：下令重建聖殿（一章）

所羅巴伯帶領眾民「上耶路撒冷」（二章）

重建（三～六章）

約書亞：祭壇與聖殿根基（三章）

亞達薛西王：收到奏本（四章）

大利烏：收到奏本，然後降旨（五～六章）

第二批歸回（七～八章）

以斯拉帶領百姓「上耶路撒冷」（七章）

亞達薛西王：降旨（七章）

利未人「上耶路撒冷」（八章）

認罪悔改（九～十章）

私下代禱（九章）

公開認罪（十章）

歷史背景

以斯拉記的歷史背景如下。古列是當時的波斯王，他征服巴比倫，成了肥沃月彎東部的龍頭老大，握有世界強權，但是他的心地善良，對待被征服百姓的政策很有人性。有意思的是，早在以賽亞時代，神就說祂所膏的僕人古列，會來釋放祂被擄的百姓。很多學者不相信以賽亞竟

能預先知道古列的名字，堅稱這是事後寫的。但是神知道
這個人的名字。根據考古資料，我們知道古列對所有被擄
到巴比倫的人說，他們可以回到故土，重建信仰，惟一的
條件是，必須向他們的神禱告，爲古列祈福。所以我們在
這當中看見神的作爲，因爲七十年滿了。

第一批歸回（一～二章）

以斯拉記記載，第一批猶太人由所羅巴伯帶領歸
回，重建聖殿。接下來，第二批猶太人在以斯拉的帶領下
歸回，百姓認罪悔改。兩卷書中都有一件事令人難過，就
是百姓歸回後，很快就恢復惡行，眞是糟糕！罪惡使他們
失去土地，使他們遠離家鄉七十年，可是他們一回來，就
又開始漠視神的誡命了。人眞是健忘啊。

前文已經指出，所羅巴伯是約雅斤的孫子，所以是
大衛的直系子孫。雖然他是省長，不是王，但他被選作領
袖，帶領百姓歸回，並且帶了一位名叫約書亞的大祭司同
行。

重建（三～六章）

約書亞

猶太人歸回故土後，在約書亞的帶領下，豎起一座
祭壇，開始獻祭。他們在被擄期間都無法獻祭，因爲沒有
聖殿也沒有祭壇，所以他們回去的第一件事，就是立一座
祭壇。巧的是，他們的先祖亞伯拉罕，每到一個地方搭
棚，也是先立祭壇來敬拜。

亞達薛西

　　猶太人歸回後開始獻祭，但很快就遇到麻煩。這時亞達薛西取代古列作王，亞達薛西王接到撒瑪利亞人的奏本，是一封告狀信。猶太人歸回之前，撒瑪利亞人住在猶大地。撒瑪利亞人是猶太人和外邦人通婚生下的後代。當時有少數猶太人逃過被擄的命運，後來就和外邦人通婚。因為撒瑪利亞人是混種，所以和純種猶太人的關係不好，主要原因是撒瑪利亞人沒有被擄。從那時起，猶太人和撒瑪利亞人一直水火不容。這封信上說，猶太人重建聖殿只是藉口，背後其實有陰謀，結果撒瑪利亞人成功阻止了猶太人重建聖殿。但是他們犯了一個大錯，因為亞達薛西是以斯帖的繼子，所以他內心是同情猶太人的。

大利烏

　　後來另一個王大利烏一世，從巴比倫降旨，鼓勵猶太人繼續重建聖殿。當初把但以理扔進獅子坑的，就是這位大利烏王，他被迫吃足苦頭才明白神的偉大。聖殿重建的過程十分緩慢，有時撒瑪利亞人會來阻擋他們，有時他們做累了，就回去專心蓋自己的住家。先知哈該問他們：「神的殿仍然荒廢，你們自己還住有天花板的房屋嗎？」這些話刺激他們繼續回去重建聖殿。但是要一直鼓舞他們的士氣很困難，因為他們只是一小群人，在一塊貧瘠的地上，儘可能地重建。

第二批歸回（七～八章）

　　五十年以後，以斯拉帶領第二批人歸回。這次的問

題出在法治，因此以斯拉奉命來整頓法治。此時，亞達薛西王又下旨，鼓勵利未人歸回。以斯拉想辦法找到三十八個願意跟他一起歸回的利未人。以斯拉記到了這裡，經文改用第一人稱單數來敘述，是以斯拉在講自己此時的經歷。

認罪悔改（九～十章）

私下代禱

　　認罪悔改，是整個故事中最令人難過的部分。以斯拉私底下為百姓禱告，求神憐憫他們的行徑，因為他看見百姓很快就恢復舊有的行徑。以斯拉堅持百姓必須公開承認自己的罪行。他列了一張黑名單，列出所有走回頭路、違背誡命的人，其中最普遍的罪行就是跟異族通婚。神禁止以色列人和異族通婚，新約聖經也禁止基督徒和外邦人結婚。有人說得好，如果你和魔鬼的子女結婚，你跟你的公公或岳父一定處不好！

公開認罪

　　以斯拉堅持拆散這樣的婚姻，因為這種婚姻在神面前是不法的行為。新約聖經沒叫我們拆散這樣的婚姻，但以斯拉認為這件事很嚴重，所以異族的妻兒都被送走，好叫神的百姓純純正正，就是神的百姓。以斯拉甚至調查從巴比倫歸回者的家譜，看誰不是真正的猶太人。

▋以斯拉這個人

　　以斯拉這個人很特別，他的名字意指「幫助」（尼希米的名字意指「安慰」），而這一小群被擄歸回的以色列人，確實需要幫助和安慰。以斯拉是亞倫的直系子孫，是亞倫的兒子以利亞撒的直系子孫，也是非尼哈和祭司撒督的直系子孫，所以他來自正統的祭司家族。

　　以斯拉記告訴我們，以斯拉隨身攜帶經文——可能是摩西五經（即創世記到申命記這五卷書）。聖經說，以斯拉是一個看重經文的人，他對經文做三件事：研讀經文、活出經文，然後教導經文。相較之下，研讀經文和教導經文很容易做到，但以斯拉領悟到言行一致非常重要。因為對經文委身，所以他有一顆柔軟的心，會因為別人犯罪而傷心哭泣。犯罪被逮到的人，要哭很容易，可是為別人犯罪而哭泣，只有極少數靈命很深的人才做得到。

　　據傳統的說法，有一個由一百二十個猶太人組成的會議，負責彙集舊約聖經的書卷，而以斯拉是會議主席。我們不確定是否真是如此。然而，以斯拉確實為接下來的四個世紀打下了基礎，因為接下來四百年沒有先知，只有神以前說過的話，這當然也包括以斯拉和尼希米的話。

　　很少人知道，根據聖經而來的會堂聚會形式，是以斯拉打下的基礎。從此以後，會堂聚會的程序，直到今天都按照以斯拉的指示。可惜今天基督教聚會的程序和會堂相反。會堂聚會的程序是先講道，再敬拜。先聽神的話，再向神說話，用敬拜來回應神向你說的話。這樣的敬拜更有意義，更有變化，因為有時候你會想要跳舞、唱歌，有

時候則是嚴肅痛悔的心情。這樣就不必想方設法幫助大家
培養敬拜的情緒，而是讓話語來預備人心。人心中若充滿
神的話，就會預備好來敬拜。你若去猶太會堂，就會看到
他們先花上一個小時讀經、解經，然後再用敬拜來回應。

　　這樣的聚會程序就是以斯拉當初設定的。他在市場
中放一座木製講台，站在上面向民眾讀經、解經，然後民
眾以敬拜回應。根據一份叫《十二使徒遺訓》（*The
Didache*）的文獻，這也是初代教會聚會的程序。我以前
在吉爾福牧會時，都是先講道一小時，再敬拜半小時，效
果很好。

▌尼希米記

這卷書的大綱

　　尼希米記的大綱和架構都和以斯拉記十分相似，顯
示是同一個人執筆。這卷書一樣分成四部分，每部分各分
成二、三、三、二個單元。

第三批歸回（一～二章）

　　　壞消息（一章）

　　　暗中巡視（二章）

重建（三～七章）

　　　豎立城牆（三章）

　　　遭遇困難（四～六章）

　　　　外患

內憂

人口普查（七章）

更新（八～十章）

宣讀律法（八章）

認罪（九章）

重新立約，定意順服（十章）

改革（十一～十三章）

足夠的住處（十一～十二章）

屬靈的品質（十三章）

和異族通婚

挪用公款

褻瀆安息日

祭司怠職

第三批歸回（一～二章）

耶路撒冷傳來壞消息

尼希米還在巴比倫的時候，接到耶路撒冷傳來的壞消息，因此展開第三批的歸回。尼希米當時是亞達薛西王的酒政，我猜他大概是透過王后以斯帖才得到這份工作，因為亞達薛西是以斯帖的繼子。這其實不是什麼好差使，因為每次替王試酒有無被下毒，都是冒著生命的危險，也不知這會不會是人生最後一杯酒。不過這個工作責任重大，使他得到王的信任，而且可以在輕鬆的氣氛下，和王無所不談。尼希米接到消息說，因為耶路撒冷附近的居民

很生氣，不希望猶太人重建這城，竟然把好不容易重建的城牆又拆毀了。尼希米接到消息後，一臉愁容，王就問他有什麼心事。尼希米解釋自己為什麼憂慮，心裡也很害怕會因為面露愁容而受罰，王的反應卻令他大感驚訝。亞達薛西王不但給他權柄，讓他回去重建城牆，還寫詔書，命令有建材的人要提供足夠的建材，協助尼希米的重建工作。

夜間去檢查城門

尼希米記第一部分的第二單元，講到尼希米回到耶路撒冷後，有一天晚上，暗中去查看城牆毀壞的程度。這是個有智慧的領袖，他在採取行動之前，先計算好代價，而不是有勇無謀地往前衝。他是一個有信心的人，但是他在展開行動之前，會先掌握情況。

重建（三～七章）

豎立城牆

尼希米發現城牆和城門都需要修建，大部分的城牆已經全毀，其他部分的城牆也需要大修。今天去耶路撒冷的人，看見舊城的老舊城牆，就以為是舊約時代耶路撒冷的古城牆，其實這些城牆只有幾百年的歷史，是十字軍東征之後，蘇萊曼大帝（Sulamein the Magnificent）興建的。耶路撒冷的古城在今天的城牆外，位於聖殿地區南邊一塊狹長的土地上。目前的聖殿地區，上面蓋了奧瑪清真寺（Mosque of Omar）和阿克薩清真寺（Mosque El Aqsa），面積大約十三畝，是位在山頂上的一座巨大石頭

平台。不過，考古學家挖出舊約時代的古城之後，找到了尼希米時代的城牆。

尼希米在重建工作上展現了偉大的領袖特質。他很聰明，吩咐家家戶戶百姓在自家外面築一段城牆。此舉大大奏效，整個城牆的重建在五十二天內完工，安上城門之後，耶路撒冷首度有了防禦能力。

遭遇困難

但是這段期間他們也遇到很多困難：

外患。首先是遭到嘲笑，撒瑪利亞人嘲笑他們的重建工作，說連狐狸都可以把牆推倒。當他們發現嘲笑起不了作用，就改用威脅，情況變得比較嚴重。他們甚至想用調虎離山計把尼希米引開，騙尼希米說想跟他作朋友，要找他出來談判。但是尼希米明智地拒絕了，沒有什麼能把他帶離工作崗位。

內憂。猶太人還有內部的困難。在城牆內，有人放高利貸，造成富人更富、窮人更窮，這主要是因為他們的財務交易方式違背摩西的律法。高利貸讓百姓債台高築。尼希米勇敢出來解決這個問題，力圖拉近貧人和富人之間的差距。

城裡沒人住

除此之外，很少人願意住在城裡。他們怕受到攻擊，寧願住在鄉間，比較容易躲藏。因此，尼希米不得不施加壓力，叫百姓來城裡住。他手上有一些名單，是被擄前的耶路撒冷居民的後代，他找到這些人，說服他們搬回

家族以前居住的地方。他還舉行人口普查，好知道誰住在哪裡。總共有四萬兩千三百六十個猶太人，七千三百三十七個僕婢，有意思的是，還有兩百四十五個歌唱的男女。他列出歌者的名字，當然是因為想要恢復聖殿中對神的敬拜。

更新（八～十章）

以斯拉宣讀律法

接下來換以斯拉登場，他從黎明到正午，在那座木製講台上公開朗讀律法。聖經說他不只朗讀經文，還講解經文的意思，好讓眾人可以明白。當時正值住棚節，是猶太人的收割節日，本該是歡樂的時刻——事實上，猶太拉比說，過住棚節的時候，不喜樂就是犯罪！

認罪

百姓感動到痛哭流涕，為自己和祖先得罪神而認罪。這件事恰可代表以斯拉和尼希米最大的差別。以斯拉認為此時大家應該痛哭流涕，尼希米卻叫大家歡樂慶祝。以斯拉為神的話所揭發的罪行哭泣，但是尼希米把焦點放在重建城牆，說這是可喜可賀的時刻，叫百姓開心享受，做一頓豐盛的佳餚來大肆慶祝。哭有時，笑有時，有智慧的人知道什麼時候該笑，什麼時候該哭。

立約

認罪禱告完畢之後，以斯拉吩咐百姓重新和神立約。作領袖的利未人和祭司也都一起立約。第十章列出在

約書上簽名的人。

改革（十一～十三章）

到城裡居住

城牆既已重建，尼希米的工作有一部分就是鼓勵百姓搬進城裡居住。第十一和十二章表揚了那些搬進城裡居住的人。

糾正

和異族通婚

在最後一章中，尼希米努力完成任務。首先，他必須拆散嫁娶異族的婚姻，因為這樣的婚姻玷污了國家。他也咒詛那些和異族通婚的人。我常說，以斯拉和尼希米不同的地方是，以斯拉拔自己的頭髮，但尼希米是拔別人的頭髮！那些犯罪的以色列人，尼希米真的拔了他們的頭髮。

挪用公款

尼希米孩必須處理挪用公款的事。有一些管錢的人竟然公款私用。尼希米必須在金錢的事上維護公義和公平。

褻瀆安息日

猶太人沒有好好守安息日。從巴比倫歸回的生意人，發現錢沒那麼好賺了，為了多招攬生意，連安息日都開門營生。於是尼希米堅持在安息日關上城門，讓他們不

能做生意。

祭司怠職

宗教的景況也好不到哪裡去。祭司沒有盡到在聖殿內的責任，尼希米必須糾正這件事。利未人和唱歌的人在聖殿事奉沒有報酬，便回去種田謀生。

因此，以斯拉和尼希米不但必須重建一切，還必須糾正百姓。他們勇敢行使權柄，甚至毫不留情，為的是要扭轉這個國家。

▌尼希米這個人

一般說來，大多數人喜歡尼希米勝過以斯拉，原因很容易看出來。尼希米對人比較和善一點，更別說他很喜樂，也鼓勵大家要喜樂。「主的喜樂是你們的力量」，這話是尼希米說的。我想以斯拉不會說這樣的話，他忙著為百姓流淚。其實他們兩人搭配得很好，百姓需要「幫助」，也需要「安慰」。

不過，尼希米有幾個特質，讓我非常佩服。我們會覺得自己可以了解這個人，在情緒的表達上，他比以斯拉坦白多了。他比較多談到自己，常用第一人稱的自述，講自己的事。從這些自述中，可以看出他有四個特質。

看重禱告

如果說以斯拉是重視聖經的人，那麼尼希米就是重視禱告的人。尼希米最大的特質就是先禱告再採取行動，

我們看到他有很長的禱告，也有很短的禱告，有眾人面前的禱告，也有私底下的禱告。重點不在禱告的長度，而在禱告的深度。這個人很自然地把一切都告訴神，他是個禱告的人。他求神懲罰那些參與惡行的人，也大膽求神記念他，爲他的好行爲賞賜他。

實際

尼希米做事很有條理。有些人只想天上的事，卻不切實際，但尼希米不是這種人。他不介意親自動手。他可以把事情安排得井井有條，研究怎樣重建城門和城牆，並且評估百姓的需要。他不喜歡胡思亂想，而是個很實際的人。既看重禱告又看重實際，這不是很棒嗎？

情感

尼希米是個情感豐富的人，他有很深的情感，有時很悲傷，有時很喜樂。他鼓勵人要以神爲樂，要喜樂，要擁有喜樂的力量，但他也會生氣，氣到拔別人的頭髮，眞是一個性情中人！

人際關係

尼希米非常懂得人際關係。我認爲，他做的那些事，以斯拉是不可能做到的，因爲尼希米擅長與人應對，對人的管理很有一套，能夠激勵人賣力完成任務。尼希米能夠提高士氣，讓疲憊的人振作起來，像這樣的人都很有個人魅力。有意思的是，他每次講到工作都是說「我們」。有一次，他不肯吃專門爲省長準備的食物，因爲他

要跟大家同甘共苦。他會私下去檢查城牆，但是講到修建工作時，他會說：「『我們』在修築城牆」。他把功勞歸給大家，說：「我們接下這工作，我們專心工作，我們在五十二天內完工」，他沒有說：「這是『我』的成果」。聖經說，他們都知道「這工作完成是出乎我們的神」。

尼希米的個性很平衡，重禱告也重實際，有喜樂也有悲傷，有強勢也有溫柔，對神、對百姓都善解人意，是我們可以效法的好榜樣。

‖ 神和祂的百姓

神

我們讀聖經歷史時，很容易有個疑問：為什麼要研讀那麼久以前的歷史？時間相隔兩千哩、空間相隔兩千五百年的古老歷史，跟我們有什麼關係呢？

第一，這些事件很有意思，這些人物很有啟發性。聖經真實描繪人性，絕不單調乏味。但重點是，這是神和祂百姓的故事，神和一個民族、一個國家立約，如今又和我們立新約。尼希米常說「我的神」，我們可以看出祂是一位守約的神。

神應許祂的百姓兩件事──百姓順服，祂就賜福；百姓悖逆，祂就咒詛。這位守約的神會賜福，也會咒詛，祂容許百姓被擄，就是在持守祂對他們的應許。

祂讓百姓被擄

利未記二十六章44節，神應許說，百姓若是胡作非

為，祂就會把他們趕出應許之地，神果然說到做到。很少人明白為什麼要被擄七十年？歷代志下最後告訴我們原因。

神有一條律法明言，土地跟人一樣也需要休息，所以神命令百姓每逢第七年都要休耕，什麼東西都不要種，讓土地好好休息。但是五百年來，土地一直沒有休息的機會，所以這塊土地錯過了七十年的休息（每七年休息一次，五百年間應該休息七十年）。歷代志下的最後，神說：「既然你們不讓土地休息，我就來讓土地休息。這塊土地錯過了七十年的休息，所以你們要離開七十年。」

神說到做到，祂應許要賞賜義人，懲罰惡人，有賞有罰，因為祂立約要這麼做，這適用在祂百姓的身上，也適用在其他人身上。保羅寫信給基督徒說：「人人都要站在基督審判台前，按各人的行為接受審判」，不管那行為是好是壞。

祂帶領他們脫離被擄生活

正如神應許說要懲罰他們，祂也樂意賜福給他們（見耶二十九10）。經過一段時間後，神帶領百姓歸回，有如第二次出埃及，但這次不必過紅海，後面也沒有追兵。

神在暗中動工

我注意到，在以斯拉記和尼希米記這兩卷書中，神都在暗中動工。這兩卷書中沒有預言，沒有神蹟，卻可以看見神暗暗地行神蹟。

在祂百姓當中的領袖身上動工。我們看見神從祂的百姓當中興起一些人來完成祂的工作。所羅巴伯成了猶太人的領袖，以斯拉和尼希米也各自有任務，各自在適當的時機興起。

在祂百姓之外的領袖身上動工。神不只在祂的百姓身上動工，也在不認識祂的人身上動工，像古列、亞達薛西、大利烏這些王。有的王同情神百姓的遭遇，有的王就沒有這個心，比如尼布甲尼撒，至少他剛開始並不同情猶太人。

神的百姓

神在暗中動工，保護祂的百姓，但祂也期待百姓盡到本分，帶來改變。祂已經證明了自己是守約的神，但百姓照神的要求，也該守約作聖潔的子民。可是，大多數的百姓沒有做到。我們從這兩卷書可以學到一個功課，就是人很容易走回頭路，犯從前犯的罪。猶太人惟一沒再犯的罪是拜偶像。他們直到今天仍然心有餘悸，沒有再回頭去拜偶像，以後也不會。

邱吉爾寫過一部講二次世界大戰的歷史鉅作，一共六冊。我讀過這套書，十分精采，但是第六冊的書名很有意思。第六冊講到二次世界大戰的尾聲，標題是「勝利和悲劇」（Triumph and Tragedy），副標則是：「偉大的民主政治得勝，如今又可以回到當初讓他們付出慘重代價的愚行」。這位二戰的偉大領袖下了這樣的一個結論：人會恢復自己過去的愚行。

只有一些人可以回家

雖然有機會歸回故土，兩百萬個猶太人當中卻只有五萬人（占百分之二點五）真的歸回。主要的原因是，他們在巴比倫的生活富裕舒適，但猶大的生活艱苦不安定。歸回的路途艱困遙遠，長達九百哩，而且回去以後的生活也很艱苦。

歸回的人很快又開始犯罪

前文已經指出，猶太人雖然因犯罪而被擄，歸回後卻仍然陷入罪中。他們沒有好好敬畏神，很快就恢復被擄到巴比倫之前的行徑，觸犯神的律法。這可以從他們和外邦人通婚看出來，也可以從他們對同胞的剝削看出來。

難怪在這兩卷書的第九章，以斯拉和尼希米都為眼前的景況苦惱，他們必須重建百姓，好拯救他們，脫離自己所犯的罪。

結果

後來，神整整沉默四百年，不向他們說話，長達四個世紀之久，沒有行神蹟，也沒有給他們信息。無怪乎以斯拉、尼希米與先知哈該、撒迦利亞，都很關心重建的事。

但以理有一段奇妙的預言，跟以斯拉記和尼希米記特別有關，他說：「你當知道，當明白從出令重新建造耶路撒冷，直到有受膏君的時候，必有七個七和六十二個七……過了六十二個七，那受膏者必被剪除，一無所有。」我們先前研讀但以理書時已經看見，六十二個七或

是四百九十年之後，正好接到耶穌出來事奉，不管是從古列頒的詔令算起，還是從亞達薛西頒的詔令算起，都是一樣。

所以從被擄開始直到耶穌降臨，有一個直接的預言。我相信神向但以理顯明這件事，是要叫我們知道，即使以色列百姓歸回後又立刻犯罪，卻不會全部沉淪。神知道該怎麼辦，祂一點也不覺得意外，祂早已計畫好要怎麼扭轉情況。祂會差來一位救主，救他們脫離自己的罪，耶穌正是為此而來。

▌引言

想把聖經從頭到尾讀一遍的人，很容易卡在兩個地方，一個是利未記，一個是歷代志。利未記難讀是因為沒有故事，所描述的宗教儀式又似乎和現代生活不相干。歷代志難讀則是因為頭九章都在講族譜，而且那些名字大多很難發音。除此之外，前面才剛讀完列王紀，現在又在歷代志中讀到許多相同的故事，實在令人不解，很多人因此決定歷代志不值得一讀。所以我們研讀歷代志之前，要先問一個問題：為什麼歷代志上下的內容，好像跟列王紀上下相同？

要回答這個問題，第一條線索是，希伯來原文聖經中的書卷順序，不同於英文聖經。希伯來原文聖經中，歷代志和列王紀所涵蓋的時期雖然大致相同，但兩者的關係並不像我們所想的那麼密切，稍後會再詳述。第27頁的

圖表，清楚列出希伯來舊約聖經和英文舊約聖經各書卷的順序。

首先，我們看到書卷的分組方式不同，希伯來聖經的書卷分成三組：律法書、先知書、聖卷。耶穌復活之後，在前往以馬忤斯路上，向兩個門徒說話。根據路加的記載，耶穌爲他們講解律法書、先知書、聖卷，並且解釋這些經文跟他的關係。畢竟，這是耶穌的聖經（路二十四37、44）。

所以，在希伯來聖經中，頭五卷書是律法書（又稱作妥拉或摩西五經），我們稱之爲創世記、出埃及記、利未記、民數記、申命記。但是希伯來聖經以書卷的頭幾個字爲該書卷命名，所以創世記叫作「起初」（In the beginning），出埃及記叫作「他們的名字記在下面」（These are the names），利未記叫作「祂呼召」（And He called），民數記叫作「在曠野」（In the wilderness），申命記叫作「這些話」（These are the words）。

接下來，希伯來聖經列出所謂的先知書，分成兩類，第一類是約書亞記、士師記、撒母耳記、列王紀。在舊約希伯來文聖經中，撒母耳記和列王紀各只有一卷，主要原因是希伯來文只寫子音，不寫母音，所以篇幅只有一半。當這些書卷先譯成希臘文、再譯成英文之後，字數增加了，因爲加上母音，所以字數加倍，於是分成上下兩卷。

但在舊約希伯來聖經中，撒母耳記上下和列王紀上下，並不是歸類爲歷史書，而是歸類爲先知書，因爲這是從先知的角度來看歷史。撒母耳是早期主要的先知，列王

時代也有眾多先知。很多歷史書都是由先知書寫和詮釋，好叫百姓看見神的作為。較後期的先知書則歸為第二個次群體，正如英文聖經所使用的這種分類方式。

「聖卷」包含其他類別的書卷，有詩篇（這個卷名意指讚美）、約伯記、箴言。路得記不列入先知書，而是歸類為聖卷，但英文聖經不這樣分。雅歌、傳道書、耶利米哀歌、以斯拉記、以斯帖記、但以理書，也都屬於聖卷。特別令人感到意外的是，但以理書不列入先知書，儘管他也傳講別國的事。

從第27頁的圖表可以看出，舊約希伯來聖經的最後一卷書是歷代志，但卷名叫「歷代記事」，所以歷代志被看待的方式顯然不同於列王紀；一卷是先知書，另一卷則否。

這樣的順序比英文聖經的順序好多了，英文的舊約聖經以「咒詛」一詞結束（瑪拉基書結尾），但希伯來舊約聖經以「上去」一詞結束，「我們上去耶路撒冷」（希伯來文是aliya）。

英文的舊約聖經，分類大不相同，把創世記、出埃及記、利未記、民數記、申命記視為歷史書，又把約書亞記和士師記加進這一類，好像是歷史故事的延續一樣。另外還加上路得記，視之為歷史的一部分。再來依序是撒母耳記、列王紀、歷代志，所以我們才很容易以為歷代志只是在重複講列王紀的事。

這樣分類的後果就是基督徒對歷代志上下很不熟悉。只有兩節經文是常引用的，第一節是歷代志下七章14節：「這稱為我名下的子民，若是自卑、禱告、尋求我

的面，轉離他們的惡行，我必從天上垂聽，赦免他們的罪，醫治他們的地。」有一齣音樂劇的劇名叫《若我的子民》（*If My People*），就是根據這節經文來的，卻斷章取義，把「我必醫治他們的地」這句話應用在英國或美國，但這節經文所講的土地，當然是指以色列地，根本不適用其他土地。

另外一節常被引用的經文，是在約沙法作猶大王的時候，有三個國家聯合來犯。這三個國家向約沙法宣戰，但約沙法向神禱告，先知對他說：「你會打贏這場仗。」不過，神吩咐約沙法，差遣詩班走在軍隊前面，於是詩班一面唱詩讚美神，一面帶領軍隊行進，結果敵軍四散潰逃。這樣的事只發生過一次，後來的基督徒卻單單根據這個事件，發起在街頭唱詩、為城市趕鬼的做法。大家對這兩句經文的引用都是斷章取義，可悲的是，除了這兩節經文之外，大家對歷代志一無所知。

▌重複

當然，聖經裡不只有歷代志和列王紀這兩卷書敘述同一個時期的事，像創世記第一章和第二章就把創世經過講了兩遍，一遍是從神的角度來講，另一遍是從人的角度來講。新約聖經有四卷書都講耶穌，內容雖然看起來一樣，敘述的角度卻不同，因為每一卷福音書都分別為某一類人而寫。

歷代志和列王紀的寫作提醒我們，所有的歷史都是從某個角度寫的。你在寫歷史的時候，不可能不透露出自

己關心的議題，因為在所有發生的事件中，你一定會挑選你有興趣或認為重要的事件來寫，並且找出其中的因果關係，然後評價你所記錄的事件。

所以，史學家的第一步是挑選，第二步是找出關連和評估，然後從道德的角度判斷哪些事應該記錄下來。就連笑看英國歷史的《英史大事小編》這本書，都對所有的事件下了道德判斷，評論這件事到底是好還是不好。同樣，你會發現列王紀裡的道德判斷和歷代志很不一樣。

▌比較撒母耳記、列王紀、歷代志

舊約希伯來聖經中，撒母耳記和列王紀只有兩卷書（我們用的舊約聖經版本中，則是四卷書），而且只涵蓋五百年的歷史。但我們讀歷代志時，會發現這卷書所記錄的時間，起始得較早，結束得較晚。歷代志往前談到人類的始祖亞當，撒母耳記和列王紀結束在被擄期間，但歷代志還記錄了七十年後的歸回，結尾講到「讓我們上耶路撒冷」。由此可見，兩位作者的任務截然不同，也用了不同的方式達成任務。

撒母耳記／列王紀	歷代志
五百年	起始點更早，結束點更晚
事件發生後不久就寫成	事件發生後很久才寫成
政治歷史	宗教歷史
先知觀點	祭司觀點
北國的王和南國的王	南國的王

人的過犯	神的信實
王的惡行	王的德行
負面	正面
道德與義	信仰與儀式
先知	祭司

　　寫列王紀的時候，必須向百姓解釋爲什麼他們會被擄，但是寫歷代志的時候，百姓已經知錯，他們這時需要的是鼓勵，然後被遣回故土，重建城牆和聖殿。列王紀是事後不久寫的，歷代志則是事後很久才寫的。列王紀大多記錄政治歷史，歷代志則著重宗教歷史。所以，列王紀是從先知的角度來寫，歷代志則是從祭司的角度來寫。列王紀講到北國和南國的王，歷代志雖然講的也是同一個時期，卻完全沒有提到北國的王，作者對北國毫無興趣，這是列王紀和歷代志很大的差異。列王紀強調王的過失導致禍害，但歷代志強調神的信實。因此，歷代志對王的過犯只是輕描淡寫，比較強調王的德行，對諸王有比較正面的看法。

　　歷代志的作者並不是想篡改歷史，他只是多挑王的善行來寫。重點是道德，關鍵詞是「公義」。列王紀回答了諸王是否秉公行義的問題，但歷代志比較關心儀式、聖殿、獻祭，強調的是屬靈的事而不是道德的事。所以列王紀是先知寫的，歷代志是祭司寫的，兩者的觀點大不相同。

　　顯然，想找出歷代志的重點，最好看看有哪些事是歷代志省略掉，卻是撒母耳記和列王紀中有記載的。速覽

這幾卷書的內容，就可以找到線索。在撒母耳記裡，掃羅占了大約六分之一的篇幅，大衛的生平占了三分之二的篇幅。在列王紀上，所羅門的生平占了大約一半的篇幅，分裂的王國也占了大約一半的篇幅。為什麼會這樣？歷代志的作者到底省略了哪些事不提？

▋省略不提的部分

1. 歷代志沒有提到撒母耳選王的事。
2. 歷代志幾乎沒有提到掃羅，只記載掃羅的死亡，但這也只是為了帶出大衛，掃羅生平其他的事都沒有記載。作者希望讀者看見諸王的優點，所以掃羅作王的事大多沒有提到。
3. 大衛的事，提到很多，但也有些事略過不提。大衛和掃羅之間的恩怨，不提。大衛在希伯崙作王七年，又娶了許多嬪妃，不提。押沙龍的叛變，沒提到。大衛和拔示巴這整件事，是大衛統治的轉捩點，也隻字未提。

挑選內容很重要。歷代志作者挑了正面的故事，省略一切負面的事。所以，少了拔示巴這件事，大衛王的形象大好，所羅門也一樣。歷代志完全不提所羅門娶了許多嬪妃，將眾多偶像引進宮中，也不提他得罪了神，並未除去邱壇，甚至還建造異教神廟。

歷代志一直把焦點放在正面的事上。王國分裂後，歷代志不提北國諸王，只講南國諸王，並且用了許多篇幅

談南國的好王，比如年幼的約西亞王和希西家王，至於壞王則幾乎完全不提。

除非歷代志的作者有偏見，否則他就是刻意挑選這些事件來編纂。有幾件他關心的事貫穿整卷書，這些事跟掃羅作王沒什麼關係，卻跟大衛、所羅門和猶大的幾位王息息相關。

▋歷代志的大綱

歷代志上：最好的王

一～九章：從亞當到掃羅

以色列第一個王

十～二十九章：大衛和約櫃

以色列最好的王

歷代志下：敬虔的諸王

一～九章：所羅門與聖殿

以色列最後一個王

十～三十六章：從耶羅波安到西底家

南國猶大幾個好王

南國猶大國最後一個王

王位和聖殿

包含的部分

第一，歷代志作者只關心大衛的直系子孫，北國的王都不是大衛的直系子孫，所以不提。歷代志主要是大衛直系子孫作王的歷史，不講別的，所以沒有記載掃羅的事，因為他是便雅憫支派，不是大衛的直系子孫。歷代志特別記載了一個人，但列王紀很少提到這個人，就是所羅巴伯。他是大衛的直系子孫，從被擄的巴比倫歸回，以色列百姓對彌賽亞的盼望都寄託在他身上，因為所羅巴伯是惟一歸回的大衛直系子孫。所以歷代志作者用了半章的篇幅，記載所羅巴伯的族譜，用很正面的形象來描繪大衛的直系子孫。

宗教焦點

歷代志特別關心王對約櫃和聖殿的態度，把重點放在以色列民如何對待約櫃和存放約櫃的聖殿，也就是神與祂百姓同在的居所。所以我們讀到大衛怎樣把約櫃運回耶路撒冷，怎樣渴望建造聖殿，為建造聖殿做了許多準備，蒐集建材，畫設計圖，安排敬拜儀式、詩班、詩班長。歷代志對這些都有詳細的記載，但在列王紀和撒母耳記中，這些事幾乎都省略不提。

除此之外，專講所羅門的九章中，有六章幾乎都只講所羅門怎麼建造那座神不准他父親大衛蓋的聖殿。歷代志的作者記錄了所羅門獻殿時的禱告，記錄主的榮耀如何降臨。也只有歷代志記載了以色列人從地下鑿石，用作蓋

聖殿的建材。

所以從這樣的焦點可以看出，這是從祭司的角度來看歷史。先知會把重點放在王的惡行導致災禍臨到這地，但是祭司喜歡記錄聖殿怎樣建造、詩班和敬拜儀式怎樣安排。祭司眼中的大衛是敬拜的帶領者，是詩篇的作者，是個渴望建造聖殿的人。所以，歷代志描繪大衛和所羅門的角度和列王紀很不一樣。

所羅門之後，王國分裂，歷代志的作者只對南國有興趣，因為聖殿位在南國，神的祭司都在那裡，大衛的直系子孫也在那裡。他挑出八個王來記載，其中有五個是好王，這正符合他的挑選原則，所以南國的十二個壞王他都省略不提。前文已經指出，他把焦點都放在大衛和所羅門身上，現在很快來看一下另外六個王。

▌六個王

亞撒

歷代志作者挑了亞撒，這個王除掉猶大和便雅憫的偶像，把母后趕出王宮，因為她在自己的房間裡偷偷拜偶像。亞撒王和神立約，又在聖殿中添金加銀，所以在祭司眼中是個好王。

約沙法

再來是約沙法，亞撒的兒子，他差利未人到猶大各城各鄉去教導神的律法，後來又打敗亞捫和摩押。前文提過，他差遣詩班上戰場，走在軍隊前面，而他也促成百姓

重新仰望神、更信靠神。

約蘭

歷代志的作者提到一個壞王，就是約蘭，但提到他是因為對整個故事有關鍵的影響。約蘭犯了一個大錯，就是娶了亞哈的女兒亞他利雅。亞他利雅的父母都膜拜外邦神，她嫁到南國猶大以後，想篡位為王，幾乎殺光了王的兒子，但有個名叫耶何耶大的祭司，偷偷帶走了年紀最小的王子約阿施，將王子藏匿六年，等到時機成熟，才領他出來作王。大衛的直系血脈再一次由祭司保存了下來。

約阿施

約阿施的品格也是好壞參半，他鼓勵百姓奉獻金錢修殿，藉此整修了聖殿。但是他殺了敬虔的撒迦利亞，也就是耶何耶大的兒子，完全不顧耶何耶大當年有恩於他。

希西家

希西家重啟聖殿，加以整修，百姓喜樂地慶祝逾越節。他的改革在列王紀中只提到幾句，歷代志卻用了三章來描述。他改革敬拜，重建聖殿在百姓心目中的地位。

約西亞

歷代志也用很多篇幅來記載幼年登基的約西亞。約西亞在聖殿進行春季大掃除時，找到了律法書，於是恢復了以色列人原本應該遵守的聖殿儀式和慶典。他在百姓膜拜外邦神的這段時期，想要改革全國。

　　以上這些王都反對拜偶像，所以在祭司眼中是好王。有意思的是，雖然猶太人被擄前盛行拜偶像，但是被擄歸回後，整個國家再也沒有回頭去拜偶像，直到今日。

　　想了解歷代志，一定要注意一件事：這卷書結束在波斯王古列征服了巴比倫人，把猶太人送回故鄉重建聖殿。所以讀歷代志的人，也包括那些被擄歸回的人。他們從沒看過猶太人的聖殿，也沒受過大衛直系子孫的統治，因此，作者要告訴他們三件事，我用三個都是 R 開頭的英文字來代表 —— 根系（roots）、君尊（royalty）、信仰（religion）。所以，歷代志有一個清楚的目的，作者是在講道，不只是在教導歷史。

被擄歸回之民

他們的身分	有根系的民族
他們的地位	有君尊的民族
他們存在的目的	有信仰的民族

▌身分

　　被擄歸回的百姓需要知道自己是什麼人。他們的根系可以追溯到亞當，因為他們的歷史從頭到尾由神掌管。他們屬於神，神從全人類中特別揀選他們，揀選亞伯拉罕，保留這個民族。所以他們不只是某塊土地上的居民而已，這個民族的身分跟神的目的緊密相連，因此他們的族譜才會那麼長。

▌領袖

第二，他們需要知道自己是有君尊的民族，有自己的王。歷代志的作者要他們重新思想這個王，重建以色列國，他是在對他們說：「你們不只是一群人，你們是有君尊的祭司，是有君尊的子民。你們有一個王，王的血脈仍然存留，你們要再度成為一個國家。」所以每當百姓忍不住又掉進奴隸心態時，這卷書可以帶給他們很大的啟發。

▌目的

作者要傳達的第三件事，就是他們這個民族存在的目的。他們之所以重要，是因為他們是神所揀選的百姓，敬拜神是這個民族最重要的一件事。所以他們歸回後，第一件事就是重建聖殿，恢復摩西時代的敬拜模式。

前文已經指出，歸回的人當中超過十分之一是祭司，比例遠超過全部百姓中的祭司比例。他們決心將以色列重建成為有信仰的國家，所以重建聖殿是第一要務。「猶太人」一詞的意思正是「讚美神」，他們渴望讓這個名字名符其實。

所以，歷代志是一篇講章，講給歸回的餘民聽，鼓勵他們在困境中堅忍下去。這並不是令人興奮的事，因為他們必須吃苦才能生存。這群餘民的生活十分窮困，聖殿的重建工作緩慢，需要兩位先知（哈該和撒迦利亞）督促才能繼續做下去。但歷代志的作者必須把真理灌輸到他們心中，讓他們明白神必須在這個民族的生活中居首位。

以色列今天之所以能夠存在，主要是因為以色列人想要有自己的家，可以在那裡安居樂業，雖然我覺得很可悲，但我不得不說，他們回到以色列並不是為了恢復神百姓的身分。

我曾經在以色列總理的官邸跟總理會面，那四十五分鐘我永遠忘不了。最後，他對我說：「我懷疑神的存在，我不相信有神。」

我回答：「但是神過去在這塊地上行了很多神蹟。」

他說：「我不相信那些神蹟是真的。」

我聽了很難過，他們應該以神百姓的身分歸回才對，聖殿應該是他們歸回的焦點和盼望的焦點。他們回到了自己的土地，卻沒有回到他們的神面前。

▌基督徒的應用

基督

歷代志有幾個主題，可以在基督身上一一看見。

根系

馬太福音以基督的族譜開場，路加福音的族譜則追溯到亞當，讀者必須相信基督確實有這些祖先。基督過去是猶太人，現在仍是猶太人，祂不是一個沒有根的人，直接空降進入歷史，而是奉差遣而來，實現一個民族的期望。

君尊

而且，基督是降生爲王的後代，所以可以宣稱祂是大衛的子孫。的確，祂有雙重資格可以繼承王位，經由父親，祂在律法上有權繼承王位，經由母親，祂在血緣上有權繼承王位，因爲父母兩人的族譜都可追溯至大衛。雖然耶穌尚未公開作王，但祂就是在大衛寶座上永遠作王的那位。

信仰

基督也成就了以色列在信仰上的盼望，因爲祂自己成爲我們的聖殿。約翰福音一開始就告訴我們：「道成了肉身，住在我們中間。」耶穌指著自己的身體說：「你們拆掉這聖殿，我會在三天內建造起來。」耶穌視自己爲敬拜的焦點，聖殿的象徵在祂身上成全。猶太人的許多儀式都會因祂而廢，因爲這些儀式原本的目的就是爲了指出基督。

基督徒

根系

使徒保羅曾經解釋說，基督徒被「接枝」到神百姓的根上，所以我們雖然是外邦人，卻可以說自己有猶太人的根，他們的族譜就是我們的族譜。因此，我們讀歷代志上第一至九章時，就是在讀自己的族譜，因爲我們現在是亞伯拉罕的子孫了。這些根系比我們自己的族譜還重要。血緣上的族譜在我們斷氣以後就沒有了，但是猶太人的族譜現在成了我們的族譜，我們在基督裡繼承了亞伯拉罕的

福分。

君尊

　　彼得前書提醒我們，如今我們是尊貴的子民，是有君尊的祭司。我們是王子、是公主，走在路上都應該有王子或公主的風範，因為我們將來要與基督一同作王。啟示錄告訴我們，神已從各國各族各方各民救贖百姓，要那些蒙救贖的人在地上作王。所以，我們可以像古代的猶太人一樣，活得尊貴，清楚知道自己的身分和目的。

信仰

　　除此之外，我們也成了聖殿。保羅說：「豈不知你們的身子就是聖靈的殿嗎？」我們的生活型態必須反映出這一點才行。

　　被擄歸回的以色列百姓需要接受教導，學會這三件事，我們也需要緊緊抓住這三件事。惟一的差別是，我們今天仍然是被擄的，還沒有回到故鄉，仍是寄居外地的人。我住在英國，但我的歸屬地不在英國。我們是天上的國民，這一點可能會讓周遭的人對我們不滿，畢竟耶穌曾對門徒說：「他們恨我，所以也會恨你們。」

　　因此，我們會覺得跟不信主的親友不容易相處，因為我們現在已經屬於一個新的家庭了。我們必須記住，我們怎樣對待自己的身體，就是怎樣對待神的殿，很多人信主以後戒菸就是這個原因。聖經並沒有禁止人抽菸，我常說，抽菸不會讓你下地獄，只會讓你聞起來像是剛剛去過地獄！但很多人信主以後醒悟到抽菸其實是在破壞神的

殿，不但弄得又臭又髒，還會縮短這座殿的使用年限。

　　所以，歷代志並不是枯燥冗長的歷史紀錄，重複講一些已經講過的事。歷代志的信息是要讓我們對未來有盼望，知道我們活著的目的，並且了解我們真正的身分是居住在異鄉的神的百姓。這卷書很重要，含有很重要的信息，不只講給當時的人聽，也要給今天的人聽。

33. 哈該書

▌引言

　　我們所用的舊約聖經版本，哈該書是最後三卷小先知書的頭一卷。在這三位先知之後，神沉默了四百多年，所以有四個世紀之久，猶太人只能對子女說：「神有一天會再對我們說話」。直到施洗約翰出現，才終於再聽到神說話。

　　這幾卷小先知書都很短，因為這些先知傳道的時間很短。哈該只傳講了三個月就結束事奉。在舊約聖經中，只有俄巴底亞書比哈該書短。撒迦利亞只傳道兩年，和哈該的時間略為重疊。兩人發的預言都很短，相較之下，以賽亞和耶利米的傳道時間長達四、五十年，所以他們寫的書卷就長多了。

　　哈該和撒迦利亞都被稱作「被擄後的先知」，因為他們是在百姓被擄歸回之後傳講信息。被擄之前的預言，都

在警告災禍即將來臨；被擄之後的心情則大不相同，都在鼓勵和安慰，因爲百姓必須重建這個受損的國家。

哈該和撒迦利亞有許多共同點：

1. 他們在同一時期傳道。兩人都仔細記錄預言的日期，之前的先知很少這麼做。這兩人傳講預言時，通常會清楚指出年月日。哈該有五段預言，每段預言都有確切的日期，所以從中可以看出，每段預言間隔多久。撒迦利亞也是一樣。兩個人事奉的時間重疊一個月，當時是西元前五二○年。
2. 他們都在同一地點傳道，就是猶大地，百姓在那裡重建耶路撒冷城。
3. 他們都針對相同的情況傳講。了解當時的歷史背景，可以幫助我們了解他們的信息。

▌歷史背景

波斯王古列在西元前五三八年征服巴比倫。古列王心地善良，允許所有被擄到巴比倫的人返回祖國，條件是回去以後要興建神廟，各人向自己的神爲古列祈福。這次只有五萬個猶太人決定歸回，其他猶太人大多生在巴比倫，已經在當地經商有成，所以決定留下來。巴比倫位在貿易大道上，所以許多猶太人做生意致富。耶路撒冷可沒有這種優勢，猶太人若是回去，前途恐怕十分黯淡。

猶太人由兩個人帶領歸回：一個是大衛王的直系子孫所羅巴伯（這個名字意指「巴比倫的種子」），一個是大

祭司約書亞。所羅巴比伯生在被擄時期，沒見過應許之地，但他是惟一存留下來的大衛子孫，是最後一個王約雅斤的孫子。神應許絕不會斷了大衛的子孫坐在以色列的王位上，因此所羅巴伯必須歸回，這個應許才能實現。約書亞的名字意指「神拯救」或「神是我們的救主」，是「耶穌」這名字的希伯來文。他是先知易多的後代，重建了祭司制度。這其實不算太難，因為歸回的人當中，每十五個就有兩個是祭司，所以有很多祭司人選。這些人歸回，主要是為了信仰，因為他們早就知道回來不會變得有錢，反而要過苦日子，那塊地已經七十年沒有耕種，那座城也已經沒有城牆保護。

　　一回到故土，所羅巴伯和約書亞關切的第一件事，就是重新築一座祭壇，第二件事是在祭壇周圍蓋一座聖殿，重建神百姓的身分。他們和先祖亞伯拉罕相似，因為他們歸回的路線正是亞伯拉罕當年進入應許之地的路線。亞伯拉罕的家鄉吾珥就在從巴比倫流出的那條河附近，所以他們在重演亞伯拉罕的故事 —— 離開家園、親友、營生，去一個從未去過的國家。亞伯拉罕進入應許之地後，第一件事就是搭棚和築祭壇，向神獻上感恩的祭，感謝神讓他平安抵達。猶太人歸回後也是一樣，先找石頭築一座祭壇，感謝神帶領他們回來。

　　他們犧牲很大，不容低估。這群人離開了親友和磚造的房子，拋下富足的生活，回來過貧困的生活，放下厚利的生意，回來耕種已經休耕七十年的土地。但是他們懷抱著歷代志所描述的夢想，要重建王國，要有自己的王，要在神應許他們先祖的這塊地上，作神的百姓。

可惜，重建聖殿的工作艱鉅，人力太少，而且缺乏資源。於是他們決定蓋一座規模比所羅門的聖殿小多了的聖殿。即便如此，這仍然超出他們的能力。他們遭到撒瑪利亞人的阻擋，當大利烏王繼古列之後作王，他們又失去了古列的資助，大利烏刪除了古列資助猶太人重建聖殿的預算，把錢拿去打仗。

所以，理想敗給了現實。看見工程這樣艱鉅，猶太人心灰意冷，才重建兩年就停工了，之後整整十四年沒有再為聖殿添一磚一瓦，只打了地基、築了矮牆而已。他們連養活自己都有困難，哪裡還有辦法負擔聖殿的重建？現在他們一心只想著怎麼餬口。

後來，經濟變得更加蕭條，糧食短缺又昂貴，通貨膨脹嚴重，旱災和疾病影響了作物的收成。他們沒有積蓄，在巴比倫存的錢，全都用來買了食物和衣服。一切都事與願違。他們當初帶著重建國家的盼望回來，現在卻發現連餬口都有問題。

他們免不了要問：「為什麼？」他們自己下了結論：回來是對的，可是回來的時機不對。他們後悔沒有在巴比倫多待一段時間、多存一點錢，等到有足夠的財力跟人力再回來。亞伯拉罕光有帳棚和祭壇可能就滿足了，但他們想要重建。如今他們已經歸回十八年，卻拿不出什麼重建的成果。

哈該就是在這種令人沮喪的情況下傳道。他跟那些人一同歸回，很可能是個祭司，但這點我們不能確定。聖經上沒提到他的父親，所以他大概不是來自顯赫家族。他的預言是用散文體書寫，這有重要的含義，因為神通常用

散文體來表達祂的想法，用詩體來表達祂的感受。哈該書沒有談到神的感受，彷彿神已經受夠了，不再有感覺了。

另外需要注意哈該書怎樣描述神的話。聖經說，神的話臨到哈該的方式，和其他先知不同，神不是直接告訴哈該什麼，而是讓哈該自己領悟。所以這些話是哈該的洞見，而不是他看見的啓示。神讓哈該看出哪裡錯了，在短短的三十八節經文中，哈該有二十六次用這句話來開場：「耶和華如此說」。

▌哈該書的大綱

百姓灰心喪志（一1～11）
你們的居所舒適奢華
我的居所荒涼簡陋

百姓奮發作工（一12～15）
敬畏耶和華
聽從耶和華

百姓受到挫折（二1～9）
先前的聖殿——極其榮耀
後來的聖殿——更加榮耀

百姓並不潔淨（二10～19）
潔淨之物不能潔淨污穢之物
污穢之物卻能玷污潔淨之物

所羅巴伯得著主的印記（二20～23）

列國的寶座要傾覆

所羅巴伯的子孫必定作王

　　哈該在短短五天內，傳講神的話二十六次。他替神向百姓提出很多問題，為的是要讓百姓想清楚。來看看他這些信息的主題。

▋百姓灰心喪志（一1～11）

　　人之所以會沮喪，主要是因為想法錯誤，只要改變想法，感覺就會改變。基督徒並不喜歡用腦子思考，這實在很奇怪。我講完道之後，最常聽到的反應是：「你讓我們不得不去思考一些事」，語氣略帶責備，好像覺得他們來教會並不是為了用腦！傳道人和先知有時候需要讓大家思考，刺激他們反覆思量，並且發問。

　　眾人不明白自己遭遇的這些災禍是神降下的，還以為是自己評估錯誤，才陷入如此困境。哈該說，他們想錯了，誤以為此刻不宜重建聖殿，是因為沒有足夠的體力和財力。但哈該說，作物收成減少和通貨快速膨脹，都是因為他們停止重建聖殿的緣故。一旦他們不把神和神的殿擺在第一位，事情就開始不順利，但他們沒注意到這點。因此，眾人完全把因果關係弄反了。

　　哈該解決這個問題的方法，是質問他們，叫他們拿自家的房子和聖殿比一比。他們的房屋用木頭搭建天花板，但當時的木料十分稀少（因為樹木早已被巴比倫人砍

光），必須從黎巴嫩等地進口香柏木。所以家裡用木材搭建天花板是不必要的奢侈，應該使用來源充足的石材才對。哈該的這個信息很簡單：「拿你們的家跟神的家比一比，就可以看出你的優先順序是什麼。」

▌百姓奮發作工（一12～15）

百姓反應熱烈，決定回去重建聖殿。被擄這件事是很大的教訓，已然教導他們要聽從先知的話了，於是他們又著手重建，只花了三個半星期，就安排好工人，蒐集到更多建材。

▌百姓受到挫折（二1～9）

第二篇信息是在開始重建之後二十七天講的，這時士氣低落，主因是一些長輩的批評。這些耆老拿所羅門的聖殿來比較，說：「這哪叫聖殿？你們應該看看我們從前那座聖殿。」這種批評實在要命，讓那些作工的人深受打擊。

現在

哈該從主領受話語，鼓勵他們繼續重建，叫他們別因為重建的聖殿規模小就感到沮喪，寧可小，也不要什麼都沒有。神不在乎自己聖殿的大小，祂只想要有一個地方可以跟祂的百姓同住。

在這段預言中，神賜給他們命令和應許。祂的命令

有兩重:「要剛強」(三次),「不要懼怕」(一次)。祂的應許是:「我和你們同在;我的靈住在你們中間。」

未來

但哈該也把焦點放在未來。他預言,神將震動天地和萬國。神在此印證祂掌管自然界和歷史。

接著出現一句很難懂的話:「萬國所羨慕的必來到。」希伯來原文在這裡的用詞很難翻譯,但我想這句話不太可能指彌賽亞。「羨慕」一詞在舊約聖經中通常譯作「珍寶」,人渴望得到的珍寶(見代下三十二27,三十六10;但十一18、43)。這句話是一個應許,應許未來會有更多的金銀送來,協助恢復聖殿原有的樣貌,意謂神震動萬國,他們就會送珍寶過來。這件事果然成就,因為這個預言之後不久,就有許多的金銀從波斯送來,要協助重建聖殿(拉六4)。如果把這句話想成是指著彌賽亞說的,就想太多了。

神又說要使這殿充滿祂的榮耀,而且這殿後來的榮耀必大過先前的榮耀。這顯然不是指神的榮耀會變得更大,否則就表示祂先前充滿所羅門聖殿的榮耀比較黯淡。這裡是指聖殿本身的堂皇氣派,跟神應許萬國要送來的財富有關。除此之外,神也應許這座聖殿將有極大的平安與和諧。

▍百姓並不潔淨(二10〜19)

兩個月後,又出現一個危機。都十二月了,卻還沒

有下雨。哈該先前說過，旱災和饑荒都是因爲停止重建聖殿而導致。可是他們重新開始建殿都兩個月了，十月該下的雨到十二月都還沒下，看來，今年的作物又要歉收了。

這時，哈該面臨一個神學上的難題──神並未應許要立刻回應，但百姓期待神會立刻回應。於是哈該問神，問題出在哪裡？神就叫他去問百姓幾個問題。哈該三次叫百姓仔細想一想。

哈該首先問百姓：「如果把髒盤子和乾淨的盤子放在一起，是乾淨的盤子會讓髒盤子變乾淨，還是髒盤子會讓乾淨的盤子變髒？」祭司回答說，髒盤子會讓乾淨的盤子變髒。

接著哈該又問：「如果把神的聖物和污穢的東西放在一起，這會讓污穢的東西變成神聖嗎？」

答案是不會。

哈該解釋說，神一直沒有讓雨降下來，是因爲他們在建造聖殿時，玷污了聖殿。污穢的人建造潔淨的聖殿，使得聖殿在神眼中成爲污穢。他們以爲自己既然在建造聖殿，就算是敬虔的人，但是在神眼中，他們是在玷污聖殿，因爲他們的生命並不潔淨。

哈該沒有明說他們犯了什麼罪，但從他們的反應可以看出，他們曉得哈該在講什麼。眾人改過自新之後，隔天就下雨了。神給他們的話是「從今日起，我必賜福給你們」，因爲他們明白了神的意思。

▌所羅巴伯得著主的印記（二20～23）

接下來的信息是給所羅巴伯的，內容很簡單：「你是神的指環印」。指環印只有王室成員可以配戴，因此神的意思是王室血脈要從所羅巴伯開始恢復。他是大衛的直系子孫，但是他不能作王，因為現在是波斯人大利烏作王。不過，所羅巴伯可以作猶大的省長。

所羅巴伯還得到一個應許，神說：「將來有一天，我必震動天地，我必傾覆列國的寶座，除滅列邦的勢力，我必設立以色列的寶座，你的子孫必要作王。」神應許所羅巴伯，祂必震動波斯、埃及、敘利亞、希臘、羅馬，祂必使用所羅巴伯的後代來重建以色列國。這些事將在「那日」發生，這可能和撒迦利亞書第十二至十四章對耶路撒冷的預言有關。

▌基督徒的應用

基督

這個應許從未在所羅巴伯身上實現，但是從耶穌的家譜可以看出這個應許如何應驗。在我們蒙救贖的歷史上，所羅巴伯的地位出人意外地重要。神實現了祂給所羅巴伯的應許，把他納入耶穌父母雙方的家譜。透過父親（或應該稱作繼父）約瑟，耶穌法律上的譜系可以追溯到大衛（馬太福音）；透過母親馬利亞，耶穌肉身的譜系也可以追溯到大衛（路加福音）。所以從父母雙方的家譜來看，耶穌都是大衛的直系子孫，而所羅巴伯是這兩條譜系

的交叉點。

基督徒

　　哈該的核心信息是——按優先順序行事很重要。耶穌一再教導這一點，在馬太福音第六章，耶穌告訴那些聽講的人，只要先求神的國和神的義，像吃穿這類的事，神會解決。福利最好的國家，就在天上，因為耶穌說，我們若把神擺在第一位，其他一切都會水到渠成。神沒有應許要給我們奢侈品，但是祂應許要供應我們一切所需。我們常常把生計擺在生活的第一位，剩下的才給神，但這不符合神的法則，哈該的信息明白告訴我們這一點。

　　還有一方面更重要：神關心的不是我們為祂做什麼，而是我們服事的時候是否潔淨。所以耶穌在登山寶訓裡說，我們向神獻禮物的時候，如果想起跟某個弟兄有過節，必須先去跟這個弟兄和好，再來向神獻禮物，這正是哈該的信息。污穢的人會把乾淨的東西弄髒。把優先順序理清楚，讓神居首位，神就會悅納你為祂做的事，賜福給你，看顧你。

　　這個信息其實很簡單，但還是需要講出來。人生的重點不在於謀生計，而在於活得對，為神而活。

▌引言

　　撒迦利亞書和哈該書有許多相似之處，撒迦利亞書第八章裡面有許多話，都是哈該有可能說的話。這一點也不令人意外，因為哈該和撒迦利亞事奉的時間重疊一個月，哈該講完後，換撒迦利亞繼續講下去。有一件事我們一定要先了解，如果說哈該書是小先知書中最容易懂的，那麼撒迦利亞書就是最難懂的。這兩位先知有三個主要的差異：

1. 撒迦利亞的年代比哈該晚，繼哈該之後傳了更久的道。這有點像接力賽跑，哈該把棒子交給撒迦利亞，讓他繼續跑，但是撒迦利亞跑得更遠。

2. 撒迦利亞書的篇幅比哈該書長很多，在我們所用的聖經版本中，撒迦利亞書有十四章，不像哈該

書只有兩章。

3. 撒迦利亞看的是遙遠的未來，哈該講的是眼前的
情況和問題。撒迦利亞似乎可以看到末日，把一
些針對不久將來的預言，和一些針對遙遠未來的
預言混在一起，讓我們讀得一頭霧水，不曉得他
是指哪段時期。

除此之外，撒迦利亞書裡面的詩比哈該書還多，有
幾個地方的風格顯著不同，亦即所謂的「天啓文學」。天
啓性的預言會用許多視覺形式來傳達，充滿象徵和奇怪的
圖像，常出現動物和天使，而這些天使會向人解釋這些圖
像。這讓人想到啓示錄、但以理書後半部，和以西結書的
幾段經文。天啓性的預言為什麼有這種奇怪的形式呢？原
因很簡單，因為遙遠的未來是很難想像的。要想像近期內
的事很容易，因為跟現在的趨勢很接近，但遙遠未來的事
就難懂多了，畢竟，你要怎麼跟一千年前的人形容現代的
生活呢？你跟他們形容電視，聽起來一定很奇怪，完全聽
不懂。想要清楚描述遙遠未來的事，就只能用圖像或象徵
來表達，然後解釋這些象徵的含義。

所以撒迦利亞書的預言很不一樣。哈該的信息很容
易懂，他叫百姓趕快完成聖殿，神就會賜福給他們。這話
很容易懂，哪需要解釋？但是撒迦利亞書就不一樣了。

▌撒迦利亞

撒迦利亞這個名字意指「神記得」，在舊約聖經十分
常見，有二十九個人都叫撒迦利亞。撒迦利亞原本是祭

司，所以他既是祭司，也是先知。這其實沒什麼好意外的，因為這批從巴比倫歸回的人當中，每十五個就有兩個是祭司。這是一次宗教性的歸回，他們歸回，純粹是為了在耶路撒冷重建神的名，而不是為了這塊土地更肥沃，也不是為了這裡的生意更好做，因為巴比倫的日子更好過。這批人歸回是為了宗教信仰，所以當中有很多祭司。

撒迦利亞書特別指出兩件大事在未來的發展。第一件，祭司將取代先知，成為猶太人的屬靈領袖，接下來的四百年不會有先知，只有祭司。所以撒迦利亞身兼祭司和先知，正代表這個重大的轉變。他預言將來有一天，沒有人想要自稱是先知。

第二件大事是祭司將取代王，成為以色列的領袖。撒迦利亞用金銀打造一頂冠冕，不是放在所羅巴伯頭上，而是放在祭司約書亞頭上。這是以色列史上頭一次，祭司和王的角色要合而為一。在舊約聖經中，這樣的事之前只在創世記發生過一次。當時有一個叫作麥基洗德的人，是耶路撒冷王，也是祭司，但這是早在以色列成為一個國家之前發生的事。我們從新約聖經得知，耶穌就出自這譜系，是麥基洗德的等次，不是以利的等次。耶穌具有祭司、君王、先知三種身分。而撒迦利亞把祭司、君王、先知這三種領袖身分結合起來，祭司取代先知，也取代王。到了耶穌來到世上的時候，只剩下祭司這種領袖。施洗約翰是神沉默四百年後第一個出現的先知，但當時的領袖是兩位大祭司，亞那和該亞法。所以撒迦利亞書很重要，指出了這個轉變。

在以色列歷史上，由不同領袖帶領的時期，很容易

區分。從亞伯拉罕到耶穌這兩千年的以色列歷史，可以清楚分成四個時期，每個時期五百年。第一個五百年，從西元前二○○○年到一五○○年，由族長領導——亞伯拉罕、以撒、雅各、約瑟。第二個五百年，西元前一五○○年到一○○○年，由先知領導——從摩西到撒母耳。第三個五百年，西元前一○○○年年到五○○年，由王領導。但是從西元前五○○年到耶穌降臨，則由祭司領導。神讓他們經歷各種領袖，然而每一種領袖都不足以勝任。以色列真正需要的領袖，必須集合這些角色於一身——當然，耶穌就是這樣的人物。

▌本書大綱

眼前的問題（一～八章）

（仔細記錄了日期，全是散文體）

責備與悖逆（一章）

鼓勵與加冕（一～六章）

　　四名騎士站在番石榴樹中間

　　四角與四名匠人

　　手持準繩的人

　　約書亞的潔淨

　　金燈臺與兩棵橄欖樹

　　飛行的書卷

　　量器中的婦人

　　四輛馬車

禁食與饗宴（七～八章）

未來的預言（九～十四章）

（沒有記錄日期，有些是詩體）

以色列國（九～十一章）

　　　戰敗的仇敵

　　　和平的君王

　　　全能的神

　　　聚集的百姓

　　　荒蕪的鄰國

　　　無用的牧人

世界各國（十二～十四章）

　　　聯軍入侵

　　　悲慟的居民

　　　假先知被逐

　　　人口減少

　　　聯軍進犯

　　　萬國敬拜耶和華

　　這卷書分成兩部分。撒迦利亞從神領受的話語以圖像呈現，所以他就傳達這些圖像。不過，第一至八章全都與眼前的情況有關，所以他跟哈該一樣，記錄了這三段預言的日期。

　　第一段預言，他沒有記錄是哪一天，但是提到年分和月分。第二段是三個月之後，第三段則是兩年之後。我們不清楚哈該為什麼停止發預言，也不清楚神為什麼另外差人來傳道，也許哈該死了或病了，無法繼續傳道，總之，撒迦利亞在哈該事奉結束前一個月開始傳道。

▋眼前的問題（一～八章）

責備與悖逆

　　撒迦利亞傳講這段信息時，百姓仍在重建聖殿。雖然尚未完工，至少他們先前已經聽了哈該的話。被擄後的先知有一個特點，就是他們傳道的時候，百姓都聽進去，也遵照他們的吩咐去做，我相信這多少是因為他們離鄉背井七十年的緣故。撒迦利亞剛開始的信息一針見血，提醒百姓，當初他們的祖先就是因為不聽先知的話，才會被擄。這個提醒來得正是時候。

　　這段信息很簡單。他們的祖先不但知道自己做錯，先知也說他們做錯，所以沒有藉口推諉。撒迦利亞說：「所以，你們不可重蹈覆轍，如果你們不聽從哈該的話，也會遭殃。」

鼓勵與加冕

　　接下來，撒迦利亞停了三個月沒有傳道，三個月後再出來事奉時，使用了很不尋常的做法。他給了眾人八個圖像，都是他在夜間領受的異象。異象和異夢的差別是，醒著時領受的是異象，睡覺時夢見的是異夢。撒迦利亞這些異象是在晚上領受的，聖經說，神一直叫他起來，給他異象。雖然是晚上給的，但神這次給的是異象，而不是異夢。

　　這八個異象似乎沒什麼關連，但都是在講聖殿的重建，尤其是頭兩個圖像。我們看這些隱藏含義的圖像，有一句話出現了四次：「你們就會知道萬軍之耶和華，差遣

我到你們這裡來。」撒迦利亞這話的意思是，測試先知眞假的方法，就是看他發的預言有沒有應驗。摩西有一條律法如此規定：如果先知說的話沒有應驗，就是假先知，要用石頭把他打死。這應該會讓人在預言未來的時候，三思而後行。還好我們現在不受摩西律法的約束，但是今天還是有假先知，所以發預言的人務必要接受查驗。如果他說的話沒有應驗，就該受責備，因爲他誤導眾人，而且濫用神的名。

四名騎士站在番石榴樹中間（一7～17）

有兩匹紅馬、一匹黃馬、一匹白馬，每匹馬上面都有騎士。天使說，這些騎士是神的記者，也就是神的使者，在遍地巡行，然後向神回報地上的情況。換作是今天，他們應該會騎摩托車吧。他們報告各地都太平。古列王征服巴比倫之後，情況確實如此，因爲他是一個愛好和平的人，他作王期間，全地太平。撒迦利亞告訴百姓，要把握這個太平時代，重建耶路撒冷城，完成聖殿的重建工作。果不其然，不久之後，他們就遭到埃及人、敘利亞人、希臘人、羅馬人侵略。神又說，祂惱怒列國擄掠、虐待祂的百姓。先前，神惱怒祂的百姓七十年；如今，祂惱怒那些虐待祂百姓的人。不過目前會先有一段太平歲月，神不會讓戰爭臨到任何國家。

四角與四名匠人（一18～21）

撒迦利亞一定有耕種的經驗，因爲有很多圖像都與農業有關。他看見四個匠人在給牛去角。在天啓性的預言

中，角通常象徵強盛的軍隊。角是一種具侵略性的武器，因此，撒迦利亞現在看見地的四極有四個匠人在給牛去角——神在除掉侵略者的角。巴比倫再也不是威脅；不久以後，那些曾經威嚇猶大的國家，神也要除掉他們的角，不過這裡沒有清楚指出是哪些國家。猶大人此時可以全力投入聖殿的重建，不必擔心受到攻擊。

手持準繩的人（二1～13）

　　焦點移到耶路撒冷城，撒迦利亞看見有個人在測量城牆。撒迦利亞發現，這座城以後會太小，而且最後會發展到城牆外的地區。這件事耶利米曾經預言過，真是不可思議。我有幾幅不同時期的耶路撒冷地圖，剛開始，是小小的大衛城，後來不斷擴建，而耶利米準確地預言耶路撒冷城會往哪個方向擴建、郊區會落在哪裡。城市快速擴張的時候，當然就會出現一個問題——怎麼防禦呢？一旦建了城牆，牆內的空間就會愈來愈擁擠。拿準繩的人說：「這城不夠容納所有想來住的人。」接下來，神給了一個很美的應許，祂說：「我自己就是那座城牆，這城擴建的時候，你們不需要城牆，我會守護你們。」

　　這個異象可說是為了鼓勵從巴比倫歸回的猶太人，尤其是那些認為耶路撒冷不安全而不願意搬回來的人。

　　這一段還有兩個對外邦國家的預言：

1. 攻擊以色列的，將來必要面對神。這段有一句很美的話，神說：「誰敢碰我的子民，就是碰我眼中的瞳仁。」瞳仁是眼球裡的虹膜，在眼球中間，

看起來就像中間有梗的蘋果。瞳仁是全身最敏感的部位，一有沙子進去，眼皮就會立刻闔起來。耶穌曾說：「你們做在我這弟兄中一個最小的身上，就是做在我身上」，指出的是相同的原則。神的百姓就是祂最敏感的部位。

2. 很多外邦人會加入以色列（見十二～十四章）。歷史已經證明，以色列的神確實存在，猶太人的歷史就是證據。敢攻擊以色列的人，遲早要受報應，但有許多來自各國的外邦人，如今加入了以色列，被接枝到以色列人的橄欖樹上。神審判傷害以色列的列國，但也讓列國的人加入以色列，由此可見，以色列的神，是世人的神。

約書亞的潔淨（三1～10）

下一個異象講到約書亞換了衣服。撒迦利亞在異象中看見他們的領袖所羅巴伯和祭司約書亞。現在怎樣呢？首先，撒但出現了。有意思的是，魔鬼在舊約聖經中很少出現。創世記第三章，牠在伊甸園出現；歷代志最後，牠引誘大衛數點以色列人數；另外，牠也在約伯記出現過。當然有很多事都是牠在背後作祟，但是耶穌來了之後，牠愈加明目張膽起來。不過在這裡，牠出現了。

每次有重大的事情要發生，魔鬼就會想辦法阻撓。牠想殺光埃及的猶太男嬰，不讓摩西順利長大，如此一來以色列人就永遠出不了埃及。牠在耶穌降生的時候，殺光伯利恆的嬰兒，為的是不想讓嬰孩耶穌長大去拯救神的百姓。這一回，魔鬼則是對百姓說，約書亞不能帶領他們，

因爲他是個污穢的人，沾染了猶大過去的罪。撒迦利亞看見約書亞穿著污穢的衣服站立，發現魔鬼講得沒錯。魔鬼在天上似乎是扮演原告律師的角色，約伯記講到牠在天上，在神的面前控告地上的人。

撒迦利亞在異象中聽見，約書亞像是火中抽出的一根柴，像燒了一半的木柴。所以他們脫下約書亞身上污穢的衣服，爲他換上潔淨的衣服，包上潔淨的頭巾。這是很美的畫面，因爲撒迦利亞看見，約書亞雖然先前和百姓一同犯了罪，如今在神眼中卻成爲潔淨，可以擔任祭司，不過他必須一直保持潔淨才行。神應許說，祂怎樣施恩給這個猶太人，將來有一天，也要怎樣施恩給全以色列。神說，祂會在一天之內，除掉這地的罪孽。神可以潔淨一個人，讓他成爲祭司。神也應許說，當那日，各人都要邀請鄰舍來坐在葡萄樹和無花果樹下。這些話預表耶穌找到拿但業的那一刻，告訴拿但業說，祂看見拿但業在無花果樹下面。

金燈臺與兩棵橄欖樹（四1～14）

接下來，神叫醒撒迦利亞，給他看聖殿中的一個金燈臺。撒迦利亞還看見燈臺上方有一個容器，下端接了一條管子通到燈臺上，他發現這個容器盛滿了油，不需要有人爲燈臺添油，因爲油會不斷流進燈臺。這象徵所羅巴伯是承受聖靈澆灌的人。聖經常用油來象徵神的聖靈，所以聖靈臨到人身上時，常用「用油膏抹」一詞來形容。一九五二年，英國女王加冕的時候，就是用油來膏抹。所以，所羅巴伯是神用油膏抹的人，「受膏者」一詞的希伯來文

是「彌賽亞」——神的受膏者（希臘文即「基督」）。

接下來的這句經文常常被引用：「萬軍之耶和華說：不是倚靠勢力，不是倚靠才能，乃是倚靠我的靈方能成事。」從上下文來看，這句話的意思是不倚靠軍事上的勢力，也不倚靠政治上的能力。換句話說，大衛的直系子孫不能倚靠軍隊或政權來完成使命，而要單單倚靠神的靈。可惜教會往往誤解這句話，結果造成十字軍東征這樣的可怕悲劇。你不能靠軍事或政治力量來建立神的國，只能靠聖靈。有一件很不尋常的事，證明這股能力已經給了所羅巴伯。聖殿建到殿頂的時候，工人會舉行一個安放殿頂石的儀式，殿頂石是整個建造過程最後一塊壘上去的石頭，置於山牆頂上，連結山牆兩側建好的屋頂。聖經說，所羅巴伯親手舉起這塊殿頂石，安放妥當。殿頂石通常很重，但先知的預言說，他自己一人就舉起這石塊放好，沒有人幫忙，也沒有用繩索或滑輪。經上說：「你就知道，是萬軍之耶和華差遣先知到你們這裡來的。」當年參孫把非利士人的城門扛走，現在同一位聖靈賜能力給所羅巴伯，讓他把這大石塊舉起來，安放在殿頂。小小一幅景象，卻令人振奮。

接下來，撒迦利亞在異象中看見兩棵橄欖樹。這兩棵樹指的是所羅巴伯和約書亞，兩人要一起作猶太人的領袖；燈臺表示聖靈會臨到他們兩人身上。雖然所羅巴伯不是王，但他對以色列的未來是必要的。我覺得可能是這樣的：既然波斯不允許猶太人立王，猶太人便決定擁戴祭司為王，認為波斯人不可能反對一個祭司，畢竟他不是真正的王，這樣就可以避免波斯帝國的不滿。不管事實是否如

此，聖殿將在他們有生之年完工，然後他們就會知道，是
全能的上主把撒迦利亞差來他們這裡。他們不必因為這聖
殿比不上所羅門的聖殿，就藐視這日子。

飛行的書卷（五1～4）

這書卷的面積是十公尺乘以五公尺，在空中到處飛
行，上面寫著「凡偷竊和起假誓的必受咒詛」。這書卷會
飛到每戶人家上方，如果哪戶人家偷竊或說謊，書卷就會
在那戶人家上方盤旋，然後書卷上的咒詛會掉下來，房屋
就會被摧毀。撒迦利亞要說的重點很簡單，就是神會咒詛
那些偷竊和說謊的人。

量器中的婦人（五5～11）

撒迦利亞在異象中看見一個像妓女的婦人，坐在一
個容量三十五公升的量器中。另外有兩個女人飛過來，翅
膀如同鸛鳥的翅膀，用鳥嘴唧起那女人坐著的量器，飛往
東方。這是代表神把罪挪到巴比倫（編按：第11節中的
「示拿」即巴比倫所在地的古名），神的意思是說：「我從
前把罪人帶去巴比倫，現在我們要把你們的罪帶去巴比
倫，因為罪惡屬於那裡。」在聖經中，巴比倫往往代表罪
惡之地。

四輛馬車（六1～8）

最後一幅圖像是四輛馬車，分別由紅馬、黑馬、白
馬、有斑點的灰馬拖著。這四輛馬車走遍全地，要去執行
神的旨意。他們已經在北方的巴比倫完成任務，所以其中

一輛馬車在休息，另外三輛馬車要去世界各地執行神的旨意。神掌控全世界的歷史，祂可以迅速差遣僕人到任何地方去。

這時，有三個智者從巴比倫來到這裡，他們是商人，帶來許多金銀要獻給聖殿。但是神吩咐撒迦利亞，取部分金銀製成王冠，在聖殿內爲祭司約書亞舉行加冕儀式，「然後你們就會知道……」這句話又出現了。這是重要的一刻。我前面說過，以色列過去從未將祭司和王結合，耶路撒冷倒是這樣做過，但那是遠在以色列人占領耶路撒冷之前，在麥基洗德的時代。如今，祭司和王的身分再度結合，但有一個條件：「如果我的民順服」。神說祂要再給他們一個王，但這次不是大衛的直系子孫。約書亞中選，因爲他是祭司，如此一來，波斯就不會對他們立王感到不滿。這是鼓勵他們再度成爲以色列國的好方法，而不是彌賽亞應許的應驗。

禁食和過節

兩年後，有兩個人從北方的伯特利來見撒迦利亞（這表示猶太人在兩年內已經向外擴展，重建耶路撒冷以外的城鎮）。這兩人是伯特利一群人的代表，前來尋求信仰上的指引。他們來找祭司，卻找到一個先知。他們的問題關係到兩件事：禁食和過節，因爲這是他們在宗教生活上遵守奉行的兩件事。他們首先要問先知的，是定期的禁食。他們一年兩次，在五月和七月，都會禁食，記念耶路撒冷被毀，爲失去這城而舉哀。他們想知道，這樣的禁食還要持續多久？畢竟他們已經重新得回耶路撒冷了。

　　撒迦利亞的回答很有意思。他說，禁食其實是自我中心的做法。他們禁食是因為自憐，懊惱自己犯了罪。撒迦利亞引用以賽亞書第五十八章的經文，告訴他們神所喜悅的禁食是什麼。他們必須禁止不誠實的事，禁止凶惡的事，應該慷慨、慈悲，幫助無依無靠和有需要的人。神想要的禁食，重點不是不吃飯，而是不犯罪。這話也適用於今天還在守大齋期卻不離棄罪行的人。除此之外，撒迦利亞也說，從前他們之所以會被擄，就是因為變得自私和貪婪，既不慷慨，也不慈悲。

　　至於過節的問題，他們在被擄期間依然守著某幾個節慶，但其實這些日子比較像是節日，而不像聖日。這些節慶分別在四月、五月、七月、十月。所以，被擄期間，每年有兩次禁食和四個節日。但撒迦利亞說，他們過節都太自我中心了，只是聚在一起，開心地大吃大喝，慶祝的焦點不在神身上。他們應該把節慶變成聖日，而不只是節日，應該感謝讚美神帶領他們歸回故土。「不要只是過節放假而已，慶祝的焦點應該是神一直對你們信實，如今你們回到聖山，街上再度熙來攘往，男男女女、老老少少。你們要歡喜，因為神會帶領更多人回來，重新居住在這塊地上。這才應該是你們守節期的方式。」

　　撒迦利亞還吩咐他們要準備好，因為他們認識神，所以將來會有更多的人來找猶太人。他的意思是，時候將到，會有人來拉住猶太人的衣襟，請他們說說神是誰。

▌未來的預言（九～十四章）

　　這卷書的後半部比較複雜，因為撒迦利亞不再講眼前的情況，而是看向遙遠的未來。他接下來講的事隨時可能發生，而且沒有按照順序，好像拼圖一樣，每一片的形狀和大小都不同，不知道怎麼拼湊，如果沒有盒蓋上的圖片，真不知道該從何拼起。這讓我想到希伯來書開頭說：「神在古時藉著眾先知，多次多方地曉諭列祖，如今在這末世，藉著祂兒子曉諭我們。」耶穌就是拼圖盒蓋上的圖片，透過祂，我們可以開始拼湊所有的片段，也知道拼完後是什麼樣子。所以啟示錄才會一再引述撒迦利亞書，因為可以把這些片段拼出一幅景象，呈現出遙遠的未來，也就是「末日」，歷史進入倒數的時刻。所以我們比當年的猶太人占優勢，因為他們讀撒迦利亞書時，還看不出拼湊出來之後的樣子。

　　撒迦利亞書到了後半部，風格和內容有很大的改變，頭一次出現了詩。後半部完全沒提到目前的情況，沒提到聖殿，也沒提到約書亞或所羅巴伯，沒有異象，連對神的稱呼都改了，前半部用「萬軍之耶和華」，後半部只稱呼祂為「耶和華」。後半部的感覺完全不一樣，以至於有些學者說，後半部一定是別人寫的。這些學者的想法實在古板，其實後半部不太一樣是因為神用不同的方式啟示撒迦利亞。這些信息沒有標示日期，所以我們不知道神是什麼時候給撒迦利亞的，也許是好幾年後。

　　至於撒迦利亞書後半部的內容，聖經稱這些話為「默示」，這個詞在希伯來原文中，意指「沉重」或「重擔」，但聖經通常譯作「默示」，我覺得表達不出原意。這是個重擔，如果神曾經給過你一個重擔，你就會了解我的

意思。有些話在你心中像個重擔，非得講出來才會鬆一口氣，一旦講出來擔子就輕了，就知道重擔被挪走了。

本書後半部有兩個沉重的信息，一個在第九至十一章，另一個在第十二至十四章，兩個信息很不一樣。

以色列國（九～十一章）

第九至十一章的焦點放在以色列民，這裡沒說這些事什麼時候會發生，甚至沒說是不是按照順序發生。有意思的是，這裡也提到以法蓮，這是十支派的統稱，表示神沒有遺忘他們，即便他們被擄到亞述之後一直沒有歸回。

這裡有六個未來的圖像，但彼此之間的關連不太清楚。

戰敗的仇敵（九1～8）

第一個圖像是以色列的敵人會被打敗，這裡特別提到敘利亞、推羅、西頓和非利士人。凡敵擋耶路撒冷的人，神都要對付他們。神不會容許耶路撒冷從地圖上消失，這是祂的城，寫著祂的名字。我敢說，即使紐約、北京、華府、新德里等大城市都從地圖上消失了，耶路撒冷依然存在，這塊地上永遠都會有猶太人居住。神甚至說，非利士人會來這裡和他們同住。今天的巴勒斯坦人自稱是非利士人的後代，所以這個應許很有意思，將來有一天，不會再有人來壓迫神的百姓。這只是眾多拼圖片中的一塊，我們不知道什麼時候會應驗，但是神必然實現祂的應許，即使要等候千百年。

和平的君王（九9～10）

第二個圖像是一位和平君王騎著驢駒進入耶路撒冷。我們知道這是怎麼一回事，因為耶穌當年正是這樣做。可悲的是，耶穌應驗這預言的時候，猶太人沒特別注意到這是隻驢子，只以為耶穌騎驢是因為找不到馬可騎，完全錯過了這個有象徵意義的信息。耶穌騎驢進耶路撒冷時，百姓揮著棕樹枝，把衣服鋪在地上，大喊著：「和散那！和散那！」有些人以為這句話是屬天的招呼語，其實不是，和散那的意思是：「現在就拯救我們！」這是長年受壓迫的百姓心中的吶喊，他們以為政治獨立就要來臨，甚至叫耶穌「大衛的子孫」，期待耶穌來釋放他們得自由。

但耶穌不是來為他們戰鬥的，如果祂是來為自由而戰，就會騎馬來，而祂第二次來的時候才會騎馬。所以百姓看見耶穌進耶路撒冷城門以後，向左轉，而不是向右轉的時候，都非常震驚。耶穌不是右轉去羅馬軍隊所在的安東尼堡，而是手拿鞭子，左轉進入聖殿，把猶太人趕出神的殿。難怪幾天以後，百姓喊著說：「釘死耶穌，我們要選擇自由鬥士！」諷刺的是，他們挑選的自由鬥士，有個非常奇特的名字——「耶穌巴拉巴」，意指「耶穌，父之子」。所以那天有兩個人的名字叫「耶穌，父之子」。彼拉多問他們：「你們要釋放哪一個父之子耶穌？是不願意為你們戰鬥的那個，還是願意為你們戰鬥的那個？」百姓選了那名鬥士。但撒迦利亞說，將來有一天，那位和平君王會來審判，祂會帶來公義與和平，祂的權柄必從這海管到那海。

全能的神（九11～十7）

這景象是神現身為以色列爭戰，不同於前一幅描繪和平的圖像。在這幅圖像中，神要為他的羊群而來，要作他們的好牧人，不像之前的那些壞牧人。這幅圖像中還有一段很美的描述，說神所救贖的百姓必像他冠冕上的寶石那樣發出光輝。

下一個默示的焦點放在希臘。等到幾百年以後，邪惡的安提阿古四世，帶領希臘人來征服這塊土地。他在耶路撒冷的聖殿內豎立宙斯的雕像，殺豬獻在祭壇上，又把許多妓女引進聖殿。那是最糟的時代，持續了三年半，也就是四十二個月或一千兩百六十天，正是新約聖經預言敵基督要停留的時間。在安提阿古四世統治期間，猶太人受了許多苦，正是基督徒未來要在敵基督手下受的苦。有意思的是，這第三個圖像預言了希臘的興起，現在我們可以明白這圖像的含義了，只是不知道當初猶太人怎麼詮釋。

聚集的百姓（十8～12）

下一個圖像是把分散各地的民聚集起來，把猶太人從世界各地帶回自己的土地。今天的以色列人，是從八十幾個國家回來的，所以他們帶回八十幾個國家的音樂和舞蹈。這是人潮返鄉的景象，聖經甚至說，到時候會容納不下這麼多人，從埃及到亞述要築一條大道（參賽十九23）。

荒蕪的鄰國（十一1～3）

下一個圖像很難懂，猶大鄰國的樹都傾倒毀壞，黎巴嫩的香柏樹倒了，巴珊的橡樹倒了，連約旦的叢林也倒

了。今天約旦的叢林大多不見了，黎巴嫩的香柏樹只剩下一些，巴珊的橡樹也早已消失。不清楚神爲什麼要給我們看這個圖像。

無用的牧人（十一4～17）

下一個圖像描繪無用的牧人，更是難懂。這個信息用了眞人演出的比喻來傳達，撒迦利亞扮成牧羊人的工頭，開除三個沒有好好照顧羊群的牧羊人。這三人把三十塊銀錢的工價丟回去給撒迦利亞。聖經說：「擊打牧人，羊就分散」。這又是其中一小塊拼圖圖片，讀福音書時才會知道這一片要放在哪裡。猶大把三十塊銀錢丟回聖殿，因爲他是個壞牧人，即使他原本是個傳道人，又能醫治病人。當耶穌說，擊打牧人，羊就分散，袖是在講自己，因爲袖在客西馬尼園被捕時，門徒都四散逃走。

牧羊人的杖被折斷了，第一根杖叫「榮美」，折斷這杖表示神要廢棄袖與萬民立的約。第二根杖叫「聯索」，折斷這杖表示神要廢棄猶大與以色列弟兄的情誼。

世界各國（十二～十四章）

第二系列的圖像講的是全世界，讓我們看見全球未來的景況，而耶路撒冷是這一切的中心。耶路撒冷的名字在這三章出現二十一次，彷彿耶路撒冷會成爲全球未來的焦點。聯合國總部應該搬到那裡才對。在這幅圖像中，錫安是全球政府的中心。

有個詞在這三章經常出現，「那日」出現十八次，而「日」這個字另外又單獨出現兩次，但這個詞在這卷書前

面並未出現。新約聖經也常用這個詞，尤其耶穌常講到。這裡的「日」不是指二十四小時的一天，希伯來文的「日」可以指二十四小時，也可以指整個時代。英文也有這種用法，如果我說：「馬車的日子已經結束了，牽引機的日子已經來臨。」我不是指某個二十四小時的日子，而是指某個時代。將來，主的日子會來到，世人會看見那是主的日子，人類驕傲和貪婪的日子將結束，神聖潔的日子將來到。

第十三章只有一小段是詩，有意思的是，「那日」沒有出現在詩中。我再重申一遍，預言中的事件不是按照順序，第十二章3節和第十四章2節，可能是指同一件事。

聯軍入侵（十二1～9）

第一個圖像是各國聯軍攻打耶路撒冷，每個國家都發兵到中東。這件事還沒發生，卻是拼圖中的一片。耶路撒冷將來會受到各國聯軍攻擊，今天各國帶給以色列的麻煩還會持續下去。在我們的有生之年，也許會看見各國聯軍攻擊猶太人。以色列在聯合國的朋友所剩無幾，就連主要的友邦美國，如今也漸漸轉而敵擋以色列。

悲慟的居民（十二10～14）

下一個圖像是悲慟的居民。將來有一天，耶路撒冷的百姓會悲慟到極點，根本不想跟巴勒斯坦人或任何人簽訂和平協議，反而會向神呼求。神的回答就是差來「他們所扎的那位」──耶穌基督。你能想像猶太人到時候的心情嗎？突然間他們頓悟到，原來耶穌就是彌賽亞，但他們

卻殺了祂。他們會痛哭流涕，像是自己的長子遭人殺害一樣。

撒迦利亞是第一個說出猶太百姓將看見「他們所扎的那位」。其實啟示錄第一章引用了這句話，說耶穌再來時，連刺祂的人也要看見祂。猶太人只需要知道拿撒勒人耶穌仍然活著，就會信主，大數的掃羅正是因此而信主，今天的猶太人也是。

對猶太人來說，回顧那虛擲的兩千年會很痛苦，因為他們本來可以帶領世界，卻從一個國家被趕到另外一個國家，正如申命記所預言的一樣。難怪他們會痛哭。

假先知被逐（十三1～6）

撒迦利亞在異象中清楚看見假先知。他們大大危害耶路撒冷，而這樣的人將被逐出耶路撒冷，偶像崇拜和假神也要被逐出。這段經文說，會有一個泉源洗淨一切罪惡和污穢，又說，錫安的罪惡要被洗淨，而假先知必蒙羞愧，承認自己不是先知。這些傷痕累累的先知，原先備受尊崇，如今卻說自己是打架受的傷！經文生動描述了假教師的羞恥。

人口減少（十三7～9）

下一個圖像是人口減少。這段經文顯然不是按照順序來描述，因為講到耶路撒冷的人口會減少到三分之一，但在下一章中（十四2），卻說人口會減少到二分之一！這似乎是在回應前面說的：擊打牧人，羊就分散。我不確定這裡是在講未來還是過去，要等將來發生了才會知道。

但顯然剩下的三分之一人口，將是一群被神煉淨的餘民。

聯軍進犯（十四1～15）

第十四章又提到耶路撒冷受各國聯軍攻擊，不清楚這和第十二章1～8節的攻擊，是不是同一件事，但我相信，這一定是未來要發生的事。神會召集這支大軍，但祂也會為猶太人爭戰。這顯然跟耶穌再來有密切的關連，可能也和哈米吉多頓之戰有關，因為這裡有一句話說：「祂的腳必站在橄欖山上。」神沒有腳，但耶穌有腳，所有的猶太人都把這句話詮釋成彌賽亞的降臨。

撒迦利亞說，接下來山會崩裂，使那地區的地表產生巨變，雖然難以想像，但我想這應該是實際會發生的事。耶路撒冷位在群山圍繞的凹陷處，周圍有八座山，是很奇特的幾何景象——圓頂清真寺（Dome of the Rock）的東邊面對橄欖山，東北邊面對斯科普斯山（Mount Scopus），南邊面對定罪山（Mount of Condemnation）。聖經說，到那日，當祂的腳站在橄欖山上，那些山會搖動倒下，最後只剩耶路撒冷高高聳立。

這些片片段段的圖像，委實難以想像，但整幅圖的主要重點是，圍困耶路撒冷的各國聯軍將被擊潰。來攻擊耶路撒冷的各國聯軍會大敗：「眼睛必在眶中乾癟，舌頭必在口中潰爛，他們必在慌亂中互相殘殺」。難怪神的百姓到時候會說：「耶和華是我們的神。」

萬國敬拜耶和華（十四16～21）

最後還有一個圖像，列國看到耶路撒冷有神的名字

在其中，而眾人在慶祝猶太節日「住棚節」。可惜基督徒不慶祝這個節日。我們慶祝跟逾越節相關的復活節、跟五旬節相關的聖靈降臨節，但住棚節呢？這是猶太人最大的節日，在每年的九月底到十月初慶祝。這是歡慶收割的節日，猶太人住在小小的露天帳棚裡，可以看見天空的星星，記念神當年怎樣帶領先人走過曠野。這是一個長達八天的節慶，最後一天是成親的日子，人民要「跟律法成親」。他們會搭起婚禮用的頂篷，拉比拿著摩西律法的書卷，站在頂篷下面。眾人在旁邊跳舞，再次跟摩西的律法成親一年。隔天早上，他們從創世記一章1節開始讀起，每天讀一段，直到年底讀完申命記最後一節經文，到時候，又重新跟律法成親一次。可惜的是，他們找錯新郎了，因為住棚節的第八天，要吃的是彌賽亞的婚宴，是羔羊的婚宴。

　　這提醒我們，整本聖經是個愛情故事，講述父親怎樣為他的兒子找新娘，而結局是兩人成婚，從此過著幸福快樂的日子。好的愛情故事都以婚禮收場，聖經也不例外！住棚節第八天是婚禮，啟示錄說，這是羔羊的婚宴。耶穌就是在住棚節期間降生，從路加福音可以看出來，祂是在九月底或十月初降生，是猶太曆的第七個月，也就是住棚節那個月。約翰福音第一章說，「道成肉身，住在我們中間」。約翰福音第七章，耶穌的弟弟譏問祂要不要去慶祝住棚節，因為猶太人期待彌賽亞在那個節日降臨，而他們不信耶穌是彌賽亞，就藉此取笑祂，但耶穌回答說：「我的時候還沒有到。」

　　所以，有一件事我很確定，我知道耶穌再來會是哪

一個月，我不知道是哪一年，但祂一定會準時回來，就在住棚節的時候。很多猶太人根據撒迦利亞書第十四章，相信彌賽亞會在住棚節時降臨。從此以後，各國每年都會慶祝這個節日，差派代表到耶路撒冷。聖經說，各國若不這樣做，國內就不會降雨。住棚節已經成了猶太人的焦點，也是現在愈來愈多基督徒盼望的焦點，等待彌賽亞來統治全地。

基督徒看預言的實現

看了這些拼圖片之後，現在我們必須把整幅圖拼起來。請務必記住，先知看見的這些事，跟實際發生的時間沒有關連，看起來很接近的事件，實際上也許相隔幾百年甚或幾千年。顯而易見，這裡描述的許多事件，指的是耶穌基督兩次的降臨。

第一次降臨

耶穌生在住棚節期間。祂最後一次到耶路撒冷，是騎著驢來的。祂被出賣，賣了三十塊銀錢。祂受審的時候，門徒逃之夭夭，福音書作者引用了這節經文：「擊打牧人，羊就分散」。

第二次降臨

這和啟示錄有密切的關連。聖經說，耶穌的腳會站在橄欖山上，而有力的證據指出，祂會在住棚節的時候再來。啟示錄提醒我們，耶穌再來時，猶太全國將要看他們

所刺的那位。

尚未應驗的預言

　　撒迦利亞書和舊約其他先知書都有尚未應驗的預言。對於這些尚未應驗的預言，下列圖表指出三種不同的解釋。

有條件的

　　有些人說，預言是否應驗，要看以色列是否順服，關鍵在於「是否」一詞。他們認為，因為以色列悖逆，所以這些預言已經失效，永不可能應驗，也因此根本沒有必要讀這些預言，反正跟今天毫不相干。

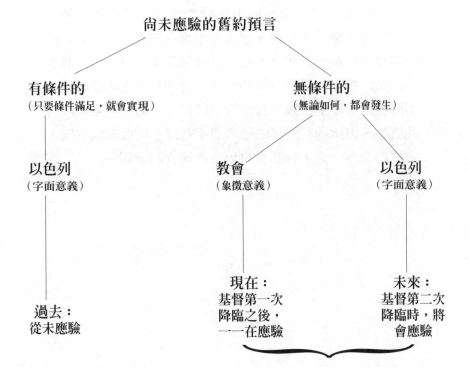

無條件的

有些人認為這些預言會應驗在教會上,從屬靈的角度應驗——當年的預言說以色列會得勝,而教會既是新以色列,也在得勝的事上有分,如今也是得勝的。這個看法有一個問題——只把祝福歸給教會,卻沒有把咒詛歸給教會,邏輯顯然不通。應該是祝福和咒詛都歸給教會,否則這看法就不適用。

還有些人期待這些預言在未來應驗。羅馬書第十一章談到,基督第二次降臨之前,猶太人會復興。這個看法認為,大患難時期的存活者,會在千禧年的國度慶祝住棚節,那時,耶穌要在耶路撒冷統治各國。過了這段時期,會有新耶路撒冷,還有十二支派和十二使徒。

我的看法是,這些尚未應驗的預言,最後都會按字面的意思應驗。也許現在還看不出來會怎麼應驗,但我們已經掌握足夠的資訊,可以清楚知道基本的幾件事。我們很確定,神對全世界有祂的旨意,而祂的旨意必要成就。耶穌會回來作王,我們會和祂一同作王。猶太人雖然沒有回應神,但撒迦利亞書的結局並不悲傷,反而充滿希望,知道將來有一天,神必會實現祂所應許的一切。

‖引言

瑪拉基書的背景和哈該書及撒迦利亞書很像。這卷書是在猶太人從巴比倫歸回後一百年寫的。當時的情況不好，耶路撒冷仍然荒涼，農地大多貧瘠，久未耕種，收成很差，蝗災嚴重，糧食短缺，生活艱苦又危險。聖殿在西元前五二〇年已完成重建，但比起所羅門的聖殿，實在小得可憐，所以難以提振人心。雖然尼希米已經修復了城牆，但百姓仍然喜歡住在城外的鄉間，有人來襲時比較容易找到藏身之處。他們不曾建造王宮，因為沒有王，不過他們的省長所羅巴伯是大衛的王室血脈。如今的猶大，只剩一個小山城，四周環繞一些村落，跟大衛王當年的盛世根本不能比。百姓非常失望，理想破滅，甚至萬念俱灰，開始懷疑回到猶大來到底值不值得，他們說：「我們已經回來一百年了，我們要建造的國家在哪裡？」

　　惟一的好消息是，他們在被擄期間學到了教訓，知道不可拜偶像，所以他們再也沒有去拜別神，也沒有企圖改變信仰。話雖如此，他們的信仰卻變成徒具形式。百姓會去聖殿，但大多是為了遵循傳統，只有形式，沒有實質的含義，也不再是優先要事。他們只想知道花多少時間在宗教活動上就算夠，花多少金錢在宗教的事上就算夠，不必再多給。不僅如此，連祭司也跟百姓一樣，不在乎有多少人來參加儀式，只要做出樣子，能夠餬口就好。他們舉行儀式的態度漫不經心，只是在敷衍神而已。

　　宗教生活抱持這種態度，道德生活當然也會受到影響。當人開始質疑何必費工夫敬拜神，沒多久也就不想費工夫活出敬虔的生命了。簡單說，如果上一代的人問：「何必敬拜神？」下一代的人就會問：「何必作好人？」

　　比如說，他們雖然知道，在安息日做生意不對，卻把超市蓋在城門外，這樣安息日就可以營業了。消費主義至上，嚴重影響到家庭生活。先是質疑：「何必忠於神？」很快就會質疑：「何必忠於妻子？」尤其妻子人老珠黃了，更會覺得，何不換個年輕貌美的嫩妻呢？

　　再者，猶太人從巴比倫歸回後，國內的女人不多，男人就娶外邦女子為妻。他們不但離婚再娶，還違背神的律法娶外邦女子。當時在耶路撒冷城中，有許多妻子遭丈夫遺棄，因為沒有社會福利制度，孤兒寡婦和遭到遺棄的妻子，日子特別難過。

　　他們沒有政府可以怪罪，但有神可以怪罪，他們一直在怪罪神。他們說：「神不管我們死活，我們也不用理祂。」聽起來好像理直氣壯。「神不愛我們了，所以我們

也不愛祂。我們不相信神愛我們，看看我們的遭遇就知道
了。我們得照顧自己。祂遺棄了我們，我們最好自求多
福。」

他們對神的批評有兩方面，第一：「神沒有給好人獎
賞」，第二：「神沒有給壞人懲罰，所以我們何必理會神
呢？」

這是瑪拉基當時必須處理的情況。他的預言都是散
文，不是詩，這表示神對祂的百姓已經沒有感覺了，以至
於接下來四百年，神都沒再跟他們說話！這卷書是神最後
的話語，語氣冷淡，沒有感情。

▌▌本卷書的特點

瑪拉基書有五大特點：

1. 神在這卷書中說的話，多過其他小先知書。在五
   十五節經文中，有四十七節是神親口說的話（占
   百分之八十五）。

2. 這卷先知書的作者不知是誰。多數人都以為「瑪
   拉基」是作者的名字，其實這根本不是一個名
   字。瑪拉基只是「使者」的意思，舊約聖經其他
   地方都沒把這個字當名字使用，但常用這個字來
   指「使者」。所以是一個不具名的使者，把神最後
   的話語傳給以色列百姓。猶太人懷疑這卷書的作
   者可能是以斯拉，但沒有證據可以證實這一點。

3. 瑪拉基很特別，因為他會和百姓對話。他傳講預

言之後，顯然遭到百姓的強烈質疑，因為他記述了這些質疑。他傳講的內容讓聽眾很不高興，因為他的信息基本上在說：「是你們先這樣做的！不是神先不理你們，是你們先不理神。如果你們不再理會神，祂也不會再理你們。」新約聖經的羅馬書，使徒保羅解釋說，是人放棄神，神才會放棄人。所以瑪拉基書是先知和百姓針鋒相對的辯論，先知有十二次說：「你們還說⋯⋯；你們又說⋯⋯」，表示他們一直在打斷他的信息。

4. 這卷書都是散文，沒有詩，因為神的感覺枯乾了，被祂的百姓弄得筋疲力盡，所以接下來四百年完全不再向他們說話。由此可以看出神的心情。換作是你，不會覺得受夠了嗎？神讓他們被擄，又帶他們回來，現在他們卻不想理會神。

5. 第五個特點，瑪拉基書是神最後的話語。也許基督徒這樣安排舊約書卷的順序還是有些道理的（希伯來聖經的最後一卷書是歷代志）。瑪拉基書是神給以色列人的最後話語，最後兩個字是「咒詛」。直到今天，猶太人每次在會堂朗讀瑪拉基書，都不會結束在這節經文：「免得祂在遍地施行咒詛」。他們會再讀一遍第五節，這樣就不用結束在「咒詛」二字，他們不願意用「咒詛」來結束神的話語。

▋瑪拉基書的大綱

過去的拯救（一1～5）

雅各——以色列——被愛——存留

以掃——以東——遭恨——滅亡

現今的罪惡（一6～三15）

祭司（一6～二9）

　　　廉價的祭物

　　　譁眾取寵的講道

百姓（二10～三15）

　　　和異族通婚

　　　隨便離婚

　　　提出質疑

　　　未繳納什一奉獻

　　　毀謗神

未來的審判（三16～四6）

對的選擇

　　　公義——在日頭中得醫治

　　　罪惡——在烈火中焚燒

最後一次機會

　　　摩西——頒下律法——要記住

　　　以利亞——先鋒——要認識

▌過去的拯救（一1～5）

想了解瑪拉基書的頭幾節經文，必須回到一千五百年前。瑪拉基宣布說，神愛雅各，恨以掃（這對雙胞胎一向感情不睦）。神愛雅各，恨以掃，這句話聽起來似乎有點奇怪。請務必明白，聖經中的「愛」和「恨」，意思不同於我們今天所說的愛和恨。愛一個人，是指去照顧他，為他最大的利益著想；而聖經所謂的恨一個人，是指不照顧他，不為他的利益著想。所以耶穌說：「你們若不恨父母，就不配跟從我。」祂的意思不是叫你要怨恨父母，而是叫你要關心耶穌勝過關心你的父母。

而且神不只是在講過去的雅各和以掃，也是在講瑪拉基時代的以色列和以東兩國。祂提醒以色列人，過去一百年來，祂的一切作為都對以色列有利，而且祂懲罰了以東。巴比倫人來擄走猶太人時，住在約旦河東岸山上的以掃後代以東人，都幸災樂禍，而且趁虛而入，高呼：「萬歲！以色列人完蛋了！」他們加入毀滅的行列，抓住猶太嬰孩的腳跟，把他們的頭摔在耶路撒冷的城牆上。

從那天起，以東有很長的時間，都活在神的審判之下。神帶領阿拉伯人來攻擊他們，把他們趕出所住的佩特拉城。他們不得不遷居到種不出作物的南地沙漠。

所以在瑪拉基書中，神告訴以色列，祂這樣對待以東是因為以東人過去惡待猶太人，「我愛你們，我沒有看顧他們」。瑪拉基要百姓想一想，他們得以倖存，比以東人好多了，所以該向神感恩。這是個清楚的教訓，當我們抱怨神的時候，應該想想祂怎樣對待別人，再想想祂怎樣

對待我們，然後心存感恩。

　　我們務要明白，瑪拉基的信息建立在對神的一個認知上。他看神有三個角色，正如舊約聖經的看法，但不讀舊約聖經的人，很容易忘記這三個角色。我們讀新約聖經時，總認爲神是慈愛的天父，但舊約聖經呈現神的三個角色，都很重要——祂是我們過去的創造者、現在的王、未來的審判者。我們必須記住這個架構，才能眞正認識神。

▊現今的罪惡（一6～三15）

祭司（一6～二9）

　　瑪拉基首先批評祭司。祭司應該把神當作父親和主人，應該尊敬神，他們卻藐視神。今天基督徒在教會的崇拜中，常跟神裝熟，把神當作好哥兒們，不懂得敬畏神、尊敬神。瑪拉基在這裡指責祭司羞辱了神，破壞了神的名聲，而百姓再度質疑說：「哪有？」瑪拉基在回答中指出兩件事。

廉價的祭物

　　首先，百姓獻上的是廉價的祭物，沒有按照摩西律法的規定，獻上最好的羔羊，反而獻上最差的牲畜——把瞎的、瘸的牲畜獻給神。瑪拉基指出，他們沒有把最好的祭物獻給神，他們獻給神的，比送給波斯省長的還不如。「你們把剩下的獻給神，卻把最好的獻給別人！」

　　第二，他對他們說，神的名在外邦中被尊爲大，在他們當中卻非如此，外邦人還比他們敬畏神。這些話眞是

一針見血。

譁衆取寵的講道

接下來，他譴責祭司專挑大家喜歡聽的話講，而非
教導律法。祭司本該敬畏神，不該討好人。這又是教會傳
道人要面對的一個關鍵試探和壓力，就是容易講衆人喜歡
聽的話，以免得罪人，否則下次他們就不會再請你來講道
了。

瑪拉基提醒祭司，神在摩西時代與利未人立約，說
祭司不用工作，只要好好教導百姓敬畏主，百姓會以奉獻
支持他們的生活。可是如今，祭司並未教導百姓敬畏主。
神要祭司以身作則，讓百姓看見如何活出敬虔的生命，而
不是光聽祭司嘴巴講什麼叫敬虔。祭司必須言行一致，同
時用話語和生命來傳道。所以瑪拉基說，他們已經受到咒
詛，而且還會有更嚴重的咒詛臨到，若不改邪歸正，他們
當中會有很多人的兒女死亡，祭司的職分也會終結。

百姓（二10～三15）

接下來，瑪拉基把焦點放到百姓身上。從五件事可
以看出他們的信心和行爲都在走下坡。

和異族通婚

年輕人紛紛和外邦人通婚。以色列成爲一個國家之
後，神就一直嚴禁止以色列人和外邦人通婚。今天的教會
也有這種情形，你若是和魔鬼的兒女結婚，一定會惹到岳
父！更別說還會痛苦一輩子。

隨便離婚

第二個問題是隨便離婚。有些人還連續重婚。「同時重婚」是指同時有很多妻子，「連續重婚」則可以想有幾個妻子就有幾個妻子，只要一次只有一個妻子就行了。這種情形連在今日的教會也變得很普遍。但這讓神很傷心，因為每一個婚姻都是神所看重的，不管是公證結婚或是在教會結婚都一樣。因此，每一個婚姻都受神的律法約束。根據耶穌的教導，離婚又再婚，在神的律法下等同於犯姦淫，不過今天的傳道人大多不敢講這種話。瑪拉基處理了這個情況，我們也必須處理這個情況，但在今天的教會中，這大概是最不受歡迎的話。神說：「我恨惡離婚。」

提出質疑

神指控百姓違約，他們反問說：「我們哪裡違約了？」神回答說，他們和外邦人通婚，就是違約。

他們自以為清白，不喜歡這個傳道人的指控。我發現，人通常不介意籠統的指控，但如果具體指出罪行，就會踩到他們的痛處。瑪拉基解釋道，神為此感到厭煩。他等於是在說：「你們問：『發生了這種事，怎麼可能相信神是慈愛的？』你們竟敢問這種問題！你們問：『神的公義在哪裡？』你們竟敢問這種問題！審判必會臨到，但不是馬上臨到，因為神對我們有無比的耐心。絕對不要指控神不公平，也不要說祂不關心不幸的事。」

彷彿這樣說還不夠重似的，瑪拉基又講了一件令百姓震驚的事。他說，神來懲罰惡人時，會先從聖殿開始。以色列人呼求神來懲罰惡人，但是神若真的來了，會先從

他們開始懲罰！第一個對象就是祭司，然後是百姓。

瑪拉基列出百姓不敬畏神的種種罪行：行邪術、犯姦淫、起假誓、虧負工人工價（也就是久欠工資不給）、欺壓寡婦孤兒、屈枉寄居的外地人。這些話他講得直接了當。

說完這番話，他的語氣突然改變，彷彿神從內心有感而發一般。他解釋說，百姓還沒有滅亡，是因為神的憐憫。猶大雖然一直對神不忠，但神仍然對他們信實。神說：「你們要轉向我，我就轉向你們。」這話是真的，我們若離開神，神就會離開我們；但我們若轉向神，祂就會轉向我們！神和祂的兒女之間，是一種雙向的、動態的關係，祂隨時在回應祂的兒女。神隨時在與我們相會，隨時在回應我們，也隨時反映出我們對祂的態度。有些人以為神坐在高高的天上，遙不可及，不斷發號施令，把我們當傀儡操弄，但聖經所描述的神不是這樣的。聖經說，神隨時在回應我們，當我們改變心意，祂就改變心意，當我們悔改，祂就改變心意，當我們轉向祂，祂就轉向我們。我們和神之間是一種活的互動關係。

未繳納什一奉獻

接下來，瑪拉基說他們偷竊神的東西，百姓再度質疑，反問：「哪有？我們沒偷過神的東西。」瑪拉基一針見血地回答說：「你們沒繳納什一奉獻和一般奉獻。」

瑪拉基開門見山指出他們的罪行，他們卻反駁。瑪拉基說他們沒有繳納什一奉獻和一般奉獻，所以要受到咒詛，因為律法規定要什一奉獻。摩西律法說，繳納奉獻就

會蒙神賜福，否則會受咒詛直到三四代。

　　基督徒當然不受這條律法約束，我講道從不講什一奉獻！我只講「奉獻」，因爲新約聖經說，我們奉獻要出於感恩，若不是甘心樂意的奉獻，神不要！但舊約時代的百姓必須繳納什一奉獻。今天若是傳講什一奉獻，總會帶來一些問題。我和內人曾在一間教會聽過一位年輕傳道人講什一奉獻。很多傳道人講什一奉獻時，都強調賜福，而不談咒詛，這名傳道人至少兩種都說了，但他的信息很嚇人。他告訴會眾，如果不繳納什一奉獻，他們的孫輩和曾孫輩就會受苦；違背什一奉獻律法的人，會受到咒詛，神會懲罰他們直到三四代。

　　所以講道結束收奉獻的時候，收到歷年來最高的奉獻金額，這結果當然不意外。但我事後跟那間教會的牧師說，這種教導很過分，因爲這讓人因爲害怕而奉獻。神所喜悅的是甘心樂意的奉獻，而我們應該按照恩典的新約來奉獻。對有些人來說，只奉獻十分之一還太少，但對有些人來說，十分之一已太多，所以我們需要更有彈性。

　　不過瑪拉基可以正正當當地告訴百姓，他們因爲沒有繳納什一奉獻，已經受到咒詛。如果他們想再度蒙福，就要把所有的什一奉獻送進神的倉庫，這樣神就會打開天上的窗，傾福給他們，甚至無處可容。從這個應許的前後文來看，他是指神會用雲和雨來結束乾旱。

毀謗神

　　瑪拉基繼續譴責百姓，指責他們毀謗神，百姓再度反問他：我們哪裡毀謗神了？瑪拉基指責他們抹黑「事奉

神」這件事，說事奉神沒有用、不值得，因為惡人反倒凡事順利。這樣講，等於說神不是主，說神不知道自己在做什麼。

瑪拉基的這些話有沒有發揮作用呢？瑪拉基的事奉有沒有像哈該和撒迦利亞那樣有果效呢？百姓有回應嗎？有些人有，他們聽到這些信息，討論一番之後，就認罪悔改，負起責任，改過自新。那些反應熱切的人，神把他們的名字記在冊上。

▍未來的審判（三16～四6）

瑪拉基在最後一段預言中，勾勒了神的百姓會區分開來，將來有一天，以色列要分成兩半，先知說那一天是「主的日子」。其他先知書也提到主的日子，比如撒迦利亞書、阿摩司書、約珥書。那是算帳和審判的日子，到了那天，人只會分成兩種——事奉神的人和不事奉神的人。

這段經文對義人有很美好的描述。我以前住在諾森伯蘭郡的一個農場，常在清晨四點鐘起床，去擠九十頭母牛的奶。冬天我們會把牛牽進室內，連著幾個月的時間都餵牠們吃乾草，等春天來到，我們會選一天，放牠們出去。你若了解鄉間生活，就知道牛第一次被放出去時有什麼反應。就連老牛都會像小羊那樣雀躍三尺。這些又重又肥的母牛，會在田間高興地跳躍。瑪拉基說，到那日，當神將最後的救贖帶給祂的百姓，屬祂的人也會像這樣雀躍三尺。

但是，被神棄絕的人，到那日，「必像收割後被燒盡

的碎稭」。以前英國的法令容許用火燒碎稭，燒完後只剩下灰燼。瑪拉基說，到時候義人會像小牛在豔陽下的青翠田間跳躍，但是不回應神的人，則會像碎稭的灰燼。這裡有三個重點必須注意：

1. 以色列民會存留下來。瑪拉基代表神對他們說：「我不會改變，不會食言。」所以我們可以確定，以色列會永遠存在。
2. 但很清楚的是，以色列民中有些人會沉淪。顯然不是每個猶太人都會得救，但這不表示猶太人不需要聽福音。
3. 在以色列之外，還有一些人會得救。瑪拉基說，會有一些外邦人被算在義人當中，所以這暗示了接下來在新約聖經中發生的事。

‖結語（四4～6）

最後三節經文的重點放在舊約聖經的兩個偉大人物——摩西和以利亞。這是神最後一次懇勸舊約時代的以色列民，講完這段話後，神沉默了四百年之久，然後才開始新約時代。

神要祂的百姓記住摩西，並且回到律法，因為神是他們偉大的王。接著瑪拉基說，神會再給百姓一次機會，再為他們差來一位先知，這位先知就像以利亞那樣，會來挑戰他們。以利亞是第一個挑戰以色列拜偶像和淫亂罪行的主要先知，摩西則是帶領以色列出埃及、將神的約和律

法頒給他們的先知。

　　所以，舊約聖經最後一句話是：「他們若不聽從以利亞，這地就會受咒詛。」他們在主的日子來到之前，還有一次機會——還有一位先知要來為主預備道路。他們等這個機會等了四百年，這段期間先後被波斯人、埃及人、敘利亞人、希臘人、羅馬人占領統治，然後這個機會終於來了。突然有個穿著打扮像以利亞的人出現，跟以利亞一樣，吃蝗蟲野蜜。全國百姓蜂擁而至，來聽這人傳講信息，正是瑪拉基所預言的信息。這人呼召大家回歸智慧，回歸家庭。但他只是先鋒，來為主耶穌預備道路。

　　新約聖經說百姓激辯施洗約翰到底是不是以利亞。耶穌有兩次說，以利亞來了，就是我的表哥約翰（太十一7～14，十七9～13）。所以，我們的聖經譯本把瑪拉基書和馬太福音放在一起。馬太福音說以利亞來了，以施洗約翰的身分而來。施洗約翰的穿著和飲食都刻意和以利亞一樣，這顯明了神的下一步行動。耶穌事奉兩年半後，有一個轉捩點，祂帶門徒到黑門山腳，問他們：「大家說我是誰？」他們回答說：「有人說你是耶利米或某人再世。」耶穌問他們：「那你們說我是誰？」彼得悟出真相，就說：「你從以前就存在了，對嗎？但不是住在地上，是住在天上。你是基督，是永生神的兒子。」後來耶穌叫彼得、雅各、約翰跟祂一起上山，上了山後，摩西和以利亞現身和耶穌說話。這是瑪拉基的預言，全都應驗了。

▌基督徒的應用

1. 哥林多前書第十章告訴我們，舊約聖經的例子都是爲了給基督徒應用而寫。以色列國的情況，也大有可能發生在我們身上。冷漠、不信、淫亂、無情，也都可能讓基督徒吃到苦頭。

2. 我們必須讓新約聖經來詮釋舊約聖經。我們不再受安息日和什一奉獻等律法約束，而是受基督的律法約束，祂的律法在離婚再婚以及其他許多事上，比摩西的律法還嚴格。

3. 另一方面，我們千萬不可怠慢神的恩典。很多基督徒已對神失去敬畏之心，我們若是這樣做，就表示沒有完全明白基督的福音。

4. 我們必須記住，審判從神的家開始。新約聖經作者對審判的說法，跟瑪拉基一樣：神來施行審判時，會先審判祂的百姓，然後再審判其他人。屆時連教會裡的人都會區分開來。我們千萬不要安於逸樂，自以爲過去曾經決志，現在就很穩當。如果我們不想如同瑪拉基時代的百姓一樣面對神的審判，就「應當更加殷勤，使所蒙的恩召和揀選堅定不移」，堅守神的道。

作者介紹

大衛‧鮑森牧師
Rev. David Pawson

　　大衛‧鮑森牧師，生於一九三〇年，他的家族世代以務農與傳道為本。先祖約翰‧鮑森是英國衛理宗創始者約翰‧衛斯理（John Wesley）的追隨者，父親西塞爾‧鮑森亦是當地衛理公會的副會長。大衛‧鮑森的童年在英格蘭北部度過，幼年想成為一位農夫，但當他在杜倫大學取得農學學士學位後，上帝呼召他成為全職的傳道人，進入劍橋大學衛斯理學院攻讀神學碩士，研讀神學時，一度受到自由派學者的影響，使得他對聖經權威有所懷疑，也險些失去對神的信心。

　　後來在擔任皇家空軍軍牧期間，他有系統地從聖經第一卷講解到最後一卷，他的講道不是查考聖經就是主題式查經，而且都是以詳細查看聖經上下文作為依據，為牧養的官兵靈性生命帶來莫大的影響力，令他和他們都大感驚喜，於他更是印證了聖經確實出於神的默示。從那以後，他重拾信心，相信聖經無謬誤、絕對真確。

　　鮑森牧師篤信聖經是帶有權柄的上帝話語，當教會傳統與聖經教導相牴觸時，主張回歸並遵循聖經的教導；他不避諱提出異於其他基督徒的觀點，並非為特立獨行，只為捍衛聖經真理。他以淺顯易懂的語言解釋經文的意義和背景脈絡，「新舊約聖經縱覽」（*Unlocking the Bible*）即為多年講道的成果，並以影帶、錄音帶和印刷品的形式暢銷全世界。今天他不但到世界各國演講，也透過

基督教電視頻道GOOD TV供千萬觀眾收看，幾乎在全世界每個國家都可看到他的講道。

　　鮑森牧師牧養過多間教會，其中包括喬福市的米爾米德中心（Millmead Centre in Guildford），這間教會後來成為英國最大的浸信會教會，也是眾教會領導人效法的典範。一九七九年之後，大衛‧鮑森牧師開始從事全球巡迴釋經講道，經常應邀到全英各地和許多國家演講，包括歐洲、澳洲、紐西蘭、南非、荷蘭、以色列、東南亞和美國，二○一○年曾受邀來台。

　　大衛‧鮑森牧師目前與妻子伊妮德（Enid）住在英格蘭南部漢普郡的貝辛斯托克（Basingstoke）。

大衛・鮑森研經叢書

《猶大書注釋》

為什麼猶大書一直被人忽略？其中最大的原因是它猶如一把鋒利的短劍，能把肉劃開——將教會裡屬肉體的部分暴露出來。猶大書暴露這些情況的目的是為了把癌細胞切除。撒但知道從外部摧毀教會是不可能的，所以牠從內部著手。我們需要關切的不是外部的危機，而是內部，這正是猶大書的要點。

《加拉太書注釋》

加拉太書裡提到一些史上最大的爭論議題，若不處理這些基本議題，就會失掉基督的福音，因此爭論是躲不掉的。今天教會裡依然存在律法主義和放縱的問題，所以我們需要了解什麼是真正的自由。我們必須和其他信徒一起堅持走在窄路上，只要我們隨從聖靈行事，就有不犯罪的自由，也有坦然無懼的自由。你將發現加拉太書是你所讀過最強有力的書信之一。

《約翰福音注釋》

約翰福音和對觀福音（頭三卷福音書）很不一樣，頭三卷福音書都從同一個角度來看耶穌，但約翰福音是從不同的角度來看耶穌。頭三卷福音書是看耶穌的外在，約翰福音則是看耶穌的內在，無論是耶穌的身分，或是對耶穌有關自己的宣告，耶穌說過的話，行過令人驚訝的事，凡此種種都能證明，耶穌的確是神，成了肉身，是永活的道，是神的榮耀，駐在人間。

《羅馬書注釋》

猶太人和外邦人的關係緊張，這是整卷羅馬書的關鍵，保羅從頭到尾都在設法解決這個問題。羅馬教會的猶太人和外邦人都相信耶穌，卻彼此對立，保羅對他們說：你們都是罪人，不論是猶太人或外邦人，都是因信稱義，而成為亞伯拉罕的後裔，你們之間沒有差別，外邦人不要再放縱，猶太人不要再死守律法主義。這是新約聖經中對於福音論述得最完整的一卷書。

舊約縱覽

作　　者／大衛‧鮑森（David Pawson）
譯　　者／劉如菁（第一至七章）、許惠珺（第八至卅五章）
責任編輯／楊璿、梁耿碩
美術設計／林鳳英

發 行 人／曾國生
出 版 者／米迦勒傳播事業股份有限公司
發 行 所／23544新北市中和區中正路911號7樓之1
電　　話／(02)8024-3911　　傳　　眞／(02)8024-3938
E - m a i l／product@goodtv.tv　　網　　址／www.goodtv.tv
GOOD TV 網路書房／shop.goodtv.tv

編　　印／校園書房出版社
地　　址／23141新北市新店區民權路50號6樓
電　　話／(02)2918-2460　　傳　　眞／(02)2918-2462
E - m a i l／publish@campus.org.tw　　網　　址／www.campus.org.tw

Unlocking the Bible: Old Testament
By David Pawson
English language edition first published in separate volumes 1999-2001
by HarperCollins Publishers Ltd
Copyright © David Pawson 1999-2007
Published in the United States of America by True Potential Publishing, Inc.
PO Box 904 Travelers Rest, SC 29690
http://tppress.com

Complex-Chinese edition first published 2016
Copyright © David Pawson Teaching Trust 2016
Published by GOOD TV Broadcasting Corp.
7F-1., No. 911, Zhongzheng Rd., Zhonghe Dist.,
New Taipei City 23544,Taiwan R.O.C.
Tel:886-2-8024-3911

ISBN：978-986-82750-8-9（精裝）
定價：新台幣850元
初版一刷：2016年6月

16 17 18 19 20 21 年度│刷次 10 9 8 7 6 5 4 3 2 1

國家圖書館出版品預行編目(CIP)資料

舊約縱覽／大衛‧鮑森（David Pawson）著；劉如菁, 許
惠珺譯. -- 初版. -- 臺北市：米迦勒傳播, 2016.6
　　面：　　公分
譯自：Unlocking the Bible: old testament
ISBN 978-986-82750-8-9（精裝）

1. 舊約　2. 聖經研究

241.101　　　　　　　　　　　　　　　105007056